Theodor Eschenburg

Also hören Sie mal zu

Theodor Eschenburg

Also hören Sie mal zu

Geschichte und Geschichten
1904 bis 1933

im
Siedler Verlag

Die Deutsche Bibliothek – CIP-Einheitsaufnahme

Eschenburg, Theodor:
Also hören Sie mal zu.
Geschichte und Geschichten 1904 bis 1933/
Theodor Eschenburg.
1. Auflage, Berlin: Siedler, 1995
Einheitssacht.: Also hören Sie mal zu.
ISBN 3-88680-018-0

Abbildungen: Archiv für Kunst und Geschichte (1),
Privatarchiv Eschenburg (9), Süddeutscher Verlag (3),
Ullstein Bilderdienst (5)

Der Siedler Verlag ist ein Unternehmen
der Verlagsgruppe Bertelsmann.

Schutzumschlag: Brigitte und Hans-Peter Willberg, Eppstein
Lektorat und Satz: Wolf J. Siedler jr., München
Druck und Buchbinder: GGP, Pößneck
Printed in Germany 1995
ISBN 3-88680-018-0
Erste Auflage

Inhalt

I.

Lübeck als Lebensform

Die Stadt der Buddenbrooks

Also, zunächst einmal: Mein Großvater und sein Vetter, Georg und Hermann Eschenburg, waren beide ungefähr zur gleichen Zeit Senatoren der Freien und Hansestadt Lübeck – mein Großvater Jurist, der andere Kaufmann, Inhaber einer großen Holzhandelsfirma, Jost Hinrich Havemann & Sohn. Beide treten in Thomas Manns »Buddenbrooks« unter dem Namen Huneus auf; nur kurz mit zwei, drei Sätzen, aber sie sind es ganz unverkennbar. Sie haben sogar einen favorablen Auftritt. Doch hat das nicht verhindern können, daß der Roman und Thomas Mann bei der Familie in höchster Ungnade standen.

Als Fünfzehn- oder Sechzehnjähriger hatte ich das Buch gelesen. Ich erinnere mich noch, wie ich mich bei einem Familientag mit meiner ein Jahr jüngeren Cousine darüber unterhielt. Wir beide saßen ungefähr in der Mitte der Tafel, neben mir meine siebzigjährige unverheiratete Tante Elisabeth. Die hörte, daß ich darüber geradezu ins Schwärmen geriet und für sie äußerst amüsant – »köstlich!« – erzählte, wie Thomas Mann die Lübecker Gesellschaft echt, aber gnadenlos konterfeit hätte. Was ich sagte, ging wie in Schallwellen hinauf bis zu meinem Großvater am Kopf der Tafel. Als er hörte, wovon da die Rede war, räusperte er sich unwirsch und sagte mit leicht erhobener Stimme in das entstandene Schweigen hinein: »Ich höre, man spricht über die ›Buddenbrooks‹ von Thomas Mann. Mathilde, meine Frau, und ich, wir haben dieses Buch nie gelesen. Ein böser Vogel, der sein eigenes Nest beschmutzt. Schon sein Vater, mein verehrter Kollege, der Senator Mann, hat beklagt, daß sein Sohn ein schlechter Schüler sei.« Aus. Alles blickte auf die Teller. Gegen dieses Machtwort gab es keine Widerrede. In Wirklichkeit hatte mein Großvater seit seiner Schüler- und Studentenzeit kaum etwas gelesen, weder Goethe noch Schiller, weder Gustav Freytag noch Fontane, allenfalls Geibel, Victor von Scheffel, Fritz Reuter und Wilhelm Busch. Aber hier präsentierte er seine Unkenntnis als bewußten Verzicht. Der Titel des Buches und der Name seines Autors wurden im Kreis der Familie nicht wieder genannt.

Damals empörte mich diese moralisch auftrumpfende Ignoranz und Intoleranz, die von der Lübecker Gesellschaft geteilt wurde. Aber je älter ich wurde, desto mehr habe ich mir einiges Verständnis für deren Zorn abgerungen. Für die meisten war der Roman eine Familienchronik, von einem Abtrünnigen in bösartiger Absicht niedergeschrieben. Die literarische Qualität des Romans konnten sie nicht erfassen, auf jeden Fall interessierte sie sie nicht.

Es muß für manche damals in dieser Stadt Lebende geradezu peinlich gewesen sein, wenn sie oder ihre Verwandten mit den Gestalten des Romans identifiziert wurden. Auf der Straße, im Café oder im Theater stieß man sich an, zwinkerte vielsagend mit den Augen oder flüsterte, zeigte mit Fingern auf sie. Ich entsinne mich an ein Erlebnis mit jener alten Tante. Die hatte die »Buddenbrooks« trotzdem, wenn auch heimlich gelesen, und die Entschlüsselung der Figuren bereitete ihr großes Vergnügen. Bei Fräulein Bousset – im Roman »Sesemi Weichbrod« – hatte sie die Fortbildungsschule besucht. Wenn sie allein mit ihren Neffen und Nichten war, zitierte sie kichernd die Weichbrod: »Ich wörd die ganze Zockerböchse nehmen« oder »Sei glöcklich, du gutes Kind«, wie Sesemi ihren höheren Töchtern zu sagen pflegte. Eines Tages gingen wir mit Tante Elisabeth auf der Breiten Straße. Plötzlich blieb sie stehen: »Kinner, seht mal da, der alte Mann, der bei der Laterne, das ist Herr Elfeldt mit den grauen Favorits (Koteletten). Früher waren sie goldgelb. In den ›Buddenbrooks‹ von Thomas Mann heißt er Grünlich. Er war ganz abscheulich zu Tony, seiner Frau. Merkt euch, wenn ihr die ›Buddenbrooks‹ lest, daß ihr ihn gesehen habt, aber nix sagen!«

Da war die Konsulin Kroeger, in Wirklichkeit die Gattin eines angesehenen Handelsherrn, eine Verwandte der Manns. Die

Konsulin hatte heimlich Familiensilber verkauft, um ihrem ungeratenen Sohn für dessen Plaisir Geld ins Ausland zu schicken. Ganz schlecht kamen die Hagenströms weg, in denen man die Fehlings erkennen konnte. Rechtsanwalt Ferdinand Fehling, der im Roman unter dem Vornamen Moritz als Sohn des Getreidehändlers Hinrich Hagenström auftritt, war seit 1896 Senator und wurde 1917 der Nachfolger meines Großvaters als Vorsitzender Bürgermeister. In den »Buddenbrooks« waren die Hagenströms noch die »Heraufkommenden«, die »hergelaufene Familie«, also Parvenüs. Tony Buddenbrook sprach sogar vom »Geschmeiß«. Schließlich war da der Verdacht, den Thomas Mann in bezug auf engere Beziehungen zwischen Gerda Buddenbrook, der Frau des Senators, und Leutnant von Trotta aufkommen läßt, der mit ihr musiziert und bei der Beerdigung nicht nur die Ehrenkompanie vor dem Haus anführt, sondern auch »mit seinen glühenden Augen zum Erker hinaufblickte. . .«. Julie Mann, wie die Mutter von Thomas und Heinrich hieß, brauchte unter dem Klatsch der Lübecker Gesellschaft nicht zu leiden. Sie lebte mit ihren Kindern seit Jahren im fernen München. Aber das war wohl die Stelle im Roman, die meinem Großvater von irgend jemandem mehr oder minder genau erzählt worden war und die ihn veranlaßte, Thomas Mann »einen Vogel, der sein eigenes Nest beschmutzt«, zu heißen.

Es gab auch tragische Seiten. Der Onkel Friedel, der als Modell für Christian Buddenbrook, im Roman der Bruder des Senators, das »schwarze Schaf« in der Familie, diente, war seit einigen Jahren in einer Nervenheilanstalt nahe bei Lübeck. Als ich in der Oberprima war, sahen meine Cousine und ich die erste Verfilmung der »Buddenbrooks«. In einer Pause zeigte Gertrud auf eine Loge im Rang: »Da sitzt scha Krischan!« Der Direktor der Anstalt hatte ihm erlaubt, sich den Film eine Woche lang Abend für Abend in Begleitung eines Pflegers anzusehen.

Das Schulkapitel war das einzige, das mein Vater voller Zustimmung gelesen hatte. Er war ein Jahr älter als Thomas Mann, und beide waren auf das Lübecker Gymnasium, das Katharineum, gegangen. »Das waren meine Lehrer. Er hat sie in nicht zu übertreffender Weise porträtiert, so echt wie Photographien. Der Direktor steht geradezu vor mir.« Das Kapitel las er uns genüßlich vor. Aber was Thomas Mann wegen der Lehrer nachgesehen werden konnte, durfte bezüglich der alten Familien »nicht angeh'n«.

Gegen Ende des Ersten Weltkriegs betrug die Auflage der »Buddenbrooks« 100 000 Exemplare. Das Buch wurde sehr bald ins Französische, Englische, Russische, Dänische und Schwedische übersetzt. Die Stadt wurde auf diese Weise in der Welt berühmt, aber in den Augen der Lübecker berüchtigt. Ihnen selbst war das Buch ein fürchterliches Malheur, ein Frevel. Das biedere Lübeck mußte der Welt als ein Babylon erscheinen, in dessen Straßen die Sünder im Bratenrock einherstolzierten. Aber der Kummer war reichlich übertrieben. Die paar »Suitiers«, wie man damals Playboys nannte, machten noch kein Babylon aus. Später drängten in erster Linie sozialdemokratische Akademiker behutsam und diskret auf eine Versöhnung mit Thomas Mann, vor allem im Hinblick auf das 1926 bevorstehende siebenhundertjährige Stadtjubiläum. Die Generationen hatten gewechselt. Die meisten der von Thomas Mann Konterfeiten waren gestorben. Unter den Angehörigen der alten Familien gab es nunmehr Fünfzigjährige, die Thomas Manns literarische Leistung respektierten. Einige luden ihn nach Lübeck ein und schlossen mit ihm in aller Stille Frieden. Beim Jubiläum wurde Thomas Mann rehabilitiert und geehrt. In einer Rede über »Lübeck als geistige Lebensform« rechtfertigte er die »Buddenbrooks«. Die Auflage war 1930 auf über 900 000 gestiegen.

Aber die Empfindlichkeiten wirkten weiter. Anfang 1933 waren Thomas Mann und ich bei einem Mittagessen als Gäste des Rotary-Clubs in München nebeneinander gesetzt worden. Im Laufe der Unterhaltung kam die Rede auf Lübeck. Wir unterhielten uns so gut, daß ich ihm beim Nachtisch die Episode über die Buddenbrooks bei unserem Familientag erzählte. Da Lübeck und er wieder zueinandergefunden hatten, schien mir diese Geschichte nur noch von anekdotischem Reiz zu sein. Aber Thomas Mann verstummte und sagte kein Wort mehr. Abrupt stand er auf. Anfang der fünfziger Jahre trafen wir uns bei einer Einladung in Stuttgart. Wir sprachen von seinem Vater und meinem Großvater, bar aller Animosität. Das

Gespräch vor zwanzig Jahren hatte er vergessen, kein Wunder nach dem, was seither geschehen war.

Eine ähnliche Geschichte habe ich später noch einmal erlebt: Im Herbst 1938 wohnten Jürgen Fehling, der große Regisseur, und ich im gleichen Hotel in Portofino. Abend für Abend tranken wir trockenen italienischen Rotwein. Mit äußerster Spannung hörten wir im Rundfunk die Tagesnachrichten über die Sudetenkrise, voller Angst vor dem Ausbruch eines Krieges. Erst nach der Sendung waren wir wieder gelöst und erzählten uns Anekdoten. Fehling, Sohn des Bürgermeisters, kannte köstliche Döntjes aus seiner Familie, ich suchte mit meinen aufzuwarten. Wir kamen auch auf den modernen Roman zu sprechen. Ich rühmte Thomas Manns Porträtkünste an Beispielen aus den ›Buddenbrooks‹, ohne im Moment an die Hagenströms zu denken. Und wieder passierte es: Fehling stand auf und ging. Am nächsten Vormittag traf ich Fehling in der Hotelhalle und murmelte: »Morgen.« Nach einigem Zögern kam er auf mich zu: »Ein Eschenburg sollte den Namen Thomas Mann in meiner Gegenwart nicht in den Mund nehmen!« Am Abend saßen wir wie bisher zusammen, ohne ein Wort über die Peinlichkeit zu verlieren. Bald vier Jahrzehnte waren damals seit Erscheinen der »Buddenbrooks« vergangen, aber Fehling blieb gekränkt.

An der Tafel der Großeltern

Meine Großeltern lebten am Geibelplatz in der Mitte der Stadt, gute fünf Minuten vom Rathaus und der Marienkirche entfernt, in einem stattlichen Haus mit großen hohen Zimmern. Es hatte nach der Rückseite ein Sommerappartement mit drei großen Räumen und einer Terrasse, die zu einem mit einer hohen Mauer umgebenen Garten hinausging. In dieses Haus kamen wir oft, vor allem aber zu den großen Familientagen, die in unserer Familie sehr beliebt waren. Man nannte sie in den Hansestädten »Kindertage«. Auch meine Großeltern hatten diese Feste nicht erfunden, sondern führten sie in der Tradition ihrer Eltern und Großeltern fast unverändert fort. Das Ritual änderte sich nicht wesentlich. Das Weihnachtsfest fand stets am 26. Dezember statt. Es gab eine umfangreiche, aber im Vergleich zu heute sparsame Bescherung, was bei der großen Familie durchaus begreiflich war. Fest standen die Beträge für Kinder und Kindeskinder, die aufgewendet werden durften.

Zu diesen Festen, die auch anläßlich runder Geburtstage, Hochzeitsjubiläen oder Vorstellungen verlobter Paare gegeben wurden, kamen die Geschwister und Schwäger der Großeltern, vielfach mit den eigenen Kindern und Enkeln, die Jüngsten an der Hand oder auf dem Arm einer Nurse. Es waren so an die fünfzig Personen. Nach der Begrüßung gingen die Damen in den Salon, in dem plüschbezogene Möbel standen, die Herren ins Wohnzimmer, das in dem altmodisch-bürgerlichen Stil der Jahrhundertwende gehalten war. Der Jugendstil war noch nicht bis hierher vorgedrungen, galt wohl auch noch als zu kühn. Die Frauen strickten, die Männer rauchten Zigarren, unter ihnen gab es nicht einen einzigen Nichtraucher. Zigaretten, »Papierzigarren«, waren abscheulich. Daß Frauen rauchten, war undenkbar. Das wäre Boheme gewesen. Der Bann wurde erst nach dem Krieg gebrochen. Mein Großvater hatte erfahren, daß seine Enkelin, eine schöne, charmante und intelligente Primanerin, für die er besondere Zuneigung empfand, Zigaretten rauchte. Er überwand sich, kaufte für sie »Papierzigarren« und bot sie ihr, sooft sie kam, zum Mißfallen meiner Großmutter an.

Nach einer oder anderthalb Stunden Plauderzeit ohne Apéritifs kam der Diener im blauen Frack mit silbernen Knöpfen, auf die das Familienwappen geprägt war, in den Salon und sagte: »Die Damen werden gebeten, bis in die Mitte zu stricken (damit die Nadeln nicht aus dem Strickzeug rutschten), denn das Essen wird angerichtet.« Die Tischordnung war immer die gleiche. Am Kopf der Tafel saß mein Großvater im Gehrock, bei großen Festen im Frack. Danach richteten sich die Herren, einige trugen Cutaway. Der Smoking war noch unbekannt. Die Damen trugen lange Kleider, aber ohne Décolleté. Neben meinem Großvater saß meine Großmutter, dann folgten auf beiden Längsseiten nach dem Alter – die Ehepaare nebeneinander – die Geschwister und Schwäger meiner Großeltern und die nächste Generation, deren Kinder. Erst hinter diesen kamen zwei betagte unverheiratete Schwestern meines Großvaters. Unverehelichte, also »Fräuleins« spätestens über dreißig, waren minderen Ranges. Für sie gab es als Berufe im wesentlichen nur den der Hausdame und Gesellschafterin, dazu Erzieherin, vielleicht auch Krankenschwester und neuerdings auch Lehrerin. Die übrigen lebten von einer Rente, für die der Vater zu sorgen hatte. In Abwesenheit der Schwestern oder anderer gleichgestellter Damen pflegte mein Großvater zu sagen: »Diese Frauenzimmer sind dürr geblieben.« Das war ein Makel. Wer damit behaftet war, hatte sozusagen keine soziale Funktion. Dabei traten gerade diese »Fräuleins« vielfach an die Stelle verreister oder erkrankter Hausfrauen in der Verwandtschaft und arbeiteten unentgeltlich in Wohlfahrtseinrichtungen.

Frauen, ob im oder ohne Ehestand, galten als nicht kompetent, in Politik, Wissenschaft und Wirtschaft mitzureden. Die Älteren in der Generation meiner Großmutter trauten es sich mangels Schulbildung auch nicht. Zu ihrer Zeit hatte es noch keine öffentlichen höheren Mädchenschulen gegeben, sondern nur Privatschulen ohne die drei Oberstufen. Diesen Mangel vermochten die Mädchenpensionate, vornehmlich in der Schweiz, kaum auszugleichen. Die nächste Generation folgte mit leichtem Abstand dem Vorbild ihrer Mütter. Eine Ausnahme war die Frau des jüngsten Bruders meines Großvaters, Theodor. Er war Arzt, hatte aber mit fünfzig Jahren dank des Vermögens seiner Frau die Praxis aufgegeben. Es war die einzige kinderlose Ehe in der Familie. An Bildung war Theodors Ehefrau den anderen Frauen in der Familie weit überlegen. Literarisch gebildet und feinsinnig, aber spröde, neigte sie, wenn auch vorsichtig, zur Emanzipation, was allein schon schlimm war. Sie hieß Dora, aber man sprach von ihr als »der Dorra«. Das demonstrierte den Abstand. Sie war eine Fremde in der Familie, und diese war ihr fremd. Aber aus Familiensinn bemühten sich beide Seiten, im Umgang die Gegensätze zu überbrücken.

Sofern Frauen damals überhaupt Zeitung lasen, dann nur den lokalen Teil und die Fortsetzungsromane, die damals »unterm Strich«, das heißt, abgeteilt auf der unteren Hälfte der Seite standen, wo sich das Feuilleton befand. Wenn meine Großmutter am Abend beim Zeitunglesen den Blick über den

Strich schweifen ließ, sagte ihr Mann: »Mathilde, was machst du denn da, davon verstehst du nichts!« In Lübeck, wohl auch in den anderen Hansestädten, kannte man weder die Anrede »Gnädige Frau« noch den Handkuß. Die Frauen selber wollten davon nichts wissen, nicht adlige Sitten imitieren. Die Herren redeten sie mit Namen an – »Frau Eschenburg« –, die Lieferanten und das Hauspersonal, je nachdem, mit »Frau Senatorin« oder »Frau Pastorin«. So wurde von diesen auch allseitig gesprochen, also etwa von der »Konsulin Bertling«. Die briefliche Anrede war »Sehr verehrte Frau...«.

An der Tafel folgten nach den unverheirateten Schwestern meines Großvaters die Enkel, siebzehn an der Zahl, wiederum nach dem Alter plaziert; unten saßen die Jüngsten mit ihren Nursen. Wer konfirmiert war, bekam Wein, aber nicht mehr als zwei Gläser. Das Essen dauerte zwei Stunden und länger, es bestand aus drei Gängen, war gut und reichlich, doch nicht üppig, keine Völlerei. Delikatessen wie Hummer oder Austern, Kaviar oder Gänseleberpastete gab es nicht. Die Herren verschmähten den Wein nicht, aber ich habe nie jemanden angetrunken gesehen. Es gab Bordeaux und Rheinwein; Sekt wurde nicht gereicht, geschweige denn Champagner. Der Rotwein wurde zwei Tage vorher in einem besonderen Zimmer bei siebzehneinhalb Grad aufbewahrt, was bei Ofenheizung nicht ganz leicht zu regulieren war. Dann wurden die Flaschen in Karaffen umgegossen. Der Diener schenkte ein, ein Dienstmädchen achtete mit brennender Kerze darauf, daß das Depot in der Flasche blieb. Spirituosen gab es nicht.

Zwischen Suppe und Braten hielt mein Großvater eine Tischrede, elegant, witzig und geistreich. Vorher durfte nicht getrunken werden. Ich habe viele Reden von ihm gehört. Er wiederholte sich nicht, immer wieder neue Dessins fielen ihm ein. Nach Tisch wurden, auch von den Konfirmierten, Zigarren angezündet. Sie kosteten bei tausend Stück acht Pfennig. Bier vom Syphon wurde gereicht. Die Kinder wurden von ihren Mädchen nach Hause gebracht. Einige Gruppen gingen in ein besonderes Zimmer zum Kartenspiel. Die übrige Familie verplauderte, aber mit Niveau. Tratsch und Kannengießerei vertrug mein Großvater nicht. Dann lenkte er auf ein anderes Thema ab.

Über Stadtpolitik, beispielsweise über die Kandidaten für die Senats- und Bürgerschaftswahlen, wurde ernsthaft und gründlich gesprochen. Spießig ging es nicht zu, und langweilig war es auch nicht. Ein beliebtes Thema war das Theater. Lübeck ließ es sich etwas kosten. Dirigent war damals Wilhelm Furtwängler. Sein Vorgänger Hermann Abendroth, der nach Köln gegangen war, dirigierte aus Anhänglichkeit am Silvester jedes Jahr die »Fledermaus«. Tante Elisabeth hatte Goethes »Faust« gesehen: »Wurde scha gut gespielt, aber ich mach das Stück nich.« Mein Großvater improvisierte dann noch auf dem Flügel mit Vorliebe Studenten-, aber auch Volkslieder und Arien, so aus der »Zauberflöte«, dem »Freischütz«, aus »Zar und Zimmermann« und der »Fledermaus«. Mendelssohn, Meyerbeer und Offenbach fehlten nicht. Alle Strophen von »Gaudeamus igitur« wurden gespielt und gesungen. Bei »Vivat et res publica et qui illam regit« standen die Herren zu Großvaters Ehren auf. Er schloß mit Chorälen, die Familie sang mit.

Die Schleuse zum Aufstieg

Im Sommer 1923 fuhr ich, damals Oberprimaner in Lübeck, mit Eisenbahn und Fahrrad in die Vierlande, um das Dorf Escheburg zwischen Hamburg und der mecklenburgischen Grenze zu besuchen. Von daher stammte wahrscheinlich die Familie. Neugierige Pietät hatte mich zum Besuch gedrängt. Doch in dem anmutigen Ort mit seiner Gartenpracht waren Spuren der Familie nicht zu finden.

Von den Eschenburgs wissen wir, daß sie seit Ende des 15. Jahrhunderts in Lübeck ansässig sind. Sie waren überwiegend Rotlöscher, verarbeiteten Schaffelle zu gegerbtem, in erster Linie rotem Leder. Erst im 18. Jahrhundert setzte der Aufstieg ein. Bernhard Eschenburg, 1762 geboren, studierte Theologie in Jena. Sein Bruder Daniel, ein Holzhändler, brachte es zum Großkaufmann, dem ersten in der Familie. Er hatte die aus dem 16. und 17. Jahrhundert stammenden Salzspeicher rechts des Holstentors an der Trave erworben, die noch heute zu den Sehenswürdigkeiten Lübecks gehören. Man nannte sie »die Eschenburgschen Speicher«. Daniels Sohn Bernhard studierte

Theologie in Jena, wo er die damaligen Berühmtheiten des Weimarer Musenhofes zumindest gesehen hat, und wurde 1762 Geistlicher an der Jakobikirche in Lübeck. Er machte eine gute Partie, indem er die Tochter des Eisenhändlers Jost Heinrich Havemann heiratete. Studierte gab es in der Handels- und Handwerksstadt nur wenige, und sie waren in der feinen Gesellschaft, den höheren Kreisen, wie Thomas Mann sie nennt, begehrt. Die Pastoren waren so angesehen, daß eine Ehe mit ihnen nicht als Mesalliance galt. Bernhard soll »pedantisch-streng«, »in seinen Äußerungen weitschweifig« gewesen sein. Mein Großvater, der Kirchenspott nicht leiden konnte, aber Sinn für humoristische Situationen hatte, erzählte uns, sein eigener Großvater habe einst in seinem Arbeitszimmer am offenen Kamin gesessen, um seine Predigt niederzuschreiben. Plötzlich habe er eine laute Stimme vernommen und sei mit den Worten niedergesunken: »Rede Herr, dein Knecht hört.« Tatsächlich aber hatte nur ein Kaminfeger auf dem Dach gerufen: »Achtung, de Schornsteinfeger kümmt!«

Aber das Schicksal half noch weiter nach. Einer der beiden Söhne Bernhards, Johann Daniel, wurde Erbe der Havemannschen Firma, die sich zu einem großen Unternehmen mit Kunden in halb Europa entwickelt hatte. 1846 wurde er zum Senator gewählt und blieb es bis zu seinem Tode im Jahr 1884. Der andere Sohn des Pastors Bernhard Eschenburg, Georg Bernhard, wurde praktischer Arzt, dessen drei Söhne waren »Studierte«, nämlich Rechtsanwalt, Arzt und Gymnasialprofessor. Ein Sohn des Senators, Hermann, und ein Sohn des Arztes, Georg, beide Enkel des Pastors und daher Vettern, wurden 1884/85 in den Senat gewählt. Bernhard Eschenburg war nicht der einzige Pastor, der zur Schleuse des Aufstiegs seiner Familie wurde. Georg war mein Großvater.

In Lübeck sprach man von »der reichen und der armen Linie«. Denn Arzt war damals noch kein sehr einträglicher Beruf. Krankenkassen gab es ja noch nicht. Zumindest bei Patienten mit geringeren Einkommen kassierte der Arzt bei jedem Besuch bar, manchmal erfolgte die Abgeltung in Naturalien. Naturalienentgelt habe ich übrigens noch in meiner Kindheit erleben können. Der jüngste Bruder meines Vaters war ebenfalls Arzt, und als ich einmal zum zweiten Frühstück gegen elf Uhr bei ihm war, kam das Dienstmädchen herein und sagte: »Herr Dokter, im Allgemeinen Krankenhaus is eine Leiche von Ihnen, Käpt'n Schmidt.« Beim Weggehen sagte mein Onkel: »Der Käpt'n hat einen schönen Biedermeierschrank aus Mahagoni. Der paßt gut in unser Zimmer nebenan. Zahlen kann die Frau schlecht. Ich werd' mal mit ihr reden, daß sie ihn uns gibt.«

Meine Urgroßmutter habe ich im Alter von vier Jahren noch kennengelernt und sie, neunzig Jahre alt, noch kurz vor ihrem Tod besucht. Sie saß auf einem hohen Stuhl mit Ohrlehnen. Hinter dem Stuhl standen rechts und links wie Paladine ihre beiden nahezu sechzigjährigen Töchter Marie und Elisabeth. In ihrem Haus wohnte als Untermieter ein junger Pastor, für den der Milchmann täglich Milch für zwanzig Pfennig brachte, die eine der Töchter entgegennahm und auch bezahlte. Jeden zweiten Tag rief meine Urgroßmutter: »Hat unser Pastor auch den Pfennig bezahlt?« Sie war keineswegs arm, aber sparsam.

Mein Vater, Oberleutnant zur See, hatte nach der ersten großen Auslandsreise seine Großmutter besucht, um ihr zu berichten. Er blieb fast zwei Stunden. Nach einer Stunde wollte die ältere Tochter eine Freundin besuchen. »Nein, Marie«, sagte ihre Mutter, »du warst gestern und vorgestern aus. Diese ewige Bummelei dulde ich nicht.« Marie gehorchte widerspruchslos und blieb.

Großvaters »gottgewollte Ordnung«

Mein Großvater, 1844 geboren, blieb bis 1917 Senator und war dreimal präsidierender Bürgermeister von Lübeck. Er hatte in Bonn und Berlin Jura studiert, sein älterer Bruder Altphilologie, Geschichte und Theologie in Heidelberg und der jüngste Medizin, ebenfalls in Bonn. Ein Schwager ihres Vaters, ein Pastor in kinderloser Ehe mit einem beachtlichen ererbten Vermögen seiner Frau, hatte mit Stipendien geholfen. Das Kolleggeld, meist ein Taler für die Stunde, wurde abgezählt bar in den Lederbeutel des Professors auf dem Katheder gelegt. Erst 1895 wurde in Preußen die Bezahlung des Kolleggeldes an die Universität eingeführt.

Das Doktorexamen hatte mein Großvater in Berlin mit »magna cum laude« abgelegt. Diese Note in Berlin mit seinen hohen Examensansprüchen galt als besondere Auszeichnung. Die zweistündige mündliche Prüfung fand in der Wohnung des Ordinarius mit zwei oder drei weiteren Professoren in lateinischer Sprache statt. Nebenan im Eßzimmer hörte man den Lohndiener mit Bestecken und Tellern klappern. Der Kandidat hatte den Doktorschmaus auf seine Kosten bei einem Traiteur bestellt. Wir fragten den Großvater, was gewesen wäre, wenn er durchgefallen wäre: »Ich hätte vor dem Essen gehen müssen, aber bezahlt hatte ich schon.«

Nunmehr war er *Doctor iuris utriusque*, Doktor beider Rechte, des kirchlichen und des weltlichen Rechts. Zunächst ließ er sich in Lübeck als Rechtsanwalt und Notar nieder, wurde dann Mitglied einer Reihe von Deputationen und führte das Protokoll. Schließlich fiel er dem Bürgermeister Curtius auf, der Lübeck bei den Verhandlungen über die Reichsverfassung in Berlin vertreten hatte, und wurde 1870 Senatssekretär. Das war die oberste Stufe der Lübecker Beamtenschaft. 1885 wurde er als Nachfolger von Curtius in den Senat gewählt. So verlief häufig die Laufbahn der juristischen Senatoren.

Mein Großvater galt in Lübeck als ausgezeichneter praktischer Jurist. Souverän beherrschte er die deutsche Gesetzgebung und das Römische Recht. Im Gegensatz zu den preußischen Städten gab es in Lübeck keine Aufsicht durch Regierungspräsidien und Ministerien. Daraus ergab sich die Verpflichtung, für die Verwaltung »in eigener Verantwortung ständig und ernsthaft zu sorgen«. Für meinen Großvater, der sich bald den Ruf eines hochbefähigten Administrators erwarb, durfte eine gute Verwaltung den Bürgern gegenüber weder gefällig noch schikanös sein. Er war ein Anhänger des Rechtspositivismus, also der Verbindlichkeit des gesetzten Rechts. Der Gesetzgeber mußte sich die Tugend strengen Rechtsbewußtseins zueigen machen. Tugend war für meinen Großvater kein leeres Wort, Gesetzgebung nicht die Kunst, beliebige Ge- und Verbote in Gesetzesform zu bringen. Um der Autorität des Gesetzes willen hatte der Gesetzgeber durch Zusammenarbeit mit Rechtspraxis und Rechtswissenschaft für die Qualität der Gesetze zu sorgen.

Mein Großvater sprach betont von der »gottgewollten Ordnung«. Das war für ihn eine gläubig begründete Vorstellung. Die weltliche Ordnung war religiös geweiht, und für diese Ordnung zu sorgen, war eine religiöse Pflicht und Verantwortung. Zuweilen pflegte er aus dem Augsburger Religionsfrieden von 1555 zu zitieren: »Was vor Gott und Kaiserlicher Majestät verantwortet werden kann.« Das war für ihn ein entscheidendes Kriterium, mit dem sich vieles rechtfertigen ließ, aber er sagte es nicht leichthin. Dabei war »Kaiserliche Majestät« gleichbedeutend mit dem Staat schlechthin. Wenn er von gottgewollter Ordnung sprach, meinte er damit die staatliche wie die gesellschaftliche, wobei man letztere besser die nichtstaatliche Ordnung nennen müßte, denn Gesellschaft war im soziologischen Sinn noch kein allgemein bekannter Begriff. Die Staatsform und -ordnung in Reich und Ländern galt ihm als brauchbar und angemessen. Über notwendige Reformen war er bereit zu reden, aber eine grundlegende Änderung hielt er nicht für erforderlich. Die gesellschaftliche Ordnung sei natürlich gewachsen und bedürfe keiner einschneidenden Korrektur. Sozialkritik war nicht verboten, aber für sie schien kein dringender Anlaß zu bestehen.

Man merkte meinem Großvater und seinen Altersgenossen den Stolz und die Freude über das »vereinte Vaterland« sehr deutlich an. Spätestens seit 1862 hatte er bewußt das Ringen um die Einigung miterlebt, wenngleich Lübeck an den Kriegen 1864 und 1866 nicht aktiv beteiligt gewesen war. Zwar hatte die Stadt damals eine Bürgergarde, aber militärisch gesehen, war das eine eher gemütliche Einrichtung gewesen. In ihr hatte auch mein Großvater gedient. 1864 wurde sie zum Krieg gegen Dänemark mit Gewehrattrappen aus dem Theaterfundus ausgebildet, rückte aber nicht aus. Geübt wurde allwöchentlich auf dem Burgfeld, an dessen hinterer Breitseite ein Gasthof lag. War die Pause zwischen den Übungen beendet, wurde laut verkündet: »Die Herren werden gebeten, die Zigarre wegzulegen, es geht wieder los.« Bei schlechtem Wetter, wenn der Regen die eine oder andere Straße in Schlammbahnen verwandelte, wurde auf dem Marsch durch die Stadt befohlen: »Rechts rünner, Holsstraat is to schietig!«

Großvaters unmittelbare Nachkommen waren in das neue

Reich hineingeboren und kannten die Zeit vor der Gründung des Norddeutschen Bundes 1867 nur noch vom Hörensagen. Für die Alten dagegen war Bismarck ein großer Staatsmann, aber dessen Mythologisierung, die sich seit 1890 mehr und mehr ausbreitete, kam ihnen nicht in den Sinn. Sie bangten nicht um den Bestand Deutschlands und wollten von Machtausdehnung und Landgewinn nicht viel wissen. Während die Jungen von der um sich greifenden imperialistischen Unruhe erfaßt wurden und von nationalem Tatendrang erfüllt waren, scheuten die Alten das Risiko. Die Machtprahlerei war meinem Großvater zuwider, überhaupt jeglicher Extremismus. Die Verachtung des Radikalen gehörte zur Lübecker Bürgerlichkeit. Wenn er von den Alldeutschen, dem Chauvinistenbund, hörte, sie wollten Holland und die baltischen Provinzen in Rußland annektieren, sagte er nur: »Pett die man nich up den Slips.«

Von der Bismarckzeit erzählte er weniger als von der Napoleonischen Besetzung, den Befreiungskriegen und der Nationalversammlung von 1848. Manches hatten ihm sein Großvater und sein Vater wie auch deren Verwandte erzählt. Die russischen Kosaken hätten sich 1812/13 im Gegensatz zu den französischen Truppen und wider alles Erwarten »ganz manierlich« benommen. Die Franzosen seien »Kretins«, in allererster Linie Napoleon I. Von dessen Genialität war keine Rede. Der Haß gegen Frankreich saß ihm immer noch tief in den Knochen.

Was meinen Großvater an den Vorgängen von 1848 interessierte, war nicht so sehr die demokratische Zielsetzung, als vielmehr der Versuch der Frankfurter Nationalversammlung, ein »vereintes Vaterland« zu schaffen. Die Abgeordneten gehörten zur Generation seines Großvaters und Vaters. Sie waren die ersten, die den Versuch einer Reichsgründung gemacht hatten. Immerhin war es eine bürgerliche und nicht eine sozialistische Revolution. Manches darüber hatte er in der Schule gelernt. So konnte er viele patriotische Lieder Ernst Moritz Arndts, Max von Schenkendorfs und Theodor Körners auswendig. Von seiner Bonner Studienzeit, als er bei der Burschenschaft Alemannia aktiv gewesen war, brachte er die feucht-fröhlichen, dann wieder tränenreichen Gesänge von Viktor von Scheffel mit, dem er besonders zugetan war. Wenn man ihn so reden hörte, hatte man den Eindruck, daß er den Freiherrn vom Stein mehr verehrte als Bismarck. Seine historische »tour d'horizon« aus Zeugenerlebnissen, von Goethe, Herder und Lessing über den Marschall Blücher, der 1806 nach einer verlorenen Schlacht in Lübeck war, über Napoleon und den Reichsfreiherrn vom Stein bis zu Kaiser Wilhelm I. und Bismarck war von einer Anschaulichkeit, wie sie kein Geschichtsbuch vermitteln konnte. Das war schon ein besonderes Erlebnis, jemanden erzählen zu hören, dessen Großvater noch Goethe gesehen und Herder gesprochen hat, der in der Linie des Urgroßvaters einen Vetter hatte, der mit Lessing befreundet gewesen war und einem Bürgermeister diente, der Bismarck und Wilhelm I. gekannt hatte!

Mein Großvater sprach, las und schrieb hochdeutsch, plattdeutsch und lateinisch gleich ausgezeichnet. Sehr kritisch achtete er auf die Sprache seiner Enkel. Salopp reden war verpönt. Beim Abiturientenexamen hat er noch einen lateinischen Aufsatz geschrieben, eine Prüfungsanforderung, die erst 1895 abgeschafft wurde. Als ich in meiner Primanerzeit Tacitus' »Annales«, die als ganz besonders schwere Lektüre galten, zur Vorbereitung für die Schule bei ihm übersetzte, las der damals Achtzigjährige den Text, als ob es deutsch sei.

Gründlich las mein Großvater die beiden bürgerlichen Lübecker Tageszeitungen. An einer großen deutschen Zeitung, etwa den konservativen »Hamburger Nachrichten«, bestand dagegen kein Bedürfnis. Dabei war er von 1890 bis 1917 Vorsitzender der Senatskommission für Reichs- und Auswärtige Angelegenheiten. Aber die deutsche Außenpolitik und die internationale Lage bewegten ihn nicht sonderlich. Das Reich zu schützen war Sache der kaiserlichen Obrigkeit. Ihr vertraute er. Gouvernemental zu denken entsprach seinen Obrigkeitsvorstellungen. In der wöchentlichen Lesemappe lagen konservativ gestimmte Zeitschriften, wie »Daheim«, »Gartenlaube« und »Die Woche«, als Witzblätter der ausgesprochen konservativ-nationalistische »Kladderadatsch« und die »Lustigen Blätter«, nicht aber der »Simplicissimus« wegen seines antikonservativen Spottes und die »Jugend« mit ihrem Hang zur modernen Kunst.

Die Geschichte der Kirchenkunst vom frühen Mittelalter bis

zu den Nazarenern – Johann Friedrich Overbeck, einer ihrer Hauptvertreter, war ein Lübecker – interessierte ihn lebhaft. Er kannte Bilder und Skulpturen in vielen Kirchen und Museen. Seinen Enkeln erklärte er sie unter unterschiedlichen Gesichtspunkten, aber in einer Sprache, die sie verstehen konnten. Für die zeitgenössische Kunst hatte er dagegen nicht viel Sinn. Romane las er nicht, auch nicht die großen zeitgenössischen Geschichtswerke wie Treitschkes »Deutsche Geschichte« und Bismarcks »Gedanken und Erinnerungen«, wohl aber Theodor Mommsens »Römische Geschichte«. Auf einem Regal stand, reichlich geschont, Brockhaus' zweibändiges Konversationslexikon. Die Klassiker waren mit Goldschnitt versehen und in Halbleder gebunden, blieben aber unbenutzt. Die Literatur hörte bei Klopstock, Goethe und Schiller auf, wenn man von Geibel absieht. Der war ein besonderes Kapitel, denn er war in Lübeck geboren, hatte hier bis zu seinem Tode gelebt und gehörte nach Lübecker Vorstellungen zu den »Klassikern«. Mein Großvater schätzte ihn sehr, und als er bei einer Kaiser-Geburtstagsfeier als Bürgermeister reden mußte, zitierte er mit vollem Ernst Geibels pathetisches Gedicht auf die Reichsgründung von 1871:

Nun wirf hinweg den Witwenschleier,
Nun gürte dich zur Hochzeitsfeier,
Oh Deutschland, hohe Siegerin!
Die du durch Klagen und Entsagen
durch vierundsechzig Jahr' getragen...
Die Zeit der Trauer ist dahin.

Als Geibel gestorben war, wurde er wie ein Fürst zu Grabe getragen. Die Frage einer Fischfrau in der Markthalle spiegelte, ihrer unfreiwilligen Komik zum Trotz, den Rang wider, den er im Bewußtsein der meisten Lübecker hatte: »Wer kricht nu de Stell? Wer wird nu Dichter?«

Was sein Verhältnis zur Religion betraf, so war mein Großvater ein gläubiger Protestant, jeglicher Frömmelei aber abgeneigt. In der Regel ging er am Sonntag in Gehrock und Zylinder in die Marienkirche und saß im 1576 geschnitzten Senatsgestühl, vor dem ein Senatsdiener stand. Meiner

Großmutter, deren Platz mit einem Namensschild aus Messing gekennzeichnet war, soll der Hausdiener mit einer Pfanne voll glühender Holzkohlen gefolgt sein, denn die Kirche konnte damals noch nicht geheizt werden. Zweimal im Jahr kam der Pastor zur »Beichte« ins Haus, die es auch in der lutherischen Kirche gab, aber anders als in der katholischen Kirche war mit dieser Beichte kein Bußzwang verbunden. Meine Großmutter servierte dem Besucher Tee, der auf einer Gasflamme im Eßzimmer gekocht wurde. Worüber während der Begegnung gesprochen wurde, wußte man nicht, aber wahrscheinlich unterschied sie sich nicht sehr von einer ganz normalen Unterhaltung.

Lübeck hatte auch an die dreitausend Katholiken. Mein Großvater sprach nicht abfällig über deren Kirche, aber ihr Gottesdienst mit seiner Liturgie war ihm unheimlich, und daß sie ein ausländisches Oberhaupt in Rom hatten, machte sie ihm suspekt. Den katholischen Pfarrer und den jüdischen Rabbiner sah er nur am Neujahrstag, wenn sie dem Bürgermeister Gottes Segen wünschten.

Einen rassisch begründeten Antisemitismus gab es übrigens nicht, wenngleich man zu nicht getauften Juden eine konfessionsbedingte Distanz zeigte. Als Primaner gab ich dem Sohn eines jüdischen Bankiers Nachhilfeunterricht. Als der fromme Mann mich fragte, ob ich seinem Sohn des Sabbats wegen die Stunden nicht am Sonntag geben könnte, stimmte ich sofort zu, zumal ich so um den Kirchgang kam. Aber mein Großvater fand es »ganz unpassend«, daß ich den Kirchgang unterließ, nur weil der andere zur Synagoge sollte. Ich verschwieg, daß ich noch einen Zuschlag für die Sonntagsarbeit erhielt.

Mein Großvater war eine Autorität in der Familie, in der »Gesellschaft« und im Amt. Weder herrisch noch verschlagen, doch gelassen und klar konnte er mit würdigem Charme überzeugen; gütig, aber nicht weich oder schwächlich, mit viel Humor ohne Zynismus, verständigungsbereit, doch ohne Neigung zu faulen Kompromissen. Seiner Autorität war er sich bewußt, kannte aber auch ihre Grenzen; so bewahrte er sie zeitlebens. Ein deftiges Wort entfuhr ihm schon mal, aber immer in Maßen. Wenn die Zigarre nicht brannte oder abblätterte, der Rotwein nach Korken schmeckte, murmelte er:

»Schiet!« oder »Dat is to schietig, da reden wir nich över!« Bei tadelnden oder derben Worten wirkte der plattdeutsche Ausdruck milder als der hochdeutsche, so zum Beispiel »He lücht«, was ins Hochdeutsche übersetzt »er schwindelt« bedeuten würde, »Deubel« statt Teufel.

Meine Großmutter Mathilde war Tochter eines begüterten Handwerkers, Seifensieders und Lichtgießers. Am Mittagstisch der Familie hatten noch die Lehrlinge gesessen. Sie war sparsam, bescheiden, aber von sanfter, unnachgiebiger Zähigkeit. Das selbstgemachte Weihnachtsgebäck für die Enkel, das Weihnachten übrigblieb, wurde in Blechdosen für das nächste Weihnachtsfest aufbewahrt. Sie hatte eine Köchin, ein Hausmädchen und einen Diener. Für Hausangestellte begann die Arbeitszeit um halb sieben Uhr morgens und dauerte in der Regel bis neun Uhr abends, bei großen Einladungen bis in die Nacht, da das Eßzimmer für das Frühstück am nächsten Morgen aufgeräumt sein mußte. Das Dienstpersonal hatte unter dem Giebel neben dem Boden kleine Kammern mit spärlichster Einrichtung. Der Lohn war kärglich, doch Trinkgelder besserten ihn zuweilen auf. Das Essen war das gleiche wie für die Familie, aber den Dienstboten wurden Fleisch, Wurst und Butter täglich zugeteilt. Dafür hatte meine Großmutter eine besondere Speisekammer neben dem Eßzimmer, für die nur sie einen Schlüssel besaß. Obgleich mein Großvater ihr monatlich das Wirtschaftsgeld zuteilte, über das meine Großmutter Pfennig für Pfennig Buch führte, wäre es ihm nicht eingefallen, ihr in den Haushalt hineinzureden. Meine Großmutter regierte also praktisch das ganze Haus, nicht nur das Personal. Symbol und Instrument ihrer häuslichen Herrschaft war der große Schlüsselkorb, den sie daheim vom Aufstehen bis zum Schlafengehen mit sich trug. Mit Ausnahme von Schränken und Schubladen für Kleidung und Tischwäsche, Bestecke und Geschirr zum alltäglichen Gebrauch war alles gut verschlossen.

Die jüngeren Dienstmädchen wurden geduzt und mußten bei Ausgang spätestens um zehn Uhr abends zu Hause sein. Kam eines erheblich später, sagte mein Großvater: »Ich muß ihr einen Schweinehund machen«, was bedeutete, daß er ihr kräftig ins Gewissen reden wollte. Zum damaligen Patriarchismus gehörte eben auch, daß meine Großeltern sich für den Lebenswandel des Personals verantwortlich fühlten. Im ganzen lebten die Hausangestellten besser als bei ihren Eltern. Die Stellungen waren aber auch aus einem anderen Grund hochbegehrt: Die Ausbildung in einem guten Haus steigerte den Heiratswert.

Neueste Geschichten, Anekdoten und Nachrichten wurden im Hause meiner Großeltern beim zweiten Frühstück erzählt. Das war eine wichtige Mahlzeit zwischen dem ersten Frühstück um halb acht, bei dem es nur Brötchen mit Butter oder Marmelade gab, und dem Mittagessen um zwei Uhr. Man aß geräucherten Fisch, den meine Großmutter aus der Markthalle mitgebracht hatte, Streichwurst, hartgekochte Eier und Käse, vor allem geriebenen »grünen Käs«. Dazu trank man Tee, gelegentlich auch Bier. Die Besucher wechselten von Tag zu Tag: Einmal kamen die Brüder und Schwestern, ein anderes Mal die Söhne und Neffen, wobei die Männer gelegentlich auch mit ihren Frauen erschienen. Die Politik wurde bei dieser Mahlzeit nur gestreift. Im Mittelpunkt des Interesses standen Lübecker Angelegenheiten, während das Geschehen in Deutschland wenig, die europäischen Ereignisse noch geringere Anteilnahme fanden, ganz zu schweigen von der Weltpolitik. Es gab ein Sammelwort für die Lübecker Themen, die »Lubecensien«. Der Besuch blieb eine halbe Stunde. Zum Schluß wurde den Herren ein Glas Portwein gereicht, dann verabschiedete man sich.

Mittags aßen die Großeltern allein, gegebenenfalls mit den Logiergästen. Die Mahlzeit bestand aus einer Suppe und einem Hauptgang mit Kompott. Klare Rinderbrühe mit Reisrand gab es nur am Sonntag, ansonsten wurde Kartoffel-, Erbsen-, Rhabarber- oder Buttermilchsuppe serviert; sonntags gab es Braten, freitags Fisch, an den anderen Tagen Hackfleischbraten (falscher Hase) oder Frikadellen, Makkaroni mit Schinken in der Backform, Kartoffelpuffer, Pfannkuchen oder Brotpudding, manchmal als Eintopf Suppen mit Fleisch und Gemüse. Nach Tisch schliefen meine Großeltern ein bis zwei Stunden. Abends aß man kaltes Fleisch und Käse mit Brot und Butter. Mein Großvater trank Bier oder Bordeaux, davon auch einige

Gläser nach Tisch. Die Enkelkinder unter zwölf bekamen abends Haferflocken, Buchweizengrütze, Grießbrei oder Milchreis mit Zimt.

Im Sommer fuhren meine Großeltern für einige Wochen nach Travemünde. Sie wohnten in einer Dependance des Kurhauses, dem »Schweizer Haus«, das heute nicht mehr steht. Es war preiswerter und weniger komfortabel als die Zimmer im Kurhaus. Jahrzehntelang bewohnten sie dasselbe große Eckzimmer in der ersten Etage, von dessen Balkon aus meine Großmutter vormittags und nachmittags dem Kurkonzert im nahegelegenen Musikpavillon lauschte. Mittags und abends aßen sie das Menü auf der großen Veranda des Kurhauses. Hier begegneten sich dieselben Familien, die sich während des übrigen Jahres im Theater, im Konzert und bei Geselligkeiten trafen.

Auch während dieser Sommerfrische in Travemünde fuhr mein Großvater morgens um halb acht mit der Eisenbahn nach Lübeck, von da aus mit der Straßenbahn in seine Wohnung und kam auf dem gleichen Weg um halb zwei zurück. Ob es seine Amtsgeschäfte verlangten oder ob es ihm am Vormittag in Travemünde zu langweilig war, weiß ich nicht. Meine Großmutter ging unterdessen zu ihrem Strandkorb und dann in die Badeanstalt zum Schwimmen. Sie trug dabei einen hellblauen, ganz weiten Badeanzug mit vielen Rüschen. Die Hose ging knapp über die Knie – nur das schickte sich. Mein Großvater schaute gern aufs Meer, scheute aber jede Berührung mit der See. Er fuhr auch äußerst ungern auf einem Schiff. Es ging ihm wohl nicht anders als Cato dem Älteren im alten Rom, der jede Fahrt zur See bereut haben soll, wenn er den gleichen Weg auf dem Land hätte zurücklegen können. Lag die große Dampfyacht des Kaisers, die »Hohenzollern«, auf der Reede vor Travemünde, mußte mein Großvater als Bürgermeister Wilhelm II. seine Reverenz erweisen und zu seinem Verdruß mit einer Barkasse übersetzen. Da der Kaiser und die Offiziere Sommeruniformen trugen, konnte mein Großvater nicht im Gehrock und mit Zylinder an Bord gehen, und so war ausgerechnet er Mitglied des Lübecker Yachtklubs geworden, um einen blauen Anzug mit Klubknöpfen und eine Klubmütze tragen zu können – für ihn ungewohnte Kleidungsstücke.

Bei dieser Abneigung gegen das Meer war es begreiflich, daß ihm der Plan meines Vaters, Seeoffizier zu werden, nicht paßte. Auch meine Großmutter hatte Angst vor der stürmischen See. Nach eingehender Beratung mit ihr soll mein Großvater zu seinem Hamburger Kollegen, dem Ersten Bürgermeister, gefahren sein. Dieser empfahl: »Lassen Sie Ihren Sohn doch auf einem richtigen Kohlendampfer nach Harwich fahren, da vergeht ihm schon die Lust!« Ein Kohlendampfer war damals wohl das Trostloseste, was es in der Seefahrt gab. Mit der Heuchelei, die durch gute Zwecke gerechtfertigt ist, schlugen die Eltern ihrem Sohn vor, eine Schiffsreise nach England zu unternehmen. Aber anders als erhofft, kehrte mein Vater begeistert von der Reise zurück. Sie hatte ihn in seinen Plänen nur bestärkt. Mein Großvater gab sich schließlich geschlagen. Und immerhin war ein Offizier der Kaiserlichen Marine besser als einer in der Königlich-Preußischen oder Königlich-Bayerischen Armee.

Das bißchen Staat kostet nicht viel

Ganz ohne Kenntnis der Geschichte und der Verfassung Lübecks versteht man das großelterliche Milieu nicht, das ich als Kind erlebt habe. Die »Freie und Hansestadt Lübeck« war unter den sechs kleinsten Bundesstaaten des Reiches der größte. Mit dem Seebad Travemünde und dreiundvierzig Dörfern zählte die Stadt vor 1914 an die 100 000 Einwohner. Sie war nicht gerade reich, aber doch eine wohlhabende Kaufmannsstadt. Das Ostseegeschäft war nicht so gewinnbringend wie der Welthandel der beiden anderen Hansestädte Hamburg und Bremen, aber einträglich. Zwar hat auch in Lübeck die Industrie vor 1914 Fuß gefaßt, Handel und Schiffahrt waren jedoch weitaus wichtiger. Kaufleute und »Gelehrte« waren die beiden angesehenen Stände. Zu den Kaufleuten gehörten die Ex- und Importeure, Händler en gros, die Reeder und später auch die Bankiers. Wer hinter einem Ladentisch stand, war Krämer und gehörte in die Kategorie des Handwerks. Die alten Unterschiede zwischen Kaufleuten und Krämern, die einen Laden hatten, bestanden also immer noch. Als Mitte der fünfziger Jahre meine älteste Tochter, die als Studentin bei meiner in Hamburg verheirateten Cousine wohnte, sagte, sie gehe zum Kaufmann, um einzuholen, korrigierte diese: »Das heißt ›Krämer‹.«

Die Tradition in den Hansestädten war eine andere als in den monarchisch regierten Gliedstaaten des deutschen Reiches. Seit 1226 freie Reichsstadt, in der Mitte des 14. Jahrhunderts das Haupt der Hanse, des Handels- und Schiffahrtsbündnisses niederdeutscher Städte, hielten sich die Lübecker etwas darauf zugute, daß sie ihre immer wieder gefährdete Selbständigkeit behauptet hatten und nie preußisch oder mecklenburgisch, welfisch oder dänisch geworden waren. Gerade dank dieser Selbstbehauptung war die Tradition, reich an historischen Zeugen und Zeugnissen, lebendig geblieben. Man war wohl deutsch und kaiserlich gesinnt, aber im Mittelpunkt stand, vor allem bei den Älteren, die »siebentürmige Vaterstadt«.

Höfisches Leben hatte es nie gegeben. Ein Herrscherhaus fehlte und wurde nicht entbehrt. Die Obrigkeit war der Rat, später der Senat; Mitglieder waren Handelsherren, nach und nach auch Juristen. Die Ratsgeschlechter, wie sie ehedem hießen, kamen und vergingen. Sie beruhten auf Herkunft und Bewährung zugleich. Die materielle Existenz der Handelsherren hing auch von der Obrigkeit ab, sie achteten deshalb bei Bestellung der Senatoren auf deren Leistungsfähigkeit. Nepotismus war zu teuer.

Zwischen den ersten Familien bestand ein reger Verkehr *par distance*. Man begegnete einander mit würdigem Respekt; Vertraulichkeit war ebenso unpassend wie höfisches Gebaren. In den Ämtern, Kontoren und zu Hause ging es patriarchalisch zu. Die Vorfahren der meisten Patrizierfamilien waren Handwerker oder Krämer gewesen. Deren Aufstieg war nur wenigen möglich, vorwiegend auf dem Umweg über Erbschaft oder Heirat. Das Universitätsstudium war bis ins 19. Jahrhundert hinein sehr kostspielig. Eine Ausnahme machte die Theologie. Für sie flossen beachtliche Stipendien, die als gottgefällige Leistung galten. Der erste Handwerkersohn, der auf die Universität ging, wurde meist Pastor, dessen Sohn Lehrer, Arzt oder Jurist, letzteres vielfach erst der Enkel. Dagegen spielte das Militärische in Lübeck – im Unterschied zu seiner Hochschätzung im übrigen Deutschland – kaum eine Rolle. Zwar war Lübeck mit der Reichsgründung zur Garnisonstadt geworden, aber die Stadt war bei Offizieren nicht sehr begehrt. Sie fühlten sich gesellschaftlich nicht für voll genommen, und sie wurden es auch nicht. Aus dem damals vor allem in Preußen sehr angesehenen Reserveoffizier machten sich die Lübecker nicht viel. Es wäre keinem Arbeiter oder Angestellten eines Handelsherrn eingefallen, diesen mit »Herr Leutnant« anzureden, wie es auf den ostelbischen Gütern üblich war. Ein reicher Handelsherr aus unserer Familie, auch er Senator, hatte in seinem Testament diejenigen Töchter, die Offiziere heirateten, auf den Pflichtteil beschränkt, und das wurde nach seinem Tod 1921 strikt eingehalten. Er war kein Gegner des Militärs, aber er mißtraute diesem Beruf, der »eben doch nicht ganz solide« sei.

Krönung einer Laufbahn in Lübeck war die Wahl in den Senat auf Lebenszeit. Diese Regelung behauptete sich auch nach 1848, als das Selbstergänzungsrecht des Senats aufgegeben und die Bürgerschaft als gewähltes Parlament an seiner Bestallung beteiligt wurde. Der Senator sollte parteiunabhängig bleiben und nicht auf Volksgunst angewiesen sein. Im übrigen durften sich nur die Mitglieder der Regierungen in den drei Hansestädten bis 1919 Senator nennen. Ihr Rang entsprach dem der Landesminister, die das Prädikat »Exzellenz« führten. In Lübeck wurden die Senatoren noch bis in die siebziger Jahre »Ew. Wohlweisheit« angeredet. Aber die altväterliche Bezeichnung verlor sich bald. Der Senat bestand vor 1919 aus sieben »Gelehrten« und sieben Kaufleuten. Man mißtraute den kommerziellen Interessen. Von Juristen hingegen wurde angenommen, daß sie neutral wären. Durch ein sehr kompliziertes Wahlverfahren war der Einfluß der Oberschicht gesichert. Thomas Mann hat es in den »Buddenbrooks« meisterhaft beschrieben. Die Wahl war ein erregendes Ereignis in der Stadt.

Der Senat war kollegiales Staatsoberhaupt, Staatsregierung und kommunaler Magistrat zugleich. Er wählte auf zwei Jahre den »Vorsitzenden Bürgermeister«. Wiederwahl war nur nach Überspringen einer Wahlperiode möglich. Der Vorsitzende Bürgermeister als oberster Repräsentant des Senats stand nach dem Hofzeremoniell im Rang den Fürsten der Einzelstaaten des Reiches gleich. Das Prädikat für die Anrede des Vorsitzenden Bürgermeisters war »Magnifizenz«, was in Hamburg sogar durch Gesetz festgelegt war. Da es in den größeren Städten der Länder Oberbürgermeister gab, unterschied man nach Art der Betonung: Bürger*meister* in den Hansestädten und *Bürger*meister in den anderen Städten. Auf die unterschiedliche Betonung wurde peinlich geachtet. Wir Kinder konnten es nicht begreifen, daß die Ober*bürger*meister weniger sein sollten als die Bürger*meister*. »Das is nu man so, wenn Großvater es sacht.«

Der Senat trat zweimal in der Woche zusammen. Aus diesem Anlaß trugen die Senatoren Frack. Mein Großvater besaß davon dreizehn und verließ das Haus natürlich stets mit Zylinder. Im Sommer ging er ohne Mantel ins Rathaus. Auf meine Frage »Ist das mit dem Frack nicht fürchterlich umständlich?«, sagte er: »Dummes Zeug, das sind wir gewohnt.« Mit dieser Bekleidung verschaffte man sich Distanz und trug Vorsorge, daß einem nicht auf die Schulter geschlagen oder gesagt wurde: »Mensch, Sie sind wohl nicht ganz bei Trost!« Thomas Mann schrieb in den »Buddenbrooks« treffend: »Es war ursprünglich um nichts mehr als das Bestreben eines Menschen der Aktion, sich vom Kopf bis zur Zehe stets jener Korrektheit und Intaktheit bewußt zu sein, die Haltung gibt.«

Das Rathaus war bei Senatssitzungen beflaggt, und vor dem Portal stand ein Doppelposten des in Lübeck stationierten Bataillons eines dem Namen nach hanseatischen, rechtlich aber preußischen Infanterieregiments. Die Posten präsentierten vor jedem, der in Frack und Zylinder zu dieser Zeit ins Rathaus kam.

Mein Großvater zeigte mir einmal kurz vor der Beratung im Rathaus den Audienzsaal, wo der Senat tagte. Auf dem großen rotbedeckten Tisch mit silbernen Leuchtern stand ein Einmachglas mit kleinen toten Stichlingen in angeschmutztem Wasser. Auf der Tagesordnung standen Maßnahmen gegen das Fischsterben in der Wakenitz. Ich lachte wegen des komischen Kontrastes, daß der hohe Senat sich in seiner Frackfeierlichkeit mit so etwas befassen mußte. Mein Großvater reagierte ungehalten: »Wir müssen in jedem Augenblick auf unsere Würde sehen, auch bei kleinen Fischen.«

Bei feierlichen Anlässen trugen die Senatoren eine Amtstracht, die mit einiger Phantasie nach dem Modell der spanischen Grandenkleidung entworfen war: mit einem schwarzen, von einem breiten Nerzband besetzten Tuchmantel mit Tellerkrause, schwarzem Rock und Brokatweste, Kniehosen, Seidenstrümpfen und Schnallenschuhen sowie einem hochköpfigen Samthut mit schmaler Krempe. Die Kosten der Anschaffung mußte jeder Senator selber tragen. Die Tracht war 1810, als Lübeck von den Franzosen besetzt war, abgeschafft und 1913 wieder eingeführt worden. Die Ratsdiener waren bei Sitzungen des Senats und der Bürgerschaft sowie bei anderen offiziellen Anlässen mit rotem Frack und schwarzen Escarpins bekleidet. Der erste Ratsdiener, Böttcher, beherrschte jedes Zeremoniell, dirigierte die Dienerschaft und übte sie ein. Einen höheren Beamten für Protokollfragen gab es nicht. Im Ritual der Repräsentation war er die anerkannte Kapazität. Allerdings hatte Böttcher eine Schwäche: Nach dem Festessen des Senats, wenn die Tafel verlassen war, trank er aus den Gläsern der jeweils höchstgestellten Gäste den restlichen Wein, aber nur aus diesen. Die Wonne lag im Genuß jenes Weins, den diese Herrschaften allerhöchstselbst über ihre Lippen gegossen hatten.

Vom Herzog von Coburg-Gotha hatte Lübeck »für alt«, wie man damals sagte, einen Salonwagen erworben, der den D-Zügen im Bedarfsfall angehängt wurde. Mit ihm fuhr mein Großvater bei offiziellen Anlässen. Begleitet wurde er von einem Ratsdiener, meist Böttcher. Wir fragten meinen Großvater: »Was macht denn der die ganze Zeit in Berlin oder Leipzig?« »Dscha«, antwortete er dann, »der trägt die Koffer. Und dann muß ich ja bei Hoffestlichkeiten die Escarpins mit den seidenen Strümpfen tragen. Da hilft er mir beim Anziehen. Das kann ich nu wirklich nicht allein.« Damals konnte man eben aus einem Salonwagen nicht einfach den Gepäckträger herbeirufen.

Tag für Tag prüfte meine Großmutter den Sitz der Kleidung ihres Mannes. Es gab für sie ein fürchterliches Beispiel: Der gleichaltrige König Ludwig III. von Bayern trug Korkenzieherhosen! Man konnte es auf den Illustrierten sehen. Das durfte ihrem »Georch« nicht passieren.

Von den begüterten Kaufleuten hatten einige wenige eine eigene Kutsche, nicht hingegen der Senat. Bei feierlichen Anlässen wurde von einem privaten Fuhrunternehmen eine Hochzeitskutsche, ein Coupé, gemietet. Das hatte auf der Rückseite ein aufklappbares Trittbrett mit silbernen Griffen zum Festhalten für den Ratsdiener. Der Kutscher trug einen Mantel mit Pelerine und Zweispitz, der Ratsdiener einen blauen Mantel mit silbernen Knöpfen und einen Zylinder mit silberner Borte, in die der Lübecker Doppeladler gewebt war. Dennoch war man bei aller Großzügigkeit in kleinen Dingen sparsam. Mein Großvater pflegte zu sagen: »Das bißchen Staat kostet nicht viel.« Die Repräsentationsaufwendungen Lübecks lagen weit unter den Kosten für die Hofhaltung eines kleineren fürstlichen Gliedstaates. Manchem mag dieses Zeremoniell und alles, was dazu gehörte, heute operettenhaft erscheinen. Für die Lübecker war es damals im Verhältnis zum wilhelminischen Prunk angemessen bescheiden und jedenfalls ausreichend, die eigene Staatlichkeit zu präsentieren.

Die Bürgerschaft hatte hundertzwanzig Mitglieder. Bis 1919 wurden hundertfünf Mitglieder von Bürgern gewählt, die dreitausend Mark versteuert hatten, fünfzehn von allen übrigen. Es war also ein ausgesprochenes Klassenwahlrecht. Wer höhere Steuern zahlte, beanspruchte ein größeres Recht, über die Ausgaben zu entscheiden. Wer wegen Arbeitslosigkeit kein Einkommen hatte, bekam Armenunterstützung, verlor aber damit auch das Wahlrecht. Für eine Reihe Ressorts, so Finanzen und Steuern, Medizinal-, Bau- und Schulwesen, städtische Werke, bestanden Verwaltungskollegien, Deputationen unter Vorsitz eines Senators. Diesen Deputationen, die eine spezifische Einrichtung der Hansestädte waren, gehörten von der Bürgerschaft gewählte Mitglieder, aber auch wahlberechtigte Einwohner an. Damit war ein gewisses Mitbestimmungsrecht der Bürger gewährleistet, zumindest derjenigen, die den oberen Schichten angehörten.

Im Bundesrat, neben dem Reichstag die andere gesetzgebende Körperschaft, in der die Fürsten und Senate vertreten waren, hatten die drei Hansestädte von achtundfünfzig Stimmen je eine – wie fünfzehn kleinere Staaten auch. Sie wurden – übrigens seit den Reichstagen des 17. Jahrhunderts – durch einen gemeinsamen Gesandten repräsentiert. Er stimmte in der Regel für die drei Hansestädte in gleicher Weise ab. Zur »hanseatischen Gesandtschaft« gehörten 1913 außer ihm noch ein Registrator und ein Kanzlist. Wie einfach muß damals die Gesetzgebung gewesen sein! Ein gemeinsamer Gesandter konnte die Hansestädte angesichts ihrer relativ geringen Interessenunterschiede vertreten. Im Bundesrat gab es keine Parteien. Alle Länder- und Stadtstaatregierungen waren entweder von den Monarchen, unabhängig von den Parlamenten, ernannt oder wurden in den Stadtstaaten nach einem die Nobilität begünstigenden Wahlrecht auf Lebenszeit bestellt. Es war eine Körperschaft konservativ gesinnter hoher Landesbeamter.

Die Vorstellungen, die die Generation meines Vaters von einer Verfassung besaß, waren äußerst spärlich; eine Ausnahme machte mein Onkel, der Staatsanwalt, später Richter wurde. Aber die Staatlichkeit, die sie erlebt hatten, bestimmte, wenn auch ungenau, ihren Lebensstil. Mein Vater erzählte später, als Seekadett oder Fähnrich sei er, selbstverständlich in Uniform, mit seinem Vater, der einen Tagesanzug trug, in einer einsamen Straße seinem unmittelbaren Vorgesetzten begegnet. Er unterließ die vorgeschriebene Ehrenbezeugung, da nach seiner Auffassung von der staatsrechtlichen Stellung seines Vaters der Offizier zuerst zu grüßen habe. Am nächsten Tag wurde er beim Rapport zur Rede gestellt. Die wahrscheinlich unbedarft vorgetragene Begründung wurde nicht anerkannt – drei Tage Hausarrest. Wie sollte auch ein Kapitänleutnant die fünfzehn Fürsten und die Bürgermeister der drei Hansestädte in Zivil erkennen können!

Dem Bürgerstolz der Lübecker entsprach ein keineswegs nur auf die Oberschicht begrenztes Bürgerinteresse. Die Stadt verfügte dank der Großzügigkeit ihrer Bürger über eine Vielzahl privater, kultureller und karitativer Einrichtungen, Vereine und Stiftungen. Von auswärtigen Besuchern wurde die Überlegenheit Lübecks in karitativen und kulturellen Einrichtungen gegenüber gleich großen preußischen Städten unumwunden anerkannt. Ehrenämter waren begehrt und die Bereitwilligkeit groß, sie zu übernehmen und mit Hingabe auszuüben. Das Ansehen des einzelnen wurde gemessen am Rang und an der Zahl der Ehrenämter. An solidem Fleiß gebrach es nicht, aber es gab kaum einen, der sich in seinem Beruf, im privaten wie im öffentlichen, so verzehrte, daß es ihm an Muße fehlte. Auch das gehörte zur Bürgerlichkeit. Die Lübecker waren im allgemeinen weder untätig noch phantasielos, aber bedächtig und hielten auf Solidität. Sie schätzten den Wohlstand, blieben jedoch in ihrem Rahmen genügsam. Prunk und Protzerei scheute man. Man war nicht gerade fremdenfeindlich, jedoch ging man gegenüber dem, dessen Eltern und Großeltern man nicht von Angesicht kannte, eher auf Distanz. Sonderbarerweise verschwägerte man sich auch nur selten in eine andere Hansestadt. Tony Buddenbrook mit ihrem Bendix Grünlich aus Hamburg war eine solche Ausnahme. Prompt ging es dann ja auch schief.

Eine große Rolle im öffentlichen Leben der Stadt, anregend und fördernd, aber ohne parteipolitische Aktivität, spielte die »Gesellschaft zur Förderung gemeinnütziger Tätigkeit«. Sie war ein Verein der Bürger von Bildung und Besitz. Die Gesellschaft war 1789, im ersten Jahr der Französischen Revolution, gegründet worden. Damals, erst recht im 19. Jahrhundert, sind solche Bürgervereine in vielen Städten entstanden. Die Gesellschaft hatte schon bei der Gründung eine Bibliothek eingerichtet und schuf eine Reihe von Einrichtungen, die später vom Staat übernommen wurden, so die Navigationsschule, die Gewerbe- und Industrieschule sowie den Verein für Statistik. Vorträge und Konzerte wurden veranstaltet, und es gab Tanzfeste, die als Heiratsmarkt dienten. Die Gesellschaft hatte auch reiche Sammlungen für die Museen gestiftet und unterhielt sie. Bis zur vollen Verstaatlichung unterstanden diese ihrer Aufsicht, nicht der des Senats. 1837 hatte sie die Spar- und Anleihekasse gegründet. Sie wurde das fiskalische Rückgrat der Gesellschaft. Es gab kaum einen Lübecker besseren Standes oder Ranges, der nicht Mitglied der »Gemeinnützigen« war. Allerdings mußte man sich behutsam um die Aufnahme bewerben oder eine Aufforderung abwarten.

Die »Gemeinnützige« stellte durch ihre Ausschüsse eine Verbindung zwischen dem Bürgertum, wie es sich damals verstand, und dem Senat dar, andererseits waren die Deputationen in den Ressorts Verbindungen zwischen Senat und Bürgertum. So wurde das hergestellt, was man heute »Bürgernähe« nennt, was damals jedoch anders verstanden wurde. Von Eintracht war wohl kaum die Rede, aber es bestand dank der gesellschaftlichen Homogenität ein ausgeprägter Gemeinsinn. Diese Verzahnung von privaten und öffentlichen Angelegenheiten ist charakteristisch für das Lübeck vor 1914. Öffentliches wurde gleichsam als private Angelegenheit behandelt, aber mit der Maxime aus dem Römischen Recht von der »diligentia quam in suis rebus«, also von »derjenigen Sorgfalt, die es in eigenen Angelegenheiten anzuwenden gilt«. Private Angelegenheiten wurden so behandelt, als ob sie öffentlich wären, um vor Staat und Kirche bestehen zu können. Möglich war das nur bei Wahrung von Tabus und der strikten Einhaltung von Konventionen. Das konnte unbequem, ja peinlich sein. Aber Tabus und Konventionen waren »Schutzwälle« zur Erhaltung der Ordnung und damit zur Daseinssicherung der Oberschicht. Sie standen im Mittelpunkt des bürgerlichen Denkens, wenn auch meist unausgesprochen. Ein Verbotswort gab es, in dem das zum Ausdruck kam. Damals häufig gebraucht, ist es heute fast vergessen: »Das schickt sich nicht.« Es traf die unterschiedlichsten Lebensbereiche. Es schickte sich nicht, Kartoffeln und Fisch mit der Stahlklinge zu schneiden, auf der Straße rechts von den älteren Herren, den Vorgesetzten oder Frauen zu gehen, lästerlich von der Obrigkeit, der Kirche und den Eltern zu reden oder in Damengesellschaften Obszönitäten, Redensarten und Ausdrücke, selbst medizinische, zu gebrauchen. Aber auch Herren unter sich konnten streng sein. Mein Großvater etwa hätte Obszönitäten in seiner Gegenwart niemals geduldet.

Vergleichbare unausgesprochene Maßstäbe galten für das Selbstverständnis der Mitglieder der Stadtregierung, die wegen des beschränkten Zugangs zu den Ämtern oft mehr oder minder eng miteinander verwandt waren. Jedenfalls kannten sie sich alle. Mein Großvater und sein gleichaltriger Vetter Hermann zum Beispiel gehörten zur gleichen Zeit dem Senat an und hatten sich zeitweise in dessen Vorsitz abgewechselt. Auch der Schwiegersohn des ältesten Bruders meines Großvaters war Senator – ganz abgesehen von den Verwandten, die in der Bürgerschaft saßen. Von einer Macht der Familie in der Stadt war dennoch nicht die Rede. Die drei miteinander verwandten Senatoren redeten sich bei Senatssitzungen wie überhaupt bei amtlichen Gelegenheiten mit »Sie« an. Keinem von ihnen wäre es in den Sinn gekommen, vom anderen in eigenen geschäftlichen Angelegenheiten eine Amtsgefälligkeit zu erbitten. Vetternwirtschaft und Patronage gab es nicht. Sie galten als unwürdig, als »ordinär«, wie man gerne sagte. Das alles wäre gegen die Ehrbarkeit gegangen, an die man glaubte und die man ständig kontrollierte.

Die Integrität war nicht nur eine moralische Pflicht, sie entsprach auch der Würde des Amtes und sollte diese stützen. Deshalb war es unziemlich und sinnlos, sich der Integrität zu rühmen. Die politische Moral, wie sie in den Pflichten des Rechtspositivismus und in der Ehrbarkeit zum Ausdruck kam, entsprach den Standesvorstellungen der Stadtaristokratie. Der Staat mußte anständig sein, wenn er Anständigkeit von seinen Bürgern verlangte. Darauf beruhte seine Autorität, und Autorität ist, solange sie besteht, Macht. Die Oberschicht hatte die Vormacht, nicht zuletzt durch das Wahlrecht zum Senat und zur Bürgerschaft; Lübeck war ihr Stadtstaat. Ihr schadete eine Verletzung des Anstands und der Ehrbarkeit am ehesten, mittelbar und unmittelbar, weil sie die Interessen verletzen und das Ansehen gefährden konnte, auf denen die Macht beruhte. Die politische Moral war in den Standesinteressen verwurzelt. Wer sich um der Ehrbarkeit willen Vorteile entgehen ließ, war nicht dumm, sondern unterließ einen Verstoß, eine Gefährdung der Stellung seines Standes, von der seine eigene Position abhing. Ein Argument meines Großvaters gegen die Demokratie war, daß es einen ungeschriebenen, aber verbindlichen Moralkodex für Massen nicht geben könne. Von dieser Vorstellung hielt sich noch einiges in den Anfängen der deutschen Demokratie 1919/20.

Das Amtliche und das Private

Ein besonderes Ereignis für den Bürgermeister war der Neujahrstag. Morgens um neun Uhr brachte die Militärkapelle ein Ständchen. In der Küche wurde in großen Kesseln Glühwein mit Zucker und Nelken gekocht, Berliner Pfannkuchen bereitgestellt. Kurz vor zehn Uhr fuhr mein Großvater in der Kalesche zur Marienkirche. Gegen elf Uhr begann der Empfang und dauerte bis gegen zwei Uhr mittags. Da kamen die Konsuln der deutschen und ausländischen Staaten in ihren vielfach ordengeschmückten Uniformen, der Senat, die Spitzen der Behörden, die Kommandeure, der Senior und die Hauptpastoren der evangelischen Kirche, der katholische Pfarrer und der jüdische Rabbiner. Es kamen auch die »Träger«, die Hafenarbeiter in Jacke und Hose aus dunkelgrauem Leinen und mit Zylinder, die ihre Neujahrswünsche plattdeutsch darbrachten. Gereicht wurden Sherry, Käsestangen und selbstgemachte Kürbis- und Quittenschnitten. Anwesend waren selbstverständlich auch die Kinder meines Großvaters und die Enkelkinder ab dem siebten oder achten Lebensjahr. Draußen standen rotbefrackte Diener, auch um die Namen der Besucher zu notieren.

An den nächsten drei oder vier Sonntagen machte mein Großvater in der geliehenen Staatskarosse Gegenbesuche. Der Diener stieg jeweils vom Tritt herab und überbrachte die Visitenkarten. Jeder wußte, daß man diesen Besucher nicht empfangen durfte. Es hieß vielmehr: Die Herrschaften bedauern. Wir fragten meinen Großvater: »Warum sitzt du eigentlich in der Kutsche, wenn du doch nicht auszusteigen brauchst? Der Wagen kann doch mit verhängten Gardinen ohne dich fahren!« Mein Großvater erwiderte: »Das wäre verwerflich!«

Der Vorsitzende Bürgermeister hatte im Rathaus zu Repräsentationszwecken ein gut ausgestattetes Zimmer, das aber selten benutzt wurde. Die meisten Senatoren erledigten ihre Amtsgeschäfte in ihrer Wohnung. Hier verband sich private Bequemlichkeit mit fiskalischer Sparsamkeit. Mein Großvater hatte in seinem Haus ein geräumiges Arbeitszimmer mit zwei Warteräumen. Ein Vorzimmer mit Sekretariat gab es nicht. Den Verkehr zwischen Haustür und Arbeitszimmer regelte allein der Diener. Jeden Morgen brachte der Ratsdiener in einer verschlossenen Mappe die Akten und holte die bereits bearbeiteten in gleicher Weise ab. Mein Großvater schrieb eigenhändig die Entwürfe auf die rechte Seite eines gefalteten Blattes. Das Konzept wurde im Rathaus in Schönschrift übertragen und dann von ihm unterzeichnet. Das dauerte seine Zeit, aber Hektik gab es nicht. Das Telefon hing an der Wand eines Vorzimmers. Dorthin mußte mein Großvater bei einem Anruf jedesmal gehen, aber er wurde ganz selten angerufen, denn für Nach- und Untergeordnete ziemte es sich nicht, ihn telephonisch zu behelligen.

Gelegentlich erschien ein Senator oder Senatssekretär. An Bittsteller, gleichgültig welchen Ranges oder Standes, kann ich mich nicht erinnern. Manchmal kam der eine oder andere Theologiestudent zu meinem Großvater, um sein Stipendium in bar abzuholen. Der Diener meldete ihn an. Noch in der Tür machte er eine tiefe Verbeugung: »Ergebenster Diener, Herr Senater, erlauben Sie, Adam Müller, Mengstraße 31, Theologiestudent in Jena.« Nachdem mein Großvater, für Kirchen und Schulen zuständig, ihn ins Zimmer gebeten hatte, begann dieser verlegen: »Ich habe eine Nachricht bekommen wegen eines Stipendiums.« Mein Großvater holte eine Akte hervor: »Das hat seine Richtigkeit, einhundertfünfundsiebzig Mark und sechzig Pfennig.« Dann wechselte er mit dem Studenten ein paar Worte über dessen Studium und die schriftlichen Arbeiten, fragte nach dem einen oder anderen Professor. Nach ein paar Minuten ging er zum Geldschrank am anderen Ende des Zimmers. Diskret drückte er mit dem Knie auf eine runde Scheibe, sie klappte auf, und er öffnete mit einem Schlüssel die Tür. Dem Studenten überreichte er das vorher schon abgezählte Geld.

Von Zeit zu Zeit kam ein Lohndiener in abgetragenem Gehrock und mit Zylinder, um den ein breiter Trauerflor mit zwei nach hinten herabhängenden Bändchen gelegt war: »Allerergebenster Diener, Herr Senater, ich habe die traurige Pflicht, den Tod der Frau Konsulin Emma Brinkfeld, geborene Stoltermann, anzuzeigen. Die Beisetzung findet am zwölften Februar zehn Uhr von dem Sterbehaus Roeckstraße 20 aus statt.« Mein Großvater murmelte einige anteilnehmende Worte und gab dem Lohndiener einen Groschen. Nach zwei Minuten kam dieser wieder, nun ohne Trauerflor: »Ich habe die freudige Aufgabe, Herrn Senater anzuzeigen, daß die Frau des Schiffsreeders Vermahlen am zehnten Februar eines gesunden Knaben genesen ist.« Mein Großvater murmelte, ohne sich auf seinem Drehstuhl umzudrehen, eine Gratulation und gab ihm wieder einen Groschen. Als der Lohndiener zum dritten Mal hereinkam, sagte mein Großvater mit leicht gehobener Stimme: »Johann, nu is genug.« »Permission, Herr Senator, der Herr Notar Kistenmaker und seine Frau Julia, geborene Weigert, zeigen die Verlobung ihrer Tochter Anna mit Herrn Gerichtsassessor Dr. Hans Lapke an.« Jetzt bekam er nur fünf Pfennig und verschwand. In feinen Kreisen waren diese mündlichen Ankündigungen üblich.

Waren auswärtige Enkelkinder zu Besuch, durfte oft eines von ihnen im Arbeitszimmer sitzen und bei weniger hohem Besuch verbleiben. So ragte das Private in das Amtliche. Aber auch das Umgekehrte kam vor. Im Sommer pflegte mein Großvater bei warmem Wetter auf der Terrasse zu arbeiten. Eines Tages tobten wir im Garten. Meine Großmutter kam zu uns: »Ihr müßt stille sein, ganz stille; Großpapa liest ein Todesurteil.« Und ein anderes Mal, es war im Januar 1913, sagte meine Großmutter zu mir: »Heute kannst du nicht in Großpapas Arbeitszimmer, er muß einen Brief an den Kaiser schreiben.« Mein Großvater erhielt alljährlich zu Neujahr ein Glückwunschtelegramm des Kaisers. Es war unterzeichnet mit »Wilhelm I.R.«. Ich wollte wissen, ob das die Anfangsbuchstaben der anderen Vornamen des Kaisers seien. »Ne«, sagte mein Großvater, »das heißt Imperator Rex – Kaiser König.« Mein Großvater bedankte sich mit einem von eigener Hand geschriebenen Brief, der zunächst im Entwurf verfaßt wurde. Die Anrede im Brief war: »Allergnädigster Kaiser und König, Allerdurchlauchtigster Kaiser und Herr«. Ich fragte: »Is das nicht ein bißchen ville?« Mein Großvater: »Ne, das is nu man so.«

Eine Besonderheit Lübecks – wie der anderen Hansestädte – drückte sich auch in dem Verhältnis zu Orden aus. Als Auszeichnungen kamen sie im 14. Jahrhundert auf, aber die Verleihungen blieben den Fürsten von Gottes Gnaden vorbehalten. Um sich der Diskriminierung zu entziehen, nur von fremden Herrschern, nicht aber von der eigenen Obrigkeit ausgezeichnet werden zu können, nahmen Angehörige der Hansestädte Orden nicht an. Die jahrhundertealte Tradition wurde erst im Ersten Weltkrieg durchbrochen. Da jeder fürstliche Bundesstaat eine eigene Kriegsauszeichnung hatte, stifteten die drei Stadtstaaten das Hanseatenkreuz, jeweils mit dem Wappen ihrer Stadt. Dieser Hanseatenorden gewann später noch eine Bedeutung: Er wurde zum Modell des Bundesverdienstkreuzes. Wie der Orden, so paßte auch das Adelsprädikat aus dem gleichen Grunde nicht zu den Hansestädten. Die Bürger Lübecks, Hamburgs und Bremens waren keineswegs prinzipiell Republikaner, sondern nur in bezug auf ihre Städte. Sie gebrauchten das Wort allerdings ungern, um nicht Erinnerungen an die Französische Revolution aufkommen zu lassen, sondern sprachen in Anlehnung an das antike Rom von »res publica«.

Ein kleines Malheur passierte beim Besuch des Kaisers 1913 in Lübeck. Er kam zur Einweihung eines von ihm gestifteten Glasfensters für die Marienkirche, das ein Bild Kaiser Friedrichs II. zeigte. Damals war mein Großvater Bürgermeister. Er empfing den Kaiser in Frack und Zylinder auf dem Bahnhof und schritt mit ihm die Ehrenkompanie ab. Auf der Fahrt zum Rathaus in der Galakutsche eröffnete ihm der Kaiser, er wolle der Marienkirche demnächst auch ein Fenster mit dem Bild Kaiser Friedrich Barbarossas stiften. Nach Zeitungsmeldungen soll mein Großvater erwidert haben: »Mitnichten, Majestät, Barbarossa hat doch Lübeck erobert.« Mein Großvater gebrauchte das Wort »mitnichten« gern, aber in diesem Fall wird er wohl eine etikettegemäße Verneinung gewählt haben. Nach dem Mittagessen sollte der Kaiser Besuch im Hause meiner Großeltern machen. Vom Oberhofmarschall war zuvor die schriftliche Anfrage gekommen, ob für Seine Majestät eine besondere Toilette in nächster Nähe des Empfangszimmers zur Verfügung stünde, die von sonst niemandem benutzt würde. Sollte das nicht der Fall sein, würde um Mitteilung gebeten, was veranlaßt wäre. Meine Großeltern waren reichlich betreten. Eine solche Toilette gab es im Haus nicht. Deshalb mußte sie in einem großen Raum direkt neben dem Eßzimmer eingebaut werden. Die Kosten trug die Staatskasse. Doch das Senatsessen zog sich so lange hin, daß der Besuch des Kaisers unterbleiben mußte. Die unbenutzte kaiserliche Toilette mußte wieder abgerissen werden. Diese Vergeudung ärgerte meine Großeltern mehr als der Ausfall des allerhöchsten Besuches.

Von seinen Reisen, von den Zusammenkünften mit dem Kaiser, den Bundesfürsten und hanseatischen Bürgermeistern konnte Großvater anschaulich und amüsant berichten, wenngleich er nicht sehr oft auf Reisen war und beispielsweise nie im Ausland gewesen ist. Nur einmal hat er als Vertreter Lübecks einer Abordnung des Reiches zum achtzigsten Geburtstag Kaiser Franz Josephs angehört und ist so nach Wien gekommen. Aber von dem gemütlich-witzigen König Friedrich August von Sachsen erzählte er in gut imitiertem sächsischem Dialekt, von Großherzog Friedrich Franz IV. von Mecklenburg-Schwerin in unverfälschtem Platt köstliche Geschichten. Er unterließ jedoch kritische, gar abfällige Bemerkungen über die herzoglichen oder königlichen Hoheiten, denn als Bürgermeister einer Hansestadt und Mitglied des Bundesrates betrachtete er sich, bei aller Bescheidenheit, doch durchaus als Gleichgestellter. Später erst habe ich gemerkt, daß allerdings auch nichts Gutes über sie gesagt worden ist. Ähnlich verhielt mein Großvater sich zu Wilhelm II.: Er nannte ihn nicht mit Namen, schon gar nicht »Willem«, sondern Majestät oder »der Kaiser«. Ihn zu beurteilen, ob lobend oder tadelnd, wäre ihm unziemlich erschienen.

Von dem Kaufmann Georg Reimpell, dem Schwiegersohn meines Großvaters, erfuhr ich eine Geschichte, die charakteristisch ist für dieses Selbstbewußtsein hansischer Bürgermeister. In den neunziger Jahren hatte der Kaiser Hamburg einen Staatsbesuch abgestattet. Die Tafel war übervoll mit goldenen Gefäßen und kostbarem Porzellan. Der Kaiser, höchst angetan von der Pracht und dem edlen Wein, klopfte dem Ersten Bürgermeister Mönkeberg auf die Schulter: »Ausgezeichnet, mein lieber Mönkeberg!« Darauf dieser: »Hoher Verbündeter, ich freue mich, daß Sie sich wohl bei uns fühlen.« Staatsrechtlich war die Anrede korrekt: Die Fürsten und Bürgermeister hatten nach der Präambel der Reichsverfassung »einen ewigen Bund« geschlossen. Aber nach wilhelminischen Zeremoniellvorstellungen war es ein Fauxpas.

Mein Großvater wurde am 1. April 1914 siebzig Jahre alt. Seit 1886 war er im Senat, bald dreißig Jahre lang. Das Alter hatte seiner Arbeitskraft und Lebenstüchtigkeit kaum etwas angehabt, dank seiner maßvollen Lebensweise. »Päppchen trinkt nicht mehr Wein und Bier als vor zwanzig Jahren«, meinte seine Frau, die ihn unmerklich, aber ständig kontrollierte.

Der siebzigste Geburtstag wurde ein großes Staats- und Familienfest. Die ganze Stadt war beflaggt, öffentliche wie private Gebäude, die Schiffe über die Toppen. Das Fest wurde am Vorabend von einem imposanten Fackelzug eingeleitet. Morgens kam das Musikkorps der Schutzmannschaft, und dann folgten in Scharen die Männergesangvereine in Gehrock und Zylinder. Das erste Lied war »Aus der Jugendzeit klingt ein Lied so weit«. Um zehn Uhr fand der Staatsakt in der Stadthalle, dem größten Saal Lübecks, statt. Mein Großvater fuhr in offener Galakutsche mit der dafür üblichen hochoffiziellen Ausstattung. Die Gratulationscour im Haus begann nach elf. Die Gratulanten mußten vielfach auf der Treppe warten, weil die Zimmer überfüllt waren. Sogar eine Straße wurde aus diesem Anlaß nach meinem Großvater benannt. Sein jüngster Bruder Theodor, der Arzt, hatte es als dritter Wortführer der Bürgerschaft zu dirigieren verstanden, daß dafür die Straße gewählt wurde, an der Großvaters Haus lag. So wohnte er jetzt Eschenburgstraße 1.

Um fünf Uhr nachmittags begann die Familienfeier mit einem Abendessen im Saal der »Gemeinnützigen«. Diesmal war es wirklich ein Diner. Auf der Bühne war eine ansehnliche Kapelle mit Klavier, Geigen, Trompeten und Trommeln postiert. Die anderen Eschenburgs waren in reicher Zahl erschienen, die Familien meiner Urgroßmutter und meiner Großmutter ebenso. Nur wenige Reden wurden gehalten. Es gab noch keine Mikrophone, man mußte sehr laut sprechen und konnte nur mit Anstrengung verstanden werden. Dafür wurde zwischen den zahlreichen Gängen gesungen – Gedichte, vielfach mit Refrains, fabriziert von Angehörigen. Es waren keine Meisterwerke der Poesie, aber manche waren witzig und flott. Gesungen wurde nach Melodien bekannter Volks- und

Studentenlieder: »Am Brunnen vor dem Tore«, »Ännchen von Tharau«, »Gaudeamus igitur« oder »Im Schwarzen Walfisch zu Ascalon«. Die Texte, nicht selten mit kitschigen Ornamenten versehen, waren vorher verteilt worden. Gegen zehn Uhr waren die Feierlichkeiten beendet. Die Tagesanstrengung war meinen Großeltern nicht anzumerken. Es war eine höchst anmutige Feier gewesen, und sie hatte, wie es schien, im tiefsten Frieden stattgefunden.

Vier Monate später, am 1. August 1914, brach der Krieg aus. An diesem Tag sollte ich für zwei Wochen zu meinen Großeltern nach Travemünde fahren. Aber meine Mutter ließ mich nicht reisen. Das war verständlich, wenngleich ich es damals nicht einsehen konnte. Noch unbegreiflicher war für mich, daß meine Großeltern in Travemünde für die vorgesehene Zeit blieben. Da war sie wieder, jene aus Gleichmut und Selbstdisziplin gemischte Gelassenheit vor allem meines Großvaters, die von jeher das Familienklima bestimmt hatte. Ernste Konflikte hatte es weder in der Großfamilie noch in den einzelnen Familien gegeben. Hektik war unbekannt, niemand von der Familie war überlastet oder überfordert. Hierarchie und Patriarchismus im öffentlichen wie im privaten Leben gehörten zur »gottgewollten Ordnung«. Gewiß kamen Unbehagen und Ärger über die Politik auf, aber die erste gefährliche Krise seit dem Krieg von 1870/71, die meine Großeltern erlebten, setzte erst im August 1914 ein. Dieser bürgerlichen Idylle sind wir uns damals nicht so bewußt geworden. Um so mehr ist sie in der Erinnerung hervorgetreten.

II.
Stolz weht die Flagge Schwarz-Weiß-Rot

Kindheit in Kiel und Cuxhaven

Am 24. Oktober 1904 kam ich zur Welt. Geboren wurde ich in der Kieler Wohnung, genauso wie meine drei Geschwister. Das Krankenhaus wurde wegen einer Geburt in der Regel nicht aufgesucht. Nur die Kinder wurden kurz vor der Niederkunft umquartiert, zunächst ohne Begründung. Ich soll bei meiner Geburt beängstigend schwach gewesen sein. Meine Mutter muß große Sorgen um mich gehabt haben, zumal sie, zwanzigjährig, allein war. Denn kurz nach der Eheschließung war mein Vater nach Tsingtau, der kleinen deutschen Kolonie in China, versetzt worden, wo er zwei Jahre bleiben mußte. Das Reichsmarineamt, die oberste Marinebehörde in Berlin, schickte mit Vorliebe jungverheiratete Offiziere in die Kolonien, weil man glaubte, sich auf deren Moral eher verlassen zu können als auf die von Junggesellen oder länger Verheirateten. Vor der Abreise meines Vaters kaufte sich das junge Paar zwei Exemplare eines Telegrammcodes, um an den teuren Übermittlungskosten zu sparen. Gleich nach der Geburt telegraphierte meine Mutter nur das eine Wort: »Kusema«. Aber mein Vater hatte den Code verlegt. Zwei chinesische »Kulis«, wie man sie damals nannte, mußten die Zimmer unter Aufsicht des Burschen auf den Kopf stellen, bis sie endlich den Code fanden. Nun endlich konnte mein Vater das Ereignis feiern.

Erst im Alter von zwei Jahren lernte ich also meinen Vater kennen. Am ersten Morgen nach seiner Rückkehr fragte ich meine Mutter entgeistert: »Was will der fremde Mann in unserem Bett?« Er hatte eine Menge Chinoiserien mitgebracht, unter anderem kleine Figuren, deren Haare unter einem Käppchen zu einem Zopf zusammengebunden waren. Das fesselte meine Aufmerksamkeit, denn Männer mit Zöpfen hatte ich noch nie zu sehen bekommen. Ich glaubte meinem Vater nicht, daß es so etwas in China wirklich geben sollte, und bestand darauf, einen lebendigen Chinesen mit Zopf zu sehen. Da fuhr denn eines Tages die Familie – mein Bruder war 1907 geboren worden – nach Hamburg, »nach Hagenbeck«, wie man damals sagte, um den berühmten Tiergarten zu besuchen. Das war zugleich eine Art »Menschenzoo«. Hinter Gittern und breiten Gräben waren Neger, Indianer, Eskimos, Inder, Araber und auch Chinesen »zu besichtigen«. Sie lebten in ihren typischen Behausungen: die Mohren in Lehmhütten, die Indianer und die Beduinen in Zelten, die Eskimos in Iglus und die Chinesen in Häuschen mit Pagodendach. Da saßen sie in ihrer exotischen Aufmachung, spielten nie gesehene Spiele, tanzten, spazierten, aßen mit Stäbchen oder einfach mit den Fingern, und hin und wieder trommelten einige. Das fanden wir rasend interessant. Später erst ist mir aufgegangen, wie fragwürdig es eigentlich war, daß man Menschen wie Affen hinter Gittern hielt und bestaunen ließ. Aber diese Epoche empfand das nicht so. Das Kolonialzeitalter hatte bis hinunter zum kleinen Mann Lust an allem Exotischen geweckt.

Als meine Eltern heirateten, war mein Vater noch nicht ein Jahr Oberleutnant, hatte also ein relativ niedriges Gehalt, allerdings dazu einen väterlichen Zuschuß. In einem Neubauviertel, das vorwiegend von Offiziersfamilien bewohnt wurde, hatten die jungen Eheleute eine Fünf-Zimmer-Wohnung gemietet. Dazu gehörte auch ein mit unbequemen Jugendstilmöbeln ausgestatteter Salon, der nur am Sonntag oder an Besuchstagen benutzt wurde. Aber Besuch gab es selten. Darunter litt vor allem meine Mutter, die eine höhere Mädchenschule besucht und in den Familien ihrer Schulfreundinnen ebenso wie mit Bekannten ihrer Eltern verkehrt hatte. Mit der Eheschließung ließ das schlagartig nach, denn die Kreise der Marineoffiziere, der Stadtverwaltung, der Universität und der Justiz lebten mehr oder weniger isoliert voneinander.

Unter den Spielgefährten aus der Nachbarschaft waren zwar Kinder von Offizieren, Richtern, Ärzten und Lehrern; aber das führte nicht zu gesellschaftlicher Annäherung der Eltern aus anderen Berufen als denen des Vaters, obwohl sich die Mütter beim Spazierengehen, Einkaufen und Abholen ihrer Kinder begegneten. Dabei lag meinen Eltern Standeshochmut fern. Machte eines ihrer Kinder eine abfällige Bemerkung über einen zivilen Beruf, wurde es sofort zurechtgewiesen. Aber infolge der Abgrenzung bekamen meine Eltern vom Zivilleben nur wenig mit. Das galt selbst für die Soldaten, die anderen Waffengattungen angehörten. In Kiel waren drei Seebataillone (Marineinfanterie) und ein Infanteriebataillon stationiert. Ich habe in unserem Haus keinen ihrer Offiziere gesehen.

Strikt verboten war uns, in die Wohnungen von Arbeitern, überhaupt von »kleinen Leuten«, zu gehen. Das hatte wohl auch etwas mit der Angst zu tun, die meine Eltern vor Feuer und Gasvergiftung hatten. Denn dort spielten die Kinder in der Küche am Herdfeuer, und die Zimmer wurden mit Öfen beheizt, während wir Zentralheizung hatten. Wir bekamen Schläge, wenn wir Petroleumlampen, Gasinstallationen oder Streichholzschachteln auch nur anrührten. Selbst wenn wir draußen auf den Feldern ein kleines Feuer anzündeten, um rohe, ungeschälte Kartoffeln oder aus dem nahegelegenen Bach geangelte Fischchen zu braten, mußten wir mit harten Strafen rechnen. Die andere große Angst war merkwürdigerweise die vor Kindesraub, vor allem durch Zigeuner. Wir durften mit Fremden nicht sprechen, erst recht nicht mit Zigeunern, und die Haustür zu öffnen, wenn es geklingelt hatte, war uns strikt untersagt. Dabei kann ich mich nicht eines einzigen Falles von Kindesraub entsinnen.

1909 wurde mein Vater nach Cuxhaven versetzt, damals eine kleine Stadt mit rund sechzigtausend Einwohnern und einer großen Garnison, die an der Elbmündung lag. Es war ein Fischerstädtchen, ein beliebter Badeort und die Anlegestation für die großen Überseedampfer. Vor allem aber beherrschte die Marine das städtische Treiben. Cuxhaven gehörte zur Hansestadt Hamburg, was man der Bevölkerung, die von der Küste oder vom Land kam, wenig anmerkte.

Meine Eltern hatten nun eine moderne Sieben-Zimmer-Wohnung, eine Köchin für die Hausarbeit und, solange wir noch nicht zur Schule gingen, ein Kinderfräulein, dann ein

Hausmädchen. Außerdem hatte mein Vater einen Burschen, der faktisch die Rolle des Hausdieners spielte. Offizieren stand ein Soldat mit dreijähriger Dienstzeit zur Verfügung, dem eigentlich die Erledigung privater Angelegenheiten oblag, etwa die Pflege der Uniform und ihres Zubehörs. Aber die Ehefrauen verstanden es weidlich, die Burschen für die Hausarbeit einzuspannen: Sie mußten Kartoffeln schälen, abwaschen, Schuhe und Metallgegenstände putzen. Dieser Dienst entzog die Soldaten der militärischen Ausbildung, aber er war begehrt wegen des besseren Essens, der Kontakte zum Küchenpersonal und des üblichen Zuschusses zum Sold. Die Burschen wohnten an Bord oder in der Kaserne, konnten also, wenn die Schiffe auf See waren, keine Hausarbeit verrichten. Wöchentlich oder vierzehntägig kamen die Waschfrau sowie eine Plätterin, jeden Monat für zwei oder drei Tage eine Näherin, die die gesamte Kinderkleidung anfertigte, manches auch für meine Mutter nähte und die Uniform meines Vaters reparierte.

Auch in Cuxhaven erschöpften sich die Geselligkeiten in Damentees oder -kränzchen und gelegentlichen Abendeinladungen. Gleichrangige besuchten sich am Abend auch formlos. Im übrigen gab es für die gegenseitigen Einladungen ein striktes Reglement. Die Initiative zur ersten Einladung mußte jeweils vom Ranghöheren ausgehen. Dieser pflegte zu sagen: »Meine Frau und ich würden uns sehr freuen, Sie mit Ihrer Gattin einmal bei uns zu sehen.« Dann machte der so Angesprochene mit seiner Frau am Sonntag einen Besuch und gab Visitenkarten ab. Darauf folgte nach dem gleichen Ritual der Gegenbesuch. Erst jetzt erging die erste Einladung.

Im Offizierskorps der Kaiserlichen Marine gab es Standesunterschiede, auf deren Einhaltung peinlich genau geachtet wurde. Aktiver Offizier konnte in der Regel nur ein Abiturient werden. An der Spitze des Offizierskorps standen die Seeoffiziere (Leutnant z. S., Korvettenkapitän, Admiral), zu denen aber auch Offiziere mit abgeschlossenem Universitätsstudium gehörten, also die Sanitätsoffiziere, die Kriegsgerichtsräte und Militärgeistlichen. Ihnen folgten mit einigem Abstand die Marineingenieure. Diese waren ursprünglich aus den technisch ausgebildeten Deckoffizieren, im Rang ähnlich den Beamten des gehobenen Dienstes (Inspektor, Amtmann), hervorgegangen. Nach 1903 war Voraussetzung für Ingenieuroffiziere das Einjährige und dreißig Monate praktische Tätigkeit in einer Maschinenfabrik, später das Abiturientenexamen.

Mein Vater legte schon bei uns Kindern Wert darauf, daß wir die Unterscheidung zwischen Seeoffizieren und Marineoffizieren beachteten. Wir durften auf keinen Fall sagen: Mein Vater ist Marineoffizier – schließlich war er Seeoffizier! Auch auf den Schiffen – außer den Torpedobooten – hatten die Seeoffiziere und die Marineingenieure zusammen mit den Zahlmeistern getrennte Messen. Die Techniker, auch die Diplomingenieure, die eine Technische Hochschule absolviert hatten, genossen in Deutschland kein sehr hohes gesellschaftliches Ansehen, ganz im Gegensatz zu Frankreich. Das änderte sich erst in der Weimarer Republik – sehr zur Empörung meines Vaters. Die Marineingenieure erhielten nun die gleichen Rangbezeichnungen, allerdings mit einem (I) gekennzeichnet, das jedoch bei der Anrede wegfiel, und trugen die gleichen Uniformen wie die Seeoffiziere. An den gesellschaftlichen Beziehungen änderte sich kaum etwas.

Hinzu kamen andere Unterschiede. Mein Vater hegte tiefes Mißtrauen gegen katholische Seeoffiziere, von denen es allerdings nicht viele gab. Religiöse Motive spielten dabei kaum eine Rolle. Herr der protestantischen Kirche waren der König von Preußen und in den einzelnen Länder die Bundesfürsten. Aber »die Katholischen« glaubten an den Papst in Rom, einen Ausländer – nicht auszudenken! Man ließ sich derartige Vorbehalte im dienstlichen Verkehr nicht anmerken, ging aber privat auf Distanz. Crew-(Dienstjahrgangs-)Kamerad meines Vaters war ein katholischer schwäbischer Adliger, der auch in Kiel stationiert war. Sie duzten sich und redeten sich mit Vornamen an. Aber im Gegensatz zu den anderen Crewkameraden ist er nie bei uns im Haus gewesen.

Selbst im Krieg waren diese Grenzen noch spürbar. Der Held der Marine war zunächst Admiral Reichsgraf von Spee, ein rheinischer Katholik, der als Chef eines Überseegeschwaders im November 1914 bei Coronel einen Seesieg über die Engländer errungen hatte. Aber er ging in einer zweiten Seeschlacht bei den Falklandinseln mit seinem Schiff unter. Wir

Kinder bewunderten ihn. Mein Vater sagte nichts, verhielt sich aber reserviert.

Diese Intoleranz – konfessionell gegenüber den Katholiken, politisch gegen die nicht streng Kaiserlichen – hielt sich übrigens auch noch in der Weimarer Republik. Ich erfuhr das als Student in Württemberg, wo das Verhältnis der Protestanten zu ihrer Kirche wohl enger war als in Norddeutschland und der Gegensatz zwischen beiden Konfessionen demgemäß noch schärfer. Der letzte König, der ein Protestant gewesen war, hatte nur eine Tochter; Kronprinz war der katholische Herzog Albrecht von Württemberg. Ein älterer Bundesbruder, Hypothekenbankdirektor in Stuttgart, ansonsten stramm konservativ und monarchistisch, sagte: »Woisch, Eschenburg, die Republik hat auch ihre Vorzüge. Mir hent koinen katholischen König.«

Mein Vater und seine Kameraden hatten auch einen starken Soupcon gegen Volksschullehrer, da diese, sofern sie die sogenannte »Mittlere Reife« hatten, nicht mehr der dreijährigen Wehrpflicht unterworfen waren, sondern nur ein Jahr dienen mußten. Nach Ablauf der Dienstzeit konnten sie zum Vizefeldwebel und später zum Leutnant der Reserve befördert werden. Die Seeoffiziere sahen in diesen Leuten Sozialdemokraten, verdächtigten sie zumindest demokratischer Neigungen und befürchteten, die Durchsetzung des Offizierskorps mit solchen »Elementen« könnte dessen Solidarität gefährden. Es wurde daher immer wieder überlegt, wie diese Art von Beförderung verhindert oder möglichst eingeschränkt werden könnte. Dabei war die angebliche Gefahr für die Marine relativ gering, denn diese nahm im allgemeinen als einjährige Freiwillige nur Kandidaten auf, die das Steuermanns- oder Kapitänsexamen der Handelsmarine besaßen.

Immerhin gab es eine Möglichkeit, den Zugang zum Reserveoffizier zu erschweren. Das war das sogenannte Ballotage-System. Stand die Beförderung eines Fähnrichs oder eines Vizefeldwebels zum Offizier bevor, so wurde das im Kasino angeschlagen, und in einem eigens dafür hergerichteten Raum wurden Urnen aufgestellt, neben denen zwei Schalen mit schwarzen und weißen Kugeln standen. Die schwarzen bedeuteten Ablehnung, die weißen Befürwortung. An dieser »Wahl« nahm jeder Offizier vom Leutnant aufwärts teil. Natürlich wurde damit noch keine endgültige Entscheidung getroffen, aber die Abstimmung diente den Verantwortlichen doch als Orientierungshilfe. Wenn man von den Standesmotiven absieht, war es Sinn der Abstimmung, die Beliebtheit eines Kandidaten bei seinen Kameraden zu ermitteln. Der Ausgang des Verfahrens hing jedoch davon ab, wie dieses Ergebnis vom Reichsmarineamt oder dem Kriegsministerium gewertet wurde.

In Kiel war mein Vater Wachoffizier auf Linienschiffen und Panzerkreuzern gewesen – einer von vielen Leutnants und Oberleutnants. In Cuxhaven wurde er Ausbildungsoffizier für Minen und Torpedos auf Spezialschiffen, dann als Kapitänleutnant Chef einer Minensuchdivision von sechs vergleichsweise kleinen Booten. Wenn mein Vater bei rauher See zu Übungen ins Seegebiet von Helgoland fuhr, war meine Mutter voller Angst. Sie fürchtete, diese »Nußschalen« könnten kentern, ließ sich aber nichts anmerken.

Sonst muß die Zeit in Cuxhaven für meine Eltern ein unbeschwertes Leben gewesen sein. Sie waren jung, mein Vater avancierte, und beide genossen das Leben in einer in sich geschlossenen Welt mit Menschen von gleichem gesellschaftlichem Rang und gleichen beruflichen Interessen. Im Winter gab es Eisbeinessen mit Syphonbier für Unverheiratete oder Alleinstehende, im Januar und Februar Tanzveranstaltungen, deren Höhepunkt der Ball beim Admiral war. Und natürlich fanden Kostümbälle statt, die monatelang vorbereitet wurden. Schon im Spätsommer bestellte meine Mutter in Hamburg einen Kostümkatalog, nach dessen Vorlage die Näherin arbeiten mußte. Im Sommer waren Verwandtenbesuche eine willkommene Abwechslung.

Das um diese Zeit erbaute Offizierskasino besaß einen für damalige Verhältnisse eher unüblichen Komfort. Am ungewöhnlichsten war vielleicht, daß es auch über eine Kegelbahn verfügte, was denn auch prompt die Frage aufwarf, ob man im Sommer beim Kegeln das Jackett ausziehen dürfe. Der Kasinovorstand konnte sich nicht einigen, und so sandte man ein Telegramm an das Kasino des Ersten Garderegiments zu Fuß in Berlin, das als das vornehmste und daher als tonangebend galt. Dessen Vorstand antwortete: »Wenn schon kegeln, dann auch im Hemd.«

Da derartige Kleidungsfragen große Bedeutung hatten, nimmt es nicht wunder, daß auch bei uns daheim eine Bagatelle zum Familienproblem wurde. Wir Kinder trugen, wie es damals üblich war, Matrosenanzüge, aber statt der deutschen Matrosenmütze mit Kokarde und hinten herunterhängenden Bändern hatten wir die kleidsamen kleinen englischen Mützen ohne Kokarde mit einer Schleife an der linken Seite. Darauf legten meine Eltern größten Wert, und was den modischen Aspekt betraf, hatten sie wahrscheinlich völlig recht. Aber bei uns Kindern sträubte sich das aufkommende Nationalgefühl gegen diese Kopfbedeckung. Zwar war auch in unseren Augen selbstverständlich Frankreich, nicht England der Feind, aber die Briten galten doch als Rivalen, insbesondere was die Marine betraf. Freilich mag das nationale Argument für viele von uns nur ein Vorwand gewesen sein: Die englische Mütze war in erster Linie eine Mütze, die bei uns die Kinder tragen mußten, und schon deshalb wollten wir sie nicht. In unserem Protest verbündeten wir uns mit den Kindern anderer Offiziere, doch die Eltern blieben solidarisch. Der Streit endete erst, als wir in Kiel Schulmützen bekamen.

In Cuxhaven begann Ostern 1911 auch meine Schulzeit, allerdings nicht in einer öffentlichen Schule. Gemeinsam mit zwei anderen Offizieren organisierte mein Vater Privatunterricht – zunächst bei einem Volksschullehrer, mit dem aber die anderen Elternpaare nicht zufrieden waren, so daß an seine Stelle dann der Küster und Organist der Garnisonkirche trat. In eine richtige Schule kam ich erst mit neun Jahren, und zwar in die dritte Klasse des Kieler Gymnasiums, die Septima. Das war 1913, als mein Vater von Cuxhaven wieder nach Kiel versetzt wurde, um dort Kommandant des U-Boot-Mutter- und Hebeschiffs »Vulkan« zu werden – also einer hochmodernen Waffe, die sich von den traditionellen Instrumenten der Seekriegsführung grundlegend darin unterschied, daß sie unter Wasser statt über Wasser operierte.

In Kiel bezogen meine Eltern eine schön gelegene Wohnung am Düsterbrocker Weg, einer Allee, die sich an der Förde entlangzog. Wir bewohnten die beiden obersten Stockwerke eines Zweifamilienhauses mit acht Zimmern. Die Reventlowbrücke, von der mein Vater mit der Barkasse ablegte, um an Bord seines Schiffes zu gelangen, lag nur fünf Minuten entfernt. Er hätte auch die Straßenbahn nehmen können, aber deren Benutzung haßte er, da Offiziere nur auf der hinteren Plattform stehen durften und einander bedrängten. Da der Düsterbrocker Weg dank seiner Lage ein beliebter Spazierweg war und da hier zahlreiche Marinegebäude standen, traf man nicht selten auf Prominenz. Ich erinnere mich, wie uns im Jahre 1913 meine Mutter eines Nachmittags auf den Balkon zur Straße hinausrief: »Der Kaiser und Prinz Heinrich kommen!« In der Tat sahen wir, wie beide an unserem Haus vorbeigingen, begleitet lediglich von einem Adjutanten. Von Leibwächtern war damals noch keine Rede.

Die ansonsten beneidenswert schöne Lage unseres Hauses brachte für meinen Vater und für uns Kinder allerdings auch gewisse Probleme mit sich. Denn in Kiel residierten Prinz Heinrich, der Großadmiral war, und Prinz Adalbert als Korvettenkapitän. Auch sie benutzten zuweilen den Düsterbrocker Weg, und wenn es der Zufall wollte, begegnete man ihnen auf einem Spaziergang. Nun war aber Offizieren wie Soldaten als Ehrenbezeugung gegenüber Fürstlichkeiten das sogenannte »Frontmachen« vorgeschrieben. Sie mußten auf den Rinnstein treten, strammstehen oder in strammer Haltung grüßen. Wären sie auf dem Trottoir geblieben, hätten die hohen Herrschaften unter Umständen auf den Rinnstein gedrängt werden können. Für den Fall, daß mein Vater mit uns beiden Kindern in diese Situation kam, übte er also mit uns im Garten das »Frontmachen«.

Woher dieses Ritual stammt, weiß ich nicht. Der Rinnstein war ja noch im 18. und teilweise im 19. Jahrhundert dem niederen Volk als Gehweg zugewiesen. Immer wieder hatte es deshalb Streitigkeiten unter den Studenten und zwischen diesen und den Bürgern gegeben, wer den eigentlichen Gehsteig benutzen durfte und wer auf den Rinnstein auszuweichen hätte. »Wo sind sie, die von Breitenstein nicht wankten und nicht wichen?« heißt es in Scheffels »O alte Burschenherrlichkeit«. Übrigens mußten auch noch nach dem Krieg in der französischen Besatzungszone die Deutschen vor dem französischen Offizier auf den Rinnstein ausweichen, wenn sie nicht einer Bestrafung gewärtig sein wollten. Im sogenannten vaterländischen Unterricht wurde das Frontmachen auch den Soldaten beigebracht. Es wurde regelrecht exerziert. Mein Vater erzählte die Geschichte von einem Unteroffizier, der mit seinen Matrosen das Kaiserhaus abhandelte und dabei einmal die Frage stellte: »Wie heißt unsere erhabene Kaiserin?«

»Ihre Majestät, Kaiserin Auguste Viktoria«, bekam er von einem Matrosen zur Antwort.

»Und was machen Sie, wenn Ihre Majestät auf dem hinteren Perron der Straßenbahn an Ihnen vorbeifährt?«

»Ich gehe in strammer Haltung an Ihrer Majestät vorbei.«

Daraufhin der Unteroffizier: »Und Ihre Majestät runter von die Straßenbahn und Sie dummes Luder rechts und links paar hinter die Ohren gehauen und wieder auf die Straßenbahn, is eins.«

Kiel war nicht nur der größte Reichskriegshafen, sondern seine Förde war auch das meistbefahrene Segelgebiet in Deutschland. Von den Engländern hatte man gelernt: Wo Marine ist, da sind auch Hochseeregatten. Seit 1882 fanden hier Regatten von Weltgeltung während der sogenannten »Kieler Wochen« statt. Der Kaiserliche Yachtklub galt als die vornehmste Seglerorganisation, überhaupt als einer der vornehmsten Klubs Deutschlands. Allein schon die blaue Schirmmütze und das blaue Jackett, beide mit Klubabzeichen, die die Kaiserkrone trugen, waren sehr begehrt. Das Attribut »kaiserlich« für einen privaten Klub war eigentlich eine Amtsanmaßung. Aber es gab auch den Kaiserlichen Automobilclub. Wilhelm II. hatte es so gewollt und genehmigt.

Der Kaiser nahm selbst an den Regatten der Kieler Woche mit seiner Hochseeyacht »Meteor« teil. Mit ihm kamen deutsche und ausländische Fürsten. Man sah auch den Reichskanzler von Bethmann Hollweg und den Marineminister, Chef des

Reichsmarineamts, Großadmiral von Tirpitz. Meine Mutter stieß mich an: »Sieh hin, der Reichskanzler!« »Aber Vati mag den nicht leiden!« »Pssst.« Oder man erblickte Bertha Krupp, die Witwe von Alfred. »Ist das der Kanonenkönig, der Mann, der da vorn auf dem Denkmal steht?« Neben Frau Krupp ging Albert Ballin, Chef der Hapag, der größten deutschen Reederei. »Hat der die großen Amerikaschiffe in Cuxhaven gebaut?« »Die Dame da mit dem großen Strohhut und der Lorgnette, das ist eine russische Großfürstin, eine Schwägerin des Zaren!« »Mutti, die raucht eine Zigarre, das gehört sich doch nicht, und dann noch auf der Straße!« »Prinzessinnen dürfen das.« »Warum die?« »Pssst.«

Wenn die Dampfyachten der Souveräne oder ausländische Kriegsschiffe Friedrichsort, ein Küstenfort am Ausgang der inneren Förde, passierten, ertönten Salutschüsse. Abends, wenn die Flaute eingesetzt hatte, gab es Diners und Bälle oder Bordfeste mit Illumination und Lampions. Zu ihnen wurden meine Eltern nicht eingeladen, was vor allem meine Mutter schmerzte. Als Kommandant eines Spezialschiffs hatte mein Vater mit der Flotte wenig zu tun. Außerdem waren Offiziere seiner Rangklasse für Bordfeste uninteressant – im Gegensatz zu den Leutnants, die für das Betanzen der Töchter unentbehrlich waren. Denn die Kieler Woche war ein Fest reicher Leute, der höchsten Herrschaften und der hohen Staatsrepräsentanten. Aber Jahr für Jahr kamen auch mehr Fremde aus ganz Deutschland, um dieses Ereignis mitzuerleben.

Das Segeln war dabei nur die eine Attraktion. Segelregatten konnte man auch, obwohl in unvergleichlich bescheidenerem Maßstab, zu Hause am nächsten See oder an breiten Flußmündungen erleben. Die eigentliche Sensation war die Flotte. Jeden Tag waren einige Kriegsschiffe zur Besichtigung freigegeben. Der Anblick dieser Schiffe, alle über die Toppen beflaggt, und die Besichtigung an Bord waren die reine Wonne – das Schiff von oben bis unten proper und blank, die Planken hell gescheuert, das Messing auf Hochglanz gebracht. Das war so, als ob der Kaiser selber an Bord wäre! Dazu Paradeuniformen zu Lande, Paradeaufmachung zur See, die Matrosen piekfein in weißen Blusen mit weißen Mützen. An Land trugen sie während der Kieler Wochen häufig kurzgeschnittene Jacken mit goldenen Knöpfen, die beiden Seiten durch ein goldenes Kettchen miteinander verbunden. Dagegen konnte kein Theater aufkommen. Jeder Matrose, der von Bord ging, mußte sich einer peinlichen Kleiderprüfung unterziehen. War ein Knopf lose oder ein Stäubchen auf Mütze oder Uniform, wurde er zurückgewiesen, um den Makel zu beheben. Durch die Straßen gingen Patrouillen, um Matrosen mit unordentlicher Kleidung an Bord zu schicken.

Mein Vater hatte nicht viel Vergnügen an den Kieler Wochen. Sie waren ihm mehr Last als Lust. Das begann damit, daß sein Schiff in der Wieck lag, einem Vorort an der Förde, und er mit seiner Barkasse auf dem Weg dorthin einen großen Teil der inneren Förde mit ihrem ungeheuren Schiffstrubel hätte passieren müssen. Um der Gefahr auszuweichen, mit dem Schiff einer Hoheit, einer Exzellenz oder sonst einer hochgestellten Persönlichkeit zu kollidieren, war die leidige Straßenbahn der einzige Ausweg. So fuhr er mit ihr bis zur Endstation und stieg dann an der nächstliegenden Brücke in die Barkasse. Im übrigen war sein Schiff, weil es zu der neuen U-Boot-Waffe gehörte, für zivilen Besuch gesperrt, und nur hohe Gäste – und auch diese nur mit einem Ausweis des Reichsmarineamts oder des Flottenchefs – hatten Zutritt. Mein Vater mußte also täglich die beste Garnitur des Dienstanzugs tragen, da mit plötzlichen Besuchen von Hoheiten und Exzellenzen zu rechnen war. Spätabends kam er nach Hause, und der Bursche mußte bis tief in die Nacht Uniform und Stiefel putzen.

Zu den Gästen, die die Marineleitung gerne sah, gehörten auch Journalisten. Sie sollten nach der Instruktion von Großadmiral Tirpitz »bereitwilligst und erschöpfend zuvorkommend« behandelt werden, um für die Marine gewonnen zu werden. Als allerdings von Berlin aus der Redakteur einer linksliberalen Zeitung angekündigt wurde, die die Flottenpolitik bekämpft hatte – oder war es sogar ein sozialdemokratisches Blatt? –, tobte mein Vater vor Wut. Das könne ihm der Großadmiral doch nicht zumuten. Er werde dem Kerl nicht die Hand geben! Aber er mußte es; Befehl war Befehl. Nach dem Besuch schickte er den Burschen einige Tage lang zum Kiosk, um »aus dienstlichen Gründen« eben diese Zeitung zu besorgen und sie ihm – natürlich »gut verpackt« – zu bringen. Aber der Redakteur hatte lediglich berichtet, daß er von einer Pinasse aus das Tauchen eines U-Bootes hatte beobachten können.

Die Kieler Woche war nicht nur der größte Segelwettbewerb in Deutschland und nicht nur eine exquisite Modenschau, die die Damen der Gesellschaft höchstpersönlich auf der Promenade, an Bord und in den Hotels präsentierten, sondern nach dem Willen von Großadmiral Tirpitz eine Parade seiner Waffengattung zur See. Diese Marinereklame war alljährlich eine großartige Gelegenheit, die Flottenbegeisterung weiter anzuheizen. Der Besucherstrom aus ganz Deutschland stieg von Jahr zu Jahr. Da das Reichsbewußtsein nur langsam wuchs und die Reichsfarben in Süddeutschland weniger bekannt waren als im vorwiegend preußischen Norddeutschland, sahen dabei viele aus dem »Hinterland« in Kiel zum ersten Mal die Kriegsflagge. Gewiß gab es einen Reichsmonarchen, und dieser wußte – im Gegensatz zu seinen beiden Vorgängern Wilhelm I. und Friedrich III. – mehr als sinnfällig in Erscheinung zu treten. Aber daß der Kaiser über eine eigene Waffengattung verfügte, erlebten viele Deutsche erst hier: Das Flaggensymbol und die imposante Flotte brachten ihnen das Deutsche Reich gleichsam zum Anfassen nahe. Auf der Förde erlebte man höchst anschaulich, was die Flotte bedeutete, und davon wußten nun die Besucher den Leuten zu Hause am Stammtisch, in Vereinen und im Kränzchen zu erzählen.

Die Marine und ihr Halbgott

Wenn man im Milieu von Marine und Flotte großgeworden ist, kann man von dieser Zeit nicht erzählen, ohne von Tirpitz zu sprechen. Denn es ist die »Ära Tirpitz«. Der Großadmiral und Staatssekretär des Reichsmarineamtes war es, der hinter der Werbung für die Flotte stand. Mit Recht ist von ihm gesagt worden, daß er der erste »Propagandaminister moderner Prägung« gewesen sei. Ende der neunziger Jahre hatte er in seinem Reichsmarineamt ein »Nachrichtenbüro« eingerichtet, um, wie es in seinen Erinnerungen heißt, »die geistige Mobilmachung der Massen zu inszenieren«. Das Nachrichtenbüro sollte das Bildungs- und Besitzbürgertum ansprechen, der Masse der Bevölkerung Verständnis und Interesse für die Marine beibringen und Handel und Industrie die Identität von Flotten- und Wirtschaftspolitik suggerieren. Die Wissenschaften, in erster Linie Nationalökonomie, Jura und Geschichte, sollten herangezogen werden, um Argumente für die Marine zu finden und die öffentliche Meinung gegen die Flottenskepsis, wenn nicht Flottengegnerschaft der Parteien mobil zu machen.

Mein Vater dagegen konnte das Hofieren von Abgeordneten und Journalisten nicht verstehen. Über die Flotte führte der Kaiser den Befehl, mochten Abgeordnete reden und Journalisten schreiben, was sie wollten. Von der Verfassung hatte er nur magere Vorstellungen. Tirpitz aber kannte und durchschaute das Verfassungsgefüge. Er verachtete die »Quasselbude« und die »Journaille«, beherrschte aber virtuos deren Mittel und Methoden, um sie zu gewinnen oder zu bekämpfen.

Tirpitz hatte auch keine Hemmungen, um sein Ziel zu erreichen. Ihm lag der moderne, damals noch weithin unbekannte Stil des Managers mehr als der des Offiziers und Beamten. Die Armee lebte in der zweihundertjährigen Tradition siegreicher Schlachten und großer Feldherren, die auch ins Volksbewußtsein tief eingedrungen war. Das fehlte der Marine und sollte durch Propaganda ersetzt werden, so unpreußisch das auch sein mochte. Ende der neunziger Jahre wurde deshalb der Deutsche Flottenverein gegründet. Tirpitz bediente sich der liberalen Einrichtung eines rechtlich freien Vereins, der nach außen unabhängig zu sein schien, tatsächlich aber vom Reichsmarineamt gesteuert wurde, gerade auch dort, wo er in seiner Agitation über die Planung des Reichsmarineamts hinausging. Er sollte zu einer Flottenbewegung im deutschen Volk werden, und mit rund dreihunderttausend Mitgliedern wurde er es auch.

Mein Vater mochte den Flottenverein dagegen nicht und hielt ihn für überflüssig. Das Seeoffizierskorps war zwar zu weitgehendem Entgegenkommen gegenüber dem Flottenverein und zur Werbung für ihn angehalten; aber mein Vater pflegte in diesem Sinn nur auf direkte Weisung zu handeln. Immerhin bewog er meine Lübecker Großmutter, Frau des

Senators und Bürgermeisters, Vorsitzende der Frauengruppe des Deutschen Flottenvereins zu werden. Aber eine Betätigung von mir im Flottenverein, etwa zum Verteilen von Flugblättern, unterband er ohne Begründung. »Macht lieber eure Schularbeiten.«

Nicht dem Flottenverein und seinen Zielen galt die ganze Leidenschaft meines Vaters, sondern der Marine des Kaisers. Dessen unentwegt kundgetane Begeisterung für die Flotte stimulierte ihn ständig, und so war die Tirpitzsche Flottenpolitik für ihn eine Selbstverständlichkeit, wenngleich ihm der Chauvinismus der Alldeutschen nicht lag. Aber aus Berufspatriotismus duldete er keinen Zweifel. Sein Vetter Bernhard, ein kluger, gewissenhafter, aber auch skeptischer Richter, fragte ihn, den er als den Überlegeneren von Jugend an sehr schätzte: »Du, Theo, meinst du wirklich, daß Deutschland einen Krieg gegen Rußland, Frankreich und England durchstehen kann?« Darauf mein Vater: »Bernhard, frag doch nicht so einen Unsinn. Das können wir nicht beurteilen, du noch weniger als ich. Das wissen aber der Kaiser und Tirpitz.«

Von einer anglophoben Stimmung war bei uns zu Hause nicht die Rede. In der Schule und in Familien von Zivilisten hatte ich das heute vergessene, damals aber weitverbreitete Wort »perfides Albion«, eine altkeltische Bezeichnung für Britannien, gehört. Als ich das zu Hause vorbrachte, sagte mein Vater: »Laß das!« Er bewunderte den siegreichen englischen Admiral Lord Nelson und wußte genau über ihn Bescheid. Als er nach dem Krieg in einem Buchladen zufällig einen Buntdruck der Lady Hamilton, der Geliebten Nelsons, fand, hängte er ihn in einem goldbronzenen Rahmen in seinem Zimmer auf, nicht weit entfernt vom Bild Friedrichs des Großen. Eine Geliebte zu sein oder sie zu haben, war damals etwas Anrüchiges. Aber bei einem Helden konnte man darüber hinwegsehen.

Seit 1900, dem Beginn der Kanzlerschaft Bülows, war Tirpitz in den Angelegenheiten, die die Marine auch nur im entferntesten betrafen, der heimliche Kanzler. Bethmann Hollweg, seit 1909 Bülows Nachfolger, leistete Tirpitz gerade in der Englandpolitik Widerstand, konnte sich aber beim Kaiser nicht durchsetzen. Bei Streitigkeiten zwischen den Reichsämtern entschied zwar der Kanzler, in Militärangelegenheiten jedoch konnte der Kaiser angerufen werden, und Tirpitz tat es. Soweit ich mich erinnere, sprach mein Vater im April 1914 mit seinem Schwager, dem Kaufmann Georg Reimpell, über das gescheiterte deutsch-englische Flottenabkommen und die Rüstungsbegrenzung. Mein Vater sagte: »Ein Flottenabkommen hätte Tirpitz sich nicht gefallen lassen.« Georg Reimpell: »Aber Theo, das ist doch Sache des Reichskanzlers.« Worauf mein Vater erwiderte: »Darüber entscheidet der Kaiser; hör' doch nicht auf das Diplomatengeschwätz!«

Mein Vater hatte in seiner Bibliothek das 1891 erschienene Werk des amerikanischen Admirals und Marinehistorikers Alfred Thayer Mahan über den Einfluß der Seeherrschaft auf die Geschichte. Inwieweit Tirpitz' These von der Weltmacht durch Seeherrschaft auf Mahan zurückging, ist unbekannt. Jedenfalls hatte Tirpitz das Werk ins Deutsche übersetzen und an die Spitzen der Reichsämter, an die Minister Preußens und der größeren Länder sowie an den Senat der Hansestadt versenden lassen, außerdem an die bundesstaatlichen Kriegsminister, sämtliche Universitäten und Hochschulen, was damals ganz unüblich war. Mein Vater hatte es auch erhalten – wie viele andere Seeoffiziere. Ob die Lektüre nur empfohlen oder sogar zur Pflicht gemacht war, weiß ich nicht, aber mein Vater hatte sie sorgfältig gelesen, und er sprach häufig mit anderen Offizieren darüber. Es war ein raffinierter Propagandaeinfall von Tirpitz, anhand eines historischen Werkes, das sich auf die Zeit von 1763 bis 1812 beschränkte, den Lesern die Zweckbestimmung der Marine zu suggerieren. Ich erinnere mich, daß Mahans Werk von einem Offizier die »Marinebibel« genannt wurde.

In der Marine litt man darunter, daß man noch keine Helden hatte, wie sie die Armee mit Seidlitz und Ziethen unter Friedrich dem Großen besaß, mit Gneisenau, Blücher und Yorck von Wartenburg in den Befreiungskriegen, mit Moltke 1864, 1866 und 1871. In Tirpitz hatte sie damals immerhin den stärksten und herausragendsten Chef einer Waffengattung. Er war auch der populärste Militär, der ehrlich bewundert wurde. Man gehorchte ihm nicht nur nach militärischem Reglement, man glaubte an ihn. Nach Bismarck war er die stärkste politische Figur. Schon durch sein Äußeres war die stattliche Erscheinung mit dem »W«-Bart – den zwei auseinanderlaufenden Spitzen, die die Figur des Buchstabens »W« zu formen schienen – zur Denkmalsgestalt prädestiniert. Ob der berühmte Tirpitzbart einzigartig war, weiß ich nicht, doch sicherlich war er es unter den Prominenten des öffentlichen Lebens. Er war das Zeichen seiner martialischen Eitelkeit. Wieviel Zeit brauchte er wohl jeden Morgen, um die Seiten der beiden Spitzen glattschneiden zu lassen? Als ich das meinen Vater fragte, verbat er sich die Frage, als komme sie einer Heldenschändung gleich. Ich hatte Tirpitz öfter ganz aus der Nähe gesehen, dafür hatte mein Vater gesorgt. Aber an wen erinnerte mich der Bart? Ich fand niemanden, am ehesten noch den römischen Gott Neptun, doch ohne Dreizack, dafür mit dem schmalen Marschallstab.

Tirpitz war im Seeoffizierskorps ein Halbgott – im Hinblick auf die Position des Kaisers durfte er mehr nicht sein. Aber es gab nicht nur einen Halbgott, sondern auch einen mit allgemeiner Geringschätzung bedachten Mann, den Admiral Georg Alexander von Müller. Er war Chef des Marinekabinetts des Kaisers, über das alle für den Kaiser und von ihm bestimmten Angelegenheiten der Marine gingen; vor allem war das Kabinett für die Personalangelegenheiten der Marineoffiziere jeglicher Art zuständig. Als »Vortragender Generaladjutant« des Kaisers hatte Müller unmittelbares Vortragsrecht bei Wilhelm II. und damit die Möglichkeit, erheblichen Einfluß auf ihn auszuüben. Keineswegs nur für meinen Vater, sondern für weite Kreise des Seeoffizierskorps war Müller der »böse Geist des Kaisers«. Ich wäre gar nicht auf ihn aufmerksam geworden, hätte ich den Namen nicht zu Hause und in anderen Offiziersfamilien, deren Söhne ich kannte, so oft gehört. Voller Haß und Verachtung wurde von ihm gesprochen. Er sei schlapp, hinterhältig, intrigant, verlogen, mit einem Wort: »die Inkarnation des Bösen«, eine pejorative, mythische Figur. Mein Vater war im allgemeinen im Gebrauch von Schimpfwörtern zurückhaltend, aber hier hatte er keine Hemmungen, auch nicht in Gegenwart von Fremden. Abwechselnd bezeichnete er Müller als Feigling, Schweinehund, Verbrecher, Verräter und Lump.

Der Kaiser war gegen alle Kritik geschützt, und Tirpitz wurde bewundert. Müller war der Prügelknabe. Dazu kam noch, daß er – weil er magenleidend war und sich im Alkoholgenuß stark zurückhielt – in der »Marine-Rundschau« das Seeoffizierskorps nachdrücklich vor Spirituosen gewarnt hatte, was die trinkfreudigen Offiziere empörte. Man verdächtigte ihn, den Kaiser in diesem Sinne beeinflußt zu haben; entscheidend aber war, daß er als ein Gegner der Flottenpolitik von Tirpitz galt.

Das Heilige Römische Reich Deutscher Nation und der Deutsche Bund wären zu politisch-ökonomischer Expansion wie England und Frankreich nicht imstande gewesen. Dem Deutschen Reich von 1871 wird man dagegen einen imperialistischen Anspruch nach dem Vorbild der beiden Großmächte nicht ohne weiteres abstreiten können. Dazu gehörte jedoch nicht nur Risikobereitschaft, sondern eine respektgebietende militärische Stärke, die aber durch die ungünstigen Grenzen Deutschlands zu Lande und zu Wasser eingeschränkt war. Es war ein existentielles Problem, ob diese Schwäche durch übermäßige Rüstung zur See hätte kompensiert werden können. Der damaligen Flotte fehlte jegliche praktische Kriegserfahrung. Sie verfügte nur über eine Berechnungs- und Seekartenstrategie. Die mangelnde kriegswirtschaftliche Vorbereitung bestätigte dann die maritime Fehlkalkulation. Doch immerhin hatte der große Soziologe Max Weber, später ein ebenso entschiedener Gegner Wilhelms II. wie ein entschiedener Vertreter der Parlamentarisierung Deutschlands, in seiner akademischen Antrittsrede in Freiburg im Mai 1895 gesagt: »Entscheidend ist auch für unsere Entwicklung, ob eine große Politik uns wieder die Bedeutung der großen Weltmachtfragen vor Augen zu stellen vermag. Wir müssen begreifen, daß die Einigung Deutschlands ein Jugendstreich war, den die Nation auf ihre alten Tage beging und seiner Kostspieligkeit halber besser unterlassen hätte, wenn sie der Abschluß und nicht der Ausgangspunkt einer deutschen Weltmachtpolitik sein sollte.« Und Friedrich Naumann, linksliberaler Abgeordneter, eine demokratische Führungsgestalt, sagte 1897: Auswärtige Politik müsse wissen, »daß in der gegenwärtigen Zeit die Erdoberfläche verteilt wird«, die Zeit der Entdeckung sei vorbei. Sich aus diesem Prozeß herauszuhalten, bedeute wirtschaftlichen und geistigen Kräfteverlust. Die notwendigen Kampfmittel müßten danach beurteilt werden, »wie sie sich zur Durchführung eines Streits mit England eignen...«. Wenn zwei Männer dieses Rangs Deutschlands Weltmachtanspruch so laut verkünden, so möge ihnen als »mildernder Umstand« ihre militärische Unerfahrenheit nachgesehen werden. Immerhin zeigen beide Beispiele, daß damals demokratische Zielsetzung und die Ablehnung imperialistischer Politik nicht schlechthin miteinander identisch waren, jedenfalls einander bedingten. Ebensowenig, daß konservativ und nationalistisch immer gleichzusetzen waren.

Dem Historiker ist die Frage »was wäre, wenn?« untersagt. Der Zeitgenosse zögert ohnehin, sie zu stellen. Sie ist bezüglich des Reiches zunächst während des Ersten Weltkriegs von Amerikanern in Gestalt der Frage aufgeworfen worden, ob eine rechtzeitige Parlamentarisierung des Kaiserreichs den deutschen Nationalismus hätte bremsen, wenn nicht gar in politisch erträgliche Bahnen lenken können. Es war weniger eine Frage als eine Behauptung. Sie läßt sich weder verneinen noch bejahen. Die Deutschen schienen in jener Zeit von einem imperialistischen Nachholbedürfnis ergriffen gewesen zu sein, das wohl schon in den siebziger Jahren eingesetzt hatte. Mit der Thronbesteigung Wilhelms II. 1888 und Bismarcks Entlassung 1890 zeigt sich dann die politische Zäsur eines Generationenwechsels. Die jetzt auf die politische Bühne traten, hatten den mühseligen, langwierigen und auch gefahrvollen Prozeß der Reichsgründung nicht mehr erlebt. Die Befriedigung darüber, daß das Ziel des Nationalstaats erreicht sei, wurde nun abgelöst durch einen neuen, bis dahin nicht gekannten Weltmachtanspruch. Nationalistischer Führungswille und nationalistische Volksstimmung begegneten einander. In der politischen, aber auch in der historischen Publizistik wurde Bismarcks vorsichtige und zurückhaltende, auf Interessenausgleich mit den anderen europäischen Mächten bedachte Außenpolitik nach 1871 kleingeschrieben oder nicht beachtet. Er selbst wurde zu einem mythischen Vorkämpfer der Weltmachtpolitik hochstilisiert.

Mein Vater hingegen kannte Bismarcks Flottenskepsis. Bei einem preußischen Landedelmann, so sagte er, sei das nicht weiter verwunderlich. Unsere ostpreußischen Verwandten dächten heute noch so. Es sei eben das unsterbliche Verdienst des Kaisers, die Bedeutung der Flotte erkannt und diese Erkenntnis im Volk durchgesetzt zu haben.

Aber von Kriegsgefahr war in meinem Elternhaus nie die Rede. Man glaubte, Deutschland würde mit seiner konsequenten Aufrüstung gleichzeitig Frieden gewährleisten. England würde es nicht wagen, das Reich anzugreifen. Wenn Kriegsangst bei den Damen aufkam – bei meiner Mutter, deren Mutter, ihrer Schwester und Cousine –, pflegte mein Vater beruhigend das Wort Bismarcks zu zitieren, die Deutschen fürchteten Gott, aber sonst nichts in der Welt. Mit diesem national imposanten, religiös unanfechtbaren Wort war das »Thema durch«, wie man im »vaterländischen Unterricht« zu sagen pflegte.

Der Großvater aus dem Osten

Sehr anders als die Einflüsse, die von der Lübecker Herkunft meiner väterlichen Familie und dem Berufsleben meines Vaters ausgingen, waren jene, die sich mit der Familie meiner Mutter verbanden. Auf diese Weise erfuhr ich etwas von der regionalen und politischen Vielfalt, die das Kaiserreich kennzeichnete. Auch hier ist es der Großvater, an den sich meine stärksten Eindrücke knüpfen. Daß er eigentlich nur der Stiefgroßvater war – meine Mutter stammte aus der ersten Ehe meiner Großmutter –, hat er uns nie spüren lassen, und wir haben diesem Umstand auch nie besonderes Gewicht beigemessen.

Großvater Moeller, beamteter Stadtrat in Kiel, war 1858 im Memelgebiet geboren worden. Er war der Sohn eines Gutsbesitzers, der allerdings – was unter den ostelbischen Agrariern selten war – für die anti-bismarcksche linksliberale Partei im preußischen Abgeordnetenhaus gesessen hatte. Er selbst nannte sich einen »Litauer«. Preußisch-Litauen war im achtzehnten Jahrhundert die amtliche Bezeichnung des Gebietes, zu dem das Memelland gehörte, und mein Großvater hat es nie verwunden, daß es durch den Versailler Friedensvertrag 1919 von

Deutschland abgetrennt und 1923 von der neuerrichteten Republik Litauen besetzt wurde. Er war Volljurist, ein vorzüglicher Verwaltungsmann, aber mit einer großen Leidenschaft für die Landwirtschaft, wie sie seine Verwandten als Gutsbesitzer in West- und Ostpreußen betrieben. Trotz dieses Interesses und der Haltung seiner großagrarischen Verwandten auf den Gütern war er wie sein Vater linksliberal, liberal-demokratisch, ohne einer Partei anzugehören. Nur in Agrarfragen dachte er konservativ.

Wie auch die Mehrheit der Linksliberalen war mein Großvater Anhänger der Monarchie, aber mit starkem Vorbehalt gegenüber Wilhelm II. Zugleich war er ein ausgesprochener Gegner der Sozialdemokratie und auch der Gewerkschaften. Seiner Frau, meiner Großmutter, hatte er beispielsweise strikt verboten, in Konsumgenossenschaften zu kaufen, weil sie den sozialistischen Gewerkschaften nahestanden. Heimlich tat sie es doch – wegen der günstigeren Preise. Wesentliches Motiv für seinen Linksliberalismus mag gewesen sein, daß er ein entschiedener Anhänger der kommunalen Selbstverwaltung war. In den städtischen Parlamenten spielten, von Ausnahmen abgesehen, die bürgerlichen Parteien keine besondere Rolle. Im allgemeinen wählte die Stadtverordnetenversammlung beamtete Stadträte nach ihrer administrativen Eignung aus. Die höheren Kommunalbeamten sollten der Qualifikation der preußischen Staatsbürokratie mit deren weitgehenden Aufsichtsbefugnissen gewachsen sein. Als Kriterium für politische Eignung im öffentlichen Dienst galt, was man »patriotisch« nannte. Aber was heißt schon »patriotisch«? In den Regierungen der konstitutionellen Monarchie gab es keine wesentlichen richtungspolitischen Unterschiede wie im parlamentarischen System. Wer als »patriotisch« galt, mußte, sofern er militärtauglich war, seinen Wehrdienst ohne wesentliche Beanstandungen abgeleistet haben und Reserveoffizier sein. Aus einer studentischen Korporation durfte er nicht ausgeschlossen sein und nicht dem katholischen Zentrum, einer linksliberalen oder gar der sozialdemokratischen Partei angehören.

Großvater Moeller liebte die Landschaft und die Menschen Ostpreußens, seiner eigentlichen Heimat, aber ihm mißfiel der Stil der altpreußischen Verwaltung. So war die vorwiegend liberale Provinz Schleswig-Holstein zu seiner zweiten Heimat geworden. In ihrer Geschichte kannte er sich genau aus, obwohl ihn sonst Geschichte nicht zu interessieren schien. Alljährlich tagte in Kiel der Provinziallandtag, der für kommunale Angelegenheiten der Provinz zuständig war. Schon vor dem Ersten Weltkrieg bot mir mein Großvater zur alljährlichen Eröffnungssitzung die Karte für einen Platz auf der Publikumstribüne an. Das war seine Art der Erziehung: Die Provinz sollte dem Enkel mit seiner Lübecker Tradition nahegebracht, anschaulich gemacht werden. Auf dem Universitätsgebäude, in dem der Provinziallandtag seine Sitzung abhielt, wehte die schleswig-holsteinische Fahne mit dem Wappen der beiden Herzogtümer. In der Aula fand die Eröffnungssitzung statt. Auch sie war mit den blau-weiß-roten Farben der Provinz geschmückt, die preußische fehlte. Alle waren im Frack. Der Oberpräsident in einem dunkelblauen Frack mit goldenen Knöpfen – für mich die kleidsamste Uniform des zivilen Dienstes.

Die Verbundenheit meines Großvaters mit seiner Heimat, vielleicht aber auch seine Neigung zum Landleben, äußerte sich nicht zuletzt in dem Vergnügen, mit dem er im Spätsommer und Herbst sonntags Haselnüsse in den holsteinischen Knicks sammelte. Oft habe ich ihn begleitet. Wir fuhren mit der Eisenbahn 4. Klasse aufs Land und wanderten, bis wir zu den geeigneten Sträuchern kamen. Belegte Brote hatten wir mitbekommen, und mittags aßen wir im Gasthaus eine Suppe, mein Großvater trank hinterher einen Korn. Hermann, sein frecher Sohn, sagte: »Louis spart nicht; die Pflücktour kostet mehr als die Haselnüsse im Laden.«

Stadtrat in Kiel zu sein, einer Stadt mit damals über einhunderttausend Einwohnern, die als größter Reichskriegshafen einen gewaltigen Aufschwung erlebt hatte, galt als gute Position. Sein Gehalt lag über dem eines Vortragenden Rates in den Ministerien (Geheimrat), was ungefähr dem gegenwärtigen Ministerialrat entsprach – nur daß diese Stufe im Gegensatz zu heute nur von wenigen erreicht wurde. Mit dreißig Jahren, also für damalige Verhältnisse relativ jung, war er von der Elbinger Stadtverordnetenversammlung 1888 zum Zweiten Bürgermeister gewählt worden. In Kiel wurde er zweimal wiedergewählt.

Er war Leiter des Tiefbaudezernats, zu dem die Verwaltung des städtischen Grundbesitzes gehörte. Damals mußten auch die Leiter der technischen, der Bildungs- und der Gesundheitsabteilungen in den Ministerien und in den entsprechenden Dezernaten der Kommunalverwaltung Juristen sein. Erst der zweite Beamte war in der Regel ein Fachmann auf dem jeweiligen Gebiet.

Großvater Moeller war ein stattlicher, gutaussehender und adrett angezogener Mann. Mit Vorliebe trug er einen unigrauen oder graukarierten Cutaway mit Hose und Weste aus gleichem Stoff. Sonntags zog er einen auf Taille gearbeiteten Marengo-Gehrock mit dunkelgrauem bis schwarzem Grundton an, trug dazu beim Kirchgang – den er nie versäumte – einen Zylinder, sonst eine schwarze oder graue Melone. Täglich las er zwei städtische Zeitungen, eine liberale und eine lokale, die ohne parteipolitische Färbung über Stadt und Land berichtete, meist gleich nach dem Mittagessen oder, wenn er nicht fertig wurde, nach dem Abendbrot. Sonst habe ich ihn, abgesehen von Fachliteratur, kaum Bücher lesen gesehen. Eine Ausnahme schien, nach seinen Zitaten zu schließen, Wilhelm Busch gewesen zu sein. Er las das konservative Witzblatt »Kladderadatsch«, weil der »Simplicissimus« ihm zu intellektuell und zynisch war. Nach meiner Erinnerung hat mein Großvater nie ein Wort über Philosophie verlauten lassen, aber er war Mitglied der Schopenhauer-Gesellschaft, nahm sogar an deren Tagung teil, als sie in Berlin stattfand. Das war merkwürdig, und ich habe mir diese Neigung nie zu erklären vermocht.

Aus seiner ganzen Einstellung heraus hatte Großvater Moeller zunächst von einer Verlobung seiner Tochter mit meinem Vater, dem Offizier, nichts wissen wollen. Nicht daß er ein Gegner des Militärs gewesen wäre, aber ein Offizier als Schwiegersohn paßte nicht in sein Bild von einer liberalen Bürgerfamilie. Überdies fürchtete er, die Ehe könne ihm die geliebte Tochter entfremden. So versuchte er, eine Zeitlang wenigstens, die Hochzeit hinauszuzögern und wollte – etwa beim Weihnachtsfest – den Marinebräutigam nicht sehen. Als schließlich ein Familiendrama drohte, gab er doch nach und richtete seiner Tochter eine Hochzeit aus, von der die Angehörigen noch nach zwei Jahrzehnten schwärmten. Im übrigen schätzten Großvater Moeller und mein Vater sich. Einen ernsthaften Konflikt zwischen beiden habe ich nicht erlebt. Die Bedingung dafür war allerdings die Befolgung einer unausgesprochenen Friedensregel: nicht von Politik zu sprechen, was immer geschehen mochte. Denn mein Großvater blieb Gegner des Imperialismus und damit auch der Schwerindustrie, in der er die treibende Kraft einer abenteuerlichen Politik sah. Gewiß waren Kriegsschiffe notwendig, aber Flottenprahlerei, nationalistische Gebietsforderungen und Deutschtümelei waren ihm zuwider. Seine Söhne dagegen, zehn und sieben Jahre älter als ich, waren Nationalisten. Wer sich nicht für deutsche Größe begeistern konnte, war nach ihrer Überzeugung auch kein Patriot. Das lernten sie schon auf der Schule, vor allem im Geschichtsunterricht, den sie in phrasenreich-nationalistischer Manier von einem rechtsliberalen Reservemajor erhielten. Zudem bewunderten sie den Marine-Schwager, der sich aber auch ihnen gegenüber mit Rücksicht auf den Schwiegervater in politischen Fragen sehr zurückhielt. Das gleiche galt für mich. Irgendwo hatte ich gehört: »Gegen Demokraten helfen nur Soldaten!« Ich zitierte es bei Tisch. Mein Vater sah mich scharf an: »Das sagst du nicht in Gegenwart von Großpapa! Hast du gehört?« Eine Begründung unterblieb. Befehl war Befehl.

Auch meine beiden Großväter in Lübeck und Kiel verstanden sich gut. In der Kommunalpolitik fanden sie hinreichend Gesprächsstoff. Beide waren Befürworter der konstitutionellen Monarchie und lehnten jeden aggressiven Nationalismus ab. Der Kieler war ein Liberaler, der Lübecker Konservativer, aber im hansischen Sinn. Großvater Moeller hätte gegen ein parlamentarisches Regierungssystem kaum etwas einzuwenden gehabt, wohl aber Großvater Eschenburg. Die Unterschiede zwischen der Auffassung beider Großväter und der meines Vaters haben wir Kinder nicht erfaßt, aber doch gespürt, und erst im späteren Lebensalter sind sie uns klargeworden. Auch der Lebensstil der ausgesprochen bürgerlichen Haushalte der Großeltern in Kiel und Lübeck unterschied sich in manchem von dem Offiziershaushalt meiner Eltern. Das alles mögen für uns Kinder Nuancen gewesen sein, die wir zunächst nur geahnt, aber im Laufe der Zeit immer mehr begriffen haben.

Im Sommer 1912 ergab sich die Möglichkeit, die Welt im fernen Osten kennenzulernen, aus der meine Mutter und meine Großeltern stammten. Die Reise galt den Verwandten, Gutsbesitzern aus der Linie meiner Großmutter in West-, anderen aus der Familie meines Großvaters in Ostpreußen. Es war die einzige große Reise, die ich in meiner Kindheit gemacht habe. Aber Reisen waren damals nicht nur für Kinder etwas Seltenes: Auch mein Vater, siebenunddreißig Jahre alt, war noch nicht in der Reichshauptstadt gewesen. So wurde in Berlin kurz Station gemacht.

In einer Pferdedroschke fuhren wir zum Brandenburger Tor. Wir Kinder durften »Unter den Linden« spazieren und das Schloß des Kaisers sehen. Wir kannten den Schlager von den Mädchen, die »Unter'n Linden« spazierengehen, vom Grammophon, und unser Vater spielte ihn mit Vergnügen auf dem Klavier. Aber bei diesem Spaziergang war ihm nicht wohl. Er fühlte sich in Zivil deklassiert, dazu störten ihn die beiden Jungen an der Hand, die ihn normalerweise, wenn er in Uniform war, ja nicht einmal anfassen durften. Und dann die Angst, einer der beiden müßte auf die Toilette!

Wir hingegen waren fasziniert von der Pracht der Offiziersuniformen, von den Husaren mit ihren Pelzmützen, an denen ein breiter roter Lappen hing, den Ulanen, die Helme mit einem viereckigen Deckel trugen, und von den Kürassieren mit glänzenden Metallhelmen mit nach hinten gebogenem Nackenschutz. Ich kannte ja die meisten Uniformen von meinen Bleisoldaten her. Sie nun im wirklichen Leben auf dem Boulevard zu sehen, war ein gewaltiges Erlebnis. Aber man sah auch Herren in taillierten Gehröcken mit Zylinder, in der Hand schicke Spazierstöcke aus Ebenholz mit silbernem oder elfenbeinernem Knauf. Elegante Kaleschen fuhren vorbei, der Kutscher in Livree auf dem Bock, ebenso der neben ihm sitzende Diener, immer mit verschränkten Armen. Nur die Eleganz der Damen interessierte uns noch nicht. Das Ganze war eine farbige, märchenhafte Parade, aber ohne Gleichschritt.

Den erlebten wir kurz vor dem Schloß, als ein Gardezug aufmarschierte, die Soldaten mit weißen Helmbüschen, das

Musikkorps mit roten. In Kiel und Cuxhaven hatten wir Matrosenkolonnen gesehen, mit einer Musikkapelle voran. Aber die Garde mit einem Hauptmann zu Pferde an der Spitze und die hinreißend schmetternde Musik – das war doch etwas ganz anderes. Die Pracht des Kaiserreichs zeigte sich uns noch einmal in ihrem ganzen Glanz.

In Ostpreußen angekommen, genossen wir die Eindrücke dieses schönen Landes. Wir besuchten das Frische Haff und die Frische Nehrung; noch vierzig Jahre später entsann ich mich wehmütig des komisch-drastischen, aber anheimelnden Dialekts dieser Gegend, als ich ihn in dem Roman »Hundejahre« von Grass wiederfand. In Cranz, einem Seebad bei Königsberg, sammelten wir Bernstein, aber nur kleine Stücke, denn die großen gehörten dem Staat, was wir nicht begriffen, aber beherzigten, denn meinem Vater war gesagt worden, hin und wieder kämen Gendarmen, um die Einhaltung dieses »Bernsteinregals« zu kontrollieren. Wir besuchten die Auktion in Trakehnen, dem berühmten Gestüt. Dort beherrschten Kavallerieoffiziere, Rennstallbesitzer, Jockeys, Militärärzte, Pferdehändler und Stallknechte das Bild. Es gab viel Allasch – einen ostpreußischen Kümmelschnaps – und wenig Brot. Aber das interessanteste war doch die Begegnung mit unseren Verwandten, die eine soziale Schicht verkörperten, die wir zu Hause nicht kannten – eben den ostpreußischen Großgrundbesitz, die sogenannten ostelbischen Junker.

Diese Verwandten waren, obzwar Gutsbesitzer, ihrer Herkunft nach und in ihrem Selbstverständnis bürgerlich, lebten in einer vorwiegend bürgerlichen Umgebung und unternahmen keinerlei Anstrengungen, ihre adligen Gutsnachbarn zu imitieren. Doch hatten sie mit ihnen ein gemeinsames Interesse an der Landwirtschaft und waren politisch daher ebenso stramme Agrarkonservative wie diese.

Völlig anders als im Westen war der Umgang auf den Gütern. Die Arbeiter und Angestellten standen, wenn sie mit dem Gutsherrn sprachen, stramm mit der Mütze in der Hand. Sofern diese Reserveoffiziere waren, wurden sie mit der entsprechenden Rangbezeichnung angesprochen, die Adligen mit Graf oder Baron, aber stets in der dritten Person. Zur Illustration wurde uns, mit ironischem Schmunzeln, die Geschichte von dem Gutsbesitzer, einem Reserveoffizier, erzählt, der mit seinem Forstarbeiter auf die Jagd geht und mit ihm die Nacht in einer Jagdhütte verbringt. Am Morgen habe der Arbeiter seinen Herrn mit den Worten geweckt: »Kommen Herr Leutnant zu Herrn Leutnant.« Die Gutsherrin war »gnädige Frau«. Gab sie die Hand, so wurde mit Verbeugung oder Knicks der Handkuß angedeutet. Hingegen duzte der Gutsherr die Arbeiter.

Am Sonntag gingen die meisten in die Guts- oder Dorfkirche. Besondere Plätze hatte die Gutsherrschaft, vielfach wurde sie in das Gebet des Geistlichen eingeschlossen. Den Mittelpunkt ihrer Güter, das »Herrenhaus«, erkannte man auf den ersten Blick: stattlich, meist in klassizistischem Stil, aber weder üppig noch protzig, sondern nicht selten sogar sehr anmutig.

Es ging altpreußisch zu, mutete in Ton und Gebaren noch friderizianisch an. Auf den großen Gütern war der Besitzer nicht nur Arbeitgeber, sondern auch Amtsperson, als Gutsvorsteher mit quasi-staatlichen Befugnissen, aber ohne Bezüge, gleichsam ein Gutsbürgermeister per Besitz, ohne gewählt zu sein. Ich erkannte die Amtsschilder mit dem preußischen Wappen am Herrenhaus oder an der Tür der Amtsstube. Vor allem aber war gar nicht zu übersehen, wie sehr das Militärische mit seiner strengen hierarchischen Ordnung den Gutsbetrieb durchdrang. Die Tagelöhner lebten im übrigen nicht selten seit Generationen auf dem Hof. Sie waren in gewissem Sinn Untertanen, ihrer Pflicht zum Gehorsam entsprach die patriarchalische soziale Fürsorge durch die Herrschaft, wahrgenommen zumeist durch die Gutsfrau.

Man darf sich das nicht zu idyllisch vorstellen. Ich erinnere mich, daß ich eines Tages auf dem Gut eines meiner Onkel vom Frühstückszimmer aus auf der Freitreppe eine Delegation von vierzehn oder sechzehn Arbeitern stehen sah. Die Arbeiter standen in drei Gliedern in der militärischen »Rührt-euch«-Stellung, hielten die Mütze in der Hand und baten devot um Verbesserung ihres Lohns. Zu einem Gespräch kam es nicht. Mein Onkel, vier oder fünf Stufen über ihnen stehend, entließ sie in barschem Ton. So etwas hätte es weder in Lübeck noch auf den holsteinischen Gütern gegeben. Vielleicht wären die Lohngespräche in dem einen oder anderen Fall ähnlich ausgegangen, aber das Verhältnis von Arbeitgebern und Arbeitnehmern war grundverschieden von dem in Lübeck und im Holsteinischen.

Aber das war nur die eine Seite des ostpreußischen Landlebens. Während unseres Besuchs im Spätsommer fanden die Herbstmanöver statt. Infanterie marschierte, Artillerie fuhr vorbei, Meldereiter kamen, Patrouillen tauchten am Waldrand oder in den Kornfeldern auf, Dragoner oder Kürassiere waren auf dem Gut einquartiert. Abends fand ein Galadiner statt, das seit Wochen vorbereitet war. Soviel Pracht an Silber, Porzellan und Kristall, an Tischwäsche und Blumen hatte ich noch nicht gesehen; im bürgerlichen Lübeck ging es sehr viel bescheidener zu. Bei jedem Gedeck standen fünf Gläser neben den Tellern. Sieben oder acht Gänge wurden serviert. Die Tischordnung richtete sich nach der Rangordnung im »Zeremonial für den königlich-preußischen Hof«. Sie hatte zweiundsechzig Rangstufen, an der Spitze die regierenden Fürsten, dann der Reichskanzler und die Generalfeldmarschälle, auf dem dreizehnten Platz die Minister und nach ihnen die Parlamentspräsidenten. An 47. Stelle, noch hinter den Oberhof- und Dompredigern, standen die Rektoren der Universitäten, an 58. Stelle hinter den Majoren die Abgeordneten, an letzter Stelle die Leutnants. Ich saß also, da ein Leutnant plötzlich ausgefallen war, an 62. Stelle, drei Stellen tiefer, als mein Vater plaziert worden wäre. Eine Tischordnung, wenn auch nicht so streng wie hier, gehörte damals übrigens zur Reputation. Sie gab es bei den Festen der Buddenbrooks, auf den jüdischen Familienfeiern, wie sie Georg Hermann in »Jettchen Gebert« beschreibt, und auch im Milieu der Kleinbürger, von dem Julius Stindes Erzählungen über die »Familie Buchholz« in Berlin so köstlich berichten. Auf die Tischordnung wurde mindestens soviel Mühe verwandt wie auf den Braten.

Die Offiziere, vom Obersten bis zum jüngsten Leutnant, erschienen mit zackiger Eleganz im Glanz ihrer ersten Garnituren, wie aus dem Ei gepellt. Damals trugen noch viele Armeeoffiziere ein Monokel ins Auge geklemmt. Zwischen den Gängen wurden kurze und markige Reden gehalten. Die erste Ansprache vor Beginn des Essens endete: »Hoch lebe Seine Majestät, unser Allergnädigster Kaiser und König!« Bei jedem

Hoch spielte die Kapelle einen Tusch, und dann wurde die Nationalhymne »Heil dir im Siegerkranz« gespielt und stehend gesungen. Das war keineswegs nur eine militärische Usance; so machte es jeder Bürgermeister oder Schuldirektor bei festlichen Anlässen auch. Mein Eindruck und Urteil waren bestimmt durch das Hochgefühl, trotz meiner neun Jahre einfach dabeisein zu dürfen. Die einzige Tochter des Hauses, dreizehnjährig, die ich als meinesgleichen ansah, war von zwei Leutnants flankiert, die sie als »gnädiges Fräulein« in der dritten Person anredeten.

Man sprach unter unseren Verwandten und ihren Bekannten auch oder gerade über Politik. Der eine oder andere war in Berlin gewesen und erzählte, was man in Klubs, auf Gesellschaften, in den gern besuchten Restaurants wie im »Kempinski« in der Leipziger Straße, bei »Lutter und Wegner« am Gendarmenmarkt oder in »Habels Weinstuben« Unter den Linden erfahren hatte. Man reiste gern in die Reichshauptstadt, aber das politische Berlin war in Verruf: Die Herren täten ja nichts für die Landwirtschaft. Die Privilegien im Fideikommiß – nach dem der jeweils älteste Sohn ungeteilt das ganze Gut erbte –, bei Zöllen und Steuern galten als selbstverständlich. Die hohen Agrarzölle erschienen immer noch zu niedrig. Daß Zölle eine zusätzliche indirekte Steuer für die Verbraucher bedeuteten, wußte man anscheinend in der Landwirtschaft nicht. Über die Steuerbelastung dagegen klagte man nicht. Die Grundsteuern für die Landwirtschaft waren im Verhältnis zur Besteuerung der übrigen Wirtschaft äußerst niedrig. Der Großgrundbesitz hatte zwar durch die industrielle Revolution an wirtschaftlicher Bedeutung zunehmend verloren, beanspruchte aber immer noch politischen Vorrang. Und wenn man die Reichsgründung auch als ein gewaltiges Ereignis betrachtete – was hatte sie eigentlich der Landwirtschaft gebracht? Das Interesse der verarbeitenden Industrie an ständig steigenden Exporten kollidierte mit der von den Grundbesitzern vorgebrachten Forderung nach Zollerhöhung, die rapid wachsende Industrialisierung löste eine zunehmende Landflucht der Arbeiter von den ostelbischen Gütern nach dem Westen mit den besseren Industrielöhnen aus.

Doch es gab einen Bundesgenossen: Die Kohlen-, Berg- und

Eisenwerke im Westen, aber auch in Schlesien verlangten ebenfalls Zollerhöhungen und unterstützten deshalb die agrarischen Forderungen. Beide, Schwerindustrie und Großgrundbesitz, kämpften erbittert gegen die exportierende verarbeitende Industrie. Aber im Gegensatz zur Schwerindustrie erhob man auf den östlichen Gütern keine Forderung nach Expansion. Das war ja gerade das Ärgernis: Der Kaiser dachte mehr an die Kolonien, an die Flotte mit ihren immensen Kosten, an Siemens und AEG als an die ostelbischen Güter, an das alte Preußen. Die äußeren Bedrohungen, die die neuen Führungsschichten des Kaiserreichs beschworen, ließen unsere Verwandten ziemlich kühl, selbst die Angst »vor den Kosaken«, denen sie im äußersten Osten zuallererst ausgesetzt gewesen wären, bewegte sie nicht übermäßig.

Ernsthaften Kummer dagegen bereiteten ihnen vor allem die Sozialdemokraten. Sie galten als Revolutionäre, was sie ihrem Programm nach noch sein mochten, in der Praxis aber längst nicht mehr waren. Ganz unverhohlen wünschte man sich deshalb auf den großen Gütern im Osten ein starkes Landheer gegen den inneren Feind des Landes. Wenn wir den Krieg zu Lande verlieren – und damit war in erster Linie ein Bürgerkrieg gemeint –, was, so argumentierte man, nützt uns dann die Flotte? Das wurde meinem Vater nicht so deutlich gesagt, aber er spürte es. Bisher hatte er die Gegner der Marinerüstung bei den Linksliberalen und Sozialdemokraten oder auch dem katholischen Zentrum gesehen. Nun dämmerte ihm, daß es auch einen konservativen, in erster Linie agrarischen Widerstand gab.

So dachten also die Agrarkonservativen, die »Junker«, wie nicht nur der ostpreußische Adel in der Polemik und Propaganda ihrer Gegner, ja auch im Volksmund genannt wurde. Das Wort war zur Zeit der 48er Revolution aufgekommen als spöttische Bezeichnung für die ultrakonservative Partei, die eine ständische Verfassung mit dem Großgrundbesitz als dominierendem Stand mit Hilfe eines Staatsstreichs des Königs erreichen wollte. So abfällig ist es seither benutzt worden, auch noch von den Amerikanern, die im Zweiten Weltkrieg die preußische Oberschicht so bezeichneten, in der sie einen Ursprung des deutschen Expansionswillens zu erkennen glaubten. Nun waren diese Junker zwar Erzreaktionäre, aber keine Imperialisten. Es waren – wie unsere Verwandten – zumeist solide, tatkräftige und sachkundige Landwirte, und im Gegensatz zu großen Teilen des wilhelminischen städtischen Bürgertums waren sie immun gegen den damals um sich greifenden Hang zur Großmannssucht.

Meinen Vater, der ein charmant begabter Causeur war, gesellschaftlich gewandt und nicht so konventionell wie die Armeeoffiziere, mochten die Verwandten persönlich gern. Aber daß er Seeoffizier war, zudem aus einer Stadt der »Pfeffersäcke« stammte, machte ihn zu einer fremden Erscheinung. Er erschien ihnen als exotische Figur. Sie waren keine Reichsfeinde, aber sie waren auch nicht reichsbegeistert, wie es der überwiegende Teil des Volkes damals war, bis in die Sozialdemokratie hinein. So versandete das Gespräch immer wieder in leerer Konversation. Er konnte über Bullen und Hengste, Jagden und Pferderennen nicht mitreden. Sie wußten nichts von »backbord« und »steuerbord«, von Luv und Lee. Schon besser ging es, wenn das Gespräch auf Bordeaux und Zigarren kam. So feine Zigarren wie hier hatte mein Vater noch nie geraucht, denn die gingen bei den Gutsbesitzern auf Geschäftskosten und konnten von der Steuer abgesetzt werden. Im Trinken war er kein Asket, doch der Zechlust der Ostelbier fühlte er sich nicht gewachsen. Sie hätten den Seemann gern unter den Tisch getrunken. Doch dazu ließ er es nicht kommen, was sie wiederum verstimmte.

Für meinen Vater mit seinen Hanse- und Marinevorstellungen war dieses altpreußische agrarische Milieu eine ganz neue Welt, aber im Grunde langweilte sie ihn. Mich interessierte sie hingegen, aber sie begeisterte mich nicht. Das habe ich erst gemerkt, als ich 1923/24 zum zweiten und dritten Mal nach Ostpreußen kam. Meine Mutter hingegen begriff unsere aus Anziehung und Gleichgültigkeit gemischten Empfindungen nicht. Sie interessierten sie auch nicht. Sie war glücklich, in der alten Heimat zu sein.

III.
Im großen Krieg

Jetzt kommen zuerst die Matrosen dran

Der 28. Juni 1914 war ein Sonntag. Die Großeltern Moeller waren zum Kaffee gekommen und saßen mit meinen Eltern auf dem Balkon. Es war Kieler Woche, und auf dem Düsternbrocker Weg herrschte großer Verkehr. Man sah ausländische Offiziere und Matrosen, elegante Kutschen, zahllose Fremde. Zwischen den gegenüberliegenden Häusern konnte man die Förde mit ihrem bunten Treiben sehen. Kein Wunder, daß es mir zu Hause bald zu langweilig war. Wegen des großelterlichen Besuchs am Sonntag hatte ich eine weiße Matrosenbluse an und durfte weder auf der Straße noch im Garten toben. So ging ich in die Anlagen der Marineakademie an der Förde, heute Sitz der Landesregierung von Schleswig-Holstein, fünf Minuten von unserem Haus entfernt. Da war immer etwas los. Auf den Tennisplätzen spielten oft der Kaiser oder die Prinzen und ausländische Fürstlichkeiten. Doch jetzt war der Kaiser mit seiner Yacht »Meteor« auf einer Regatta. Unentwegt kamen Barkassen an und legten mit Offizieren in stattlichen Uniformen an Bord wieder ab.

Gegen fünf Uhr zog von der offenen See her ein Gewitter auf. Ich mußte nach Hause, um nicht in den Regen zu kommen. Plötzlich bemerkte ich, daß die Menschen um mich herum wie gebannt aufs Wasser sahen, wo die Kriegsschiffe, die aus Anlaß des Flottenbesuchs zur Kieler Woche auf der Förde lagen, wie auf Kommando die Flaggen auf Halbmast setzten. Die Kapelle hatte aufgehört zu spielen. Alle drängten auf die Straße. Aus der Ferne hörte man den Donner, nur mit Mühe war vorwärts zu kommen. Wie ich mich durchschlängelte, hörte ich es: Der österreichische Thronfolger war in einer Stadt, die ich nicht kannte, ermordet worden. An der nächsten Straßenecke kaufte ich ein Extrablatt und brachte es mit nach Hause. Mein Vater überflog die Zeitung: Erzherzog Franz Ferdinand und dessen Frau waren auf der Fahrt durch Sarajevo ermordet worden. Mit der ihm eigenen Ruhe sagte mein Großvater: »Das bedeutet Krieg.« Mein Vater aber legte seine Hand auf Großvaters schwarz-weiß-karierte Hose und erwiderte: »Aber Papa, mit den Kerlen wird Österreich schon fertig.« Nun mußte ich den Atlas holen. Die Damen wurden aufgeklärt, und ich hörte aufmerksam zu. Die Rede war vom Berliner Kongreß von 1878, nach dem die Türkei einen Teil ihres Gebiets auf dem Balkan an Serbien abtreten mußte und ein anderer, nämlich Bosnien und Herzegowina, von Österreich-Ungarn zunächst nur militärisch besetzt, aber 1908 annektiert worden war. Seither herrschten Spannungen in dieser Region, geschürt vor allem, so hieß es, von Rußland.

Im Laufe des Juli wurde die Kriegsgefahr immer größer. Wilhelm II. hatte seinen Bruder, Prinz Heinrich, zu einem Besuch des englischen Königs nach London geschickt, aber der Versuch, auf diese Weise den Frieden zu bewahren, war ziemlich aussichtslos. Dem Prinzen mangelte es an Autorität und dem König von England, der ja ein Vetter des Kaisers war, an politischer Macht. Die lag längst ausschließlich in der Hand des Premierministers und seines Kabinetts.

Ich entsinne mich noch an den Tag dieses Besuchs. Oben im Schlafzimmer wickelte meine Mutter das Baby. Dabei schlug das Kind die Hände zusammen, und meine Mutter sagte mit Tränen in den Augen: »Ja, bete nur, daß kein Krieg kommt!« Ich ging ins Wohnzimmer hinunter und fragte meinen Vater: »Prinz Heinrich ist doch beim König von England gewesen (das hatte ich in der Zeitung gelesen). Was wollte er denn von ihm?« Mein Vater: »Der soll den Frieden mit England retten. Das will Bethmann Hollweg, dieser elende Schwächling. Theo, stell dir doch mal vor, unsere Armee schlägt die Russen und die Franzosen, dann zieht sie siegreich durch das Brandenburger Tor, aber wir bleiben mit unseren Schiffen im Hafen liegen und dürfen am Ende nur über die Toppen flaggen und Salut schießen. Das ist nicht auszudenken!« Dabei ging er wütend im Zimmer auf und ab. Diese naiv-angeberische Vorstellung vom

Krieg spielte bei den Militärs, die ja fast alle keinen Krieg mehr erlebt hatten, damals eine fatale Rolle.

Am 28. Juli hatte Österreich Serbien den Krieg erklärt, am 1. August erklärte Deutschland Rußland und am 3. August auch Frankreich den Krieg, einen Tag später folgte die englische Kriegserklärung. Ich erinnere mich, daß meine Mutter mich am Morgen vor Bekanntwerden der Kriegserklärung zum Friseur geschickt hatte, denn am Nachmittag sollte ich nach Travemünde zu den Großeltern fahren. Noch während ich auf dem Frisierstuhl saß, strömten immer mehr Matrosen in den Laden. Einige brachten die Nachricht von der Kriegserklärung mit. Da unterbrach der Friseur seine Arbeit an meinem Haarschnitt, hieß mich aufstehen und sagte: »Geh nach Hause, es ist Krieg, jetzt kommen zuerst die Matrosen dran.«

Über die ungeheure Begeisterung ist von Zeitgenossen reichlich berichtet worden. Es war eine gigantische Demonstration der Reichsintegration. Die Waggonwände wurden beschrieben mit Parolen wie »Auf Wiedersehen in Paris« oder »Auf Wiedersehen in Petersburg«. Damals glaubte man, daß die Reichseinheit vom Feind bedroht sei, und empfand den Krieg als einen Verteidigungskrieg, den man überdies in Kürze siegreich beenden würde. Kriegslüstern war man nicht, aber übermütig – aus Fehleinschätzung der militärischen Lage. Die Gefahr eines Dreifrontenkriegs wurde zumindest in den ersten Tagen noch nicht erfaßt. Das bekannte Wort Wilhelms II. traf den Moment: »Ich kenne keine Parteien mehr, ich kenne nur noch Deutsche.« Seitdem habe ich eine Begeisterung in dieser Intensität und solcher Breite nicht wieder erlebt. Sie war nicht propagandistisch aufgeheizt, sondern entstand spontan. Erst viel später habe ich erkannt, daß dieser Übermut auch die Angst verdrängen sollte.

Der Krieg bekommt seinen Helden

Trotz Kriegsausbruchs ging das Leben seinen geregelten Gang. Was wir Kinder unmittelbar bemerkten, war die Einberufung der nächsten Angehörigen in der eigenen Familie, von Freunden, Bekannten, von Lehrern und Mitschülern in der Prima. Die meisten von ihnen meldeten sich freiwillig. Meine Großmutter und meine Mutter bangten um den ältesten Sohn aus zweiter Ehe, Friedwald. Er war als Fahnenjunker im Kampfgebiet bei Insterburg. Der zweite machte das »Notabitur«, um sich als Kriegsfreiwilliger zu melden. Da er ein schlechter Schüler war, nutzte er die einmalige Gelegenheit, die sich ihm jetzt bot. Das normale Abitur hätte er wohl kaum geschafft.

Die Russen waren im Osten gleich nach Kriegsbeginn mit der befürchteten Grausamkeit eingefallen und bis zur Mitte Ostpreußens vorgedrungen. Hatten meine Eltern mit ihrer Angst vor den Russen also doch recht behalten? Das Gut Kassuben bei Stallupönen war von Russen besetzt, Schönwiese bei Insterburg bedroht. Da waren wir gerade gewesen. In Gefahr waren auch der Bruder des Großvaters, der Pastor in Aulowöhnen, und die verwitwete Schwester in Tilsit. Ein russischer Vortrupp war bis in die Nähe von Königsberg vorgedrungen.

Diese Bedrohung wurde Ende August und Anfang Dezember durch die Vernichtung der russischen Armeen in den Schlachten von Tannenberg und an den Masurischen Seen abgewehrt. Die Lage der Deutschen gegenüber der russischen Übermacht war zunächst verzweifelt gewesen, aber im letzten Moment war die Heeresführung im Osten abgelöst worden. Der neue Chef war ein seit 1911 pensionierter, weithin unbekannter Kommandierender General namens Paul von Hindenburg, dessen Stabschef, Generalmajor Ernst Ludendorff, in Generalstabskreisen als ein besonders befähigter Stratege galt. Dank diesen beiden war die Gefahr aus dem Osten plötzlich durch zwei glänzende Siege gebannt. Eine Welle von Vertrauen schlug Hindenburg entgegen, dem Befreier Ostpreußens. Sein Name war in aller Munde, und Porträts von ihm hingen nun in Gasthöfen, in Mannschaftsräumen von Kasernen und Schiffen, in Schulzimmern und zahllosen Wohnungen. Wie in den Kriegen von 1813, 1864, 1866 und 1870/71 war jetzt, nach vierzig Jahren Frieden, endlich wieder ein großer Feldherr da. Wir Kinder wollten von Vätern und Lehrern mehr über den »von Gott Gesandten« erfahren. Mein Vater hingegen schien betreten, daß die Flotte keinen Mann wie Hindenburg hatte.

Auf unseren Karten der Kriegsschauplätze im Westen und Osten steckten wir mit Fähnchen die Veränderung der deutschen Stellungen ab, so wie sie sich aus den Heeresberichten ergaben. Mit den Erfolgen im Osten, dem Vormarsch der Armeen in Polen und an der Ostseeküste schienen die Grenzen des Reiches gesichert. Nur der schnelle deutsche Vormarsch in Frankreich bis auf die Höhe von Paris hörte im September plötzlich auf. Daß die Marne-Schlacht zu einer deutschen Niederlage geworden war, hatte mein Vater zunächst nicht erfaßt, nicht einmal mein skeptischer Großvater. Die Front im Westen zwischen Alpen und Kanal mußte zurückgenommen werden. Das war das Ende des Eroberungskrieges in Frankreich, der so reich an Einzelerfolgen gewesen war, und der Beginn eines so erbitterten wie zermürbenden Stellungskrieges. Trotz großer Siege im Osten mit Hunderttausenden von Gefangenen war es auch nicht gelungen, die russischen Armeen vernichtend zu schlagen. Immer von neuem kam aus dem unerschöpflichen Land Verstärkung, die die Russen zu Gegenangriffen befähigte. Mein Großvater meinte, wir müßten Rußland aus der Entente militärisch hinausdrängen, um mit ihm einen Sonderfrieden zu schließen und unsere Truppen von Osten in den Westen zu verlegen. Aber mein Vater entgegnete, dann müsse Rußland auf Polen, die baltischen Provinzen und möglichst auch die getreidereiche Ukraine verzichten – um der Sicherheit an der östlichen Grenze willen. Dazu schwieg mein Großvater.

Was macht eure Flotte, lieber Theo?

Der vorwitzige jüngste Bruder meiner Mutter hatte nach dem Sieg an den Masurischen Seen meinen Vater gefragt: »Und was macht eure Flotte, lieber Theo?« Mein Vater hätte ihn am liebsten hinausgeworfen. Mit Rücksicht auf seine Frau behielt er die Ruhe. »Der Kaiser«, sagte er, »will nicht, daß seine Flotte ihre Kräfte zersplittert, sondern für die großen Erfolge bereit bleibt. Laß uns erst einmal Dünkirchen und Calais haben.« Der Schwager hakte nach: »Was sagt Tirpitz dazu?« Mein Vater: »Der Kaiser befiehlt.« Von der harten Auseinandersetzung zwischen den Spitzen der Marine über einen defensiven oder offensiven Einsatz der Flotte wußte man damals noch nichts, auch nicht mein Vater. Aber klar war, daß die Seekriegskalkulation nicht aufgegangen war. Die englische Flotte machte nicht den Versuch, die Flußmündungen von Elbe, Weser und Ems zu blockieren, wie man erwartet hatte, und so ergab sich auch keine Möglichkeit zu einer Offensivschlacht, für die die deutschen Großkampfschiffe gebaut waren. Ein Seegefecht bei Helgoland im August 1914 endete mit einer Niederlage. Ein Flottenvorstoß an die englische Nordseeküste scheiterte im Januar 1915 an der Doggerbank. Die Hochseeflotte blieb auf den Schutz der eigenen Nordseeküste und des Eingangs zur Ostsee zwischen Schweden und Dänemark beschränkt. Aber die englische Flotte sperrte die Nordsee zwischen Norwegen und Schottland. Das war die Fernblockade, unter der die deutsche Kriegswirtschaft sehr schnell schwer zu leiden hatte. Für einen kurzen Krieg hätte man genügend Vorräte gehabt, aber für einen längeren Zeitraum war Deutschland auf den Überseeimport angewiesen. Eine Seeschlacht an der Küste Englands war zu gewagt. Die bisher so beliebte Kaiserliche Marine trat in den Hintergrund des allgemeinen Interesses. Der Name Tirpitz wurde immer seltener genannt, statt dessen die der neuen Seehelden, Kommandanten von Kreuzern und Hilfskreuzern, die aber keine Stützpunkte in Übersee hatten.

Deutschland hatte im Gegensatz zu England, Frankreich und sogar Italien den U-Boot-Bau vernachlässigt. Jetzt galt das U-Boot zunächst als einzige Waffe gegen die englische Flotte. Es hatte schon einige spektakuläre Erfolge erzielt, die aber ohne strategische Bedeutung waren. Mein Vater, erst Kapitänleutnant, dann sehr bald zum Korvettenkapitän befördert, war damals der ranghöchste Seeoffizier mit U-Boot-Erfahrung. Im Winter 1914 wurde er plötzlich nach Wilhelmshaven abkommandiert. Der Zweck wurde geheimgehalten. Anscheinend hat ihn nicht einmal meine Mutter erfahren. 1915 wurde mein Vater Leiter der Unterseebootschule zur Ausbildung von künftigen Offizieren in der weitgehend noch unbekannten Unterwassernavigation und -waffentechnik, aber auch zur Einweisung in den militärischen Umgang mit dem neuen Schiffstyp.

Damit war mein Vater in eine Position gelangt, die – wenngleich sozusagen auch nur von der technischen Seite her – in enger Beziehung zu einem der heftigen Streitpunkte des Krieges stand. Um dies zu verstehen, muß man sich die damalige Situation im Seekrieg vergegenwärtigen. England hatte den Kanal und die Nordsee zum Kriegsgebiet erklärt. Seine Marine konnte hier auch neutrale Handelsschiffe auf Konterbande – Munition, Waffen, Rohstoffe, aber auch Lebensmittel – untersuchen, sie beschlagnahmen, gegebenenfalls in den nächsten Hafen bringen. Zu diesem Überwasserkrieg war Deutschland mangels militärischer Präsenz in europäischen Gewässern und in Übersee nicht in der Lage.

Im Februar 1915 erklärte das Reich seinerseits die Gewässer rings um Großbritannien zum Seekriegsgebiet. Deutsche U-Boote konnten nun ohne Vorwarnung feindliche und neutrale Handelsschiffe torpedieren. Dieser »uneingeschränkte U-Boot-Krieg« führte zu scharfen Protesten neutraler Staaten, vor allem Amerikas. Im Mai 1915 wurde das große britische Passagierschiff »Lusitania« ohne Vorwarnung versenkt. Unter den zwölfhundert ertrunkenen Passagieren befanden sich einhundert Amerikaner. Aus Sorge vor einer amerikanischen Kriegsdrohung begnügte sich Deutschland nunmehr mit einem eingeschränkten U-Boot-Krieg.

In Deutschland war der »uneingeschränkte U-Boot-Krieg« stark umstritten. Dabei spielte es auch eine Rolle, daß in der Kriegsführung eine entscheidende Wandlung eingetreten war. Im Sommer 1916 waren die Fronten im Westen wie im Osten erstarrt. Auch die Schlacht vor dem Skagerrak im Mai des gleichen Jahres hatte keine strategische Entscheidung im Sinne der Tirpitzschen Vorstellungen gebracht. Die Nordseeblockade blieb. Schon vorher hatte Tirpitz um seine Entlassung gebeten. Infolge der Blockade setzte die Zwangsbewirtschaftung ein, nicht nur für industrielle Rohstoffe, sondern auch für Lebensmittel, Textilien und Kohle. Die Dauer des Krieges, die militärische Stagnation ohne Aussicht auf strategische Entscheidungen, die starken Verluste in Rußland und Frankreich sowie die Knappheit im Industrie- und Handelsbedarf drückten schwer auf die Volksstimmung. Die bisherige nationale Geschlossenheit wurde zunehmend von Zersetzungserscheinungen erfaßt. Der Kaiser reagierte darauf, indem er den bisherigen Generalstabschef von Falkenhayn entließ und Hindenburg – zusammen mit Ludendorff als Generalquartiermeister – die »Oberste Heeresleitung« übertrug. Nichts zeigt deutlicher den Umschwung der Stimmung als diese Ernennung, mit der er dem Druck der Volksstimmung nachgab. Er tat es ungern, denn die beiden waren ihm zuviel in der Öffentlichkeit gefeiert worden. Ihre Bestellung erfolgte nicht aufgrund eines organisierten Plebiszits, aber sie war doch Ausdruck eines durch die Verhältnisse erzwungenen Opfers Wilhelms II., das er der Volksstimmung bringen mußte. Die Ernennung wurde denn auch wie ein großer Sieg gefeiert. Selbst mein skeptisch-nüchterner Großvater schien wie von einem Alptraum erlöst: Endlich wieder eine gute Nachricht!

In dieser Situation den U-Boot-Streit öffentlich auszutragen, war jedoch nicht nur unsinnig, sondern diente geradezu der englischen Außenpolitik. Aber die öffentliche Auseinandersetzung war nach altem Tirpitzschem Rezept vom Reichsmarineamt provoziert worden. Man brauchte die Volksstimmung für den rücksichtslosen U-Boot-Krieg und scheute daher auch Propagandaaktionen nicht. Die marineamtliche Demagogie aus der Zeit vor 1914 wurde wieder aufgenommen. Auf der einen Seite wurde das Unterseeboot zur Wunderwaffe erklärt. Der Admiralstabschef hatte anhand von Berechnungen des Reichsmarineamts, die sich später allerdings als falsch erwiesen, verkündet, England würde innerhalb von sechs Monaten durch die U-Boote zum Frieden gezwungen werden. Aber diese polemische Aufheizung der öffentlichen Meinung rief auch die Gegner des U-Boot-Kriegs auf den Plan. Zu ihnen gehörten der Reichskanzler, das Auswärtige Amt, die Sozialdemokraten, der linke Flügel des Zentrums unter dem Abgeordneten Erzberger und die Linksliberalen, aber auch der konservative, wirtschaftlich international versierte Staatssekretär Helferich. Sie mißtrauten zutiefst der Erfolgsprognose des Admiralstabschefs, die vielleicht militärisch stimmen mochte, deren ökonomische Seite, nämlich die Wirkung einer U-Boot-Blockade auf England, aber nicht durchdacht war. Vor allem fürchteten sie, daß ein uneingeschränkter U-Boot-Krieg zum Kriegseintritt Amerikas führen könne. Das würde den Krieg noch verlängern und England militärisch wie wirtschaftlich stärken.

Mein Vater verstand diese Furcht vor einer Brüskierung Amerikas nicht. Was sollte so ein Händlervolk militärisch schon ausrichten! »Die Amerikaner«, schimpfte er, »wollen doch nur Geld verdienen. Sie regen sich über uneingeschränkten U-Boot-Krieg so auf, weil er ihre Profite in Geschäften mit England und Frankreich schmälert oder sie gar ganz darum bringt.« In seinen Augen waren Amerikaner minderwertige Leute, zusammengewürfelt aus der ganzen Welt. »Ellen«, so sagte er zu meiner Mutter, »wie oft warst du an der Pier in Cuxhaven mit deinen Verwandten und Freunden, die ihre mißratenen Angehörigen zu den Schiffen nach Amerika brachten! Dies Land hat noch nicht einmal die allgemeine Wehrpflicht, und seine Flotte ist im Verhältnis zur Größe des Landes viel zu schwach. Die paar Schiffe, die über den Ozean kommen, knallen wir ab. Im übrigen bluffen die Amerikaner nur, sie werden es sich noch sehr überlegen, ob sie losschlagen sollen.« Dann wetterte mein Vater wieder gegen Bethmann Hollweg, Zimmermann, den Chef des Auswärtigen Amts, und den Admiral von Müller, Chef des Marinekabinetts. »Da muß einer mal mit der Faust auf den Tisch hauen, sonst verlieren wir noch den Krieg.«

»Aber das kann doch nur der Kaiser!« warf meine Mutter ein.

»Der hat die falschen Berater.«

»Die hat er doch selbst geholt und kann sie wieder entlassen.«

»Das gerade will der Prinz«, sagte mein Vater und meinte damit Prinz Heinrich, der öfter im Hauptquartier war, »aber der Kaiser muß es erst erkennen. Er kann sich auch einmal irren. Napoleon hat ebenfalls schlechte Berater gehabt.«

»Aber du hast uns doch gesagt, der Kaiser habe Bismarck entlassen.«

»Ja, weil er zu alt war.«

Die Argumentation war bei solchen Gesprächen immer die gleiche: Wenn der Kaiser richtig gehandelt hatte, war es dessen Verdienst. Hatte er Fehler gemacht, dann war es die Schuld schlechter Berater. Damals brachte mich ausgerechnet die Schule auf kritische Gedanken. Wir hatten in der Geschichtsstunde den Krieg zwischen Preußen und Österreich 1866 durchgenommen und waren gerade bei der Schlacht von Königgrätz, als der Direktor, Geheimrat Löber, zur Visitation kam. »Herr Kollege«, beschied er unseren Lehrer, »1866 paßt nicht mehr. Lassen Sie es weg; heute ist Österreich unser Bundesgenosse.« »Sehr wohl, Herr Geheimrat«, sagte unser Lehrer und behandelte von da an den Norddeutschen Bund. Zu jener Zeit hatte mir eine Tante Bismarcks »Gedanken und Erinnerungen« geschenkt. Ich las, um die Lücke zu schließen, die die Schulstunde gelassen hatte, das Kapitel »Nikolsburg, das Ende des 66er Krieges«. Es beschreibt, wie der Zivilist Bismarck, preußischer Ministerpräsident, nach dem Sieg von Königgrätz auf sofortigen Frieden mit Österreich drängt, und zwar ohne Annexionen, um den Eintritt Frankreichs in den Krieg zu verhindern. Die Generalität unter Moltke hingegen wollte den Krieg gegen Österreich fortsetzen und in Wien einmarschieren. Erst nach erbittertem Kampf setzte sich Bismarck beim König gegen Moltke durch. Mir schien die jetzige Konstellation im Ringen zwischen Militär und Zivil an der Spitze der damaligen zu ähneln. Damals hatte Bismarck recht behalten.

Meinem Vater verschwieg ich meine Gedanken, aber ich erzählte sie dem Oberlandesgerichtsrat Kirschstein, der einige Häuser entfernt von uns wohnte. Seine Frau, die ich sehr mochte, war Dänin. Ihr Land hatte wegen des Handelsverkehrs mit England schwer unter dem U-Boot-Krieg zu leiden. Aber sie waren beide patriotisch, zeichneten Kriegsanleihen und gaben viel Geld für Sammlungen. »Vielleicht hast du Recht«, gab mir Kirschstein zur Antwort. »Aber Bethmann Hollweg ist nicht so überragend, wie Bismarck es war. Immerhin, weißt du, unter uns, ich habe Angst vor Amerika. Wir wissen zu wenig von diesem Land; es hat einen riesenhaften wirtschaftlichen Aufschwung genommen.« Aus diesen Überlegungen konnte man schließen: Die Zivilisten haben nicht immer unrecht und die Militärs nicht immer recht. Das regte meine Skepsis an.

Was mein Vater nicht wußte: Der Kaiser selbst schreckte vor einem Krieg mit Amerika zurück, und auch Hindenburg und Ludendorff wollten zunächst keine Verschärfung des U-Boot-Kriegs. Am 12. Dezember 1916 machte die deutsche Regierung sogar ein Friedensangebot, allerdings ohne Bedingungen zu nennen. Als wir mittags aus der Schule kamen, lief uns unsere Mutter strahlend entgegen: »Der Kaiser hat Frieden angeboten!« Sie hatte es telefonisch erfahren. Ich lief von Haus zu Haus zu den Nachbarn, um ihnen die freudige Nachricht zu überbringen. Uns gegenüber wohnte eine Gräfin, eine sehr distinguierte alte Dame, die auf Distanz hielt. Aber jetzt umarmte und küßte sie mich. Neben ihr wohnten zwei alte unverheiratete Damen. Die klatschten mit erhobenen Händen und gaben mir ein großes Stück Kuchen. Kirschstein war hocherfreut: »Vielleicht behältst du doch recht.« Abends sagte mein Vater: »Ist ja alles schön und gut, aber es kommt auf die Bedingungen an. Wir brauchen unbedingt U-Boot-Häfen in Belgien, und die kriegen wir nur mit dem rücksichtslosen U-Boot-Krieg. Das Friedensangebot hat Bethmann dem Kaiser eingebrockt.« Meine Mutter war den Tränen nahe.

Am 20. Dezember forderte der Präsident der Vereinigten Staaten, Woodrow Wilson, die kriegführenden Mächte auf, ihre genauen Friedensbedingungen zu nennen. Doch die Unterschiede waren so groß, daß Verhandlungen sinnlos gewesen wären. Das deutsche Friedensangebot war der letzte Versuch vor der Erklärung des uneingeschränkten U-Boot-Kriegs. Am 31. Januar 1917 setzte er wieder ein. Amerika antwortete mit dem Abbruch der diplomatischen Beziehungen und erklärte Deutschland am 6. April den Krieg.

Sommerferien mit U-Booten

Die U-Boot-Schule, die mein Vater nun leitete, befand sich in Eckernförde, dreißig Kilometer von Kiel entfernt. Im Vergleich zur Kieler Förde war diese Bucht infolge des unvergleichlich geringeren Seeverkehrs für U-Boot-Übungen besonders geeignet und vor Unterwasserangriffen und Minen geschützt. Als Ausbildungszentrum wurde ein Hapag-Ausflugsdampfer, nach heutigem Begriff ein kleineres Kreuzfahrtschiff, gechartert. Zur Unterbringung dienten außerdem zwei am Kai festliegende große alte Passagierschiffe. Zielobjekte für die U-Boote waren Handelsschiffe, kleine Kreuzer und Hilfskreuzer, Torpedo- und Minensuchboote sowie Tender. Marineorganisatorisch war das Ganze eine Flottille, damals wohl die weitaus größte. Bei dem schnell wachsenden Umfang der Schule hätte ein wesentlich ranghöherer Offizier deren Chef sein müssen. Aber geeignete Aspiranten in diesem Rang standen offenbar nicht zur Verfügung, und die marinepädagogische Begabung meines Vaters wurde hoch veranschlagt. Tatsächlich war er geradezu prädestiniert für diese Aufgabe und ging völlig darin auf.

Da die Hochseeflotte mehr oder minder untätig sein mußte, war der Andrang von Ober- und Kapitänleutnants, die hier dienen wollten, groß. Und da das U-Boot als Wunderwaffe galt, war die Schulungsstätte auch ein begehrtes Besuchsobjekt: Fürstlichkeiten, vor allem junge Prinzen, Professoren von den technischen Hochschulen, Industrielle, Generalstabsoffiziere, Seeoffiziere der Bundesgenossen, Abgeordnete und Journalisten – sie alle brannten darauf, die neue Waffengattung in Augenschein zu nehmen. Für ihre Unterbringung und Verpflegung, aber auch – soweit erforderlich – für die Wahrung der Etikette stand meinem Vater ein Flaggleutnant, gleichsam ein Oberbutler im Offiziersrang, zur Verfügung. Auch an Gesprächspartnern fehlte es meinem Vater nicht. Crewkameraden aus dem Reichsmarineamt und von der Flotte machten Informationsbesuche und informierten ihrerseits meinen Vater. Die ehemaligen Schüler, jetzt Kommandanten, kamen von Frontfahrten zurück und berichteten von ihren Erfahrungen.

Die Übungen mit der Wunderwaffe waren nicht ungefährlich und psychisch wie physisch äußerst anstrengend, wenngleich sie in einem idyllischen Milieu stattfanden. Eckernförde war eine verträumte Stadt mit Fischfang und Fischhandel, und die Räucherfische waren weit über die Grenzen der Stadt hinaus begehrt. Der Ratsweinkeller am Markt, berühmt für seine geräucherten Aale, war Abend für Abend überfüllt.

Seit der Jahrhundertwende war Eckernförde im Begriff, ein Badeort für bescheidenere Ansprüche zu werden. Ein eher nobles Seebad hingegen war das am Ende der Bucht gegenüber Eckernförde gelegene Borby, das mit der Stadt durch eine Brücke verbunden war. Von 1915 bis 1918 verbrachte die Familie mit Kinderfräulein dort die Sommerferien, für uns Kinder eine herrliche Zeit, auf die wir uns Jahr für Jahr freuten. Ich durfte morgens mit Barkassen und Tendern mit hinausfahren, lernte, die beiden Periskopröhren, die Augen des getauchten U-Bootes, dicht über der Wasseroberfläche auszumachen, und beobachtete, wie die U-Boote unter- und auftauchten. So kam es vor, daß ein U-Boot plötzlich vor einem Handelsschiff aus den Fluten auftauchte; dann wurden Kommandos gerufen, und die Matrosen an den Geschützen gaben einen Warnschuß ab. Damit übte man das Stoppen und Durchsuchen eines feindlichen Schiffes. Wenn die Schiffe dann die Klappe herunterließen, tauchte das U-Boot wieder unter und galt in der Übung als gesunken. War es hingegen intakt geblieben, gab es einen Torpedoschuß auf das Handelsschiff ab.

Was ich bisher nur aus Zeitungen kannte, sah ich jetzt unmittelbar vor mir, allerdings nur in einer gespielten Wirklichkeit. Nun las ich mit ganz anderem Verständnis die U-Boot-Nachrichten in der Presse. Damals war jedes versenkte Schiff für uns ein Erfolg. Was eine Versenkung für die Besatzung bedeutete, erfaßte ich jedoch nur vage, oder vielleicht verdrängte ich die grausame Realität auch. Darüber, daß auch Frauen und Kinder dabei umkamen, hatten wir schon zu Hause gesprochen. Meine Mutter sagte: »Wenn uns das geschehen würde!« Aber mein Vater schob solche Erwägungen mit den Worten beiseite: »Laß doch diese Sentimentalität! Was haben Frauen und Kinder, überhaupt Zivilisten, während des Krieges auf See zu suchen? Außerdem schrecken wir den Gegner doch nur ab, indem wir ihn durch Beispiele warnen: Bleibt zu Hause, an Land! Wenn keine Schiffe mehr fahren, braucht keines mehr versenkt zu werden. Da England uns blockiert, blockieren wir England.«

Ich lernte den Lauf eines Torpedos an den aufsteigenden Wasserblasen erkennen. Wenn das »feindliche« Schiff verfehlt worden war, gab dessen Besatzung mit Handflaggen ein Signal, woraufhin das U-Boot, oder ein Tender das Torpedo wieder an Bord zu nehmen versuchte. Das war immer ein spannender Moment. Manchmal sank das Torpedo in die Tiefe, wo es für immer verloren war. Über diese »Grundgänger« mußte sofort ein Protokoll aufgesetzt werden, denn Torpedos waren teuer, insbesondere wegen der zunehmenden Rohstoffknappheit. Das Prinzip Sparsamkeit galt nach wie vor, wo immer es vertretbar war. Der Reichsrechnungshof kontrollierte streng. Meine Mutter sagte manchmal zu meinem Vater: »Du hast vor dem Rechnungshof mehr Angst als vor dem Reichsmarineamt.« Daß auch zu Kaisers Zeiten selbst im Krieg das Militär sich der Prüfung durch eine Zivilbehörde nicht entziehen konnte, hat auf mich starken Eindruck gemacht. Mein Respekt vor dieser Institution stammt aus dieser Zeit.

Mein Vater arbeitete eigentlich unentwegt, auch Sonnabend nachmittags und Sonntag vormittags, und das mit äußerster Anstrengung. Oft kam er spät nach Hause und hatte vier Jahre lang keinen richtigen Urlaub. Trotzdem wachte er ständig und genau über unsere Schulleistungen, was für uns ein Wermutstropfen in der herrlichen Ferienzeit war. Neben den Hausaufgaben, die wir von den Lehrern aufbekommen hatten, mußten wir zusätzlich zur Verbesserung unserer Zeugnisse arbeiten. Meinen Eltern dienten etwaige Spitzenleistungen ihrer Kinder nicht zur Prahlerei; gute Schulzeugnisse waren schlicht und einfach die Voraussetzung für einen erfolgreichen Beruf. Als ich Ostern 1916 oder 1917 an Bord kommen mußte, um mein Schulzeugnis mit mittelmäßigen und schlechten Zensuren vorzulegen, schrie mein Vater voller Wut: »Was du in Englisch und Französisch kannst, ist mir egal. Nach dem Sieg brauchen wir diese Sprachen nicht mehr. Aber gutes Latein und Griechisch bitte ich mir aus!« Das erzählte ich meinem Vater unpassenderweise an seinem achtzigsten Geburtstag. Er erwiderte: »Ich finde, du kannst dich nicht beklagen; du hast es gut gehabt.«

Chef der Ostseestreitkräfte war Prinz Heinrich, der Bruder des Kaisers. Da seine Stellung in der Marine formal seinem hohen Rang in der Monarchie entsprechen mußte, war er Großadmiral. Später sagte mir ein älterer Offizier: »Wenn Prinz Heinrich nur ein Bürgerssohn gewesen wäre, hätte er es allenfalls zum Kapitän zur See gebracht.« Bei der im ganzen ruhigen Ostseelage hatte der Prinz nicht viel zu tun. Er interessierte sich aber lebhaft für die U-Boot-Waffe und hatte ein Faible für meinen Vater. So kam er hin und wieder an Bord, und mein Vater besuchte ihn auf seinem Gut Hemmelmark, dessen moderne Klinkerbauten am Ausgang der Eckernförder Bucht lagen. Von Zeit zu Zeit gab der Prinz im großen Speisesaal des »Meteor« ein »Liebesmahl«. Das war die Bezeichnung für gemeinsame Mahlzeiten von Offizieren eines Regiments oder einer Garnison, eines Schiffs oder eines Schiffsverbands, die aus besonderem Anlaß stattfanden. Liebesmahl ist die Übersetzung des griechischen *Agape*, womit die gemeinsame Mahlzeit der ersten Christen in der Gemeinde bezeichnet wurde. Ich konnte an Bord oben von der dunklen Galerie aus zusehen. Es wurde reichlich getrunken und nach dem Essen gesungen. Das Liederpotpourri begann mit »Machen wir's den Schwalben nach, bau'n wir uns ein Nest«. Es soll das Lied der U-Boot-Schule gewesen sein – wie es dazu kam, weiß ich nicht.

Eines Tages lagen meine Mutter und wir vormittags am Borbyer Strand. Von ferne her näherte sich eine Gestalt, die wir nicht beachteten. Plötzlich stand Prinz Heinrich in blauem Sweater und Offiziersmütze vor uns: »Guten Morgen, meine gnädigste Frau!« Meine Mutter erhob sich aus dem Liegestuhl und versuchte auf dem weichen, nachgiebigen Sand einen Hofknicks: linkes Bein beugen, das rechte Bein in weitem Bogen kreisen, bis es das linke erreicht, einen Moment so verharren und dann wieder stehen. Jetzt aber, auf dem für eine solche Übung ungeeigneten Gelände, drohte sie auf Stranddisteln und Kletten zu fallen. Der Prinz fing sie auf, entschuldigte sich und unterhielt sich mit ihr. Als sie am Abend meinem Vater ihr prekäres Erlebnis erzählte, lachte er: »Du hättest in deinem Stuhl bleiben und dem Prinzen die Hand zum Handkuß reichen sollen. Auf dem Moor kann man nicht tanzen.« Der Prinz kam noch öfter, aber wenn er uns sah, ging er in großem Bogen an uns vorbei – vermutlich um unsere Mutter nicht wieder in Verlegenheit zu bringen.

Nur allzu gern wollte ich einmal dabei sein, wenn ein U-Boot auf Tauchfahrt ging. Behutsam näherte ich mich mit dieser Bitte meinem Vater. Er lehnte nicht rundweg ab, sagte aber auch nicht zu. Im Sommer 1917 war es dann endlich soweit. Trotz der Bedenken meiner Mutter nahm mich mein Vater auf eine Tauchfahrt mit. »Das ist«, meinte mein Vater, »ein Erlebnis des Jungen fürs ganze Leben. Und wer weiß, vielleicht führen wir ja nie wieder U-Boot-Kriege.« Mit versteckter Rührung entließ mich meine Mutter. Um sieben Uhr morgens stachen wir bei herrlichem Wetter in See. Nach ungefähr einer Stunde tauchte das Boot. Ich stand im Kommandoturm, hatte aber keine Angst. Nicht etwa weil ich mutig war, sondern weil alles so ruhig verlief, daß Angst gar nicht aufkam. Es war wie im Aufzug. Man hörte nur das Klatschen des Wassers beim Einlaufen in die Tanks.

Dann wurden Gefechtsübungen abgehalten. Da konnte einem schon die Spucke wegbleiben. Unsere vergleichsweise winzige Blechröhre feuerte aus tiefem Wasser zielsicher ihr Torpedo ab und »versenkte« ein vielfach größeres Schiff. Die präzis funktionierende Technik kam mir damals wie Zauberei vor. Ich konnte durch das Periskop das Schiff auf dem Meer und die Schußlinie des Torpedos sehen. U-Boot- und Torpedokurs mußten aufeinander und auf den Schiffskurs abgestimmt werden. Beim Abschuß spürte ich einen starken Ruck im U-Boot-Rumpf, und ein paar Minuten später kam das Signal: Schiff getroffen! Als das Boot ein zweites Mal ein bis zwei Meter unter Wasser tauchte, stürzte allerdings ein breiter Wasserstrahl auf uns nieder. Der Druck war so stark, daß es schmerzte. Wir tauchten sofort auf; was passiert war, wurde mir nicht gesagt, und ich habe nicht zu fragen gewagt. Nach meinem Eindruck war die Einstiegsluke undicht. Der Kommandant nahm mich beiseite und veranlaßte, daß ich Drillichzeug bekam. Derweil wurde meine Kleidung getrocknet und ein bißchen glattgebügelt. Zu Hause wunderte sich meine Mutter dann über den immer noch gutsitzenden und sauberen Anzug. Ich hätte mich an Bord umziehen müssen, sagte ich.

Beim dritten Tauchen wurde der Angriff auf einen Konvoi geübt, einen Geleitzug von Handelsschiffen, der von Kriegsschiffen, einem kleinem Kreuzer und Torpedobooten geschützt wurde. Das war ungleich schwieriger, denn zum einen boten die Handelsschiffe, gedeckt von den Kriegsschiffen, kein leichtes Ziel, zum anderen war unser U-Boot dem Artilleriefeuer weittragender Geschütze ausgesetzt. Die Schwierigkeit der Angriffe steigerte sich noch weiter, wenn vom Konvoi Zick-Zack-Kurs gefahren wurde.

Nicht alles von dem, was an Bord vorging, begriff ich, aber immerhin hatte ich jetzt doch eine Vorstellung von den Vorgängen auf einem U-Boot. Was mich besonders bewegte, war das Leben der U-Boot-Besatzung. Wie hielten die Männer es nur wochenlang auf dem engen Boot aus, vor allem in der stürmischen Irischen See? Unter Wasser waren sie zusammengepfercht wie die Ölsardinen, aber auch auf dem aufgetauchten Boot konnte man nicht an Deck gehen, um sich zu erholen, denn die U-Boote hatten kein Deck wie andere Schiffe. Wollte man sich frische Luft um die Nase wehen lassen, mußte man sich damit begnügen, den Kopf für kurze Zeit aus der Luke zu stecken. War ein Boot durch Beschuß so stark beschädigt, daß es nicht mehr auftauchen konnte, saß die Besatzung wie in einem stählernen Sarg und konnte nur noch den Tod herbeisehnen. Das schien noch fürchterlicher als der Tod auf dem Schlachtfeld. All dies ließ mich nicht los. Aber mit meinem Vater konnte ich darüber nicht reden. Er sprach nie von U-Boot-Verlusten, von denen wir dann und wann nur durch die Todesanzeigen erfuhren.

Manchmal kam es vor, daß die Besatzung eines eingeschlossenen U-Bootes von feindlichen Schiffen aufgenommen wurde und in Gefangenschaft geriet. Später ausgetauschte Offiziere berichteten über ihre Gefangenschaft in England und lobten die Behandlung, die sie dort erfahren hatten. Wir fragten meinen Vater, ob die englischen Gefangenen in Deutschland auch so gut behandelt würden. Er wisse es nicht, antwortete er, aber er glaube schon. Zufällig erfuhr ich um diese Zeit von einer Anregung der Prinzessin Irene, der Gemahlin des Prinzen Heinrich, die damals in der Arbeit für das Rote Kreuz aufging. Frauen und Kinder sollten die farbigen englischen Gefangenen in den Lazaretten aufsuchen; sie seien so allein und brauchten menschliche Nähe. Mein Vater besorgte von der Bordkantine Schokolade, und wir gingen mit unserer Mutter in die Universitätsklinik. Ein Sanitätsunteroffizier brachte uns in zwei Zimmer, grüßte freundlich in englischer Sprache und kündigte unseren Besuch an. Es waren Inder und Schwarze von der Westfront. Sie lagen oder saßen zu sechst in einem Zimmer, die Kleidung und die Bettbezüge tadellos sauber. Für die Verständigung standen uns nur wenige englische Worte – Guten Tag, bitte und danke – und Gesten zur Verfügung. Aber die Besuchten schienen sich zu freuen. Auf dem Heimweg sagte ich zu meiner Mutter: »Ist es nicht schrecklich, für ein fremdes Land Krieg führen, Verwundung oder Tod erleiden zu müssen?« Meine Mutter stimmte mir zu. Aber mein Bruder Hans sagte: »Die sind hier besser untergebracht als die Schwarzen bei Hagenbeck in Hamburg.« So bildeten wir uns ein, eine gute Tat vollbracht zu haben.

Gerüchte, Orden und der Eiserne Hindenburg

Die Schulen waren eine tägliche Gerüchteküche, denn es kamen ja Kinder von Vätern in verschiedensten, gerade auch militärischen Positionen zusammen, und nicht alle Eltern waren in ihren Äußerungen so vorsichtig, wie man es bei mir zu Hause war, wo ich allenfalls von meiner gesprächigen Großmutter das eine oder andere aufschnappte. Vor mir in der Klasse saß der Sohn eines Kriminalbeamten, der Spannendes über Schwarzmärkte und Spionage zu erzählen wußte. Eine andere Nachrichtenquelle war die Reventlowbrücke. Die Barkasseneigner, die dort festmachten, hatten viel Zeit und erfuhren manches durch ihre Passagiere. Pikante Informationen brachte auch das Hauspersonal von seinen Gesprächen mit anderen Dienstboten und Matrosen nach Hause.

Eines Tages erschien eine ungewöhnliche Todesanzeige. Der Kommandant eines modernen Linienschiffs war gestorben. Ein paar Tage später breitete sich das Gerücht aus, er habe in seiner großen Kajüte auf dem Achterdeck ein üppiges Abendessen für einige Offiziere gegeben. Plötzlich seien Matrosen eingedrungen, hätten den Kapitän niedergeschlagen und ihn ohnmächtig oder tot über Bord geworfen. Der große Unterschied in der Schiffsverpflegung zwischen Offizieren und Mannschaften war ein ständiger Gegenstand erregter Matrosengespräche. Das wußten mein Bruder und ich. Auch von einer damaligen Meuterei auf Linienschiffen hatten wir gehört, da sie in einer Reichstagsdebatte erwähnt worden war. Dann kam im Jahr 1917 die Nachricht von der russischen Februarrevolution, bei der der Zar abgesetzt worden war. Zum ersten Mal tauchte nun die bange Frage auf: Würde es jetzt auch in Deutschland zur Revolution kommen? Das Bedrückende war, daß wir darüber selbst mit einem vertrauten Erwachsenen nicht reden konnten. Aber mit der Zeit vergaßen wir es, um uns erst im November 1918 wieder daran zu erinnern.

Wir Kinder hatten uns an einen langen Krieg gewöhnt, bei qualitativ und quantitativ geringer Kost, gebratenen Steckrübenscheiben und getrocknetem Steckrübengemüse, holzbesohlten Schuhen und aus Flicken zusammengeschneiderten Kitteln. Dank der Wirtschafts- und Kochkunst unserer Mutter litten wir nicht Hunger. Ohne mit der Wimper zu zucken, hatte sie ihren Goldschmuck abgeliefert, getreu der Parole von 1813: »Gold gab ich für Eisen.« Vorbild war Königin Luise, die Gemahlin Friedrich Wilhelms III., die vor allem durch ihr Verhalten in der Zeit der napoleonischen Besatzung seit 1806 zu einer populären Erscheinung wurde. Überhaupt wurde die Geschichte des Befreiungskrieges und des Siebenjährigen Krieges Friedrichs des Großen zur begehrten Lektüre. Auch mein Vater las mit Enthusiasmus Thomas Manns 1915 erschienenen Essay »Friedrich und die große Koalition«. »Der Mann ist nicht so schlecht, wie ihn Päppchen macht«, sagte er.

Trotz der Stagnation an den Fronten war mein Vater fest vom Sieg überzeugt. Aber obwohl die monatlich publizierten Zahlen über die Versenkungen im uneingeschränkten U-Boot-Krieg sprunghaft stiegen, war von einem Zusammenbruch Englands noch nichts zu merken. Mein Vater sagte: »Vielleicht hat England mehr Vorräte, als wir angenommen haben. Wir müssen Geduld haben.« Doch eines Tages wurde, ich weiß nicht von wem, die Frage angeschnitten, warum England immer noch so viel Verstärkungen über den Kanal nach Frankreich zu schicken vermochte. Wir merkten das doch an den erbitterten Kämpfen im Westen. Daraufhin erklärte mein

Vater, ein großer Teil der englischen Flotte sei im Kanal konzentriert. Der Kanal sei voll mit Minen, ständig würden U-Boote in flandrischen Häfen von Flugzeugen bombardiert. Unsere Leute in Flandern befänden sich in einer grauenhaften Lage. Manche müßten wochenlang auf die Ausfahrt warten, und um die Kampfstimmung darunter nicht leiden zu lassen, würden sich die Offiziere in den Kasinos gegenseitig einladen, um Kristalleuchter zu zerschmeißen. Ersatz sei in rauhen Mengen bestellt; Glas hätten wir genug.

Nach dem Eisernen Kreuz am Band 2. Klasse erhielt mein Vater das Lübecksche Hanseatenkreuz. Ich erwähne das nur, weil es mit diesem Orden eine besondere Bewandtnis hatte und weil es zu den bekannten Besonderheiten der Hansestädte gehört, keine Orden zu verleihen und anzunehmen. Eine Ausnahme bildete das Eiserne Kreuz, das, gestiftet im Befreiungskrieg 1813, gleichsam zum Reichsorden geworden war. Die hanseatischen Regimenter unterstanden schon im Frieden wie die aller anderen Länder, mit Ausnahme der drei Königreiche, dem König von Preußen – ihre Offiziere und Soldaten hätten eine Auszeichnung ihres obersten Kriegsherrn nicht ausschlagen können. Andererseits war es den hanseatischen Militärangehörigen nicht zuzumuten, daß sie nur eine Kriegsauszeichnung erhielten, während die aller anderen Länder mindestens zwei hatten. Auf Orden wurde damals noch großer Wert gelegt. So entschlossen sich im Krieg die Senate der drei Hansestädte, einen eigenen Kriegsorden zu stiften, um damit die Diskriminierung ihrer Landeskinder aufzuheben: das Hanseatenkreuz mit dem Wappen der verleihenden Stadt. Dieser einzige republikanische Orden aus der monarchischen Zeit stand dann Jahrzehnte später Modell, als der Bundespräsident 1951 den Verdienstorden der Bundesrepublik Deutschland stiftete.

Mein Vater erhielt auch eine Reihe anderer Orden während des Krieges, verliehen von deutschen Fürsten aus Anlaß von Prinzenbesuchen, aber auch von Österreich-Ungarn, Bulgarien und der Türkei wegen der Ausbildung ihrer Offiziere. Darunter war auch der vom Sultan verliehene Medschidije-Orden, ein etwas monströser Stern als Halsorden. Er hatte eine türkische Inschrift, deren Bedeutung wir Kinder natürlich wissen wollten. Eines Tages sagte mein Vater, informiert von einem deutschen Offizier, der in der Türkei gewesen war: »Wahrscheinlich heißt es in etwa ›Schlagt alle Christen tot‹.« Wir wollten es genau wissen. Mit diesem Text hätte er den Orden nicht tragen dürfen. Mein Vater sollte einen seiner türkischen Offiziere befragen. Das lehnte er ab. Er könne diesen doch nicht in Verlegenheit bringen. In der Schule hatten wir die Belagerung Wiens 1529 durch den Sultan Sulaiman durchgenommen. Hatte der vielleicht den Orden gestiftet? Ich sah im Großen Meyer der Stadtbibliothek nach. Der Orden war 1850 gestiftet worden, und die Inschrift lautete: »Eifer, Ergebenheit, Treue«.

Die Stimmung der letzten Kriegsjahre verbindet sich in meiner Erinnerung mit den Holzmonumenten, die in den Zentren der Städte, meist auf den Marktplätzen, errichtet wurden. Sie stellten Hindenburg, Soldatenfiguren, U-Boote oder einfach einen Stahlhelm dar. In Kiel stand eine kolossale Hindenburggestalt im langen Mantel, die ich damals ungeheuer imponierend fand. Bei aufkommender Dunkelheit wurde sie von einem Feuer beleuchtet, das man eigens zu diesem Zweck in Schalen entzündet hatte. Das Ganze war eine besonders ansprechende Form von Rot-Kreuz-Sammlung und sollte das öffentliche Klima verbessern. Denn die Figuren sollten »benagelt« werden. Ein eiserner Nagel kostete eine, ein silberner zehn und ein goldener hundert Mark. Man sprach vom »Eisernen Hindenburg« oder dem »Eisernen U-Boot«. Vereine und Schulklassen kamen gemeinsam, Militärkapellen spielten und Chöre sangen. Der Andrang war groß und das Ergebnis über Erwarten gut. Wenn es auch kaum mehr große Sieg zu feiern gab, bot sich hier doch eine Gelegenheit, sich mit den kämpfenden Truppen zu identifizieren.

Noch immer war Hindenburg der allgemein bewunderte, beliebte und Vertrauen schaffende Held, eben der Retter in der Not. Das empfanden sogar die Sozialdemokraten so. Nebenan wohnte im Keller eines sehr eleganten Zweietagenhauses der Hausmeister, der als Werftarbeiter vom Kriegsdienst freigestellt und ein überzeugtes SPD-Mitglied war. Sein Sohn erzählte mir, auch sein Vater habe einen Nagel eingeschlagen – schließlich sei es ja Hindenburg. Kirschstein sagte mir einmal auf dem Weg zum Gericht, er lese im Büro täglich die sozialdemokratische Lokalzeitung. Sie bringe Kritik, soweit es die Zensur zuließ, aber nicht ein kritisches Wort über Hindenburg. Niemand hatte einen so weit gespannten Beliebtheitsgrad wie er. War er ein Volkskaiser? Eher wohl ein Heerkönig wie bei den alten Germanen.

Aber immer öfter wurde auch der Name Ludendorff genannt, preisend von den Rechten, verstohlen kritisch, wenn nicht feindselig, von den Linken. Gewiß, auch für viele von der Linken war er ein großer Militär, aber politisch mißtrauten sie ihm.

»Was ist denn Politik?« fragte ich meinen Vater. Das sei die Gesetzgebung, die innere, die auswärtige Politik, erklärte er mir. »Haben da die Militärs nichts zu sagen?« Im Frieden nicht, erwiderte er, aber im Krieg gehe nichts ohne sie. Darüber stünde nur der Kaiser.

Aber merkwürdig: Wer sprach eigentlich noch ernstlich vom Kaiser? Sein Name wurde selten genannt. Was man dagegen immer wieder hören konnte, war: »Das erlaubt Ludendorff nicht...« oder »das verlangt Ludendorff...« Er war die wirkliche Obrigkeit. Immer wenn ich später als Professor meinen Studenten die antiken römischen Begriffe »autoritas« und »potestas«, Ansehensmacht und Amtsgewalt, zu erklären versuchte, nahm ich Hindenburg und Ludendorff als Beispiel: Ludendorffs Wille erhielt durch Hindenburgs offizielle Forderung Autoritätsrang, aber Ludendorffs Wille gab Hindenburg erst den Autoritätsgehalt; sie waren beide aufeinander angewiesen. Gegenüber beiden war der Kaiser machtlos. Er hätte es nicht wagen können, den Marschall des Reichsvolkes mit dessen Kanzlergeneral, oder einen von beiden, abzusetzen. Im Gegenteil, diese drohten mit ihrem Rücktritt, wenn ihren politischen Forderungen nicht entsprochen wurde. Weil der Kaiser ihren Rücktritt nicht annehmen konnte, regierten letztlich sie. Das wußte ich damals noch nicht, aber ich spürte das Übergewicht beider, was meine naiven hierarchischen Vorstellungen in Unordnung brachte.

Im Juli 1917 hatte im Reichstag eine Mehrheit aus katholischem Zentrum, Linksliberalen und Sozialdemokraten eine

Resolution für einen Frieden ohne Annexionen und Tribute, also einen Verständigungsfrieden, beschlossen. Die Initiative war von Matthias Erzberger ausgegangen, einem schwäbischen Volksschullehrer und Zentrumsabgeordneten, dessen Name bisher weithin unbekannt war. Jetzt wurde er für die Rechte zum bestgehaßten Mann. Mein Vater schäumte: Erzberger habe doch keine Ahnung von der wirklichen militärischen Lage! Später erfuhr ich, daß auch Erzberger bei Kriegsausbruch nationalistisch gewesen, aber mit der Zeit zum Realisten geworden war. Nach seinem Urteil war der Krieg für Deutschland nicht mehr zu gewinnen. Wir hingegen lebten zwar nicht mehr im Siegesrausch, aber doch noch im Siegesglauben, zumindest in der Siegeshoffnung. In unseren Kreisen hieß es, Erzberger wolle uns nur um den Erfolg des Krieges bringen, und das sei Landesverrat. Den Kerl müsse man einsperren. Mein Vater sagte: »Ohne Nordfrankreich und die belgische Küste, ohne Polen und die baltischen Provinzen haben wir keine Sicherheit vor dem nächsten Krieg.« Doch in der Schule hatten wir Geschichtsunterricht bei einem Aushilfslehrer, einem Privatdozenten der Naturwissenschaften, einem Mann mit wildem schwarzem Haar, der eher wie ein Künstler aussah und äußerst interessant erzählen konnte. Nur mit äußerster Mühe und Not, so erklärte er uns, habe Friedrich der Große den Siebenjährigen Krieg durchgehalten, aber von Annexionen abgesehen. Das sei der Preis für den Frieden gewesen. Und auch Bismarck habe 1866 den Krieg nicht zuletzt deshalb gewonnen, weil er Österreich kein Land abgenommen habe. Der Privatdozent schien also für den Verständigungsfrieden zu sein, wenngleich er es nicht offen aussprach.

Zum Kampf gegen die Anhänger der Friedensresolution gründete Tirpitz zusammen mit dem Generallandschaftsdirektor Kapp die »Vaterlandspartei«, die vehement die alten Kriegsziele vertrat und von der obersten Heeresleitung mit allen Mitteln gefördert wurde. Zugleich wurde über die Zensur der Armeekommandos in der Heimat jede Gegenbewegung unterdrückt und im Heer ein neuer »Vaterländischer Unterricht« zur Popularisierung der Kriegsziele eingeführt. Ich spürte die Gegensätze in der Schule, auch an Bord unter den Matrosen und mein

Bruder zudem bei den Seetaxifahrern: Was sollen wir mit Belgien und Nordfrankreich, war die verbreitete Ansicht, wir wollen endlich Frieden. Kirschstein sagte: »Wenn wir den Krieg verlieren, ist es aus mit dem einigen Reich. Das ist die große Sorge Erzbergers.« Als Sohn meines Vaters war ich Anhänger der neuen Vaterlandspartei. Er hingegen bejahte zwar deren Ziele, mißbilligte aber trotzdem ihre Existenz: Man brauche sie doch gar nicht. Wie sehr hinter dem damaligen Siegeswillen vor allem starke innenpolitische Interessen standen, habe ich erst später begriffen, wenngleich ich meinen Vater schon damals oft sagen hörte: »Wenn wir ohne Landerwerb und ohne Tribute Frieden schließen, kriegen wir die Demokratie. Das ist so sicher wie das Amen in der Kirche.« Erzberger und Scheidemann – Fraktionsvorsitzender der SPD im Reichstag – würden den Verständigungsfrieden anstreben, um ihre demokratischen Ziele zu erreichen. Das sei die eigentliche Schweinerei. »Ich kenne keine Parteien mehr...«, hatte der Kaiser im August 1914 gesagt; jetzt gründeten seine Leute, genauer: die, die sich für seine Leute hielten, eine neue Partei.

Unruhe, Glück und frühes Leid

Was die letzten Monate des Krieges betrifft, so mischen sich im Rückblick private und allgemeine Erinnerungen. Meine Mutter gebar im November 1917 eine Tochter. Großer Jubel bei der ganzen Familie, daß zu den drei Söhnen nun ein Mädchen gekommen war! Sie sollte Helga heißen und wurde so auch beim Standesamt eingetragen. Aber das private Glück zog einige sozusagen protokollarische Verwicklungen nach sich. Denn zum Personalbestand der U-Boot-Schule gehörte als Kommandant eines kleinen Kreuzers Prinz Adelbert von Preußen, der dritte Sohn des Kaisers. Er gratulierte und bot die Patenschaft seiner Frau, der Prinzessin Adelheid, an. Fürstlichkeiten durfte man nicht als Paten erbitten, aber natürlich ebensowenig ablehnen, wenn sie das Angebot gemacht hatten. Zunächst mußte also beim Standesamt der Vorname des Kindes in Adelheid geändert werden. Meinem Bruder und mir gefiel dieser neue Name zwar – wir hatten die »Heidi«-Bücher von Johanna Spyri mit Begeisterung gelesen –, aber auch die Namensänderung ging nicht ohne bürokratische Schwierigkeiten ab. Das Hauptproblem war, daß die Taufe ohne die Patin nicht stattfinden konnte. Die Dispositionen der Prinzessin bestimmten also den Zeitplan meiner Eltern.

Zunächst kam Weihnachten mit der traditionellen Feier im großelterlichen Haus. Da meine Mutter das Baby nähren mußte, blieben auch mein Vater und meine Brüder zu Hause, und ich als der Älteste fuhr als einziger Abgesandter der Familie nach Lübeck. Obwohl es das vierte Kriegsjahr war, hatte sich am Zuschnitt des Festes kaum etwas geändert. Wohl ging es etwas einfacher zu als früher, aber die alte Kochfrau hatte immerhin einige Kaninchen ergattert. Abgesehen von meinen Eltern, war die Familie vollzählig. Zwei Brüder meines Vaters trugen Uniform, der eine als Hauptmann der Reserve, der andere als Oberarzt, alle anderen Gehrock oder Cutaway. Mein Großvater sprach in seiner Tischrede vom guten Frieden im nächsten Jahr. Sonst war nicht viel vom Krieg die Rede. Großvater berichtete auch von seinem Nachfolger, dem Regierenden Bürgermeister Fehling. Der war in Berlin vom Kaiser und von Hindenburg empfangen worden. Der Kaiser sei blaß, nervös und kurz angebunden gewesen. Aber Hindenburg mit seiner tiefen Stimme habe ihn kerzengerade stehend empfangen, ganz gelassen und voller Zuversicht.

Bei Tisch mußte ich ein Kriegsgedicht aufsagen, wenn auch ein maßvolles, das aus dem konservativ-nationalistischen Witzblatt »Kladderadatsch« stammte, das mein Vater und Großvater regelmäßig lasen. Mein Vater hatte angeordnet, daß die Deklamation beim Essen stattzufinden habe. Das machte mich verlegen, obwohl ich zu Hause geübt hatte. Ich sprach übermäßig laut, aber der Text kam nicht an, er paßte nicht zu der familiären Stimmung. Mein Großvater erzählte Döntjes, Karten wurden gespielt – wie immer. Am späten Abend setzte er sich wieder ans Klavier: »Die Wacht am Rhein, es braust ein Ruf wie Donnerhall« wurde eingeschoben. Wäre ein Fremder aus dem Ausland in diese Familienversammlung gekommen, er hätte kaum gespürt, daß seit Jahren Krieg war.

In diese letzten Monate des Krieges fällt auch die Fronterfahrung, die meinem Vater bislang erspart geblieben war, die er aber machen wollte und sollte. Ausgewählt war dafür ein U-Boot, dessen Kommandant, ein Pour-le-mérite-Träger, meinen Vater seit langem kannte; der Schauplatz sollten die italienische Küste und die Adria sein, denn dort legten die Engländer und Italiener ständig Minensperren. Damit fertigzuwerden, gehörte seit langem zur praktischen Ausbildung der U-Boot-Schule in Eckernförde. Nun erfuhren mein Vater und meine Mutter, was so viele in den vergangenen Jahren schon erlitten hatten. Mein Vater war beim Abschied so bewegt, wie ich ihn noch nie erlebt hatte. Meine Mutter nahm sich sehr zusammen, ging aber nicht mit zum Bahnhof. Ihre Angst ließ sie sich nicht anmerken, sondern verdrängte sie durch Verschärfung der Erziehung ihrer Kinder. Von Zeit zu Zeit rief eine Marinezentrale an und sagte nur: »Kapitän Eschenburg geht es gut.« Postverbindung gab es ja zu einem U-Boot auf hoher See nicht.

Uns blieb der Alltag des Krieges in der Heimat. Zu seinen Höhepunkten zählte, daß wir über eine Freundin meiner Mutter ein ganzes geschlachtetes Schwein erhielten. Es zu zerlegen, machte viel Mühe, und unsere Mutter hatte uns dafür für zwei Tage bei der Schule krankgemeldet. Ein anderes Ereignis aus diesen Tagen gehört eher zu den hinter der Hand weitergegebenen Nachrichten, an denen der Krieg reich war. Mein Lübecker Großvater, vertraut und interessiert am politischen Leben der deutschen Kleinstaaten, hatte uns einiges über die beiden Großherzogtümer Mecklenburg-Schwerin und Mecklenburg-Strelitz erzählt. Sie bestanden in dieser Trennung seit 1701. Jedes Land hatte seinen eigenen Fürsten, aber beide hatten einen gemeinsamen Landtag der Stände, nämlich der Ritterschaft, der Besitzer von Rittergütern, und der Vertreter von Magistraten. Eine gewählte Volksvertretung gab es bis 1918 nicht – die beiden Mecklenburg waren die einzigen feudalen Ständestaaten im Kaiserreich. Die Landstände tagten abwechselnd in zwei kleinen Städten, die Mitglieder der Ritterschaft im roten Rock. Abends spielten sie Tarock, weil es andere Vergnügungen nicht gab, und tranken dazu unverzollten französischen Rotwein. Das war ein Privileg der Ritterschaft.

Im Februar 1918 gerieten merkwürdige Nachrichten über

den Tod des Großherzogs von Mecklenburg-Strelitz, Friedrich Franz VI., in Umlauf. Bald stellte sich heraus, daß er Selbstmord begangen hatte. Daß sich ein regierender Fürst, der sich als Vertreter Gottes auf Erden fühlte, selber umbrachte, konnte ich kaum begreifen. Sein Briefwechsel mit einer Engländerin, wahrscheinlich seiner Geliebten, war vom militärischen Geheimdienst überwacht worden. Dieser kam zu dem Schluß, daß der Tatbestand des Landesverrats gegeben sei. Hindenburg wollte den Großherzog, im Rang eines Obersten, vor ein Kriegsgericht stellen. Das verweigerte der Kaiser, setzte den Großherzog aber diskret von Hindenburgs Absicht in Kenntnis, woraufhin sich Friedrich Franz VI. erschoß. Später erschien es mir besonders interessant, daß der Geheimdienst im Kaiserreich die höchsten Herrschaften, ja selbst die regierenden Fürsten nicht verschonte.

Der Vorfall hatte ein merkwürdiges Nachspiel, das ein bezeichnendes Licht auf die Dauerhaftigkeit der deutschen Kleinstaaterei wirft. Nach dem Erbvergleich von 1755 zwischen den beiden Großherzögen war Friedrich Franz VI. von Mecklenburg-Schwerin Nachfolger des unverheirateten kinderlosen Strelitzer, und beide Länder hätten also vereinigt werden können. Aber bevor es zu dem Zusammenschlußverfahren kam, brach die Revolution aus, und sie riß die alten Grenzen keineswegs ein, im Gegenteil: In Neustrelitz wie in Schwerin wurde eine Revolutionsregierung eingesetzt, und verfassunggebende Landesversammlungen wurden gewählt. Beide Länder blieben bis 1934 getrennt. Was dynastisch zu vereinigen gewesen wäre, wurde demokratisch wieder getrennt.

Eines Tages meldete sich mein Vater aus Triest, und ein paar Tage später war er zur deutlichen Erleichterung meiner Mutter wieder in Kiel. Da er in der Nacht eintraf, begrüßten wir ihn mit Jubel an seinem Bett, doch am nächsten Morgen begab er sich gleich an Bord. Das Erzählen ging also erst am Abend los. In Budapest hatte mein Vater mit dem Chef der österreichisch-ungarischen Flotte, Konteradmiral Horthy, dem späteren Reichsverweser von Ungarn, gesprochen. Von österreichischen Marineoffizieren hielt er nicht viel, aber Horthy hatte es ihm angetan, »eben ein Ungar«.

Mein Vater hatte vieles mitgebracht, unter anderem einen Riesenschinken, in Blech verpackt. Der wurde für die Taufe aufgehoben, die ein paar Wochen später stattfand. Meine Großeltern und die Geschwister meines Vaters waren aus Lübeck gekommen. Von der ostpreußischen Seite der Verwandtschaft kam der älteste Bruder meiner Mutter, ein Oberleutnant und Beobachter in der Luftwaffe, der auf Urlaub war. Für den Vormittag war ein Tanzlehrer bestellt, um den Damen, vor allem den beiden Großmüttern, den Hofknicks beizubringen. Alle, auch die Kinder, repetierten laut die Anrede »Ew. Königliche Hoheit«, in der dritten Person, denn so ein hoher Gast wurde niemals mit schlichtem »Sie« angesprochen. Am Essen nach der Taufe nahmen fünfundzwanzig Personen teil. So viele waren noch niemals gleichzeitig in unserer Wohnung gewesen. Die Herren waren im Frack, mein Vater im Dienstrock, denn im Krieg wurde Galauniform nicht getragen. Zwei Stewards waren von Bord gekommen. Außer der Kochfrau war noch ein renommierter alter Lohndiener bestellt, der Bestecke, Teller und Gläser mitgebracht hatte. Aber er mußte nach dem Fleischgang aus dem Gefecht gezogen werden, weil er den Belastungen eines fast friedensmäßigen Essens nicht mehr gewachsen war: Er war betrunken.

Fünf Minuten vor fünf ging mein Vater an die Gartenpforte, um die Prinzessin und ihre Hofdamen zu erwarten, da es undenkbar gewesen wäre, daß man ihnen erst nach dem Klingeln die Tür geöffnet hätte. Kaum hatte die Prinzessin meine Mutter begrüßt, eilte sie, um die beiden Großmütter aus der Tiefe des Hofknickses emporzuheben. Sie war natürlich, weder arrogant noch mimte sie Bescheidenheit. Mein Lübecker Großvater, der ihren Vater kannte, unterhielt sie mit Witz und Charme, und nach noch nicht einmal einer Stunde war die Befangenheit geschwunden. Es war ein fröhliches Familienfest, ein paar Reden wurden gehalten, und als die Prinzessin gegen halb elf Uhr aufbrach, war von Aufatmen keine Rede. Anmutig war der Strahl Hohenzollernschen Glanzes gewesen. Daß es der letzte sein würde, ahnte niemand. Mit Rußland war in Brest-Litowsk der Friede geschlossen, und Rumänien hatte kapituliert. Damit war der Zweifrontenkrieg vorbei. Die kaiserliche Macht und der Sieg, was immer er bringen möge, schienen uns ganz unbestritten.

Unsere Sommerferien verbrachten wir wie in den letzten Jahren fröhlich in Eckernförde-Borby. Wir feierten den siebzigsten Geburtstag Großvater Moellers. Auch dessen Bruder, der Pastor Bernhard Moeller aus Aulowöhnen, war gekommen. Trotz seiner siebzig Jahre war er von Tilsit nach Kiel in der dritten Klasse Tag und Nacht durchgefahren. Er erzählte von den Russen in Aulowöhnen im August 1914. Wild seien sie schon gewesen, aber nicht unmenschlich. Aber jetzt seien wir sie für alle Zeiten los.

Ende März hatte die große deutsche Offensive im Westen begonnen. Sie sollte, so hoffte man, den Frieden bringen. Zu Anfang gab es Erfolge, aber dann begann der Rückzug. Die Heeresberichte waren frisiert, um nicht zu sagen verschleiert. Wohl hörte man hin und wieder, daß es Verluste an Menschen und Material gegeben hatte, aber von der Niederlage erfuhr man nichts. Auch von den amerikanischen Truppen war in den Berichten nur wenig die Rede. Wir ahnten die Zahlen nicht: zu Anfang der Offensive dreihunderttausend, dann sechshunderttausend und im Oktober 1,8 Millionen. Die waren alle ebenso wie ihre modernen Tanks nach Europa gekommen, trotz unserer U-Boote. Nicht ein einziger amerikanischer Truppentransporter wurde versenkt, und dem anschließenden Massenangriff der unbekannten Panzerkraftwagen waren die deutschen Truppen nicht gewachsen. Am 2. September 1918 hatte der Kaiser zu Admiral von Müller, wie dieser in seinem Tagebuch schreibt, gesagt: »Der Feldzug ist verloren«, und Ludendorff nannte in seinen Erinnerungen den 8. August den »schwarzen Tag« des deutschen Heeres: »Der Krieg war zu beendigen.«

Mein Vater hingegen war noch unwissend und deshalb auch nicht niedergeschlagen. Im Gegenteil war er sogar guter Dinge, denn für die zweite Septemberhälfte war der Besuch des Kaisers in Kiel angekündigt worden. Am 24. September fand das große Ereignis dann statt. Dank eines Hinweises meines Vaters stand ich am Nachmittag an der Rückseite des Schlosses, das von der Landungsbrücke nur durch die Straße getrennt und kaum abgesperrt war. Durch das Tor trat der Kaiser mit Prinz Heinrich und kleinem Gefolge. Er ging in lebhaftem Gespräch festen Schrittes in straffer Haltung zur Barkasse, um zur Werft zu fahren. Am Abend fuhr er in einem offenen roten Automobil, gefolgt nur von einem anderen Wagen, über den weiten abgesperrten Kasernenhof zu einem großen Essen mit den Offizieren im Kasino. Er hatte, so mein Vater, eine scharfe Rede gehalten: »Runter mit England«.

Am nächsten Tag kam der Kaiser nach Eckernförde und stach mit der »Meteor« in See. Das Programm, das aus einer Parade der U-Boote und einer Angriffsübung auf einen Geleitzug bestand, verlief reibungslos. Mein Vater zitierte den Schluß der Ansprache des Kaisers: Das Ziel erkannt, die Muskeln gespannt, die Flaumacher an die Wand! Das konnte nur vom Kaiser selber stammen. Mein Vater erhielt das Ritterkreuz des Hausordens von Hohenzollern mit Schwertern, das in der Hierarchie der Orden gleich nach dem Pour le mérite kam und an die Heimatdienst-Offiziere im Range meines Vaters nur selten verliehen wurde. An Bord hatte der Kaiser ausführlich gegessen. Mein Vater hatte ein Torpedoboot durch den Kanal geschickt, um frische Hummer von Helgoland zu holen, was ich bei der Kohlenknappheit für überflüssig hielt, aber nicht sagte. Trotz großer Anstrengungen sei der Kaiser ganz frisch gewesen, habe gespanntes und anhaltendes Interesse gezeigt, keine Ermüdung erkennen lassen.

Da traf meinen Vater und uns ein furchtbarer Schicksalsschlag. Nach Hause zurückgekehrt, fand er meine Mutter krank im Bett. Eine Grippeepidemie grassierte und forderte infolge der Unterernährung viele Todesopfer. An ihr schien auch meine Mutter zu leiden; man wußte nichts Genaueres. Noch fehlte es an Erfahrung mit der neuen Krankheit. Der Arzt riet zu einer Krankenschwester und zur Ausquartierung des Babys, um es vor Infektion zu bewahren. Ich sollte an Bord in der Kabine meines Vaters schlafen. Aber eine Schwester war nicht aufzutreiben. So wurde meine Mutter in die Klinik gebracht. Das beruhigte alle, meine Mutter, meinen Vater und meine Großmutter. Doch am 30. September morgens kam mein Vater an mein Bett, völlig niedergeschmettert. Meine Mutter war gestorben.

Mein Vater, der sie sehr geliebt hatte, stand jetzt hilflos mit vier Kindern da. Bis dahin hatte er sich um den Hausstand und um die Kinder nur wenig gekümmert, allein schon wegen seiner häufigen Abwesenheit. Eine unverheiratete Frau von etwa fünfzig Jahren, die Schwester eines ihm befreundeten Offiziers, gutwillig, aber steif und langweilig, eine alte Jungfer – so sah sie aus, und so war sie –, hatte schon früher das Haus gehütet, wenn meine Eltern verreist waren. Jetzt kam sie zu Hilfe. Die Köchin Minna aus Thüringen, um die dreißig Jahre alt, resolut und entschlossen, nahm ohne viel zu fragen den Haushalt in die Hand. Zu allem Überfluß erkrankten auch mein Bruder Hans und ich an der Grippe. Meine Großmutter war völlig aufgelöst. Drei Söhne waren trotz aller Gefahren am Leben geblieben, und nun hatte sie völlig überraschend die Tochter verloren. Meine Mutter wurde auf ihren Wunsch eingeäschert und die Urne in Lübeck beigesetzt. Ein paar Tage nach der Einäscherung war ich wieder gesund. Mein Vater nahm mich mit nach Eckernförde. Ich wohnte an Bord.

Wenn ein Orkan kommt

Am 3. Oktober war der Reichskanzler Graf Hertling entlassen und Prinz Max von Baden zu dessen Nachfolger ernannt worden. Die meisten Staatssekretäre waren nun nicht mehr wie bisher hohe Beamte, sondern Reichstagsabgeordnete, die dem Zentrum, den Linksliberalen und den Sozialdemokraten angehörten, also Anhänger der Friedensresolution waren. Zwei davon kannte ich: Erzberger und Scheidemann, Vorsitzender der sozialdemokratischen Fraktion im Reichstag. Über beide hatte mein Vater viel Böses gesagt und sie Landesverräter genannt. Es stimmte, daß die, die jetzt in der Regierung saßen, Gegner Ludendorffs und eines »Siegfriedens« waren. Aber Ludendorff selbst war es ja gewesen, der das, was man Parlamentarisierung nannte, gefordert hatte: Die Bildung der Reichsregierung sollte der Zustimmung des Reichstags bedürfen, und sie sollte bei Mißbilligung zurücktreten. Der Kaiser berief sein Kabinett also nicht mehr allein. Soviel konnte ich verstehen, aber nicht, was das für innenpolitische Folgen hatte. Da mein Vater sich weigerte, mit mir über dieses Thema zu reden, war ich auf einen Reserveleutnant von der Verwaltung angewiesen, der mir einiges erklärte. Die Berufung des neuen Kabinetts sei nach Ansicht der Zeitungen eine »Revolution von oben«. Ludendorff habe sie befohlen.

»Und was sagt der Kaiser dazu?« fragte ich.

»Der hat zugestimmt. Es ist jetzt bei uns wie in England. Es können nur noch Abgeordnete des Parlaments Minister werden. Daher auch das Wort Parlamentarismus.«

Am 4. Oktober ging, wiederum auf Verlangen Ludendorffs, ein Waffenstillstandsangebot der neuen Reichsregierung an den Präsidenten der Vereinigten Staaten. Die Überraschung war noch größer als die vom Vortag. Warum dieser Schwenk um 180 Grad, wie es in der Zeitung stand, und warum so überstürzt? Gegen Abend des nächsten oder übernächsten Tages ging mein Vater mit mir spazieren, was ungewöhnlich war. Er schwieg. Als wir auf der Brücke zwischen Eckernförde und Borby waren, blieb er stehen und umfaßte das Geländer, als wollte er sich dort festhalten. Er sprach leise, ganz langsam: Es stehe sehr schlecht. Den Krieg könnten wir nicht mehr gewinnen. Er wisse nicht, was werden solle.

»Was will Ludendorff jetzt plötzlich mit dem Waffenstillstand?« fragte ich. »Er war doch immer gegen Erzberger, und jetzt ist der in der Regierung? Hat dir denn der Kaiser vor ein paar Tagen nichts gesagt?«

»Kein Wort«, sagte mein Vater. »Nicht 'mal eine Andeutung. An der Front im Westen sieht es böse aus.«

»Auf einmal?«

»Frag' mich nicht!«

Damit war die Unterhaltung für meinen Vater beendet. Ich ahnte, daß er, der sonst doch stets eine Erklärung parat hatte, nicht mehr erfaßte, was wirklich geschehen war: Tatsächlich war Ludendorffs Waffenstillstandsforderung die Erklärung eines militärischen Bankrotts. Nun wollte er seine Gegner die Suppe, die er eingebrockt hatte, auslöffeln lassen.

Am nächsten Morgen ging der Dienst weiter, als ob nichts geschehen wäre, während ich auf Wunsch meines Vaters zu den Großeltern nach Lübeck fuhr. In dem vollen Dritte-Klasse-Abteil der Eisenbahn ging es heiß und laut zu. Nicht Trauer, sondern Zorn dominierte: »Was sind wir belogen worden!« hieß es. »An allem ist Ludendorff schuld.« Ein älterer Herr sagte: »Wenn ein Orkan kommt, ist plötzlich alles vernichtet.«

Da mein Großvater in Berlin beim Bundesrat war, empfing

mich in Lübeck nur meine Großmutter; sie war gütig und gemessen heiter wie immer. Am nächsten Morgen ging sie mit mir in einen großen Redaktionsraum des »Generalanzeigers«, um Weihnachtspakete für Lübecker Kriegsgefangene zu packen. Ungefähr zwölf Damen waren zügig bei der Arbeit. Ich sollte mithelfen und die Sachen heranschleppen, die dann verpackt wurden. Über die politischen Ereignisse wurde nicht geredet. Hin und wieder ein kleiner Scherz. Ich war perplex, daß alles seinen gewohnten Gang zu gehen schien. Aber hätte man denn auch alles einfach stehen und liegen lassen können?

Am Nachmittag gegen halb fünf kam mein Großvater. Gebeugt schlurfte er, der sonst so elastisch ging, herein und setzte sich erschöpft in den Schaukelstuhl. Meine Großmutter brachte ihm Tee. »Mathilde«, sagte er, »es war erbärmlich, ganz schauerlich! Wir sind am Ende, müssen ganz schnell Frieden machen. Alles ist viel schlimmer, als es in der Zeitung steht.« Was er sagte, war eine einzige Klage. Er stieß es mehr heraus, als daß er sprach.

Doch das Leben ging weiter. Tag für Tag wurden Pakete gepackt, mein Großvater saß wieder am Schreibtisch, an manchen Nachmittagen sammelten meine Tante und ihre Töchter mit mir zusammen Bucheckern, aus denen Öl gewonnen werden sollte. Dann erfuhr ich aus der Zeitung von den Vierzehn Punkten, die Präsident Wilson am 8. Januar 1918 verkündet hatte. Darin wurden unter anderem die Räumung aller von Deutschland besetzten Gebiete, auch in Rußland, gefordert, die Abtretung Elsaß-Lothringens, die Bildung eines unabhängigen polnischen Staates »einschließlich der von zweifellos polnischer Bevölkerung bewohnten Gebiete« und »mit freiem Zugang zum Meer«. Das sollte ein Friedensprogramm sein? Mit Rußland hatten wir im März Frieden geschlossen. Was also ging das jetzt noch Wilson an? Und die Abtretung Elsaß-Lothringens? Hatten die Alliierten nicht von einem Frieden ohne Annexionen gesprochen? Was Polen anging, so sollte es wohl Posen und Schlesien, Ost- und Westpreußen erhalten. Alle diese Forderungen bedeuteten einen schmerzlichen Verlust für das Reich, vor allem im Osten. Aber das Ganze war noch keine Katastrophe, anders als mein Vater und mein Großvater gemeint hatten. Ja, die Siegeszuversicht meines

Vaters war erschüttert, und eine neue Regierungsform war da, die er bisher bitter bekämpft hatte. Aber England und Frankreich hatten die gleiche. Und sah es nicht so aus, als ob der Kaiser bliebe? Mein Großvater war maßvoller in seinen Reaktionen, aber auch er war sichtlich erschüttert. Was mich betraf, so verstand ich das alles noch nicht so recht. Warum hatte Ludendorff, der doch ein großer Feldherr war, so gehandelt? Daß er die Nerven verloren haben könnte, darauf kam ich überhaupt nicht, ebensowenig darauf, daß ihm der Sinn fürs Politische fehlte. Hatte Erzberger mit seiner Friedensresolution also doch recht gehabt?

Als ich nach Kiel zurückkam, war mein Vater immer noch niedergedrückt, aber gefaßt. Angespannt setzte er den Dienst fort, nur unsere Schularbeiten schienen ihn jetzt nicht mehr zu interessieren. Auch Ludendorffs Abgang am 26. Oktober 1918 regte ihn nicht allzu sehr auf – ebensowenig wie die meisten anderen Menschen, die ich kannte. Man brauchte Ludendorff nicht mehr.

Ein paar interessante Details erfuhr ich einige Jahre später von Reinhold Schairer, dem Hauptgeschäftsführer des Deutschen Studentenwerks in Dresden, der während des Krieges Vertreter des Deutschen Roten Kreuzes in Kopenhagen gewesen war. Ein Mann des deutschen Geheimdienstes hatte ihm damals berichtet, daß im Erster-Klasse-Abteil des Hamburger D-Zuges nach Flensburg ein Herr zwischen fünfzig und sechzig Jahren gesessen habe, mit dunkler Brille und im Jägeranzug. Er habe die Zeit meist dösend, wenn nicht schlafend in der Ecke des Abteils verbracht. Als aber eine ältere Dame den Mitreisenden von ihrem Sohn zu erzählen begonnen habe, dessen 56. Infanterieregiment beim Ort X in Frankreich liege, habe der Herr in der Ecke plötzlich ausgerufen: »Stimmt nicht! Das 56. liegt bei Y. Bei X befindet sich das Regiment Nr. 93!« Und wenn andere Reisende Ähnliches erzählten, habe der Mann mit derselben Erregung reagiert.

Kurze Zeit später erhielt Schairer ein Telegramm von der Rot-Kreuz-Zentrale in Berlin: »Älterer Herr mit Jägerhut, dunkler Brille, Lodenmantel, mittelgroßer grüner Leinenhandtasche – eintrifft 7.45 Uhr abends aus Hamburg 1. Klasse. Ihren Namen nennen, Zimmer bestellen und diesem zu Diensten sein.« Schairer empfing den Angekündigten auf dem Bahnsteig und fuhr mit ihm zum »Hotel L'Angleterre«. Als das Auto eine enge Straße mit starkem Verkehr passierte, schrie der Herr plötzlich: »Ich bin erkannt, ich steige aus!« Beim Abendessen im vollbesetzten Speisesaal nannte der hochgradig nervöse Unbekannte noch immer nicht seinen Namen und behielt seine dunkle Brille auf. Als er sie plötzlich absetzte, flüsterte ihm Schairer zu: »Bitte behalten Sie Ihre Brille auf, General Ludendorff. Der Saal ist voller ausländischer Diplomaten. Man wird Sie erkennen.« Daraufhin setzte der andere die Brille sofort wieder auf.

Ludendorff habe, so sagte er Schairer, in Kopenhagen Asyl erbitten wollen, um einer Internierung zu entgehen, die den Militärpersonen kriegführender Staaten beim Übertritt in ein neutrales Land drohte. Mit der dänischen Regierung wollte Ludendorff über den deutschen Gesandten, Graf Brockdorff-Rantzau, Kontakt aufnehmen, und er bat Schairer dabei um Hilfe. Brockdorff war allerdings auf Ludendorff und seine Politik schlecht zu sprechen, und als er am nächsten Morgen von Schairer erfuhr, Ludendorff halte sich in Kopenhagen auf, entgegnete er lediglich: »Dann wird er interniert.« Da aber Schairer mit Brockdorff gutstand und überdies ein liebenswürdiger, wortgewandter Mann war, der geradezu als ein Virtuose der Überredungskunst galt, gelang es ihm, Brockdorff von einer Demarche beim Außenminister abzubringen. »Sagen Sie dem General, binnen vierundzwanzig Stunden habe er Dänemark zu verlassen, sonst werde ich dem Außenminister von seinem Aufenthalt Kenntnis geben.« Mit diesen Worten entließ Brockdorff Schairer. Am gleichen Tag setzte Ludendorff mit der Fähre nach Malmö über. Das Ereignis ist nicht gerade weltbewegend, aber charakteristisch für die seelische Verfassung Ludendorffs.

Noch nicht einmal ein Monat war nach dem Besuch des Kaisers in Kiel vergangen, da wurde auf Wilsons Verlangen der uneingeschränkte U-Boot-Krieg eingestellt. Daß die Engländer ihre Blockade dennoch aufrechterhielten, erbitterte meinen Vater. Jetzt werde »der Laden« geschlossen, er verstehe den Kaiser nicht mehr. Auch dieser spielte eine Rolle in Wilsons Forderungskatalog. Nur wenn er abdanke, könne »das deutsche Volk erträgliche Friedensbedingungen erwarten«. Das Problem war schon in der deutschen Presse erörtert worden, und es war ein Symptom der völlig veränderten inneren Lage, daß dabei trotz der Zensur öffentlich über die Abdankung gesprochen wurde. Die Frage war: »Wer wird nun Kaiser?« Der Name des Kronprinzen wurde vom Tisch gewischt. Das Wort »Playboy« kannte man noch nicht, aber so dachte man über ihn. Der zweite Sohn, Prinz Eitel Friedrich, war unbekannt, hatte sich im Krieg kaum hervorgetan, ebensowenig seine Brüder. Im Gespräch war der älteste Sohn des Kronprinzen, Prinz Wilhelm, der zwölf Jahre alt war. Daß die Forderung nach Abdankung Wilhelms II. von einer ausländischen Kriegsmacht erhoben wurde, verlieh dem Problem eine neue Dimension: Sollte der Kaiser das Opfer für einen erträglichen Frieden sein?

Am 24. Oktober hatte ich Geburtstag, der trotz der schwierigen Zeiten gefeiert wurde; dafür hatte schon Minna gesorgt. Es gab einen Geburtstagstisch, und am Nachmittag kamen die Großeltern und die Hirschfelds, Mutter und Tochter, und von Bord auch mein Vater, zum ersten Mal seit Kriegsbeginn. Die alte Frau Hirschfeld fragte: »Was ist nun mit unserem Kaiser? Was wird aus ihm?« Mein Vater erwiderte: »Was man jetzt so hört, ist alles nur Geschwätz. Die Sozis wollten den Kaiser schon immer absetzen, aber sie konnten es nicht. Präsident Wilson will die Revolution in Deutschland, um leichter Frieden zu bekommen. Mit unserem Heer werden die Feinde nicht fertig. Deswegen wollen sie die Heimat zerrütten, um uns den Frieden zu diktieren.« In diesen Tagen wurde mein Vater übrigens zum Fregattenkapitän befördert; der Kaiser hatte im Hauptquartier eigenhändig die Urkunde unterschrieben. Für unseren Vater war das keine Überraschung. Er wußte, daß er an der Reihe war. Noch einmal verblüffte mich der merkwürdige Umstand, daß die Verwaltung, auch die in der Marine, trotz alledem wie gewohnt weiterarbeitete.

Der Schuß im Morgengrauen

Es mag am 4. November gewesen sein, zwischen sechs und sieben Uhr morgens, als ein überaus lauter Schuß uns erschreckte. Mein Vater, der einige Tage Urlaub genommen hatte und deshalb zu Hause war, tippte auf einen Kanonenschuß, der aber unmöglich von einem englischen Schiff abgegeben worden sein konnte. Von Unruhen und Demonstrationen in der Stadt hatten wir schon gehört, doch selber nichts bemerkt. Wir erfuhren, daß der Schuß vom Linienschiff »König« stammte. Dort war, wie auch auf anderen Schiffen, die rote Fahne gehißt worden, und die revolutionären Matrosen hatten gemeutert. Der Kommandant der »König«, den mein Vater schon von Cuxhaven her kannte und mit dessen Kindern wir uns gut verstanden, war schwer verwundet, ein Offizier sollte getötet worden sein. Am späten Nachmittag fuhr ich in die Stadt. In der Brunswick, einer Straße mit vielen Geschäften, kam mir ein langer Zug von Matrosen und Arbeitern entgegen, skandierend und singend, mit geballten Fäusten und roten Fahnen, die Matrosen mit Gewehren. Das war für uns ein erschreckender Anblick – also Meuterei, Revolution. Die Angst war größer als das Erstaunen. Nur einige Minuten blieb ich stehen, dann verdrückte ich mich in eine Nebenstraße, um nach Hause zu rennen.

Am nächsten Morgen erschien der Bursche meines Vaters, der Sohn eines Fischers von der Pommerschen Küste, den mein Vater, ja die ganze Familie sehr schätzte, weil er ein ruhiger, zuverlässiger, fleißiger und hilfsbereiter Mann war. »Büschen langsam«, meinte mein Vater, »aber so sind nun mal die Pommern.« Der Bursche nahm wie üblich stramme Haltung an und erklärte, er wolle so schnell wie möglich nach Hause zu den Eltern, da sein Vater krank sei. Der Waffenstillstand komme ja wohl sowieso in den nächsten Tagen. Dann verrichtete er seine Arbeit im Haus. Am Nachmittag verabschiedete er sich. Mein Vater wollte ihm ein Geldgeschenk geben, aber das wehrte er mit den Worten ab: »Danke, Herr Käpt'n, ich möchte das nicht annehmen. Meine besten Wünsche.« Und mit einer Kehrtwende wandte er sich uns Kindern zu und reichte uns die Hand. Wir weinten, meinem Vater aber verschlug es für einen Augenblick die Sprache. Dann sagte er: »Der geht nicht freiwillig, nein, so ist der nicht; der steht unter Druck. Die dürfen keinen Dienst bei Offizieren mehr tun.«

Der Flaggleutnant kam in Zivil ins Haus. Das Durcheinander an Bord halte sich in Grenzen. Aber es sei unwahrscheinlich, daß mein Vater überhaupt noch eine Barkasse bekomme, um damit zu seinem Schiff zu fahren. Was wolle er überhaupt noch an Bord? Das Schiff intakt zu halten, sei Sache des Kommandanten und des Soldatenrats. Eine gewisse Beruhigung sei eingetreten, seit der SPD-Reichstagsabgeordnete Noske Gouverneur und Vorsitzender des Soldatenrats sei. Auf keinen Fall dürfe mein Vater die Revolutionäre reizen. So verhielt sich dieser denn auch abwartend. Das war weithin die Haltung der konservativen Kräfte: Sie versuchten – sei es aus Furcht, sei es aus politischem Instinkt –, die Revolution durch Abwesenheit und Schweigen zu dämpfen.

Mein Vater erzählte später auch in größerer Gesellschaft eine Geschichte, die er von Offizieren der Marinestation der Ostsee erfahren hatte: Noske suchte nach seiner Ankunft deren Chef, Admiral Souchon, auf, der auch die Funktionen eines Gouverneurs hatte. Im Laufe des Gesprächs erkundigte sich Noske nach dem in Kiel lagernden Alkohol. Das sei eine riesige Menge, sagte Souchon, sie lagere im Kasino, das die Flotte und vor allem die U-Boote versorgte. Dieser Alkohol sei im Moment die allergrößte Gefahr für Kiel. Noske fragte nach einem potenten Weinhändler in Kiel oder in der Nähe. Souchon nannte einen Weinhändler, nicht allzu weit von Kiel entfernt. Mit diesem telefonierte Noske. Einige Tage später wurde der Vorrat unversehrt abtransportiert. Der Weinhändler hatte ein brillantes Geschäft gemacht, und Kiel war vielleicht tatsächlich von einem Unglück verschont geblieben. Ich wußte, daß mein Vater im Spinnen von Seemannsgarn nicht unbewandert war, aber er erzählte diese Geschichte immer wieder, auch nach 1945, in nahezu der gleichen Fassung. Ob jedoch der Sozialdemokrat Noske die Stadt Kiel durch einen Weinverkauf gerettet hat, ist mir nie von anderer Seite bestätigt worden.

Täglich kamen nun Nachrichten von Thronentsagungen in den verschiedenen Ländern und über die Bildung von Arbeiter- und Soldatenräten. Am 9. November gab dann Reichskanzler Prinz Max von Baden die Abdankung Wilhelms II. bekannt; die Ausrufung der Republik folgte nur zwei Stunden später. Die Abdankung des Kaisers hatte die Monarchie nicht mehr retten können, weil sie viel zu spät erfolgt war. Am nächsten Tag erfuhren wir von dem Übertritt des Kaisers nach Holland. In meinen Augen war das Flucht. So nahm ich sein Bild von der Wand in meinem Zimmer. Die Gründe des Übertritts kannte ich nicht, aber ich war empört. Als mein Vater nach dem Bild fragte, antwortete ich, es gebe doch keinen Kaiser mehr. Das nahm er hin, ohne ein Wort zu sagen.

Seit Noske Gouverneur war, war die Ruhe in Kiel wieder eingekehrt. Die Straßenbahnen fuhren, die Geschäfte waren geöffnet, Polizisten taten ihren Dienst, mein Großvater ging wieder aufs Rathaus, und die Gehälter wurden pünktlich ausgezahlt. Mein Vater reiste, wie er es vorgehabt hatte, nach Lübeck. Seine Geschwister wollten sich für ihn nach einer Hausdame umtun. Ich sollte auf das Gut seines Freundes, des Majors und Ortskommandeurs von Eckernförde, fahren, das bei Itzehoe lag. Dort wurde wie bisher gearbeitet. Bei Tisch servierten Mädchen in schwarzer Kleidung mit weißer Schürze. Von Revolution keine Spur.

Mein Vater widmete sich in diesen Tagen einem Buch von oder über Carl von Linné, dem berühmten schwedischen Naturforscher. So schaltete er ab. Botanik war sein Hobby, und in der Pflanzenkunde besaß er erstaunliche Kenntnisse. Er, sonst so lebhaft, schien jetzt abgestumpft zu sein oder sich bis aufs äußerste zusammenzunehmen. Hin und wieder bekam er Besuch von Offizieren und machte selber Besuche, aber darüber redete er nicht. Eines Tages brachte ich ein »Berliner Tageblatt« mit. Mein Vater schrie, Minna solle die Zeitung ins Feuer schmeißen. »Ich wünsche keine Demokraten- und Defätistenzeitungen in meinem Hause. Hörst du, nie wieder!«

Neben seiner Lektüre besuchte mein Vater auch Vorlesungen des angesehenen Botanikers Johannes Reinke, den er seit längerem persönlich kannte. Gewissenhaft arbeitete er täglich die Kollegs aus, gleichzeitig erwarb er nationalökonomische

Literatur, die er mit Unterstreichungen versah und anhand derer er Exzerpte anfertigte. Uns, die Großeltern und die Hirschfelds, belehrte er mit seinen neuen botanischen Erkenntnissen, was wir aber nicht gerade interessant fanden. Immerhin war er beschäftigt.

Mehr Leben kam ins Haus, als die beiden Brüder meiner Mutter aus dem Krieg zurückkehrten. Der ältere, Friedwald, Pfiffi genannt, war aktiver Offizier, Oberleutnant bei der Luftwaffe; der andere, Hermann, Herri genannt, Reserveleutnant. Pfiffi bekam zunächst sein Gehalt weiter, und auch Herri erhielt noch für einige Monate seine Bezüge. Zu den Freikorps, den neu gebildeten militärischen Formationen von früheren Militärangehörigen, die gegen Unruhen von Linksradikalen eingesetzt wurden, drängten sie nicht. Überhaupt konnten sie die Resignation meines Vaters nicht verstehen.

»Jetzt hör' doch endlich auf mit deiner Verzweiflung«, sagte Pfiffi zu ihm, »Hindenburg ist Oberbefehlshaber, zusammen mit dem neuen Generalquartiermeister, mit Groener. Wir sind geordnet zurückmarschiert. Der Volksbeauftragte Ebert hat die im Gleichschritt durchs Brandenburger Tor marschierenden Truppen im schwarzen Rock und mit den Worten begrüßt: ›Im Feld unbesiegt.‹ Was willst du noch?«

»Immer diese weichlichen Süddeutschen!«, entgegnete mein Vater verärgert, »Reichskanzler Graf Hertling ein Bayer, sein Nachfolger Prinz Max ein Badener, Groener ein Württemberger und ebenso Erzberger, der den Waffenstillstand abgeschlossen hat. Was Ebert gesagt hat, habe ich gelesen. Was der Kerl sagte, ist richtig, kommt aber viel zu spät. Die ganze Revolution ist überflüssig.«

Immerhin, es wurde nicht mehr ständig über Politik geredet und auch nicht nur Trübsal geblasen. Herri berichtete von spannenden Romanen, die er gerade gelesen hatte, von Kellermanns »Tunnel«, damals ein Bestseller, oder Conan Doyles »Sherlock Holmes«-Büchern. Mein Vater griff lieber zu Wilhelm Busch. Die beiden Schwäger brachten meinen Vater dazu, sich an den Flügel zu setzen. Ohne Noten spielte er aus Opern und Operetten, Strauß-Lieder und Choräle, ab und an auch Militärmärsche. Abends wurde zuweilen Skat oder »Glocke und Hammer« gespielt.

Am 26. Dezember fuhr mein Vater mit Hans und mir wie

üblich nach Lübeck. Für die Feiertage wurden Fahrkarten nur gegen eine besondere amtliche Erlaubnis ausgegeben, die bei einem Ausschuß des Arbeiter- und Soldatenrats eingeholt wurden. Meinem Vater graute es davor, dorthin zu gehen – er hätte doch auf einst ihm untergebene Matrosen stoßen können! Die Schwäger boten sich an, aber die Genehmigung mußte von einem erwachsenen Familienmitglied ersten Grades besorgt werden. Mein Vater erhielt sie schließlich ohne weiteres.

Das Weihnachtsfest verlief wie ehedem mit einigen kriegsbedingten Einschränkungen: Statt Kaninchen gab es diesmal Ziegenbraten. Es ging gedämpft fröhlich zu. Wie alles gekommen war, war noch immer nicht zu fassen. Aber darüber war genug geredet worden. Hin und wieder kam die Angst vor dem Bolschewismus auf und die besorgte Frage, ob es auch bei uns so werden könnte wie in Rußland. Mein Großvater, im November fast fünfundsiebzigjährig zurückgetreten, beschwichtigte die Runde: »Nun man sachte!« Zwar seien einige Sozialdemokraten in den Senat gekommen, aber er kenne die neuen Senatoren aus der Bürgerschaft, und das seien keine Bolschewisten. »Im Januar wählen wir die Nationalversammlung, die wird uns bestimmt keine bolschewistische Verfassung bringen. Wie sollen wir denn wieder eine gesetzliche Ordnung bekommen, wenn nicht durch diese Versammlung?«

Daß Wahlen stattfinden sollten, hatte meinem Großvater Auftrieb gegeben. Er spielte wieder am Flügel und sang. Bei »Gaudeamus igitur« wurde auch der Vers »Vivat et res publica« gesungen. Lübeck war ja von alters her Republik, und der verehrte Fehling war noch immer Bürgermeister. In den Straßen spielten die Drehorgeln Weihnachtslieder, und Weihnachtsmelodien erklangen in den Kirchen. So war es immer gewesen, ja selbst der Weihnachtsmarkt vor dem Rathaus war wieder da. Mein Vater, der sich gerührt seiner eigenen Kindheit erinnerte, ging mit uns durch die Stände. Wir lutschten Zuckerstangen, aßen Mandeln und Marzipan.

Am Neujahrsmorgen gingen wir in die Marienkirche. Sie war bis auf den letzten Platz gefüllt. Mein Großvater saß im Senatsstuhl neben Bürgermeister Fehling. Vor dem Gestühl standen rotbefrackte Diener. Nach dem Gottesdienst begaben sich Großvater und Großmutter zum Neujahrsempfang des Bürgermeisters.

IV.
Erwachsenwerden in der Zeitenwende

Seeoffizier unter Schwarz-Rot-Gold

Mein Vater war dreiundvierzig Jahre alt, als das Kaiserreich zusammenbrach, und verzweifelt fragte er sich, was aus ihm werden solle. Andere Offiziere bewarben sich bei Firmen, aber dafür hatte mein Vater nicht genügend Beziehungen. Ein früherer Marinekamerad schlug ihm vor, sich um das vakante Amt des Oberbürgermeisters von Dortmund zu bewerben, aber das traute er sich nicht zu. Schließlich fand er doch wieder einen Platz in seinem Beruf: Er wurde Chef des Stabes des Inspekteurs des Torpedowesens – vielleicht weil er der führende Fachmann für die U-Boot-Waffe gewesen war. Wann mein Vater den Dienst wieder angetreten hat, weiß ich nicht mehr genau. Ich erinnere mich, daß er zuerst in Zivil in sein Amt ging, aber eines Tages trug er wieder Uniform – und zwar die alte kaiserliche, denn es dauerte einige Zeit, bis über die neuen Uniformen der nun republikanischen Marine entschieden worden war. Auch die kaiserlichen Embleme wurden erst später abgeschafft: Die Krone auf dem Ärmelstreifen wurde durch einen Seestern ersetzt, die schwarz-weiß-rote Kokarde an der Mütze durch das ovale Reichswappen, den schwarzen Adler mit roten Klauen auf goldenem Feld. Ebenso zeigten die Schiffe zunächst noch die kaiserliche Kriegsflagge, da die neue Flaggen- und Uniformverordnung auf sich warten ließ. Aber auch als sie erlassen worden waren, kehrte keine Ruhe ein. Im Gegenteil entzündeten sich an der Staatssymbolik, zumal an der Flaggenregelung, die Konflikte zwischen dem alten und dem neuen Staat wie kaum an einem anderen Thema.

Man kann sich heute keine Vorstellung mehr von dem Ausmaß dieser Auseinandersetzungen machen. Ich habe das unentwegt, von 1919 bis 1933, erlebt. Die Nationalversammlung hatte Schwarz-Rot-Gold, die Farben der Revolution von 1848, zu den Reichsfarben erklärt, die Flagge der Handelsmarine blieb jedoch Schwarz-Weiß-Rot mit einem kleinen schwarz-rot-goldenen Rechteck, der Gösch, am Mast; als Reichskriegsflagge hatte Reichspräsident Ebert die Handelsflagge mit dem Eisernen Kreuz bestimmt. So wurden die Reichsfarben zum Streitgegenstand.

Mein Vater, und nicht nur er, ging in kein Gasthaus und kein Geschäft, das Schwarz-Rot-Gold geflaggt hatte. Die studentischen Korporationen in Tübingen boykottierten seit 1922 einen Gastwirt, von dem man sagte, daß er den besten Wein ausschenke und der wegen seiner guten Küche renommiert war, weil er nach Rathenaus Ermordung Schwarz-Rot-Gold geflaggt hatte. Der Reichsverband der Deutschen Industrie hatte sich noch Ende der zwanziger Jahre eine eigene Fahne angeschafft, um sich dem Flaggenstreit zu entziehen. Der Verein Deutscher Maschinenbauanstalten hißte noch 1930 beide Flaggen. Darauf kündigte eine Reihe von Mitgliedern. Und sogar in den Mietshäusern stritten sich die Bewohner darüber, welche Flagge gezeigt werden sollte.

Immerhin, die Neubestätigung im Dienst – um es so zu nennen – war eine Auszeichnung, und so empfanden es auch mein Vater und dessen Kameraden. Denn der Marine waren nach dem Versailler Frieden nur noch fünfzehnhundert Offiziere erlaubt. Der tiefe Eingriff in die Personalstruktur sollte – wie bei der Armee – durch möglichst hochwertige Leistungen kompensiert, die Reichswehr eine Elite-Streitmacht werden. Entscheidendes Kriterium für die Auslese derer, die im Dienst verblieben, war deshalb die militärische Befähigung. Die Auslese lag in den Händen der alten Offiziere. So regenerierte sich die kaiserlich geprägte Marine unter einem sozialdemokratischen Reichswehrminister, aber dem kam es ebenso wie den Offizieren darauf an, möglichst schnell intakte Streitkräfte zu haben. Meinem Vater mißfiel es natürlich, unter einem sozialdemokratischen Reichspräsidenten und einem Wehrminister der gleichen Partei zu dienen. Was verstanden die schon vom Militär! Und waren sie letzten Endes nicht doch allesamt Vaterlandsverräter? Aber nicht alle dachten so. Ein Crewkamerad meines Vaters, gerade pensioniert, aber immer gut gelaunt, ein anpassungsbereiter Sachse, sagte ihm: »Seid doch froh, daß ihr Noske habt! Was tut der alles für euch und nimmt deshalb Schwierigkeiten mit seiner Partei auf sich! So jemand ist mir lieber als ein ängstlicher Bürgerlicher.«

Mein Vater saß nun wieder hinter einem großen Schreibtisch und hatte in der Marineakademie (jetzt Sitz von Regierung und Landtag in Schleswig-Holstein) ein geräumiges Zimmer zur Förde hinaus. Die militärische Ordnung war wiederhergestellt, wenn auch nicht ganz so streng wie früher. Er verfügte über einen kleinen Stab befähigter Offiziere und über einen Adjutanten. Der ist mir wohl deshalb in Erinnerung geblieben, weil mein Vater ihn nicht sehr mochte. Er sei sein tüchtigster Offizier, aber eiskalt. Ich sah ihn nur, wenn ich meinen Vater abholte: Er war ein Mann von strammer militärischer Haltung, dessen Gesicht keinerlei Gefühlsregung verriet. Vielleicht hätte ich seinen Namen vergessen, wenn er nicht später, im Zweiten Weltkrieg, Oberbefehlshaber der Marine und schließlich sogar für ein paar Tage Hitlers Nachfolger geworden wäre. Es war Karl Dönitz. Übrigens diente unter meinem Vater in diesen Jahren noch ein zweiter Offizier, der später von sich reden machen sollte. Es war Wilhelm Canaris, der Chef der Abwehr im Dritten Reich. Er sei der gerissenste von allen, sagte mein Vater, bei dem wisse man nie, was er im Schilde führe. Canaris wurde im April 1945 wegen seiner Teilnahme an der Widerstandsbewegung hingerichtet.

Doch es fehlte meinem Vater, ohne daß er darüber klagte, der Elan der Kriegszeit. Er arbeitete pflichtgemäß, aber lustlos. Der Wiederaufbau in äußerster militärischer Kargheit, die ständige Plage mit den Alliierten, vor allem der englischen Kontrollkommission, empfand er als Kärrnerarbeit. So suchte er Ablenkungen. Seeoffiziere, aktive und pensionierte, hatten gemeinsam mit führenden Männern der Kieler Wirtschaft in einer gemieteten Villa einen Club gegründet. Sie war nicht üppig, aber mit Geschmack eingerichtet. Monarchische Embleme, Gemälde, Büsten, Standarten und Flaggen, Orden und Schiffsmodelle, Waffen und Schiffsgerät waren überreichlich vorhanden, vieles waren Stiftungen. Der »Skagerrak-Club«, wie er genannt wurde, war gleichsam ein Museum der königlichen lich-preußischen und der kaiserlichen Marine mit Restaurationsbetrieb. Hier im Club war man unter sich, konnte ungehemmt miteinander reden und alljährlich noch immer den Geburtstag des Kaisers feiern. In diesem »Eldorado« aus kaiserlicher Zeit huldigte man der Vergangenheit, als ob sie noch Gegenwart wäre. Der Club war aber auch Ersatz für den seit der Revolution, eigentlich seit dem Kriege fehlenden gesellschaftlichen Kontakt in Privatwohnungen. Zudem scheute mein Vater damals Geselligkeit in Gegenwart von Damen, weil er leicht in seiner Entrüstung aufbrausen konnte: »Gnädigste, pardon, was Sie sagen, ist eine Schmähung unseres Kaisers!«

Bis in die Kreise der Rechten hinein hatte man seit Oktober 1918 Hoffnungen auf Woodrow Wilson, den amerikanischen Präsidenten, gesetzt. Der Preis für einen erträglichen Frieden, wie Wilson ihn mit seinen Vierzehn Punkten angeboten hatte, sei, so wurde spekuliert, die Einführung der Demokratie in Deutschland, also auch die Abdankung des Kaisers gewesen. Für diejenigen, die so dachten, waren die Bedingungen des Waffenstillstands und noch viel mehr die des Versailler Vertrags dann eine furchtbare Enttäuschung. Man war zwar ein bißchen vorbereitet, weil wesentliche Auszüge des Vertrags schon vorher bekannt geworden waren, aber als sie dann eines Morgens in der Zeitung standen, war die Empörung doch ungeheuer. Wenn man ein langes Leben gehabt hat, kann man Vergleiche anstellen, und im Rückblick muß ich sagen, daß die Niedergeschlagenheit, die wir damals empfanden, viel größer war als die über die Bedingungen der totalen Kapitulation 1945. Dabei habe ich später begriffen, wie günstig doch der Versailler Vertrag für Deutschland und wie vernünftig es war, daß er angenommen wurde. Die Reparationen waren zwar unerträglich hart und die Schikanen, denen der deutsche Handel ausgesetzt wurde, sehr belastend. Immerhin aber, und das war das Entscheidende, blieb die Einheit des Reiches gewahrt. Doch das sah man damals nicht. Man ballte die Faust in der Tasche und war fassungslos, daß der Vertrag unterzeichnet wurde. Die größte Empörung galt den Gebietsabtretungen im Osten, in Schlesien sowie West- und Ostpreußen. Das ging ans Herz, während der Verlust Posens und die Abtretung der Kolonien und schließlich Elsaß-Lothringens, dem man ohnehin mit spürbarer Distanz gegenüberstand, als weniger schmerzhaft empfunden wurden.

Meinem Vater galt aber schon die Demokratie als ein Trojanisches Pferd der Entente. Ihrer müsse man sich entledigen, um sich vom Versailler Vertrag zu befreien. Doch wie sollte das geschehen? Sollte es einen Volksaufstand geben? Das hielt mein Vater für dummes Zeug. Jetzt empörten sich die Leute über die Friedensbedingungen, aber die stünden ja erst auf dem Papier. Das Leiden, das Elend würden erst später kommen, und die nächsten Wahlen würden dann ganz anders aussehen als die zur Nationalversammlung. Am Ende, so prophezeite er, würde die Demokratie durch die Demokratie selbst gestürzt werden. Der anderen Frage, welche Chancen eine Rechtsregierung haben würde, das Diktat zu mildern, gar zu unterlaufen, wich mein Vater aus. Das würde sich finden.

Was die Wahlen anging, so hatte mein Vater trotz seines provinziellen Blickwinkels nicht ganz unrichtig kalkuliert. Die Mißstimmung wuchs rapid an – gefördert durch den Vollzug der Friedensbedingungen, die Reparationen, die rigorose Verringerung der Truppenstärke wie die Auflösung der Freikorps, die damals wegen der linksradikalen Unruhen und zur Sicherung der Ostgrenzen für unentbehrlich gehalten wurden. Dazu kam die von bürgerlichen Schichten als konfiskatorisch empfundene Steuergesetzgebung, die Bedrohung der ohnehin noch elenden Versorgungslage durch einen Eisenbahnerstreik im rheinisch-westfälischen Industriegebiet und die massiven Demonstrationen radikaler Kräfte. Eine »Welle von rechts« setzte ein gegen die Parlamentsmehrheit von Zentrum, Demokraten und Sozialdemokraten. Überall schwirrten Gerüchte über Pläne für eine Diktatur oder eine Machtübernahme durch das Militär. Manches hörte mein Vater vor allem im Club, von Offizieren aus Berlin. Einiges davon bekam ich mit, ohne es in seiner vollen Bedeutung zu verstehen. Wie ernst die Lage war, zeigte sich wenig später.

Bote beim Staatsstreich

Am 13. März 1920 war die Zweite Marinebrigade unter Korvettenkapitän Erhard, dem Chef eines Freikorps, vom Truppenübungsplatz Döberitz – in der Nähe von Potsdam – in Berlin einmarschiert und hatte kampflos das Regierungsviertel besetzt. Reichspräsident und Reichsregierung wichen erst nach Dresden aus und dann, da sie hier nicht sicher waren, nach Stuttgart, blieben aber aktionsfähig. Der Anführer der Putschisten, General von Lüttwitz, zweithöchster Offizier der Reichswehr, setzte den Generallandschaftsdirektor Kapp, 1917/18 Gründer und Vorsitzender der Vaterlandspartei, als Reichskanzler und preußischen Ministerpräsidenten ein. Er selbst wurde Reichswehrminister und Oberbefehlshaber der Wehrmacht. Der Chef der Admiralität, Admiral von Trotha, und die beiden Chefs der Marinestationen der Nord- und Ostsee unterstellten sich der aufständischen Regierung, ebenso die Chefs einiger Wehrbezirkskommandos.

Mein Vater war völlig überrascht und konsterniert, zeigte jedenfalls nicht die Spur von Begeisterung. Eher empfand er Unmut, den er aber verbarg. Er mißtraute den Freikorps, die in seinen Augen Landsknechtshaufen waren. Der Ausnahmezustand wurde erklärt. Die Marine hatte in Kiel das Gewerkschaftshaus besetzt. Die Arbeiter demonstrierten, aber zu ernsten Konflikten kam es nicht. Mein Vater war fast ständig im Dienst. Über das, was er tat, äußerte er damals und auch später kein Wort. Die Offiziere gingen auf der Straße vielfach in Zivil, um nicht erkannt zu werden. Ich trug Flugblätter aus und leistete Botendienste. Als ich dabei einmal vor einem Offizier strammstand, um ihm eine Meldung zu machen oder ein Schreiben zu übergeben, erhielt ich, kaum daß ich außer Sicht des Militärs war, von einem Arbeiter eine deftige Backpfeife.

Noch am 13. März wurde der Generalstreik ausgerufen, der am 15. mit voller Wucht einsetzte, und am 17. März brach der Staatsstreich zusammen. In Kiel hatte die Situation noch gegen Mittag des 15. oder 16. März wegen des Werftarbeiterstreiks auf der Kippe gestanden. Mein Vater befand sich in einem Gebäude der Marineverwaltung, das von Arbeitern belagert wurde, aber einen unbewachten Hinterausgang hatte. Als er von dem Debakel in Berlin erfahren hatte, verließ mein Vater bei Einbruch der Dunkelheit in schäbigem Zivil unbemerkt das Gebäude und ging zu seinen Schwiegereltern, da er in unserer Wohnung nicht sicher zu sein glaubte. Ich brachte ihm auf seinen Anruf hin einen Rucksack mit Kleidung, Wäsche und Nachtsachen. Zwischen zehn und elf verließ er in Räuberzivil das Haus, um nach Lübeck zu gehen. Erst auf halbem Weg stieg er in die Eisenbahn.

Als er nach ungefähr einer Woche Anfang April nach Kiel zurückkehrte, erhielt er zusammen mit einer Reihe von anderen Offizieren von Berlin aus den Befehl, sich nach einem Truppenübungsplatz – es war Munster- oder Sennelager – zu begeben. Er reiste in Zivil. Was der Zweck der Reise war, wußte er nicht. Wir rätselten: Sollten er und die anderen am Putsch beteiligten Offiziere interniert werden? Seine munteren Briefe beruhigten uns. Anfang Mai kam er unerwartet zurück, gekleidet in eine nagelneue feldgraue Freikorpsuniform. Über seinen Aufenthalt verlor er kein Wort, ebensowenig über den Putsch und dessen Scheitern. Als ich ihn darauf ansprach, sagte er: »Erzähl' mir lieber etwas über deine Zensuren in den Lateinarbeiten.« Das war ein wirksamer Dämpfer für meine Neugierde. Wir erfuhren nur, daß es ihm gutgegangen war.

Aber schon im April war mein Vater bei seinem alten Freund, Kapitän zur See Oldekop, gewesen, dem damaligen Abteilungsleiter in der Marineleitung in Kiel. Zwei Stunden hatte die Unterhaltung gedauert. Mein Vater erzählte mir: »Du brauchst keine Angst mehr zu haben, ich komme nicht vor Gericht, werde auch nicht entlassen.« Aber bekümmert fügte er hinzu, daß die Marine womöglich ganz aufgelöst oder in verkleinertem Umfang ohne die beiden Marinestationen in Wilhelmshaven und Kiel der Heeresleitung unterstellt werde. Was dann aus ihm werde, sei unklar. Tatsächlich hatte das Reichskabinett beide Pläne ernsthaft erörtert, aber sie wieder aufgegeben. General von Seeckt hatte sich energisch gegen eine Eingliederung der Marine in die Armee gewehrt. Ein Amnestiegesetz, das allen Straffreiheit gewährte, »die nicht Urheber oder Führer der Unternehmen gewesen waren«, wurde zwar erst im August erlassen, aber schon vorher praktiziert.

Nicht zuletzt dem neuen Reichswehrminister Gessler war es

zu verdanken, daß die Marine erhalten blieb und auch nicht der Heeresleitung unterstellt wurde. Gessler sorgte nun auch in der Marine für die Wiedererichtung der militärischen Ordnung. Noch bestand an beiden Marinestationen das sogenannte Deckoffiziersregime, das heißt die Befehlsgewalt derjenigen Offiziere, die aus dem Mannschafts- und Unteroffiziersstand hervorgegangen und an die Stelle der entlassenen Chefs dieser Stationen getreten waren. Als Gessler im Sommer von Wilhelmshaven auf einem Torpedoboot durch den Nordostseekanal bei Nacht nach Kiel fuhr, sollte er genötigt werden, auf ein Schiff des Deckoffiziersregimes umzusteigen. Gessler hatte sich geweigert, was sogar meinem Vater imponierte. In Wilhelmshaven und Kiel setzte er nun zwei Admirale als neue Stationschefs ein. Damit waren die gesetzlichen Befehlsverhältnisse in der Marine wiederhergestellt. Gessler ließ erkennen, daß er ein Faible für die Marine hatte, und das wurde auch respektiert. Seeleute verachten Landratten aus Berufshochmut. Doch Gessler wurde auf Torpedobooten selbst bei starkem Sturm und hohem Wellengang nicht seekrank. So unwesentlich das für einen Minister ansonsten auch sein mochte, verschaffte es ihm doch Achtung.

Sehr bald danach wurde mein Vater zum »Kapitän zur See« befördert. Er war, wie man so sagt, zur Beförderung »dran« gewesen, denn sie war schon vor dem Kapp-Putsch vorbereitet und jetzt vollzogen worden. Die Bürokratie, so erklärte mein Vater, lasse sich »vom geregelten Gang nicht abbringen«, auch die des Militärs nicht – es sei denn, daß es besonders befohlen würde. Von diesem »geregelten Gang« habe ich später noch einige Beispiele erfahren. Noch nach der Revolution, also schon in der Republik, wurden Kriegsauszeichnungen und Adelsprädikate verliehen. Die Generalordenskommission beim preußischen Staatsministerium war zu Abwicklungszwecken bestehengeblieben, sie unterstand einem sozialdemokratischen Beamten, einem früheren Rechtsanwalt. Ähnliche Einrichtungen gab es in den anderen monarchischen Bundesstaaten auch. So wurden monarchische und militärische Auszeichnungen noch nach mehr als einem Jahr nach der Revolution ausgehändigt. Der Schwager des späteren Kanzlers und Außenministers Stresemann hatte beispielsweise im Dienst des Fürsten eines kleinen Landes gestanden. Dieser hatte ihm vor der Revolution die Adelsverleihung angekündigt, aber die Urkunde nicht mehr unterzeichnen können. Doch die Akten lagen vor, und dementsprechend wurde die Erhebung vollzogen.

Der große Bruch und Römer 13

Daß mein Vater seine berufliche Laufbahn trotz Revolution und Republik hatte fortsetzen können, änderte nichts an dem tiefen Einschnitt, den beides für ihn bedeutete. Gerade weil er fest und sicher in der gegebenen Ordnung des lutherischen Glaubens und der monarchischen Staatsordnung stand und zum Grübeln eigentlich nicht neigte, erschütterte ihn die politische Veränderung tief. Dazu kam der plötzliche Tod meiner Mutter, als die Anzeichen einer Niederlage sichtbar wurden und das Zerbrechen des Kaiserreiches nicht mehr auszuschließen war. Aber natürlich erfaßten Unsicherheit und Verzweiflung damals einen großen Teil der bürgerlichen Schichten, und um so stärker war das Bedürfnis, Gründe und Erklärungen für das Geschehen zu finden.

Das erklärt zum Teil auch den Antisemitismus, der sich mit der Revolution zunehmend gesteigert und ausgebreitet hatte und dem auch mein Vater jetzt anzuhängen begann. Natürlich hatte es auch vorher eine starke Ablehnung gegen »plebejische« Juden, also die Ostjuden, aber auch gegen jene Juden gegeben, die aus religiöser Überzeugung der Synagoge verbunden geblieben waren. Aber es gab Ausnahmen: Walther Rathenau, Chef des Großunternehmens AEG, der als Ungetaufter nicht Reserveoffizier werden konnte, verkehrte bei Hofe; Albert Ballin, Generaldirektor der größten Reederei, der »Hapag« in Hamburg, war ein Freund des Kaisers. In unserer Familie gab es einen Importkaufmann namens Löwenstein, der in Elbing als Freund meiner Großeltern mütterlicherseits Vormund meiner Mutter nach dem Tod ihres Vaters geworden war. Wir nannten ihn »Onkel Löwenstein«. Als wir 1913 unsere ostpreußischen Verwandten besuchten, fand mein Vater nichts dabei, bei ihm zu Gast zu sein, und auch er ließ sich mit uns zum Essen einladen, obwohl er treues Gemeindemitglied war und koscher aß. Genauso war es, als Onkel Löwenstein 1917 wegen irgendwelcher Geschäfte nach Kiel kam und uns abends besuchte. Mein Vater hätte ja an Bord bleiben können, wenn er ihm gegenüber Vorbehalte gehabt hätte. Aber er tat es nicht. Getaufte Juden waren in der Oberschicht gesellschaftsfähig, manche von ihnen waren Offiziere in der Armee und einige wenige in der Marine. Von den Oppenheimers, der jüdischen Bankiersfamilie in Köln, waren einige Familienmitglieder geadelt worden, und ein Oppenheimer war Offizier in einem der vornehmsten Regimenter, den Gardekürassieren. Also, der Antisemitismus in der Welt meiner Eltern hielt sich sehr in Grenzen.

Das änderte sich nun mit einem Mal. Im Januar oder Februar 1919 kam mein Vater plötzlich mit einem Buch nach Hause, das er Abend für Abend las, weil der Kaiser es angeblich sehr schätzte – wie mein Vater erfahren haben wollte. Das Buch mit dem Titel »Die Geheimnisse der Weisen von Zion« ist eine Fälschung, die um die Jahrhundertwende von der russischen Geheimpolizei lanciert wurde, um die antijüdischen Pogrome zu rechtfertigen. Darin war von einer internationalen jüdischen Verschwörung zur Errichtung der Weltherrschaft die Rede. Nur aus seiner völligen Verzweiflung und seiner schrankenlosen Bewunderung für den Kaiser kann ich mir erklären, daß mein Vater daran zu glauben begann. Damit nicht genug, vertiefte er sich in weitere gängige antisemitische Literatur, wie die Schriften des französischen Grafen Gobineau über die Überlegenheit der »arischen« Rasse oder des Engländers Houston Stewart Chamberlain, des Schwiegersohns von Richard Wagner.

Diese Bücher trieben meinen Vater völlig in den rassischen Antisemitismus. So nahm er nun beispielsweise Anstoß daran, daß ich mit dem Sohn eines angesehenen Arztes, der assimilierter Jude war, verkehrte. Mit meinen fünfzehn Jahren begriff ich das nicht, brachte es auch nicht über mich, meinem Freund den Grund für meine plötzliche Zurückhaltung zu nennen. Schließlich schritt meine Kieler Großmutter ein, die sonst großen Respekt vor meinem Vater hatte. Es gebe schließlich, so argumentierte sie, ja auch noch andere Juden unter Kollegen und Bekannten – ganz abgesehen davon, daß das Verbot mich zum Lügen verleiten könne. Ohne Begründung nahm es mein

Vater zurück. Aber auch mein Großvater Moeller, der Lübecker Großvater und mein Onkel Georg Reimpell hielten die Ansichten meines Vaters zumindest für übertrieben. Sie führten sie auf die Schicksalsschläge, die er erfahren hatte, zurück.

Das andere Vorurteil, an das mein Vater zu glauben begann, war die »Dolchstoßlegende«. Sie besagte, daß die Revolution in der Heimat dem Heer hinterrücks den Todesstoß versetzt habe; es sei, wie es hieß, »im Felde unbesiegt« geblieben. Für meinen Vater verband sich das nahtlos mit seiner Abneigung gegen Juden, Sozialdemokraten und Demokraten, aber auch gegen die Zentrumskatholiken mit ihrem ausländischen Oberhaupt in Rom. Von daher rührte auch seine Ablehnung der großen liberalen Zeitungen – des »Berliner Tageblatts«, der »Vossischen Zeitung« und der »Frankfurter Zeitung«. Wir durften keine von ihnen nach Hause bringen.

Auch hier stieß mein Vater mit seinen Verschwörungsthesen bei Kameraden und Verwandten nur zum Teil auf Verständnis. Andere, auf deren Urteil er Wert legte, verwarfen sie mehr oder minder ganz. Am eindrucksvollsten wurde mir die Grenze, die zwischen meinem Vater und den anderen ebenfalls konservativen Familienmitgliedern verlief, während einer häuslichen Szene im Lübecker Haus der Großeltern klar. Mein Großvater, mein Vater und ich saßen im Wohnzimmer, jeder in seine Lektüre vertieft. Mein Vater las die Zeitung, mein Großvater die »Lustigen Blätter«, ich eine Illustrierte. Plötzlich platzte mein Vater, der gerade irgend etwas über den von ihm verachteten Reichspräsidenten gelesen hatte, spontan heraus: »Dieses Schwein Ebert!« Mein Großvater legte die »Lustigen Blätter« nieder und sagte ganz ruhig: »Theo, das dulde ich nicht in meinem Haus! Römer dreizehn!« Das bezog sich auf das Gebot, daß jeder der Obrigkeit untertan sein solle, die Gewalt über ihn hat. Mein Vater erwiderte: »Aber Päppchen, bitte...« Doch mein Großvater ließ ihn nicht ausreden. »Genug! Schluß!« sagte er streng. Ich hatte bisher noch niemanden erlebt, der meinem Vater so scharf entgegnet hatte. Aber das Wort meines Großvaters wirkte. Mein Vater war nun, zumindest in Lübeck, viel zurückhaltender.

Mein Vater liebte uns Kinder innig, verlangte aber militärischen Gehorsam und eine anständige Gesinnung, nämlich die seine. Zu mir hatte er großes Vertrauen. Abends saßen wir oft allein zusammen. Er erzählte von seinen Eindrücken und Erlebnissen und sagte seine Meinung dazu in der selbstverständlichen Überzeugung, daß es auch die meine wäre.

Das konservativ-monarchische Milieu war durch die Revolution und die Republik nur äußerlich erschüttert. Daheim und in der vertrauten Umgebung lebte man noch ganz fern vom »Bösen« in der Vorstellung von der »guten alten Zeit«. In der Schule bot uns beispielsweise der Lehrer noch in den Jahren 1919 und 1920 an, zum 27. Januar, dem Geburtstag des Kaisers, ein Telegramm nach Doorn zu schicken. Und dabei handelte es sich um einen linksliberalen, allerdings sehr autoritären Lehrer; er wollte einfach keinen Konflikt mit der an der Schule noch immer vorherrschenden Stimmung. So ließ er uns in der Schulstunde den Gratulationstext aufsetzen, das erforderliche Geld sammeln und das Telegramm anschließend zur Post bringen. Ich selbst habe noch beim ersten Wahlkampf für die Deutschnationalen, deren Mitglied mein Vater geworden war, Wahlzettel ausgetragen, die damals noch nicht von den Behörden, sondern von den Parteien verteilt wurden. Und auch beim Kapp-Putsch hatte ich zu meinem Vater gehalten.

Aber die Ermordung Erzbergers und später dann Rathenaus hatten mich doch sehr erschüttert. Außerdem hat mir auch der Umstand, daß die Teilnahme meines Vaters am Kapp-Putsch für ihn ganz ohne Folgen blieb, sehr zu denken gegeben. Ich fragte mich, wie wohl zu Kaisers Zeiten ein hoher Seeoffizier nach einem gescheiterten Staatsstreich behandelt worden wäre. Zuerst war da also die Empörung über diese Morde, dann die Verachtung. Auf der anderen Seite stand der Eindruck, den ich damals ganz zufällig von Friedrich Ebert, dem Reichspräsidenten, bekam. Ich sah ihn bei einer Festveranstaltung in Kiel, zusammen mit Gerhart Hauptmann, und seine ruhige, disziplinierte Art imponierte mir ungeheuer.

Meinen Vater hat meine Empörung über den Erzberger-Mord sehr erregt, denn er war der Ansicht, dem Mann sei ganz recht geschehen. Ähnlich aufgebracht reagierte er, als ich von dem Eindruck erzählte, den Ebert auf mich gemacht hat. Denn er fand, ein Sattlergeselle gehöre nicht an die Spitze des Staates. Das sei der Platz der preußischen Könige. Er geriet über meine Äußerungen gelegentlich ganz außer sich, warf mir vor, daß ich immer nur Thomas Mann läse, aber nicht Cäsar und die großen Römer, so daß es kein Wunder sei, daß ich derartige Ansichten verträte. Einmal ohrfeigte er mich deshalb sogar. Ich habe später dann zwar versucht, politischen Streitigkeiten mit ihm aus dem Weg zu gehen. Aber unsere Meinungsverschiedenheiten brachen doch immer wieder auf, bis sich schließlich mein Vater damit abfand, daß er einen so ungeratenen Sohn hatte. Doch wenn einer seiner Freunde zu uns kam, dem gegenüber er das Gefühl hatte, ich könnte ihn mit meinen Ansichten blamieren, dann sagte er vorher: »Halte bitte wenigstens über Politik deinen Mund!«

Wenn ich mich an den Wandel meiner Einstellung erinnere, so glaube ich, daß dazu auch zwei Auslandsreisen nach Finnland beigetragen haben. Damals hatten Familien in Finnland in einer gemeinsamen Aktion Kinder deutscher Offiziere eingeladen – als Dank für die militärische Hilfe, die das Reich Finnland in seinem »Freiheitskrieg« gegen finnische Kommunisten und sowjetische Truppen 1917/18 geleistet hatte. Wir Kriegskinder sollten vor allem herausgefüttert werden. So lernte ich ein Land kennen, in dem die parlamentarisch-demokratische Staatsform, allerdings mit stark präsidialem Einschlag, allgemein anerkannt war, und wo es weder Verfassungs- noch Flaggenstreit gab. Überdies dämmerte mir nun auch, daß andere Länder anders gelagerte Interessen haben – wie das bei Finnland im Hinblick auf Polen der Fall war, in dem die Finnen einen wichtigen Bundesgenossen gegen den gefürchteten Druck der Russen hatten, während wir in Polen den Gegner sahen, der den Deutschen Westpreußen und Posen geraubt hatte. Ich kehrte mit dem Gefühl zurück, politisch vieles gelernt zu haben und meinem Vater in manchem überlegen zu sein. Aber das konnte ich ihm natürlich nicht sagen. Er hätte mir nur entgegnet, daß man mich nicht einmal ins Ausland reisen lassen könne.

Andere Einflüsse hängen mit meiner schulischen Entwicklung zusammen. Ich mache keinen Hehl daraus, daß ich zweimal sitzengeblieben bin, in Obertertia und Untersekunda. Der Grund war ein ausgesprochenes Desinteresse an bestimmten Fächern. Ich war begierig auf alles, was mit Geschichte zusammenhing, aber Latein und Griechisch auf der einen, Mathematik und Chemie auf der anderen Seite ließen mich kalt. Ich las lieber Zeitungen oder ging heimlich in politische Versammlungen. Deshalb wurde ich von der Schule genommen und kam zu einem Privatlehrer, Professor Nissen, um anschließend eine Klasse überspringen zu können. Bei ihm lernte ich nicht nur die alten Sprachen gründlich, sondern gewann zum ersten Mal Verständnis für die Antike. Er sprach ruhig und einleuchtend mit mir über die aktuellen Ereignisse und voll Anerkennung über die gegenwärtige Situation. Ich weiß nicht, wie ich die Zuneigung dieses etwa fünfzigjährigen Lehrers gewonnen habe, aber ich habe von ihm außerordentlich viel gelernt. Mit ihm setzte eine Wende in meiner intellektuellen Entwicklung ein.

Meine Schulprobleme führten auch dazu, daß ich die letzten zwei Schuljahre in Lübeck verbrachte. Denn obwohl sich meine Leistungen gebessert hatten, wollte man mich in Kiel nicht in die Unterprima aufnehmen. Nissen riet meinem Vater, sich um meine Aufnahme ins Lübecker Katharineum zu bemühen, das auch mein Vater und mein Großvater schon besucht hatten. Die beiden gingen also zum Chef der Oberschulbehörde. Der aber hatte Bedenken, wenngleich er meinem in Uniform erschienenen Vater zunächst gravitätisch erklärte: »Herr Kapitän, Lübeck treibt nur ungern antipreußische Politik.« Denn wir kamen ja aus Kiel, gehörten also zur preußischen Provinz Schleswig-Holstein; aber schließlich nahm man mich probeweise auf.

Daß ich nun in Lübeck war und bei meinen Großeltern wohnte, hat sicher auch dazu beigetragen, daß ich mich von den Absichten und Überzeugungen meines Vaters entfernte. Denn mein Großvater war zwar auch ein Konservativer, allerdings ein republikanischer nach Lübecker Tradition, und auch meine Onkel waren deutschnational. Aber bei ihnen herrschte doch ein ganz anderes Klima als bei meinem Vater. Man war hier nicht republikbegeistert, aber auch nicht republikfeindlich, und die Politik war nicht das umstrittene Zentralthema, das alle Debatten überlagerte.

Ein Konteradmiral a.D. bei Hofe

Meine wachsende Zustimmung zur Republik kontrastierte in merkwürdiger Weise mit der politischen Entwicklung meines Vaters, ja vielleicht ist sie auch durch diesen Kontrast gefördert worden. Denn mein Vater, seit 1923 Marinekommissar für den Kaiser-Wilhelm-Kanal – den heutigen Nordostseekanal – und den Kieler Hafen, war immer monarchiebesessener geworden. Immer öfter ließ er den Kaiser hochleben und äußerte seine Sympathien für die Monarchie, zwar nicht im Dienst, aber doch in Gegenwart von aktiven, vor allem jüngeren Offizieren. So wurde ihm im Sommer 1926 die Verabschiedung zum Ende des Jahres angekündigt. Man könne ihn wegen seiner monarchistischen Provokationen »nicht mehr halten«, erklärte ihm der Chef der Marineleitung, Vizeadmiral Behnke, taktvoll. Er wurde mit dem Recht verabschiedet, Titel und Uniform der nächsthöheren Rangstufe zu tragen, also als Konteradmiral a. D. Das meldete mein Vater, kaiserergeben wie er war, dem Kaiser und wurde kurze Zeit darauf in dessen Exil nach Doorn in Holland eingeladen. Damit begann eine seltsame Beziehung. Denn mein Vater, der vor 1918 nie bei Hofe gewesen war, verbrachte nun jedes Jahr etwa sechs Wochen beim Kaiser, der einen Narren an ihm gefressen hatte. Wilhelm II. ernannte ihn zum Generaladjutanten mit goldenen Schnüren an der linken Schulter und verlieh ihm das Großkomturkreuz des Königlichen Hausordens, am Hals zu tragen.

Das brachte meinen Vater ziemlich in die Klemme. Denn eine kaiserliche Uniform besaß er nicht mehr. Also wurden die republikanischen Seesterne und Knöpfe von meiner Stiefmutter abgetrennt und durch die Kaiserkrone ersetzt. Das war ein klarer Verstoß gegen die Uniformordnung. Auch die goldenen Schnüre hatte die Reichswehr abgeschafft, und den Orden hätte er nicht tragen dürfen. Aber mein Vater ließ sich nicht beirren und fuhr mit der kaiserlich getrimmten Uniform, den goldenen Schnüren und dem Orden nach Doorn. Zu allem Überfluß ließ er sich in diesem Aufzug auch noch in Kiel photographieren. Soweit ich mich erinnere, machte ich meinem Vater damals zum ersten Mal Vorhaltungen. »Das kannst du nicht tun«, sagte ich zu ihm, »du bist Konteradmiral der Republik. Wenn der Zoll das entdeckt, machst du dich strafbar! Der Beamte könnte dich doch fragen: Gehen Sie etwa auf einen Maskenball?« Doch mein Vater blieb stur, und auch meine Bitte, wenigstens dafür zu sorgen, daß der Photograph sein Bild nicht auch noch im Schaufenster ausstellte, beeindruckte ihn nicht sehr. Nur zu einer kleinen Konzession war er bereit: Er ließ sich nochmals photographieren, diesmal in der Uniform mit den Seesternen. Es gab nun also kaiserliche und republikanische Bilder. Im Salon wurde natürlich das kaiserliche ausgestellt. Wir Kinder konnten uns aussuchen, was für eine Fassung wir haben wollten. Als ich mich für die republikanische entschied, brummte mein Vater: »Immer dieser Widerspruchsgeist!«

Immerhin erfuhr ich auf diese Weise einiges von dem Treiben in Doorn, denn mein Vater erzählte gern und virtuos. Seinem Bericht zufolge wurde bei der kaiserlichen Tafel und in Wilhelms Umkreis nie über den November 1918, die Umstände des Thronverzichts und die Flucht nach Holland gesprochen. Überhaupt gab es keine Spuren von Einsicht. Den ganzen Tag lang, von morgens früh bis abends spät, spielte Wilhelm II. unverdrossen die Rolle des Kaisers. Der Hofstaat war, gemessen an Berlin, natürlich sehr verkleinert, aber en miniature der gleiche geblieben. Auch das Ritual mit ständigen Adjutanten und wechselnden Generaladjutanten sowie Hofbeamten, Hofdamen, Haushofmeistern und einer stattlichen Dienerschaft in alter Livree hatte sich nicht geändert. Der Kaiser trug in der Regel Uniform mit Halsorden, wechselte sie jedoch, wenn es galt, die Erinnerung an den großen Sieg eines bestimmten Regiments zu feiern. Die preußische Vergangenheit war im ganzen Haus so gegenwärtig, als sei sie noch Maßstab aller Dinge. Nach einem Abendessen beim Grafen Bentinck in Amerongen, an dem der Kaiser und in seinem Gefolge auch mein Vater teilgenommen hatte, war die Rede von der Anerkennung der Souveränität der Kurfürsten von Brandenburg über das Herzogtum Preußen nach dem Nordischen Krieg. Die Herren kamen nicht auf Datum und Namen des Friedensschlusses. Da sei, so erzählte mein Vater, der im Hintergrund stehende Butler einen Schritt nach vorn getreten, um mit leichter Verbeugung zu sagen: »Ew. Erlaucht, es handelt sich um den Frieden von Oliva im Jahre 1660.«

Die Folgen dieser merkwürdigen monarchistischen Passion reichten übrigens in einer eher heiteren Variante bis ins Familienleben hinein. Mein Vater hatte 1922 wieder geheiratet. Unsere neue Mutter – die beste Freundin unserer verstorbenen Mutter und schon von daher der Familie nahestehend – hatte einen Wellensittich, den sie liebte. Er saß im Käfig, mußte aber jeden Tag für einige Zeit im Wohnzimmer freigelassen werden, um ein wenig herumzufliegen. Dabei verrichtete der Vogel seine Bedürfnisse hin und wieder auf einem Porträt des Kaisers, das Wilhelm II. meinem Vater mit einer persönlichen Widmung geschickt hatte und das in einem goldenen Rahmen auf einem Tischchen stand. Verständlicherweise ärgerte meinen Vater die Unart des Vogels maßlos. Für ihn war das »Majestätsbeleidigung«. Meine Stiefmutter hielt dagegen, daß der Vogel doch weder wisse, was eine Majestät noch was eine Beleidigung sei. Aber davon ungerührt, verlangte mein Vater die Entfernung des Wellensittichs. Seine Frau, sonst von eher nachgiebiger Natur, weigerte sich. Schließlich fand man eine Lösung: Der Käfig wurde ins Eßzimmer gestellt. Aber kaum wurde die Schiebetür zwischen den beiden Räumen geöffnet, flog der Vogel zurück ins Wohnzimmer, und die ärgerlichen Vorfälle wiederholten sich.

Natürlich konnte man mit meinem Vater nicht vernünftig über das gespenstische Hofleben in Doorn sprechen. Ich hielt seine Treue zum Kaiser auch eher für eine Marotte, denn für mich stand fest, daß Wilhelm II. nicht wiederkommen würde. Aber zu denken gab mir diese merkwürdige Anhänglichkeit doch, und sie hat mir immerhin ein Verständnis für das Doppelleben vermittelt, das damals viele führten, die zwar leidlich mit der Republik zurechtkamen, dem Kaiserreich aber in ihrem Gefühl und aufgrund ihres Alters verbunden blieben. Hindenburg war ja ein solcher Fall. Selbst als Reichspräsident, also als oberster Repräsentant der Republik, verfügte er über ein zweites Briefpapier, auf dem er nicht als Reichspräsident, sondern als Generalfeldmarscall firmierte, und wenn er nach Doorn schrieb – was gelegentlich vorkam –, benutzte er dieses Papier, und dann lautete die Anrede so, als hätte es Revolution und Abdankung nie gegeben: »Allergnädigster Kaiser und König!« Ähnlich ging es in Berlin zu. Der kaiserliche Kammerherr, Graf Ernst von Rantzau, hat mir einmal erzählt, daß Hindenburg auf unterschiedliche Weise einlud. Da hieß es einmal: »Der Staatssekretär beim Reichspräsidenten beehrt sich, im Auftrag des Reichspräsidenten zum Abendessen einzuladen...« Auf der Karte konnte aber auch stehen: »Generalfeldmarschall Paul von Hindenburg und Beneckendorff beehrt sich, Herrn Generalfeldmarschall von Mackensen zum Essen... zu bitten.« Aber hinter den Stühlen standen immer dieselben Diener, und im Roten Salon hing das von Slevogt gemalte Porträt seines Vorgängers, des Reichspräsidenten Ebert. Das immerhin wurde nicht abgenommen, ganz gleich, unter welchem Titel eingeladen worden war.

Mein Verhältnis zur Republik und zur parlamentarischen Regierungsform blieb im übrigen durchaus nüchtern. Den leidenschaftlichen Enthusiasmus für die Republik, den es etwa in Frankreich gegeben hat, gab es in Deutschland ohnedies nicht. Der Grund meines gewandelten Verhältnisses zu Staat und Politik war eigentlich der, daß es nun wieder eine Ordnung gab, die auch funktionierte. Man mußte nicht alles billigen, was geschah, aber immerhin wurde regiert. Insofern war ich auf meine Weise zunächst »Vernunftrepublikaner« wie viele der Politiker und Professoren, die für die Weimarer Republik eintraten, ohne daß sie ihnen gerade eine Herzenssache gewesen wäre. Ich habe auch lange Zeit gebraucht, um mich von dem in unseren Kreisen selbstverständlichen Vorurteil zu befreien, daß Minister Fachleute sein müßten, wie das ja im Kaiserreich meistens der Fall gewesen war. Nun wurde plötzlich ein Volksschullehrer Finanzminister und ein Gewerkschaftsfunktionär Innenminister. In unseren Kreisen rang man die Hände: Das konnte ja nicht gutgehen! Erst allmählich begriff ich, daß dies zum Kernbestand der parlamentarischen Demokratie gehört: die Herrschaft des Politikers über die Experten.

Auf dem Katharineum in Lübeck

Am 1. November 1922 trat ich in die Unterprima des Katharineums in Lübeck ein. Wie bereits erwähnt, war das die Schule, in die auch mein Vater, mein Großvater und viele andere Eschenburgs gegangen waren. Manche Lehrer, so der Geschichts- und der Mathematiklehrer, erinnerten sich noch an meinen Vater, der in seiner Schulzeit, wie ich ihren Bemerkungen entnahm, ein ziemlich frecher Schüler gewesen sein muß. Meine Mitschüler nahmen mich nicht unfreundlich, aber anfangs kühl auf, ließen mich jedoch nicht merken, daß ich ein Neuling mit einer etwas ungewöhnlichen schulischen Biographie war. Über Isolierung hatte ich mich nicht zu beklagen. Dazu trug auch eine Lübecker Besonderheit bei, nämlich die Primanerverbindungen, die es am Katharineum gab. Da viele der Schüler, die den Kaufmannsberuf ergreifen wollten – also das Abitur ablegten, aber nicht studierten –, neidisch auf die Studentenverbindungen an den Universitäten und deren vielbesungenes Leben blickten, hatten sie eigene Verbindungen gegründet. In der ältesten, nach ihren grün-weiß-grünen Farben die Grünen genannt, waren auch schon mein Großvater und dessen Brüder sowie deren Söhne und die von Hermann Eschenburg, dem Vetter meines Großvaters, gewesen. Natürlich mußte ich auch Mitglied werden – unmöglich, daß der neunte oder zehnte Eschenburg desertiert wäre!

Alles in allem habe ich Grund, dem Katharineum dankbar zu sein. Im Vergleich zu Kiel habe ich dort eine schöne Schulzeit verbracht. Das zeigte sich bald auch an meinen schulischen Leistungen. Schon Ostern 1923 war ich der achte in der Liste. Freilich hatte ich das in erster Linie meinem Lehrer Nissen zu verdanken, aber auch in Lübeck gab es nun Lehrer, die mich durch ihre Persönlichkeit beeindruckten. Zu ihnen gehörte mein Klassenlehrer Möhler, der Latein unterrichtete, im Krieg Reserveoffizier gewesen war und seine Schüler behandelte wie ein aufgeklärter, fürsorglicher Kompaniechef, dem martialische Allüren fremd sind. Er legte eine ungekünstelte Kameradschaftlichkeit an den Tag, ohne dadurch Autorität einzubüßen. Er war ein begeisterter Offizier gewesen und leugnete nicht, daß er aus der rechtsgerichteten Jugendbewegung kam. Ein selten befähigter Pädagoge, lehrte er nicht nur Übersetzungen, sondern führte uns anhand der jeweiligen Lektüre so anschaulich in die römische Geschichte, ja sogar in die Verfassungsgeschichte ein, wie wir es im Geschichtsunterricht bis dahin nicht erlebt hatten. Wir Schüler sind bis zum Tode des Neunzigjährigen in enger Verbindung mit ihm geblieben.

Die andere eindrucksvolle Gestalt war der Direktor Rosenthal. Er gab beispielsweise Deutschunterricht und behandelte in der Oberprima fast ein halbes Jahr lang Goethes »Faust«. Die gründliche Kenntnis des betreffenden Abschnitts setzte er voraus, fragte nach unserer Interpretation und gab dann, mehr ein Universtätsprofessor als ein Schullehrer, die seine. Darüber wurde dann diskutiert. Nur ein kleiner Teil der Klasse vermochte ihm zu folgen, aber das bekümmerte den streng Elitären nicht. Andererseits hielt er die Klasse die ganze Stunde lang geistig in Bewegung und inspirierte uns mit den Ergebnissen seiner Lektüre der intellektuellen »Trendsetter« in diesen Jahren. Gerade hatte er Eduard Sprangers »Lebensformen« gelesen, dann folgte Spenglers »Untergang des Abendlandes«. Zugleich war Rosenthal leidenschaftlich an der Geschichte großer Schlachten interessiert. Die Schlachtordnungen von Zama oder Leuthen konnte er aus dem Kopf auf die Wandtafel zeichnen. Was seine politische Überzeugung betraf, so war er wahrscheinlich ein gemäßigter Konservativer, der aber wohl deutschnational wählte.

Gerade Rosenthal wurde in einer Weise übel mitgespielt, die einiges über das Klima dieser Zeit aussagt. Ein fanatischer völkischer Rechtsanwalt verlangte immer von neuem öffentlich die Absetzung des »Juden Rosenthal« als Direktor. Daß das rechtlich nicht möglich war, wußte der Jurist; es ging ihm allein um die öffentliche Diffamierung. Rosenthal erklärte, daß er weder Jude noch jüdischer Herkunft sei; in der Tat hat mir später auch ein Tübinger Kollege, der in Frankfurt an der Oder sein Schüler gewesen war, bestätigt, daß es in der Gegend, aus der Rosenthal stammte, viele Familien dieses Namens gegeben habe, die keine Juden waren. Rosenthals Vater war ein evangelischer Pastor. In zwei Prozessen, die sich über zwei Jahre hinzogen, obsiegte Rosenthal. Aber der Zweck der Diffamierung war erreicht: In der Lübecker Oberschicht wurde über diesen Fall viel gesprochen, entrüstet oder sogar empört. Aber diese Haltung öffentlich zum Ausdruck zu bringen, hätte dem damals üblichen Verhalten nicht entsprochen. Im Grunde genommen wußte man nicht, wie man sich gegenüber einem solchen Fall verhalten sollte. Daß ein Lübecker in den Zeitungen öffentlich wegen seiner – angeblichen – Rasse angegriffen wurde, war in der betulichen Stadt bisher noch nicht vorgekommen. Aber Rosenthal entsprach mit seiner Aufgeschlossenheit gegenüber dem geistig Anspruchsvollen und dem Neuen eben nicht so ganz dem Bild, das Lübecker, die die Namen Spranger und Spengler kaum kannten, vom Direktor ihrer »hohen Schule«, wie man das Katharineum nannte, hatten. Überdies hatte seine Tochter, eine gebildete junge Frau und jugendbewegte Intellektuelle, 1927 ausgerechnet Paul Leber, das politische »Enfant terrible« Lübecks, geheiratet. Auch das hatte man Rosenthal angelastet – zu Unrecht, denn er hatte sich in der Familie diskret, aber entschieden gegen die Ehe gewehrt. Einen Sozialdemokraten zu heiraten und dann gerade diesen, das war ihm zuviel. Mein Großvater war mit Rosenthal auch aus einem anderem Grund nicht ganz einverstanden. Als ich ihm begeistert von den Goethestunden erzählte, sagte er: »Du kennst meinen Soupçon gegen deinen Direktor. Er ist kein überzeugter Christ. Das sollte ein Gymnasialdirektor aber sein.«

Rosenthals Schicksal war bitter: Er wurde 1933 aufgrund des Gesetzes über die sogenannte Wiederherstellung des Berufsbeamtentums entlassen, obwohl er gar nicht unter dessen Bestimmungen fiel – und nahm sich daraufhin das Leben.

Auch sonst waren die zwei Jahre in Lübeck für mich eine wichtige Zeit. Sie förderten mein Wissen, aber auch meine persönliche Entwicklung und brachten mich nochmals in eine enge und fruchtbare Beziehung zu der Welt, aus der die Eschenburgs kommen. Einen bleibenden Eindruck hinterließen meine Großeltern, vor allem mein Großvater. Jeden Nachmittag ab fünf Uhr übersetzte er mit mir die aufgegebenen lateinischen Texte, die er ohne jede Vorbereitung flüssig wie deutsche Texte las. Auch meine deutschen Hausaufsätze las er von A bis Z und korrigierte sie stilistisch. Oft war ich auch bei meinem Onkel, einem Kaufmann mit weitgefächerten literarischen Interessen; die Gespräche mit ihm förderten meine Literaturkenntnisse beträchtlich. Von ihm erfuhr ich auch, daß die Lübecker, auch Angehörige der alten Familien, mit Thomas Mann inzwischen Frieden geschlossen hatten.

Dabei waren diese Jahre, 1923 und 1924, eigentlich eine schwierige Zeit. Sie war gezeichnet durch Inflation, Rhein- und Ruhrbesetzung und die noch längst nicht abgeflaute Erbitterung über die Gebietsverluste in der Folge des Versailler Vertrags. Auf einer Klassenreise sahen wir mit Schaudern die Besatzungsgrenze bei Höchst, an der hinter einem Absperrseil schwarze Soldaten aus den französischen Kolonialgebieten standen. »Nicht schreien, nur anschauen und den Mund halten«, hatte uns unser Direktor eingeschärft. Und als ich zu meiner ostpreußischen Verwandtschaft reiste, erlebte ich die Fahrt durch den polnischen »Korridor«, Deutschlands »blutende Wunde«, wie es hieß, der Pommern und Ostpreußen über das polnisch gewordene Gebiet verband. Von den polnischen Gewalttätigkeiten und Schikanen, von denen gemunkelt wurde, war allerdings nichts zu merken. Die Zugtüren waren verschlossen, die Fenster hochgezogen; polnisches Militär und Polizei gingen ruhig und diszipliniert durch den Zug. Die deutschen Offiziere und Soldaten, die im Zug reisten, hatten Waffen, Säbel, Seitengewehre und Pistolen im Gepäckwagen deponieren müssen. Daß man den östlichen Teil des Reiches nur durch fremdes, für unser Empfinden feindliches Gebiet erreichen konnte, blieb gleichwohl ein nationaler Schmerz.

Für die Schule lernen wir

Blicke ich auf meine Schulzeit zurück, so fällt die Bilanz zwiespältig aus. Von dem halben Hundert Lehrer, an die ich mich noch mehr oder minder schattenhaft erinnere, sind es allenfalls fünf, die einen bleibenden Eindruck hinterlassen und mich geprägt haben. Aber ich möchte doch sagen, daß ich auch bei den durchschnittlichen und schlechten immerhin gelernt habe zu lernen, wenn auch oft mit Kummer und Leid. Wahrscheinlich bestand der Hauptertrag meiner Schulzeit überhaupt darin, die Bedeutung des Lernens zu begreifen, wenn diese Erkenntnis mir auch erst viel später bewußt wurde. Was von heute aus gesehen am damaligen Unterricht besonders auffällt, ist natürlich vor allem die intensive Beschäftigung mit der Antike. Wir haben auf diesem Gebiet unendlich viel gearbeitet. Und doch war es im Grunde genommen ein schlechter Unterricht, denn man mußte vor allem Vokabeln und Grammatik pauken. Aber daß wir eine Vorstellung von der römischen *res publica*, vom Gallischen Krieg oder von der Persönlichkeit Cäsars bekommen hätten, davon kann überhaupt keine Rede sein. Gewiß mußten wir den Grundriß der Legionärslager aufzeichnen, lernten, was Legionen und Kohorten sind, aber wir haben so gut wie nichts erfahren von der Soziologie dieser Kriege und der Besonderheit ihrer Abläufe. Ähnlich war es in Geschichte, der immer mein Hauptinteresse galt. Sie war eine reine Paukerei: Geburts- und Regierungsdaten der deutschen Kaiser, ihrer Schlachten und Friedensschlüsse wurden uns so eingetrichtert, daß ich sie noch Jahrzehnte später repetieren konnte. Aber die Zusammenhänge, die Beweggründe historischer Vorgänge spielten keine Rolle, ganz zu schweigen von Sozialgeschichte.

Doch die Überfütterung mit Fakten und Daten war nicht das einzige, vielleicht nicht einmal das schwerwiegendste Problem. Um bei der Geschichte zu bleiben: Ich bin mit einem vollkommen falschen Geschichtsbild aus der Schule gekommen. Noch auf dem Katharineum war man ganz vom Stolz auf die deutsche Vergangenheit getragen – eine einzige Ikonengeschichte von Karl dem Großen bis zu Bismarck. Darüber ging der Unterricht nicht hinaus. Wir lebten historisch ja noch ganz im Banne der Bismarck-Glorifizierung – der Bismarck unserer Vorstellung glich sozusagen dem gewaltigen Bismarck-Denkmal Hugo Lederers am Hamburger Hafen, das auf uns einen ungeheuren Eindruck gemacht hat. Die Kriegsgeschichte spielte eine enorme Rolle. Die Schlachten von Roßbach, Leipzig, Königgrätz wurden ausführlich behandelt. Ansonsten wurde unser Geschichtsbild ausgefüllt von der mittelalterlichen Kaiserherrlichkeit, Luther, den Befreiungskriegen und natürlich dem Krieg von 1870/71 – alles wunderbare Themen, um nationalistische Stimmungen zu schüren. Teubners Deutsches Geschichtslehrbuch, das wir benutzten, war ja sehr neutral. Es brachte nur die Fakten, die Interpretation – wenn überhaupt – besorgten die Lehrer.

Ähnlich eng waren die Grenzen bei der Literatur gesteckt. In der Schule lasen wir die Klassiker, aber selbst der hochgebildete Direktor Rosenthal kam im Unterricht über Rilke nicht hinaus. Thomas Mann scheute er, vielleicht weil dieses Thema ihm in Lübeck zu heikel war. Ich selbst habe Felix Dahns »Kampf um Rom« und Gustav Freytag gelesen, vor allem seinen Kaufmanns-Roman »Soll und Haben«, den ich noch immer schätze; später dann Autoren, die heute kaum noch einer kennt: Gustav Frenssen zum Beispiel, Paul Heyse oder Willibald Alexis. Geibel, für den mein Großvater noch schwärmte, weil er Lübecker war, fand ich ziemlich schmalzig. Die bedeutende neue Literatur der Epoche aber war nicht darunter, weder Wedekind noch Werfel, noch Brecht. Das ist mir erst später aufgegangen, als ich in Berlin lebte. Aber das »O-Mensch«-Pathos war mir so fremd wie die Schriftsteller, die damals literarische oder politische Revolutionen oder beides zusammen anzettelten. Dergleichen kam im Grunde genommen nicht bis nach Lübeck, jedenfalls nicht in »unsere Kreise«. Es gab Lehrer, zumeist solche, die im Krieg gewesen waren, die uns für Ernst Jüngers »Stahlgewitter« zu begeistern versuchten. Aber das war nicht meine Sache. Auch Stefan George, der im Umkreis von Mitschülern und bei Deutschlehrern leidenschaftlich verehrt wurde, hat auf mich nie Eindruck gemacht.

Am zwiespältigsten erscheint mir im Rückblick die Haltung der Schule gegenüber ihrer Zeit, vor allem in der Republik, in die ja die letzten vier Jahre meiner Gymnasialzeit fallen. Mit ganz wenigen Ausnahmen taten alle Lehrer so, als ob es die Republik gar nicht gäbe, die Geschichtslehrer vorneweg. Noch in der Untertertia feierte unser Geschichtslehrer den Sedanstag, der im Kaiserreich ein Festtag gewesen war, durch eine Ansprache und das Absingen von »Es braust ein Ruf wie Donnerhall«. Ob er das ins Klassenbuch eingetragen hatte, weiß ich natürlich nicht, aber jedenfalls berichtete er völlig unbefangen vom Krieg 1870/71, und es fehlte nur noch, daß »Heil dir im Siegerkranz« gesungen worden wäre. Das unterblieb, denn man hätte es ja auf dem Flur hören können. Immerhin haben wir im Gesangsunterricht noch alle »Die Wacht am Rhein«

gelernt – und das nach 1918! –, und selbst ich, der ich völlig unmusikalisch bin, mußte aus disziplinarischen Gründen am Unterricht teilnehmen. Der ganze so humanistisch ausgerichtete Unterricht war im Grunde genommen militärisch-autoritär geprägt.

Als sich in den siebziger Jahren viele Eltern über die marxistische Indoktrination des Unterrichts beschwerten, mußte ich ihnen immer wieder sagen, daß eine Ursache dafür in den Jahren zwischen 1918 und 1933 lag, in denen die aufsichtführenden Schulverwaltungen diese nationalistische Durchdringung des Unterrichts nicht unterbanden. Dabei räume ich gerne ein, daß das Klima in Lübeck anders war als in Kiel. Vom Monarchismus war dort überhaupt nicht mehr die Rede. Doch auch von der Republik wurde eigentlich keine Notiz genommen. Eine Ausnahme bildete allenfalls der Verfassungstag, an dem sich Lehrer und Schüler in der Aula versammelten. Aber auch da wurde zunächst mit viel Hingabe von der römischen Republik und ihrer Verfassung gesprochen, und erst am Schluß kam dann auch die Rede auf die Verfassung der Weimarer Republik. Nur einmal, 1923, ließ sich der Verfassungstag ohne solche Verrenkungen begehen. Da hielt Rosenthal die Rede. Auf den Anlaß ging er nur mit ein paar Worten ein, um dann in aller Schärfe gegen die französische Besetzung des Ruhrgebiets zu wettern, die danach erfolgt war. Was meine Mitschüler betrifft, so waren auch sie keineswegs demokratisch gestimmt. Ein Exempel dafür hat sich mir eingepägt, weil es schmerzhaft meine schulische Existenz berührte: Mein Banknachbar hatte mir geholfen, indem er mir das Abschreiben in Mathematik erleichterte. Als wir jedoch im Pausengespräch auf Erzberger zu sprechen kamen und ich Empörung über dessen Ermordung äußerte, war damit sogleich Schluß: Einem Erzberger-Freund, so erklärte er mir, helfe er nicht mehr.

Das Thema des Abituraufsatzes hieß »Non scholae sed vitae discimus« (nicht für die Schule, sondern für das Leben lernen wir), darzustellen an Goethes »Faust«. Der meine wurde am besten beurteilt. Ich erhielt eine neu eingeführte Prämie. Da die Schule keinen Zugriff auf staatliche oder private Mittel hatte, war man auf die Idee gekommen, dafür den Bürgermeister

Fehling anzugehen, von dem man wußte, daß er eine große Bibliothek hatte. Fehling stellte eine Schiller-Biographie aus der Feder eines Lübecker Schulbeamten zur Verfügung. Diese Prämie begeisterte mich, verständlicherweise, nicht sonderlich, um so mehr aber die Auszeichnung selbst.

Bald sechzig Jahre später wurde ich übrigens mit diesem Aufsatz, dessen Thema und Text ich längst vergessen hatte, wieder konfrontiert, weil ein Verlag eine Sammlung der Abituraufsätze von nachmals prominent gewordenen Verfassern veröffentlichen wollte. Ich zögerte, gab aber später der insistierenden Herausgeberin nach. Als ich dann in dem Buch die Aufsätze etwa von Willy Brandt, der an der gleichen Schule Abitur gemacht hatte, oder Gerd Bucerius, dem Verleger der »Zeit« las, fand ich, daß ich zu Recht gezögert hatte.

V.
Spätzle, Maultaschen und Mensuren

Vierter Klasse nach Tübingen

Da ich seit meinem zwölften Lebensjahr wegen meiner Kurzsichtigkeit eine Brille tragen mußte, kam eine Seeoffizierslaufbahn zum Kummer meines Vaters für mich nicht in Frage. Ohnedies fehlte mir die Neigung zur Marine, überhaupt zum Militär. Aber studieren sollte und wollte ich. Aus Interesse für Politik tendierte ich zur Geschichte. Oder sollte ich besser Jura studieren? Nach meinen damaligen Vorstellungen würde in der Rechtswissenschaft lediglich das Verfassungsrecht meinen politischen Neigungen entgegenkommen. Mein Lehrer Nissen hatte dringend das Geschichtsstudium empfohlen. Doch mein Vater, für den Geschichte vaterländischer Unterricht und Erziehung zu monarchie- und militärbegeisterter Gesinnung war, mißtraute der neuen, kritischeren Geschichtsschreibung, denn bei Vorlesungen, die er zusammen mit anderen Offizieren 1920 bei einem Kieler Professor gehört hatte, hatte er den Eindruck gewonnen, sie verderbe die Jugend. Aber in seinen Augen waren die Juristen mit ihrer republikanischen Verfassungtreue womöglich noch gefährlicher. So stimmte er am Ende doch für die Geschichte.

Die zweite Frage war der Ort des Studiums. Das schien zunächst kein Problem zu sein. Großvater Eschenburg und dessen Brüder sowie zwei ihrer Söhne hatten in Bonn studiert. Sie alle waren bei der Burschenschaft Alemannia aktiv gewesen. Ich wäre also dort der fünfte Eschenburg gewesen. Mein Vater hätte mich dagegen lieber in einem konservativen Corps statt in einer der Burschenschaften gesehen, die ja als liberal galten. Aber daß die Familientradition gewahrt bleiben mußte, leuchtete auch ihm ein.

Nun gehörte Bonn jedoch zur besetzten Zone des Rheinlands. Als sich dort die Lage zuzuspitzen schien, warnte das Reichswehrministerium davor, die Kinder von Offizieren dorthin zu schicken. Es sei nicht auszuschließen, daß sie im Falle einer kriegerischen Verwicklung als Geiseln genommen würden. Also kam Bonn nicht mehr in Frage. Kiel ging auch nicht, denn so befreundet war man in Lübeck mit den Holsteinern nie gewesen. Heidelberg wiederum war mir zu touristisch. Daß ich schließlich in Tübingen landete, hing einfach damit zusammen, daß ich gerade Mörike las. So ganz recht war die Ortswahl meinem Vater allerdings auch nicht, denn Tübingen verband sich für ihn mit Uhland, und der »triefe« doch nur so von »demokratischem Öl«. Aber schließlich stimmte er zu. Immerhin sah er die Chance, daß ich Mitglied in einem Corps werden könne, wie es auch der Kaiser und sein Sohn, Prinz Joachim, gewesen waren. Zwar waren die Burschenschaften meinem Vater schon aufgrund ihrer Nähe zur Revolution von 1848 suspekt, aber die Frage, ob ich überhaupt Mitglied einer Verbindung werden sollte, stand gar nicht zur Diskussion. Alle Verwandten, die Akademiker waren, waren bei einem »Bund« – wie man sagte – »aktiv« gewesen. Das gehörte einfach zum Studium.

Anfang April 1924 fuhr ich also in der 4. Klasse eines »beschleunigten Personenzuges« mit mehrfachem Umsteigen nach Tübingen. Die Fahrt dauerte eineinhalb Tage. Um während des Schlafs mein Gepäck zu sichern, hatte ich mir eine längere Kette mit Schloß gekauft, die ich um den Koffer und meinen Bauch legte. Die Reise war nicht gerade angenehm. In dem Großraumabteil stank es nach Schweiß und schlechtem Tabak. Als ich in Tübingen ankam, warteten am Bahnhof schon ein paar Leute mit blauen Mützen. Da ich mit meinen ein Meter neunundachtzig kaum zu übersehen war, trat einer von ihnen auf mich zu und fragte: »Sind Sie Eschenburg?« Es waren Abgesandte vom Corps Rhenania, die mich »keilen«, also für ihre Verbindung gewinnen wollten. Offenbar war ich ihnen schon von einem Lübecker »Alten Herrn« annonciert worden. Mit einem Handwagen fuhren sie mein Gepäck zu einem von ihnen reservierten Zimmer und luden mich auch sogleich für den Abend in ihr Haus ein. Aber die meisten Rhenanen kamen aus begüterten rheinischen Familien und demonstrierten ihre feine Herkunft für mein Gefühl etwas zu stark. Das war es also nicht. Die nächste Einladung ging vom Corps Suevia aus. Das war überwiegend württembergisch, bestand aus netten, natürlichen Kerlen, war aber im Ton auffallend rauh. Die Strammheit erinnerte eher an einen Kasernenhof, und der Bierkonsum war übermäßig, bei hartem Comment. Dann stellte sich Derendingia vor, eine relativ junge Burschenschaft, wohlerzogen, etwas Kindergarten. Aber sie war hochmütig, selbstgefällig, deutschnational. Was sollte ich nur machen? »Bund« bedeutete für mindestens drei Semester feste Bindung, Tag für Tag im selben Haus: eine folgenschwere Entscheidung.

Da kam unerwartet mein Onkel Fritz, der jüngste Bruder meines Vaters, mit seiner Frau auf der Rückkehr von einer Italienreise nach Tübingen. Er war ein alter Bonner Alemanne, kannte aber einige Mitglieder der Tübinger Burschenschaft Germania und erklärte: Wenn schon nicht Bonner Alemanne, dann Tübinger Germane. Auch lag ihm daran, mich in eine Burschenschaft zu bringen und nicht in ein Corps, wie mein Vater es wollte. Kaum war der Onkel angekommen, hatte er mich schon bei den Germanen als Gast angemeldet. Am Abend holten sie mich ab. Bei ihnen bin ich dann hängengeblieben.

Hie guet Württemberg allewege

Tübingen eröffnete mir eine völlig neue Welt, im Politischen wie im Menschlichen. Über allem lag ein milder, schwäbischer demokratischer Liberalismus. Unter dessen Wirkung ließ die Überheblichkeit gegenüber den Süddeutschen, die ich aus meiner Heimat mitgebracht hatte, nach und schwand mehr und mehr. Meine hanseatische Sprödigkeit begann sich zu lösen. Dieses ungewohnte süddeutsche Klima teilte sich selbst im häuslichen Leben mit. Da kam der Kochtopf statt der Suppenschüssel auf den Tisch, Kartoffeln wurden mit dem Messer geschnitten – was bei uns eine Todsünde war –, und die

Dienstboten nahmen an den Mahlzeiten teil. Hinzu kam die besondere Atmosphäre einer kleinen Universitätsstadt, in die man ohne große Mühe integriert wurde. Da Tübingen arm war, waren fast alle auf Nebenverdienste angewiesen, und es gab überhaupt keine Probleme, Studentenzimmer zu bekommen, bei denen der Familienanschluß fast immer dazugehörte. Alle Welt vermietete, mit Ausnahme der Professoren, aber schon die Professorenwitwen waren zumeist auf Untermieter angewiesen. Die Zimmer waren natürlich sehr einfach – mein erstes, gemietet bei einem Rentner, der eine verwitwete Tochter mit einem Kind hatte, kostete dreißig Mark, eingeschlossen ein Frühstück, das aus einer Lorke sondergleichen, Brot und etwas Butter bestand!

Doch für die Tübinger waren Studenten »d'Herre«, und so wurden wir auch angeredet: »Grüß Gott, Ihr Herre!«. Das klang milder als »Herren«. Das Wort wurde nur im Plural, nicht im Singular für den einzelnen Studenten gebraucht. Für das »Sie« im Plural brauchte man im Schwäbischen ohne Unterschied des Ranges gern das »Ihr«. So sprach in Gasthäusern die Bedienung auch die Professoren, Richter und Offiziere an.

Der Reichswehrminister Groener, ein Württemberger, erzählte mir Anfang der dreißiger Jahre, als ich schon in Berlin lebte, ein preußischer Oberst habe ihm von einer Visitation in Ulm Bericht erstattet. Sein Eindruck von der Truppe, sagte der Oberst am Schluß, sei durchaus gut gewesen, nur mangele es an Disziplin im Offizierskasino. Gegen elf Uhr abends habe die Ordonnanz, ohne Haltung einzunehmen, zu den Offizieren gesagt: »Brauchet Ihr noch ebbes? Dann gud' Nacht, Ihr Herre!« Er, Groener, habe lachend erwidert, so sei es schon zu Königs Zeiten gewesen.

Es gab noch ein sehr enges, fast kleinstädtisches Bekanntschafts- und Kommunikationsnetz. Im »Kommerell«, einer renommierten Studentenkneipe mit gepflegtem Münchener Löwenbräu, hatten viele Korporationsstudenten eigene Bierseidel mit ihrem Namen, mit farbigen Wappen und Zirkel ihrer Verbindung. Wer ins Lokal kam, erhielt sein Seidel, ohne darum gebeten zu haben – man kannte sich eben. Als ich 1945 im November, also nach zwanzig Jahren Abwesenheit, wieder ins

»Kommerell« kam, begrüßte mich der Wirt mit Namen. Und das Clärle, inzwischen schon betagt, brachte mir mein Seidel.

Auf den Straßen gingen wir mit langen, vielfach bis zur Schulter reichenden Pfeifen, ohne daß sich irgend jemand aufregte. Die Polizisten, die am Lustnauer Tor standen, einer viel begangenen und mit Pferdefuhrwerken befahrenen Kreuzung in der Stadtmitte, kannten wir mit Namen und begrüßten sie so. 1946 oder 1947 traf ich meinen alten Fechtlehrer auf der Straße. Er erkannte mich sofort: »Ihren Namen weiß ich nicht mehr recht, aber Sie waren doch Germane!« Als ich 1925 eines Tages nach Stuttgart fuhr, rief der Stationsvorsteher auf dem Bahnhof aus: Der Zug fährt vier Minuten später, der Herr Rektor kommt noch.

Es gab auch zahllose Stammtische, an denen Richter, Beamte, Oberlehrer, Professoren und Geschäftsinhaber, auch Offiziere, beieinander saßen. Daß ein Krämer, der selbst hinter dem Ladentisch stand, nicht gesellschaftsfähig gewesen wäre, wie ich das von Lübeck her kannte, war hier nicht vorstellbar. Die »ausgeglichene soziale Temperatur Württembergs«, die später der Zeithistoriker Waldemar Besson als charakteristisch für diese Zeit beschrieb, war mit Händen zu greifen. Die Stammtische hatten in der Regel eine Art Vorsitzenden; der wurde nicht gewählt, es ergab sich so. Meistens war es ein Richter. Im Gegensatz zu Preußen rangierten die Richter vor dem höheren Verwaltungsbeamten, auch dem Landrat. Man redete einander mit Titel an, aber breiter gestreut: Herr Apotheker, Herr Ingenieur. Auch die Ehefrauen, ja sogar die Witwen redete man mit dem Titel des Mannes an und sprach so von ihnen. Es hieß also »Frau Landrichters Witwe« oder »Frau Ingenieurs Witwe«. Das war kein Ausdruck von Galanterie, sondern drückte die Identifizierung mit dem Ehegatten aus. Dagegen kannte man die Anrede im Plural der dritten Person, »Wollen Herr Geheimrat...«, nicht.

Ich lernte bald – und meine späteren Erfahrungen haben es mir bestätigt –, daß das liberale, demokratische Klima des Landes sich auch im Staat und in der Verwaltung niederschlug. Württemberg war das einzige Staatswesen in Deutschland, das keine politischen Beamten hatte, die jederzeit und ohne

Begründung in den Wartestand versetzt werden konnten wie Staatssekretäre, Ministerialdirektoren oder Generalstaatsanwälte. Trotz ihrer schwäbisch-konservativen Grundhaltung waren die hohen Beamten und Richter überwiegend kaum parteigebunden. Wie unpolitisch die württembergischen Beamten waren, erfuhr ich von meinen älteren Bundesbrüdern im Staatsdienst, aber auch von Beamtem aus anderen Ländern. Der Minister fühlte sich mehr als Beamter denn als Politiker. Von den vier Ministern waren drei aus der Beamtenlaufbahn hervorgegangen. Parteipatronage wurde ganz kleingeschrieben. In dem Land, in dem das Wort »Vetterleswirtschaft« entstanden war, konnte man nicht zum Staatspräsidenten sagen: »Ha, Karle, kannst du nicht endlich meinen Schwiegersohn befördern?« Ministerialrat konnte in der Regel nur werden, wer Landrat gewesen war, also Frontdienst in der Verwaltung geleistet hatte. Damals wurden die Landräte noch vom Ministerpräsidenten auf Vorschlag des Innenministers nach Anhörung des Kreistages ernannt. Allerdings wurden im Unterschied zu Preußen Außenseiter in der Regel nicht Beamte.

In der Personalpolitik bei Einstellung und Beförderung hatten auch die Corps oder ein bestimmtes Corps nicht im geringsten einen Vorrang. Mein Bundesbruder Bolz war Mitglied der Demokratischen Partei, ohne sich für sie zu betätigen. Er wurde 1925 oder 1926 unter dem deutschnationalen Kultusministers Bazille Amtschef des Ministeriums und blieb es bis 1933. Zwar wußten Beamte, Richter und Abgeordnete von den meisten ihrer Kollegen, in welcher Verbindung sie aktiv gewesen waren, und sie erwähnten es auch bei jeder Gelegenheit: »Scheffbuch Normanniae«, »Klaiber Stuttgardiae« und so weiter. Auch stellte man in Stuttgart gern Korporationsstudenten ein. Aber man sorgte mit leichter Hand dafür, daß nicht eine Korporation Übergewicht gewänne. Der Finanzminister Dehlinger, Deutschnationaler, sorgte rigoros für Sparsamkeit in der ganzen öffentlichen Verwaltung. Sein Prinzip »Keine Ausgabe ohne Deckung« setzte er mit fester Hand durch, und weil er als Finanzminister so tüchtig war, blieb er es bis 1942. Zu Kabinettssitzungen oder sonstigen Zusammenkünften fuhren die vier Minister gemeinsam in einem Wagen; der Ministerpräsident als Ranghöchster stieg als letzter ein, auch wenn es einen Umweg kostete. Das alles förderte ein politisches Klima, bei dem sich ein beträchtliches Maß an Vertraulichkeit mit einer gewissen Biederkeit verband – so als ob es sich um einen großen Familienverband handelte, in dem jeder jeden kennt und auch aufmerksam beobachtet, ob er sich auch gemäß den allgemein verbindlichen Regeln verhält.

So etwas trat gerade in Kleinigkeiten zutage. Ich erinnere mich an ein Abendessen, das die Stadt Stuttgart – es muß in der zweiten Hälfte der zwanziger Jahre gewesen sein – für das Deutsche Auslandsinstitut gab. Mein Platz war neben dem württembergischen Reichstagsabgeordneten Theodor Heuss – dem späteren Bundespräsidenten –, der der Demokratischen Partei angehörte und von Berlin angereist war. Ihm gegenüber saß der Landesgeschäftsführer seiner Partei, Wolf, ein Postoberinspektor. Heuss fragte den Geschäftsführer, was es Neues in der Partei gäbe. Nichts Gutes, antwortete der, aber er könne nicht darüber sprechen. Heuss drängte freundlich, aber inständig. Zögernd antwortete Wolf schließlich: »Der Sohn von Konrad Hausmann, der Wolfgang, ist durchs Referendarexamen gefallen. Welche Schmach für unsere Partei, nicht auszudenken!« Konrad Hausmann war der führende Mann der württembergischen Partei. Heuss winkte lässig-ironisch ab. Aber Wolf beharrte: »Das ist wirklich schlecht, ganz schlecht, Herr Heuss. In einer altschwäbischen Partei hat auch das Familiäre im engsten Sinne seine Geltung.«

Württemberg hatte eine eigene Hymne von Justinus Kerner. Sie beginnt mit der Zeile »Preisend mit viel schönen Reden...«, wurde oft gesungen und ist eigentlich eine ausgeschmückte historische Erzählung über Graf Eberhard, den Begründer des Landes. Es kommt auf die sechste Strophe an, in der es heißt: »...daß in Wäldern, noch so groß/ ich mein Haupt kann kühnlich legen/jedem Untertan in Schoß«. Darauf erkennen ihm die anderen Fürsten den Preis zu: »Und es rief der Herr von Sachsen, der von Bayern, der vom Rhein: ›Graf im Bart, Ihr seid der reichste; Euer Land trägt Edelstein!‹« Bei dieser Strophe wurde aufgestanden. Mir fiel bald auf, daß das Lied viel häufiger und andächtiger gesungen wurde als etwa im größten deutschen Staat das adäquate Lied: »Ich bin ein Preuße, kennt ihr meine Farben...« Als 1946 oder 1947 in Tübingen bei einem Bierabend der Regierung das Lied gesungen wurde, standen auch die Kommunisten wie selbstverständlich auf. Sie waren eben auch Schwaben. Das Lied war eine dichterische Mahnung aus dem Jahre 1818 an den König, eine liberale Verfassung zu erlassen, wie es dann 1819 geschah.

Wie oft habe ich als Student und nach 1945 den Redeschluß gehört: »Hie guet Württemberg allewege.« Der Franke Friedrich Rückert, von dem Heinrich von Treitschke sagte, »alles ward ihm zum Gedicht«, hatte einige Jahre vorher Ludwig Uhland zu einem Dichterwettstreit über die Verfassung herausgefordert. Uhland, der Jurist, vertrat leidenschaftlich die völlig überholte altständische Verfassung, während Rückert, nur Dichter, die zeitgemäße liberale vertrat. »Da war der Schwabe in der vorteilhaften Lage, die warmen Gefühle der Gemütspolitik gegen die nüchterne Erwägung der Staatsklugheit zu verteidigen, und bereitete dem Franken eine poetische Niederlage, die in Württemberg als politischer Triumph gefeiert wurde.«

Als ich nach Semesterende wieder in Kiel war, fragte mich meine Großmutter: »Was essen denn die in Schwaben?« Lobend nannte ich Spätzle, Maultaschen, Gaisburger Marsch und Laugenbrezeln. Aber Brot- und Buttermilchsuppen, ebenso süß-saure Nudeln und süßen Reis mit Milch angemacht, gab es nicht. »Tschä«, sagte sie zu meinem Vater, »dat haste nu davon, daß du deinen Sohn in die Fremde schickst; er mag unsere Speisen nicht mehr.«

Lesen Sie nie auf dem Sofa

Ich ging also nach Tübingen, um in erster Linie Geschichte zu studieren. Was ich werden wollte, wußte ich noch nicht. Manchmal spielte ich mit dem Gedanken, Gelehrter zu werden. Aber mehr reizten mich doch Laufbahnen, von denen ich aus Amerika und England gehört hatte. Da waren Historiker Botschafter geworden oder Wissenschaftler in die Politik gegangen. So etwas gab es in Deutschland nicht. Mein Vater hatte einen ihm bekannten Historiker in Kiel nach dem Ruf der Tübinger Historiker gefragt, und dieser hatte lebhaft Johannes Haller, den Ordinarius für mittelalterliche Geschichte, empfohlen. Außerdem gebe es einen renommierten Professor für Neuere Geschichte namens Wahl. Schon in der ersten Woche besuchte ich also Haller, und zwar in seiner Privatwohnung. Ich wurde ohne weiteres empfangen, und der große Historiker, damals eine wirkliche Zelebrität, unterhielt sich mehr als eine Stunde mit dem ihm unbekannten Studienanfänger.

Er fragte mich nicht nur nach Herkunft, Interessen und Lektüre, sondern sprach mit mir über das historische Studium und die Wissenschaft. Zum Schluß gab er mir sogar noch ein paar höchst praktische Hinweise: »Merken Sie sich zunächst eines: Wenn Sie zu Hause arbeiten, immer am Tisch sitzen, einen Bleistift zur Hand haben, anstreichen und Exzerpte machen! Sehen Sie zu, daß Sie möglichst eigene Bücher haben! Lesen Sie nie auf dem Sofa oder der Chaiselongue! Es sei denn Romane oder nationalökonomische Literatur.« Dann sah er mich streng an: »Und gehen Sie nicht in volkswirtschaftliche Kollegs; das ist eine Feuilletonwissenschaft, nur für Frauen! Noch schlimmer ist die Soziologie, das ist reines Geschwätz.« Ich merkte bald, daß Haller in manchen Fragen das Opfer massiver Vorurteile war. Er haßte die Nationalökonomie und die sich damals entwickelnde Soziologie und fand, daß Frauen auf der Universität nichts zu suchen hätten. Deshalb begann er seine Vorlesungen mit der Anrede »meine Herren«, auch wenn beispielsweise in seinem Kolleg für Hörer aller Fakultäten die Frauen und Töchter seiner Kollegen, von Beamten und Richtern oder auch des Bataillonskommandeurs saßen.

Dabei war er glanzvoll im Vortrag, und ich war immer wieder von seinen Vorlesungen hingerissen. Rhetorische Eleganz verband er mit reichem Inhalt. Nicht nur mir, sondern vielen anderen galt er als der hervorragendste Kathederredner, den wir erlebt haben. Aber er hat auch mein Bild von der Geschichte mitgeprägt. Seine Vorlesungen über das Mittelalter haben meinen Hang zur romantisierenden Ansicht der Historie erschüttert. In seiner Vorlesung über »Geschichte, Geschichtsstudium und Geschichtsschreibung« lehrte er Skepsis gegen-

Lübeck. Marktplatz mit Marienkirche und Rathaus, 1904.

Großvater Georg Eschenburg, Senator in der Freien und Hansestadt Lübeck.

Der Vater, Korvettenkapitän Theodor Eschenburg, 1913.

Kaiser Wilhelm II. und Großvater Georg Eschenburg als Regierender Bürgermeister beim Kaiserbesuch in Lübeck 1913.

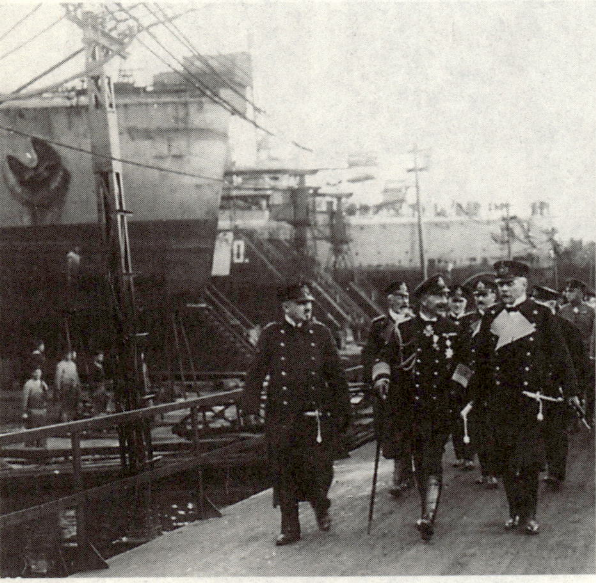

Kaiser Wilhelm II. bei seinem Besuch des Kriegshafens Kiel kurz vor der Revolution 1918. Der Kaiser mit Stock, neben ihm Oberwerftdirektor Admiral von Henkel-Gebhardi, vor den Docks.

Die Mutter Ellen, geborene Wiel

Revoltierende Matrosen
auf dem Marktplatz in Kiel am 4. November 1918.

Der Festzug zum 450jährigen Jubiläum
der Universität Tübingen 1927 in der Münzgasse
bei der Ankunft vor der Stiftskirche.

Theodor Eschenburg, 1930.

Theodor Wolff,
Chefredakteur des »Berliner Tageblatts«,
1928.

Hermann Oncken,
seit 1928 Professor für Geschichte an der
Friedrich-Wilhelm-Universität Berlin.

Erich Marcks,
Professor für Neuere Geschichte an der
Friedrich-Wilhelm-Universität.

Heinrich Triepel,
seit 1913 Professor für Staatsrecht an der
Friedrich-Wilhelm-Universität.

Theodor Eschenburg mit Reichsaußenminister Stresemann (rechts) und dem Gesandten Ulrich Rauscher (links) in Heidelberg zu Pfingsten 1929.

Das Auswärtige Amt in der Wilhelmstraße mit der zu Ehren des verstorbenen Reichsaußenministers Gustav Stresemann auf halbmast gesetzten Fahne, 1929.

Wahlplakat der Staatspartei ur Septemberwahl 1930.

Arnold Brecht, seit 1927 Bevollmächtigter Preußens im Reichsrat.

Carl Schmitt, Staatsrechtsprofessor in Berlin, 1930.

über Geschichtstheorie und Geschichtsphilosophie. Neuere Geschichte wollte ich bei dem mir ebenfalls schon in Kiel empfohlenen Adalbert Wahl hören. Wahl fiel durch einen großen, dicht gewachsenen roten Schnurrbart auf und sah aus wie Wotan in Zivil. Aber sein Kolleg über die Wilhelminische Zeit brach ich ab: zu wenig Kritik und zuviel Huldigung.

Die beiden historischen Größen der Tübinger Universität waren sehr unterschiedliche Gestalten: Haller baltisch-boshaft, auch im Zorn nicht die Stimme erhebend, aber mit einer geschliffenen Sprache, die mit dem Wort verletzte; Wahl dagegen im Grunde genommen gutmütig, manchmal teutonisch polternd. Sie waren sich einig in der leidenschaftlichen Gegnerschaft zur Weimarer Demokratie. Persönlich aber waren sie verfeindet. Sie wohnten ungefähr fünf oder zehn Minuten auseinander, hatten denselben Weg zur Universität, aber grüßten sich nicht. Der Grund dafür war, daß Haller, der Ordinarius für Mittelalterliche Geschichte, ein Kolleg über Bismarck hielt, wozu er natürlich das Recht hatte, was aber Wahl als Einbruch in sein Gebiet empfand. Das Verhältnis verschlimmerte sich noch, seit Spengler in seinem berühmten »Untergang des Abendlandes« geschrieben hatte, es gäbe eigentlich nur eine brauchbare Geschichte der Französischen Revolution, nämlich die von Wahl. Nun goß Haller Hohn und Spott über Spengler und sein vielbesprochenes Buch aus, in dem er ein besonders drastisches Beispiel für Effekthascherei sah. Ob nun eine Zahnpastafabrik ihre Ware »Nivea« nenne oder eine pharmazeutische Fabrik ihre Hühneraugenmittel »Lebewohl« oder ein Schriftsteller sein Buch »Der Untergang des Abendlandes«, so spottete er, es sei alles dasselbe, nämlich Reklame. Aber auch Wahl konnte verletzend sein. Als ich ihn am Ende des Semesters um das Testat für seine Vorlesung bat, fragte er mich süffisant: »Herr Eschenburg, glauben Sie, daß Kollege Haller mit seiner Bismarck-Vorlesung fertig wird?« Das war gegenüber einem Studenten ein Akt des In-Frage-Stellens nicht nur Hallers, sondern der Institution des Professors, und ich fand das schon damals empörend.

Sehr anders als heute war der akademische Betrieb. Die Professoren in den geisteswissenschaftlichen Fächern hatten in der Universität kein Arbeitszimmer, wie es heute üblich ist, sondern nur einen gemeinsamen kleinen Aufenthaltsraum, um den Mantel abzulegen oder Sprechstunden abzuhalten, sofern man nicht auch dazu in die Wohnung ging. Ich habe in der Seminarbibliothek nie Professoren gesehen. Sie hatten ihre umfangreichen Bibliotheken in großen Etagen oder eigenen Häusern. Die Zahl der Teilnehmer an den Seminaren lag unter zwanzig. Die Professoren kannten jeden von ihnen mit Namen. Die Seminare waren, wie es im Vorlesungsverzeichnis hieß, »privatissime et gratis«. Sie waren zum einen gebührenfrei, zum anderen mußte man sich dem Professor vorstellen, der nach einigen Fragen über die Teilnahme entschied. Gegen die Ablehnung gab es keine Beschwerdemöglichkeit. Die Anforderungen, vor allem bei Haller, waren hoch, und deshalb waren wir bei ihm dann noch weniger Teilnehmer. Aber die Atmosphäre war eigentlich gemütlich, Haller wurde nur ungehalten, wenn man nicht übersetzen konnte. Die Beherrschung des Lateinischen war selbstverständlich Voraussetzung. Als ein Teilnehmer über den Text stolperte, schloß Haller die Übung mit den Worten: »Mit so ungebildeten Leuten gebe ich mich nicht ab.« Voller Angst gingen wir in sein Seminar, aber gerade das zwang uns zu gründlicher, kritischer Vorbereitung.

Bei den Seminarübungen waren wir ganz auf uns selbst gestellt. Assistenten habe ich nie gesehen, wahrscheinlich gab es sie nicht. Die Professoren hatten es nicht gern, wenn sie gefragt wurden. Sie gaben nur die Literatur an, alles andere wurde uns überlassen. Ein Sachkatalog in der Bibliothek existierte nicht. Gelegentlich erfuhr ich Hilfe von einem Doktoranden. In der Seminarbibliothek hörte die Geschichte bei der Jahrhundertwende gleichsam auf. Vor allem fehlte die Literatur zur Geschichte der Sozialdemokratischen Partei. Die Autobiographie des Gründers und Führers der Sozialdemokratie, August Bebel, »Aus meinem Leben« beispielsweise, in drei Bänden kurz vor dem Ersten Weltkrieg erschienen, war nicht vorhanden. Von Karl Marx gab es nur »Das Kapital«. Die Sozialdemokratie schien damals noch nicht des historisches Interesses würdig zu sein. Die Bücher der Seminarbibliothek suchte der jeweils zuständige Professor aus. Die Numerierung übernahm ein Doktorand, die Einreichung erfolgte durch den Hausmeister, das alles war billig und einfach.

Eine Diskussion im Anschluß an die Vorlesungen, also in Form von Colloquien, gab es noch nicht. Auseinandersetzungen mit den Ansichten der Professoren waren auch im Seminar undenkbar. Wohl gab es die höfliche Frage an den Professor, ob man das, was er gesagt hatte, auch richtig verstanden habe, aber das kam selten vor. Der Professor war eine Autorität, und es gab nicht wenige Studenten aus Norddeutschland, die ihn in der dritten Person anredeten. Ihr Auftreten war durchaus hoheitsvoll. Dennoch war das Verhältnis zu ihnen unvergleichlich menschlicher als heute. Als Halbgötter, wie es gelegentlich behauptet wird, haben wir sie zumindest nicht angesehen. Engere persönliche Beziehungen waren gleichwohl selten. Sie ergaben sich in meinem Fall nur zu Haller, der mich gelegentlich aufforderte, ihn nach Hause zu begleiten. Es gab auch private Einladungen der Seminarteilnehmer Sonntag nachmittags zu Kaffee und selbstgebackenem Kuchen und einmal im Semester sogar ein Tanzvergnügen. Davor suchte ich mich aber zu drücken, denn mich ängstigten Hallers drei dicke, hünenhafte Töchter.

Neben Haller und Wahl hörte ich bei dem Althistoriker Vogt, der damals gerade habilitiert war und bis ins hohe Alter in Tübingen gelehrt hat. Ich war auch im Kolleg bei Eucken, dem späteren Haupt der Freiburger Schule des Ordo-Liberalismus; der war furchtbar langweilig, aber sehr freundlich zu den Studenten. Es gab natürlich auch etliche Originale unter den Professoren. Da war ein Dozent namens Willbrand, der galt als Marxist, war aber gemäßigter Sozialdemokrat und wurde von der gesamten Professorenschaft boykottiert. Er las vor einem Grüppchen ärmlich aussehender Studenten über sozialpolitische Probleme, aber es war fast anrüchig, dahin zu gehen, und ich gestand es nicht einmal meiner Burschenschaft, daß ich ein paar Mal dort war. Eine sonderbare Erscheinung war der Nationalökonom Karl Johannes Funke, der immer einen abgetragenen Cutaway und dazu Sandalen über grauen Wollstrümpfen anhatte; diese Mischung aus professoraler Würde und Wandervogel sah irrsinnig komisch aus. Ähnlich merkwürdig war in seiner Art der berühmte Theologe Schlatter. Der wohnte irgendwo im dritten Stock. Von ihm erzählte man sich, daß er einmal beim Verlassen seiner Wohnung im Treppenhaus auf einen Bettler gestoßen war, der sich auf dem Weg nach oben befand. Er gab ihm nicht nur nichts, sondern erklärte: »Die Treppe können Sie sich sparen, das Sauweib da oben, das gibt nie etwas.« Das Sauweib war Frau Professor Schlatter. Und der Bettler zog ab.

Die Universität, die einzige im Lande, galt als Kleinod. Aber im Gegensatz zu Freiburg oder Heidelberg zeigten sich Regierung und Landtag, aber auch weite Kreise der Bevölkerung an der Qualität dieser Gelehrtenrepublik wenig interessiert. Für sie war die Universität vor allem eine Anstalt zur Ausbildung ihrer Richter, Beamten, Gymnasiallehrer und Geistlichen. Übrigens war es auch nach den Begriffen der damaligen Zeit eine kleine Universität. Immatrikuliert waren 2450 Studenten, also ein Zehntel der heute dort Studierenden. Davon waren siebzig bis achtzig Prozent Mitglieder von Korporationen. Die Nichtkorporierten, von uns »die Wilden« genannt, und Frauen waren eine verschwindende Minderheit. In meiner ganzen Tübinger Studentenzeit habe ich zwei oder drei Studentinnen im Seminar persönlich kennengelernt. Damenbesuch auf der »Bude« war Anlaß zur fristlosen Kündigung.

Die Immatrikulation der Studenten fand zur Schonung des Festsaales in einer Turnhalle statt. Jeder einzelne Student wurde durch Handschlag des Rektors verpflichtet. Nach meiner Erinnerung gab es auch Immatrikulationsurkunden, jede vom Rektor persönlich unterzeichnet. Sehr sparsam war die Universitätsorganisation ausgestattet. Die zentrale Verwaltung bestand aus einem Universitätsrat im Rang eines Regierungsrates, zwei Sekretären und einer Stenotypistin. Die Bürokratie war denkbar unterentwickelt. Zum einen war das Bedürfnis gering, zum anderen fehlte es an Bürotechnik. Schreibmaschinen waren eine Rarität. Der Dekan mußte das Protokoll von der Fakultätssitzung mit der Hand schreiben und legte es für den Fall in die Schublade, daß ein Fakultätsmitglied es lesen wollte, was selten vorkam. Vervielfältigungsapparate gab es noch nicht. Anzeigen für die Fakultätsmitglieder wurden vom Dekan geschrieben und ans Schwarze Brett geheftet. Viele Briefe schrieb der Rektor eigenhändig.

Die wichtigste Persönlichkeit für den Studenten war der Oberpedell. Er war der Mann, von dem man alle wesentlichen Auskünfte erhalten konnte. Er war aus dem Unteroffiziersstand hervorgegangen, im Krieg zum Feldwebelleutnant ernannt worden und legte Wert darauf, auch so angeredet zu werden. In meinen vier Semestern hat der Kultusminister nicht ein einziges Mal die Universität besucht. Zwei-, allerhöchstens dreimal kam der Hochschulreferent, ein Ministerialrat, zur Universität. Selten mußte der Rektor nach Stuttgart ins Ministerium fahren.

Als Germane bei Kneipe und Mensur

Die vier Semester, in denen ich aktiver Burschenschafter war, haben mein Studium bereichert und mir Erfahrungen vermittelt, die ich nicht missen möchte. Bei den Germanen ging es natürlich zu, mit gesundem Menschenverstand, diszipliniert, aber leger, nicht kasernenhaft, relativ tolerant, unpathetisch und nicht extravagant. Der Comment war alles in allem erträglich, auch beim Kneipen. Das Interesse an Politik war zwar gering, aber immerhin wurde auf meine Anregung hin noch vor meinem Eintritt die demokratische »Frankfurter Zeitung« abonniert. Sympathisch fand ich die numerische Parität von Schwaben und Norddeutschen. So lernten wir einander langsam, aber gründlich kennen: den Dialekt, die Vorstellungen, die Umgangsformen und auch das gesellschaftliche Verhalten der Schwaben. Oft waren wir Gäste bei den Eltern der schwäbischen Bundesbrüder, aßen und wohnten bei ihnen.

Die Germania war eine schlagende Verbindung. Man mußte zwei Mensuren gefochten haben, ehe man »geburscht« wurde. Zu den Pflichten gehörte es, an der Kneipe teilzunehmen, die mindestens einmal in der Woche stattfand und bis in die tiefe Nacht dauerte. Das war ein Ritual mit Bierglasreiben, Aufstehen, Zutrinken, Austrinken und Liedersingen. Zu diesem Zweck gab es eine Singstunde, bei der man jede Woche zwei bis drei Lieder lernen mußte, denn es wäre undenkbar gewesen, beim Singen aus dem Kommersbuch abzulesen. Obwohl ich wegen meiner totalen Unmusikalität vom Singen bei der Kneipe befreit war, mußte ich doch an dieser Stunde teilnehmen. So habe auch ich das ganze Zeug lernen müssen. Im Sommer gab es das sogenannte Vesper, bei dem man im Garten des Hauses Würstchen oder Ripple aß. Sonntags war »Spuz«, ein Ausflug. Da fuhren alle zusammen nach Schloß Liechtenstein oder Sigmaringen oder auch zum Bodensee. Wochentags mietete man sich einen von einem alten Gaul gezogenen Lieferwagen, und dann ging es in die umliegenden Dörfer.

Die korporierten Studenten aßen mittags und abends auf dem Haus. Das Essen kostete zwischen achtzig Pfennig und einer Mark zwanzig. Das war gegenüber den Gasthäusern eine enorme Verbilligung. Völlig neu war für uns Norddeutsche der offene Wein; ein Viertele kostete fünfzig Pfennig. Am Samstagabend war Kommers, ganz lustig und abwechslungsreich. Aber ich wäre mit weniger Bier ausgekommen.

Bevor man Bursche, also »Aktiver« wurde, war man etwa eineinhalb Semester lang Fuchs. In dieser Zeit wurde man von den Älteren ständig auf Trab gehalten. Man hatte immer da zu sein, hatte Handreichungen aller Art zu verrichten und wurde so in das Verbindungswesen eingebunden. Aber auch die Aktiven waren ständig unter Kontrolle. Auf dem Verbindungshaus mußte man, abgesehen von den Mahlzeiten, ständig die Mütze tragen, was lästig war. Daran knüpfte sich eine Geschichte, die in ironischer Weise gleichsam die Geltung solcher Rituale illustriert. Zu Ehren Uhlands hatte der württembergische König Wilhelm II. eines Tages – es muß kurz vor dem ersten Weltkrieg gewesen sein – das Uhlandmuseum im ersten Stock des alten klassizistischen Germanenhauses an der Neckarbrücke besichtigt, wo der Dichter gewohnt hatte. Das Eintreten von Majestät veranlaßte die Studenten zum Abnehmen der Mütze, die aber sogleich, den Gepflogenheiten der Verbindung entsprechend, wieder aufgesetzt wurde. Wenige Tage später wurde der Burschenschaft vom Hofmarschall in einem formellen Schreiben bedeutet, daß in geschlossenen Räumen in Anwesenheit des Königs niemand die Kopfbedeckung aufbehalten dürfe.

Bequem war das Leben in der Burschenschaft indes nicht. Fünfmal in der Woche mußte man morgens um sieben zur Paukstunde, um sich – mit Drahtmaske vor dem Gesicht und

Filzschutz auf dem Kopf – auf die Mensur vorzubereiten. Wenn der Fechtlehrer kräftig zuschlug, drückte der Draht auf und in die Wangen. Der Filz schützte vor Wunden auf dem Kopf, aber nicht vor dem Schmerz. Mich völlig Unsportlichen strengte das alles bis zur Erschöpfung an. Samstag morgens wurden dann von sieben bis zwei Uhr mittags im Tanzsaal einer Dorfkneipe, mehr als eine Stunde von Tübingen entfernt, die Mensuren geschlagen.

Im zweiten Semester mußte ich zur ersten Mensur antreten. Ich hatte Angst und zeigte Mut nur aus Angst vor der Blamage. Wer bei der Mensur mit dem Kopf zuckte, was ja eine durchaus natürliche Reaktion war, dessen Mensur wurde für ungültig erklärt. Eine »Reinigungsmensur« mußte folgen. Ich war ein schlechter Paukant, und meine Gegner fochten nicht sehr viel besser. Weh tat das Nähen der Schmisse durch Medizinstudenten älterer Semester, denn Betäubung gab es nicht. Der Schmerz sollte durch Drücken auf beide Ohren oder durch harten, anhaltenden Tritt auf den Fuß gemildert werden. Äußerstes Mittel war ein billiger deutscher Weinbrand, der einem in den offenen Mund gegossen wurde. Mehr Sorge bereitete mir die Vernarbung. Für viele waren Schmisse eine Zierde; ich aber wollte sie möglichst unsichtbar machen. Bis zur Heilung trank ich keinen Alkohol und legte mich, soweit es möglich war, in die Sonne. Ich schämte mich der Schmisse nicht, wollte mich aber nicht mit ihnen schmücken. Sie sollten auch nicht, wie damals üblich, in meinem Reisepaß verzeichnet werden. Es gab andere, die Wert darauf legten, ihre Schmisse zu zeigen, gerade wegen der Damen. Wenn sie einen »Durchzieher«, einen langen Schmiß auf der Wange, hatten, legten sie einen sterilisierten Faden in die Wunde, damit der Schmiß gerade blieb.

Bei Säbelmensuren wegen Beleidigungen war der Oberkörper frei, nur das Herz bedeckt. Das war schon gefährlicher, und ich fand den Anblick scheußlich. Bei der zweiten Säbelmensur, an der ich teilnehmen mußte, wurde einem stark Beleibten die ganze Bauchdecke aufgeschnitten. Mir wurde so übel, daß ich ins Freie fliehen mußte. Säbelmensuren durften nur stattfinden aufgrund des Urteils eines dreigliedrigen Ehrengerichts. Ich war einige Male Vorsitzender eines solchen

Ehrengerichts und habe in keinem Fall für eine Säbelmensur entschieden. Im Archiv unserer Burschenschaft befand sich übrigens auch noch ein Kasten mit zwei langläufigen, ehrwürdig-altmodischen Duellpistolen; also auch darauf war man gefaßt. Sie waren jedoch nie benutzt worden.

Wer ernstlich studieren wollte, wurde trotz der zeitlichen Beanspruchung durch die Mitgliedschaft in der Burschenschaft nicht wirklich gehindert. Als ich meine erste größere Seminararbeit machte, wurde ich ohne weiteres von den Verbindungspflichten befreit. Das war die Regel; man durfte nur nicht schwindeln. Im Gegenteil: Die meisten Verbindungen paßten auf – und bei uns wurde das sehr streng gehandhabt –, daß man in einer angemessenen Zeit Examen machte. Wenn einer nach dem neunten oder zehnten Semester noch keinen Referendar hatte, wurde ihm vom Ehrenrichter Dampf gemacht. Da konnte auch mit Ausschluß gedroht werden, was eine sehr strenge Strafe war, denn ein solcher Ausschluß wurde allen Korporationen am Ort und allen gleichgearteten in Deutschland mitgeteilt. Das kam einer Verfemung des Ausgeschlossenen gleich.

Überhaupt wirkten die Verbindungen stark disziplinierend. Sie achteten darauf, daß ihre Mitglieder sich in der Öffentlichkeit anständig benahmen. Ein bißchen Lärm zu machen oder die Polizisten zu veräppeln, war gestattet, aber schon wenn einer in Couleur angetrunken in der Öffentlichkeit auffiel, wurden zwei Mann losgeschickt, die den Betreffenden ziemlich unsanft aufgriffen und ins Bett beförderten. Erst recht wurde darauf geachtet, daß man nicht in bestimmte Lokale geriet, in denen es Dirnen gab oder in denen Konflikte mit den Einheimischen drohten. Geradezu puritanisch streng wurde über das Verhältnis zum anderen Geschlecht gewacht. Die Aktiven hatten keine Liebesverhältnisse zu haben, egal ob es sich um eine Bauerntochter, ein Dienstmädchen oder eine der seltenen Studentinnen handelte. Das änderte sich erst für die Inaktiven. Aber wer dabei entdeckt worden wäre, daß er etwa nachts über die Dächer zum »Mädle« stieg, der hätte bei der nächsten Mensur einen stark überlegenen Gegner bekommen. Wer zu häufig auf der Straße oder im Wirtshaus mit der gleichen Studentin gesehen wurde, wurde verwarnt. Wer dabei ertappt wurde, daß er auf Tanzfesten etwa die Tochter eines Alten Herrn oder eines Gastes hinter dem Busch küßte, war vom Ausschluß aus der Korporation bedroht.

Alle Verbindungen behaupteten, unpolitisch zu sein. Das ist natürlich Unsinn. Die meisten gaben sich betont deutsch und sehr national und keine von ihnen hätte Schwarz-Rot-Gold geflaggt. Alle Verbindungen hatten sich beispielsweise auch verpflichtet, an der Ausbildung von Zeitfreiwilligen teilzunehmen, um der durch den Versailler Vertrag auf hunderttausend Mann beschränkten Reichswehr eine Reserve zu verschaffen. Das war eine Verletzung des Vertrags, also illegal, aber die Verbindungen sahen darin eine nationale Aufgabe. Mir blieb die Ausbildung erspart; kurz bevor ich dran war, wurde sie eingestellt, weil Gustav Stresemann, der Reichsaußenminister, bei den Verhandlungen über das Dawes-Abkommen, der ersten Reparationsregelung, die Einstellung des Zeitfreiwilligendienstes zugesagt hatte.

Im übrigen gab es unter den Korporationen deutliche Unterschiede, auch in bezug auf ihre politische Haltung. Es gab, die grundsätzliche nationale Einstellung einmal vorausgesetzt, extrem nationalistische und liberalere. Man kann nicht daran vorbeigehen, daß seit der Mitte des vergangenen Jahrhunderts bis zum Jahr 1933 eine große Zahl von Ministern und Politikern, wichtigen Beamten, Richtern und Anwälten aus Korporationen hervorgegangen sind, und zwar keineswegs nur solche, die politisch konservativ eingestellt waren, sondern auch Rechts- und Linksliberale, Zentrumsangehörige und auch Sozialdemokraten. Um Beispiele zu nennen: Aus der Tübinger Verbindungswelt kamen etwa Reinhold Maier, der spätere Regierungschef zuerst von Württemberg-Baden, dann des neuen Bundeslandes Baden-Württemberg; Wolfgang Haussmann, der Sproß der württembergischen Demokratenfamilie und langjährige Justizminister in Stuttgart; der württembergische Staatspräsident Hieber; der mit mir befreundete Cäsar von Hofacker, der nach dem 20. Juli 1944 hingerichtet wurde, und viele andere reputierliche Demokraten. Also, so lächerlich und reaktionär, wie sie heute vielfach hingestellt werden, waren die Verbindungen nicht, jedenfalls nicht alle.

Für mich war das Fechten eine Pflichtübung. Auch die anderen Seiten des burschenschaftlichen Lebens mit seiner starken Reglementierung faszinierten mich nicht so sehr. Was mich dagegen lebhaft interessierte, war die politische Bildung, die man damals »staatsbürgerliche« Bildung nannte und die nach der Satzung auch zu den Aufgaben der Burschenschaften gehörte, aber in der Praxis kaum beachtet wurde. Staatsbürgerkunde war nach der Weimarer Verfassung in den Schulen Lehrfach, und auch an den Universitäten sollte sie – so statuierte sogar der maßgebliche Verfassungskommentar des renommierten Staatsrechtslehrers Anschütz – eine Rolle spielen. Davon hatte ich nichts bemerkt, weder an den Schulen, die ich besucht hatte, noch an der Universität. Dort gab es immerhin den Deutschen Hochschulring, 1920 gegründet als »überparteiliche Vereinigung der national gesinnten Verbindungen auf völkischer Grundlage«. Das war eine Organisation, der die überwiegende Zahl der Korporationen angehörte und die vor allem deutschnational, zum geringeren Teil völkisch geprägt war. Da ich bei meiner Verbindung einmal ein Referat über staatsbürgerliche Bildung gehalten hatte, kam ich in den Vorstand des Tübinger Hochschulrings und wurde schließlich sogar dessen Vorsitzender.

Die Erfahrungen, die ich im Zusammenhang mit dem Versuch gemacht habe, der politischen Bildung einen Platz im studentischen Leben zu verschaffen, haben Einfluß auf mein ganzes Leben gehabt. Vielleicht kann man sogar sagen, daß der Umstand, daß ich später Professor für Politische Wissenschaften wurde, mit diesen Bemühungen um die politische Bildung zu tun hatte. Jedenfalls sind mir nicht nur die damaligen Erfahrungen, sondern auch die Fehlschläge sehr zugute gekommen, als ich vierzig Jahre später ebenfalls in Tübingen begann, eine politikwissenschaftliche Lehrtätigkeit aufzunehmen und ein entsprechendes Institut aufzubauen. Aber die Aktivität im Hochschulring brachte mich auch in Berührung mit den neuen Ansätzen der Organisation des universitären Lebens, die damals unternommen wurden, vor allem mit der Gründung der Studentenschaften, deren örtliche Basis die Allgemeinen Studentenausschüssen (ASTA) an den einzelnen Universitäten waren, und den 1921 ins Leben gerufenen Studentenhilfen, die sich im Deutschen Studentenwerk zusammenschlossen. Das wiederum schärfte meinen Sinn für die politische Praxis.

Überhaupt wurde die Verbindung für mich eine Art Übungsfeld, um meine Fähigkeit zu schulen, Diskussionen zu leiten und zu begreifen, was es heißt, Führung zu übernehmen. In gewissem Sinne fand hier trotz der hierarchischen Ordnung und der konservativen Einstellung der Verbindungen eine Einübung in politischer Praxis statt, wenn auch auf engstem Raum. Der Sprecher konnte ja, weil abgestimmt wurde, einer sich bildenden Mehrheit unterliegen, und auch Parteibildungen zeigten sich, wenngleich sie natürlich nicht so genannt wurden. Ich versuchte sogar einmal, in einer Kneipenrede bei einem Frühschoppen die demokratischen Grundfiguren auf die Verbindung anzuwenden, verglich also den Sprecher mit dem Reichskanzler, die Chargen mit der Reichsregierung und den Konvent mit dem Reichstag. Das ging zu weit. Mein Vortrag sei sehr witzig und intelligent gewesen, sagte mir der Sprecher danach, aber man wolle doch nicht mit der Republik verglichen werden. Vor allem bekam ich in meiner Verbindung eine Vorstellung davon, was es bedeutet, Verantwortung zu übernehmen. Das Wort wird oft gebraucht, ist aber schwer zu erklären, noch schwerer zu definieren. Es gehört zu jenen Begriffen, die man erst erfassen kann, wenn man von ihnen Gebrauch gemacht hat, sie also für einen selbst nicht mehr nur Abstrakta darstellen. Man hat für eine Antwort einzustehen und damit auch für die getroffene Entscheidung, in Wort und Tat. Werden die eigenen Ausführungen nicht akzeptiert, so wird die eigene Autorität tangiert. Dann kommt alles auf die Begründung an.

Der Tübinger Hochschulring war übrigens weder so überparteilich, wie er zu sein vorgab, noch stand er auf völkischer Grundlage. Er stand vielmehr der Deutschnationalen Volkspartei nahe. Sie und ihre Geldgeber finanzierten auf diskrete Weise die Zentrale des Rings in Berlin einschließlich seiner Publikationen und den Vorträgen, die an den einzelnen Hochschulen gehalten wurden. Deren Themen waren überwiegend der Versailler Vertrag, die Kriegsschuldfrage, der Anschluß Österreichs an das Reich und die Lage der deutschen Minderheiten in Polen, der Tschechoslowakei und Jugoslawien, alle natürlich im streng nationalen Sinn behandelt – mehr Protestpropaganda also gegen das den Deutschen zugefügte Unrecht als Information. So entsprach es auch der Stimmung der Zuhörer, die zum größten Teil von den Korporationen abgeordnet wurden – so wie die Soldaten zum Gottesdienst in die Garnisonkirche. Die Referenten wurden in der Regel von Berlin ausgewählt.

Das suchte ich zu bremsen, sobald ich Vorsitzender geworden war, indem ich den einzigen großen Versammlungssaal, den Tübingen zu bieten hatte – er befand sich im Haus eines Bürgervereins, das den alten Namen Museum trug –, als besetzt meldete, wenn allzu radikale Redner drohten; Universitätsräume standen damals für solche Veranstaltungen nicht zur Verfügung. Statt dessen führte ich einen Film über den Versailler Vertrag vor, in dem dessen Bestimmungen zum ersten Mal aus der Perspektive der westlichen Kriegsgegner betrachtet wurden. Der Film fand zwar Anklang, wurde aber als zu propagandistisch empfunden. Nun lud ich zu einer Arbeitsgemeinschaft mit dem Thema »Kampf um den Rhein« ein – ein Werk des gleichen Titels von dem Schweizer Journalisten Hermann Stegemann über das Ringen zwischen Frankreich und Deutschland seit dem Dreißigjährigen Krieg war eben erschienen, gedämpft wohlwollend für Deutschland, aber nicht einseitig. Referate, denen Diskussionen folgten, wurden gehalten, Haller und Wahl, die beiden Historiker, ermutigten mich. Es kamen auch Freistudenten, also Studenten, die keiner Korporation angehörten, selbst einige Professoren, die sich an der Aussprache beteiligten. Nur in meiner eigenen Verbindung blieb die Resonanz begrenzt. Ihr Sprecher, ein schlauer Menschenkenner, klopfte mir jovial auf die Schulter: »Studenten, Büble, lernen fürs Examen, nicht für die Politik. Du bischt zwar ganz g'scheit, aber doch ein Chrischtkindle« – im Schwäbischen die Umschreibung für einen Naivling.

Nach meinem ersten Semester fuhr ich in den Sommerferien wieder nach Ostpreußen zu meinem Onkel in Finkenhof. In Berlin machte ich Station. Vor dem Lehrter Bahnhof sah ich Ebert und eine Reihe von Reichsministern mit Gehrock und Zylinder zu einem Empfang aufgereiht – es war, glaube ich, der Präsident von Mexiko, dem die Ehre galt. Hinter ihnen stand eine Ehrenkompanie in Stahlhelm, und General von Seeckt, Chef der Heeresleitung, schritt in militärischer Haltung, aber äußerst elegant, auf den Reichspräsidenten zu. Die Prozedur beeindruckte mich stark. Noch nachhaltiger war der Eindruck, den ich vom Reichstag hatte. Der Vater eines Bundesbruders hatte mir die Eintrittskarten verschafft. Hier erlebte ich zum ersten Mal Gustav Stresemann als Redner. Er sprach zur Verteidigung des Dawes-Abkommens, das die Herabsetzung der unmäßig hohen Reparationsleistungen zum Ziel hatte, aber gleichwohl von den Deutschnationalen abgelehnt wurde. Bisher hatte auch ich Vorbehalte gegen Stresemann gehabt. Er hatte 1923 den nicht nur mir sympathischen Reichskanzler Cuno abgelöst, in Wahrheit wohl gestürzt, und im September den passiven Widerstand gegen die Besetzung des Ruhrgebiets durch Frankreich abgebrochen, sich also, so schien mir, als »Erfüllungspolitiker« entlarvt. Aber nun ließ seine Rede meine Vorbehalte dahinschwinden. Es war nicht nur die rhetorische Brillanz, die mich faszinierte, sondern auch seine überzeugende Argumentation. Immer wieder wurde er durch Zwischenrufe unterbrochen, aber er ließ sich nicht beirren und zeigte sich in seinen Erwiderungen überaus schlagfertig. Da ich auf der Galerie in der ersten Reihe saß, konnte ich erkennen, daß er kein Manuskript hatte, sondern nur Stichwortzettel, auf die er aber kaum einen Blick warf. Hingerissen verließ ich den Reichstag.

Stresemanns Politik eines Ausgleichs mit Frankreich war damals heftig umstritten, wie überhaupt das republikanisch-demokratische Deutschland auf schwachen Füßen stand. Ich erlebte es drastisch bei dieser Reise. Mein Onkel, der mir eigentlich gewogen war, reagierte entrüstet darauf, daß ich mir die von meiner Verbindung abonnierte »Frankfurter Zeitung«

auf sein Gut nachsenden ließ. Daß dieses Blatt in sein Haus gelange, blamiere ihn vor seinen Nachbarn bis auf die Knochen, erklärte er, und als ich das nicht hinnehmen mochte, wurde unsere Auseinandersetzung zunehmend heftiger. Schließlich fanden wir einen Kompromiß: Ich ging dem Postboten entgegen, um das Blatt außer Sichtweite des Hauses in Empfang zu nehmen.

Auch die Grundsteinlegung des monumentalen Denkmals zur Erinnerung an die Schlacht von Tannenberg, die ich ein paar Tage später miterlebte, machte nicht gerade den Eindruck eines gewandelten Deutschland. Vom Presseplatz aus, auf den ich mich unter dem Vorwand geschlichen hatte, für die »Tübinger Chronik« zu berichten, verfolgte ich den riesigen Aufmarsch begeisterter Regiments- und Kriegervereine im Paradeschritt, stundenlang. Es war ein endloses Defilee früherer Offiziere in Uniform und Landarbeiter in mehr oder minder zerschlissenen Gehröcken mit Orden, umgeschnallten Säbeln und Militärmützen. Hindenburg, der Sieger von Tannenberg, stand mit Helm und kaiserlichem Marschallstab kerzengerade auf einer Anhöhe; immer wieder hob er die Hand zum militärischen Gruß und hielt das trotz seiner fünfundsiebzig Jahre bis zum letzten Mann durch. Als mein Onkel und ich danach in einem Kreis früherer Offiziere in einer Kneipe zusammensaßen, wagte ich es, meine Skepsis über die Wirkung solcher Demonstrationen auf unsere früheren Gegner anzudeuten. In der Runde antwortete mir empörtes Schweigen. Zu Hause herrschte mich mein Onkel, selbst Oberleutnant a.D., zornig an: »Wenn du so etwas nochmal sagst, nehme ich dich nicht wieder mit.«

Mein Interesse an Stresemann verstärkte sich noch durch die Begegnung mit Paul Binder, einem Tübinger Studenten, der nach dem Krieg Staatssekretär für Finanzen in der Regierung von Württemberg-Hohenzollern in Tübingen wurde. Eines Tages besuchte er mich in dem kleinen Büroraum, den ich als Vorsitzender des Hochschulrings benutzte. Er kam von der angesehenen »schwarzen«, das heißt: keine Farben tragenden Verbindung Stuttgardia, einer clubähnlichen Korporation überwiegend württembergischer Studenten und sprach einen reinen Stuttgarter Dialekt, was die Verständigung nicht erleichterte. Er meinte, die historische Behandlung eines Friedensvertragsproblems, wie ich sie versucht hätte, sei ja ein ganz verdienstvoller Weg, aber das reiche nicht aus. Es komme darauf an, die aktuelle internationale Situation und die Interessen vor allem der Großmächte zu erfassen. Deutschland könne den Friedensvertrag nur durch sukzessiven Abbau der Streitpunkte und Belastungen revidieren, und da habe Stresemann einen vielversprechenden Anfang gemacht. Binder bot mir an, ein Exposé auszuarbeiten und es mir zu schicken. Es erwies sich als eine gescheite, umsichtige Verteidigung der Stresemannschen Außenpolitik, ohne daß dessen Name ausdrücklich genannt wurde. Binder und ich trafen uns nun öfter. Wir stimmten zunehmend darin überein, daß Stresemanns Politik in die richtige Richtung weise, wenngleich wir noch nicht sahen, wie man auf diesem Weg vorankommen könne. Binder war es schließlich, der im Frühjahr 1926 auf den Gedanken kam, Stresemann zu einer Rede nach Tübingen einzuladen. Das sei jetzt kein Wagnis mehr, schließlich säßen in der Regierung unter dem parteilosen Reichskanzler Luther ja auch Deutschnationale.

Trotzdem war es ein kühner Gedanke, denn damals war es noch ganz ungewöhnlich, daß Parlamentarier oder Minister an Universitäten redeten. Das Vorhaben stürzte mich denn auch – wie noch zu schildern sein wird – in erhebliche Verwicklungen. Doch zunächst ging alles unerwartet glatt. Ich schickte Stresemann eine auf Hochschulring-Papier geschriebene Einladung, und als wir nach drei Wochen noch keine Antwort hatten, wurden wir ungeduldig und reisten nach Berlin. In jugendlicher Unbefangenheit riefen wir dort von einem Münzautomaten aus Stresemanns Privatsekretär Bernhard an und baten um eine Unterredung. Der Minister habe in den nächsten Tagen keine Zeit, beschied uns Bernhard, aber wir sollten ihn selbst am nächsten Morgen um elf Uhr aufsuchen. Als wir zur verabredeten Zeit im Außenministerium an der Wilhelmstraße erschienen, eröffnete Bernhard uns, der Reichsaußenminister wolle uns selber sprechen. Stresemann empfing uns sehr freundlich, bot uns Zigarren an und erkundigte sich nach Tübingen. Prinzipiell sei er bereit, zu einem Vortrag zu kommen, erklärte er uns dann, einen Termin könne er uns allerdings noch nicht nennen; auf jeden Fall solle es aber noch in diesem Sommer sein.

Auf was für ein heikles Unternehmen ich mich mit dieser Einladung eingelassen hatte, zeigte sich einige Wochen später. Als ich wieder in Berlin war, wurde ich zu Professor Martin Spahn zitiert, einem deutschnationalen Reichstagsabgeordneten und führenden Berater des Hochschulrings. Spahn, sonst ruhig und gnädig, fragte erregt, wie der Hochschulring Tübingen dazu komme, Stresemann einzuladen. Damit hätten wir ihn und den ganzen Hochschulring in peinliche Verlegenheit gebracht. Der Hintergrund seiner Erregung waren Diskussionen im Reichskabinett über einen deutsch-französischen Vertrag über die Anerkennung der gegenseitigen Grenzen, den Locarnopakt, den Stresemann betrieb. Die Deutschnationalen wollten ihn verhindern, ohne jedoch eine Kabinettsauflösung zu riskieren. In einer Kabinettssitzung habe Spahns Parteifreund Martin Schiele, der Innenminister, eine Äußerung Stresemanns mit den Worten kommentiert: Dies könne man dem deutschen Volk nicht zumuten. Daraufhin habe Stresemann den Brief mit unserer Einladung aus der Tasche gezogen. Jetzt erst begriff ich, daß Stresemann auch ein politisches Interesse an der Rede vor dem Tübinger Hochschulring hatte.

Erstaunlicherweise gab es im Hochschulring in Tübingen keinen Einspruch, nicht einmal Protest, als ich dort Stresemanns Vortrag – er hatte inzwischen die zweite Juliwoche als Termin genannt – ankündigte. Nur zwei Aktive des Corps Suevia, darunter der Sohn des deutschen Botschafters in Rom, Freiherr von Neurath, rieten dringend von der Veranstaltung ab. Haller und Wahl rührten sich nicht. Der Rektor, in den letzten Jahren vor der Revolution königlicher Minister in Stuttgart, war sehr angetan. Aber nun machte meine Verbindung Schwierigkeiten. Ihr neuer Sprecher kam aus der völkischen Jugendbewegung, war antikonservativ, aber nationalistisch und hatte mich schon vor kurzem mit der Frage attackiert, wie ich als Offizierssohn aus einer alten Lübecker Familie das Reparationsabkommen überhaupt billigen könne! Jetzt sollten wir auch noch auf Elsaß-Lothringen verzichten. Das sei nationaler Verrat. Auf dem ersten Konvent nach dem Bekanntwerden der Einladung Stresemanns verlangte er, ich dürfe den Minister nicht in Couleur am Bahnhof abholen. Damit sollte Stresemann, der selbst Burschenschafter war, diskriminiert werden. Ich konterte: »Wenn ihr das fordert, werde ich ohne Band und Mütze zum Bahnhof gehen, aber auch in der Veranstaltung ohne sie bleiben.« Das wäre – so empfindlich war man damals – eine politische Demonstration gewesen. Alles schwieg. Der Sprecher, ohnedies bei den Aktiven nicht sehr gelitten, wagte es nicht, abstimmen zu lassen, und ging zum nächsten Punkt über.

Die Lustnauer Schlacht

Ernsthafte Schwierigkeiten tauchten von einer ganz anderen Seite auf. Ein Heidelberger Privatdozent, Emil Julius Gumbel, hatte erklärt, die Toten des Weltkriegs seien auf dem »Feld der Unehre« gefallen, und damit Empörung bei den Studenten, aber auch bei einem großen Teil der Professorenschaft provoziert. Die Empörung war echt, denn viele Angehörige der Hochschulen waren Soldaten gewesen, alle Hochschulen hatten Ehrentafeln oder Ehrenmale errichtet, meistens auch die Korporationen, und jährlich fanden Gedenkfeiern für die Toten des Krieges statt. Unmittelbar nach der Festlegung des Termins der Stresemann-Rede kündigten die SPD-Ortsgruppen in Reutlingen und Tübingen sowie das Reichsbanner Schwarz-Rot-Gold für den 5. Juli eine Veranstaltung mit Gumbel als Redner an. Die zeitliche Nähe zu Stresemanns Rede war sicher zufällig, aber die Gefahr, daß es wegen Gumbel zu Unruhen kommen könnte, die Stresemann zu einer Absage veranlassen könnten, war nicht auszuschließen. Die Tübinger Studenten waren im allgemeinen zwar nicht radikal, aber hier fühlten sie sich zutiefst getroffen. Deshalb hatte auch der Rektor Bedenken. Aber der Landrat, ein gemäßigter Deutschnationaler, war nicht bereit, die SPD-Versammlung wegen Gefährdung der öffentlichen Sicherheit und Ordnung zu verbieten oder ein Verbot zu beantragen. Ein Student vom Vorstand des Hochschulrings fuhr nach Stuttgart zu Innenminister Bolz. Auch der lehnte ab. Um Stresemanns Rede nicht in Frage zu stellen, forderte ich nun durch ein Plakat an den

Anschlagsäulen und gab ein Inserat im Lokalblatt, der »Tübinger Chronik«, auf, das dafür warb, aus Protest der Versammlung mit Gumbel fernzubleiben. Zwei Tage später fuhren Reichsbannerangehörige auf Lastwagen mit der Losung »Nieder mit Eschenburg!« durch die Tübinger Straßen. Auf einer Sitzung der Korporationsvertreter wiederholte ich meine Bitte, stieß aber auf starke Reserve.

Also kam es, wie es kommen mußte. Als ich am 5. Juli eine Stunde vor Beginn in den Versammlungssaal kam, der kaum mehr als einhundert Personen faßte, waren nur zwei oder drei Reihen mit Sozialdemokraten besetzt, der Rest waren Korporationsstudenten. Auch draußen standen noch Studenten und ihre Anhänger in Scharen. Kaum hatte Gumbel mit seiner Rede begonnen, ging das Gegröle los. Stuhlbeine und Stühle flogen, die Polizei schritt ein. Unter ihrem Schutz verließen Veranstalter und Anhänger den Saal. Um halb zehn hörte ich auf den Straßen den Anfang des Studentenliedes »Burschen heraus...« Ein Student berichtete, die Veranstalter seien nach Lustnau, einem Vorort Tübingens, gezogen und tagten dort in einem Gasthaus. Kurz nach zehn erfuhr man, daß es heiß herging, Steine und Bierflaschen würden geworfen. Auf dem Weg nach Lustnau sah ich schon von ferne das Gewühl der Menge, die sich ein hartes Gefecht lieferte. Da machte ich kehrt und ging nach Hause. Am nächsten Morgen erhielt ich ein langes Telegramm von Stresemann, das am Abend vorher aufgegeben worden war: Wegen dringender, nicht voraussehbarer Verpflichtungen müsse er diesmal absagen, halte aber an seiner generellen Zusage fest.

Sechzig Jahre später entnahm ich den inzwischen erschienenen Kabinettsprotokollen, daß Schiele tatsächlich das von Spahn zitierte Wort gesagt hatte und Stresemann wegen der kurz bevorstehenden deutschen Antwortnote an Frankreich über den Sicherheitspakt, der im Oktober 1925 abgeschlossen wurde, wirklich nicht abkömmlich war. Zehn Tage nach Eintreffen des Telegramms wurde ich übrigens von der Kriminalpolizei aus Stuttgart vernommen – wegen Anstiftung zur Saalschlacht in Tübingen und der folgenden Prügelei, die die Polizei die »Lustnauer Schlacht« nannte. Schließlich hätte ich das Plakat zu verantworten, das der Anlaß dafür gewesen sei. Die

Vernehmung dauerte zwei Stunden, und damit war die Sache erledigt.

Schwierigkeiten mit der Staatsbürgerkunde

Mit dem Versuch, Stresemann zu einem Vortrag einzuladen, betrieb ich im Grunde genommen so etwas wie das »Umfunktionieren« des Hochschulrings: Ich benutzte einen Verband, der zur Stärkung nationaler Einstellungen begründet worden war, um die politische Bildung zu etablieren. Nachdem der große Wurf nicht gelungen war, hielt ich mich an neutralere Themen. Einer der ersten deutschen Publizistikwissenschaftler, Emil Dovifat, in den Nachkriegsjahren Lehrer und Anreger ganzer Generationen von Journalisten und Wissenschaftlern, sprach über die deutsche Presse. Unter Berufung auf Stresemanns Vortragszusage erreichte ich beim Auswärtigen Amt, daß ein Gesandter im einstweiligen Ruhestand im Wintersemester 1925/26 einmal wöchentlich in Tübingen ein zweistündiges Seminar über Diplomatie und Technik der auswärtigen Politik hielt. Die Kosten trug das Ministerium. Das war bisher nicht vorgekommen und erregte auch bei anderen Universitäten Aufsehen. Allerdings verstand sich der Gesandte zwar auf sein Metier, aber nicht auf dessen Beschreibung und Erklärung. Die Teilnehmer durften Fragen stellen, doch sie vermochten es nicht, weil ihnen die Materie völlig fremd war. Ich selbst hatte mich mit ihr, so gut es ging, beschäftigt und wäre wohl zur Hilfestellung in der Lage gewesen, aber der ängstliche und unsichere Gesandte hatte mich von einer Beteiligung ausgeschlossen. Immerhin war das Unternehmen ein erster Versuch, ein Experiment, aus dem man lernen konnte.

Aber insgesamt bin ich meinem eigentlichen Ziel, Staatsbürgerkunde aus studentischer Initiative heraus zu institutionalisieren, damals nicht nähergekommen. Dabei wäre ein solcher Schritt notwendig gewesen. Das neue demokratische Staatswesen hatte ein großes Traditionsdefizit. Nichts verstand sich von selbst. Seine Prinzipien und seine Praxis mußten also gelernt werden. Aber es gab keine dafür ausgebildeten Lehrer. Für deren Heranbildung ist in der Weimarer Republik bis 1933 so gut wie nichts geschehen. Die überwiegende Mehrheit der Professoren war wenn nicht antidemokratisch, so zumindest undemokratisch; von ihnen war also keine Hilfe zu erwarten. Im Gegenteil traten sie jeder Neuerung mit erbittertem Widerstand entgegen – ebenso wie die Lehrer in den Schulen. Einige meinten, Staatsbürgerkunde an den Universitäten sei Sache der Juristen. Wie wenig dabei herauskam, erlebte ich in Tübingen, wo es unter den Juristen überzeugte Demokraten gab, die sich aber bewußt auf juristische Argumentationen beschränkten – die Rechtswissenschaft wollte sich politisch nicht belasten. Es hätte in Tübingen einen Mann gegeben, der für diese Aufgabe prädestiniert gewesen wäre: den Privatdozenten Carlo Schmid, damals Landgerichtsrat, nach 1945 erster Regierungschef von Württemberg-Hohenzollern, später einer der großen Politiker der Bundesrepublik. Aber der war damals noch unbekannt, und auch als er später hervorzutreten begann, scharte sich um ihn nur ein kleiner, erlesener Kreis von besonders gebildeten Studenten.

Ein weiteres Problem war auch die verbreitete Unklarheit, was denn unter Staatsbürgerkunde zu verstehen sei. Da gab es viele Interpretationen, auch rivalisierende und gegensätzliche. Ich bemühte mich laienhaft um eine Begriffsbestimmung, nach der die Staatsbürgerkunde die Lehre von der bestehenden Staatsordnung sei, ausgehend von der geltenden Verfassung, losgelöst von Wunsch- und Ablehnungsvorstellungen; es handelte sich also um die Lehre von der tatsächlich bestehenden Ordnung, nicht um die Frage, wie eine Staatsform sein sollte oder nicht sein durfte. Der Staatsbürger hat ein Recht auf Beteiligung am staatlichen Geschehen, in erster Linie durch Wahlen; er muß deshalb wissen, was diese Beteiligung politisch bedeutet, welche Wirkungen sie hat und welches die Folgewirkungen bei der Wahrnehmung dieses Rechts sein könnten. Dafür fand ich die einfache Formel: »Wie wird regiert?«, und zwar im Sinne des englischen Begriffs »government«, der das Handeln von Regierung, Parlament und oberster Gerichtsbarkeit zusammenfaßt. Der Engländer Walter Bagehot, seit 1860 Herausgeber des »Economist«, hat in seiner »English Constitution« von »Maschinery of Government« gesprochen, ein anderer von »Betriebswirtschaftslehre der Politik«. Die

Maschine muß in der Tat im Betrieb beobachtet und analysiert werden. Sinn und Zweck der gesamten Ordnung und ihrer Elemente müssen erklärt werden, dazu die Organe, ihre Kompetenzen und deren Abgrenzung, die Verfahren ihrer Bestellung und Abberufung sowie ihrer Entscheidungen.

Staatsbürgerkunde verlangt Nüchternheit und Objektivität, nicht Emotionalität und Mythologisierung. Sehr bald kam das Wort von der »Erziehung zu staatsbürgerlicher Begeisterung« auf, das gleiche, was der sozialdemokratische Politiker Julius Leber unter der Formel »die Republik lieben zu lernen« verstand. Das wäre die demokratische Fortsetzung des »Patriotischen Unterrichts« in der Monarchie gewesen. Doch ein so kompliziertes Gebilde wie die föderalistische Demokratie kann nur vom Verstand erfaßt, muß regelrecht gelernt werden. Der mündige Bürger fällt nicht vom Himmel. Politische Bewegungen des Gemüts, ob positiv oder negativ, dürfen nicht unterschätzt werden. Sie sind in der praktischen Politik, vor allem bei Wahlen, ein wichtiger Faktor, der einkalkuliert werden muß. Aber sie verhelfen nicht zur Mündigkeit.

Meine Bemühungen um die staatsbürgerliche Bildung brachten mich auch in Kontakt mit dem in dieser Zeit beginnenden internationalen Austausch und den Versuchen der Zusammenarbeit. Ob die achttägige internationale Studentenkonferenz in Gex in Frankreich, in der Nähe von Genf, zu der ich im Sommer 1925 auf Veranlassung der Tübinger Studentenhilfe eingeladen wurde, die erste internationale Studentenkonferenz war, weiß ich nicht, aber sicherlich war sie eine der ersten. Veranstalter war eine christliche, der Jugendbewegung verbundene Organisation. Die Themen waren allenfalls halbpolitisch, unter bewußter Ausklammerung der Friedensverträge und des Kolonialproblems. Ungeachtet der internationalen Lage war man auf Harmonie bedacht. So ging es friedlich und freundlich zu. Nicht die Vorträge und Diskussionen am Vormittag waren wesentlich, sondern in erster Linie die Begegnung. Den Hauptvortrag hielt Prälat Ignaz Seipel, der international angesehene Bundeskanzler Österreichs. SeinThema war die praktische Friedenspolitik. Seipel war eine Erscheinung, wie ich sie bisher nicht gekannt hatte: streng katholisch-konservativ, antisozialistisch und überzeugter Pazifist zugleich. Er sprach langsam und leise, sehr einfach, ohne Pathos und ohne Gesten, unter Verzicht auf alle rhetorischen Tricks. In der anschließenden Unterhaltung im kleinen Kreis hörte ich das erste Mal sein Wort über Deutschland und Österreich: »Ein Volk in zwei Staaten«. Politisch konnte die Konferenz nichts ergeben, aber sie war ein erfreuliches und interessantes Erlebnis.

Mit allen diesen Aktivitäten und Interessen war ich in meiner Verbindung zwar nicht gerade ein Outsider, aber eben auch kein richtiger Insider mehr. Meine Beziehungen zu den Aktiven anderer Korporationen und zu den Freistudenten galten als »sündig« in bezug auf den Geist der Korporation. Trotzdem wurde ich für das Wintersemester 1925/26 zum Sprecher, also dem Erstchargierten, gewählt. Kurz vor Weihnachten »verhaute« ich eine Mensur. Ich hatte mit dem Kopf gezuckt, was unangenehm hart als Kneifen bezeichnet wurde, und mußte abtreten.

Anfänge studentischer Politik

Dafür gewann ich durch meine Aktivitäten neue Bekannte, Zugang zu anderen Kreisen und Erfahrungen, die ich in der Verbindung nicht hätte machen können. Die wichtigste Ebene war für mich dabei die Studentenhilfe. Sie war gedacht als Unterstützungsorganisation für die Studenten; sie richtete eine Studentenmensa sowie eine Berufsberatung mit angeschlossener Arbeitsvermittlung ein und führte in der Gesundheitsfürsorge systematische Reihenuntersuchungen sowie Erholungsaufenthalte zur Rekonvaleszenz ein – alles Maßnahmen, die bei der Notlage vieler Studenten nach dem Krieg ein dringendes Bedürfnis waren. Und irgendwie zog diese ganz praktische Arbeit besonders begabte und charaktervolle Menschen an. Den Geschäftsführer der Tübinger Studentenhilfe, Wilhelm Hofmann, lernte ich bald kennen, nachdem ich den Vorsitz im Hochschulring übernommen hatte. Er hatte evangelische Theologie und Pädagogik studiert und war für die neue Aufgabe wie geschaffen – organisationsbegabt, wie er war, mit der Fähigkeit zur Hingabe, eine irenische, fast scheue Erscheinung, aber im Kern bestimmt und zielsicher. Über ihn kam ich in Verbindung mit dem Vorsitzenden des Allgemeinen Studentenausschusses, Albert Sauer aus Ravensburg. Er gehörte einer streng katholischen, konservativen Verbindung an, war praktizierender Katholik, aber in seiner politischen Haltung liberal, mehr konventionell als substantiell auf seine Position bedacht. Wie Vater und Großvater war er Mitglied der Zentrumspartei. Es ergab sich, daß wir, Hofmann, Sauer und ich, laufend zur Beratung studentenpolitischer Fragen zusammentrafen.

Vorsitzender des Vereins für Tübinger Studentenhilfe war damals der Staatsrechtslehrer Karl Sartorius, seit Anfang der zwanziger Jahre Herausgeber der heute noch bestehenden, seinen Namen tragenden Sammlung »Verfassungs- und Verwaltungsgesetze«. Zweimal war er in Greifswald und ebenso in Tübingen Rektor gewesen. Mit seiner ansprechenden Art, seiner Phantasie, die Verständigung schaffte und sogar Frieden stiftete, war er ein Virtuose der Hochschuladministration. Mindestens einmal in der Woche tranken Hofmann und ich in seinem Haus Kaffee. Manchmal kam auch Binder dazu. Oft trafen wir uns auch abends zu einem Glas Wein bei ihm. Er suchte das Gespräch mehr mit Studenten als mit seinen Kollegen, gab sich als *primus inter pares*, aber wir sahen in ihm den *primus supra pares*. Sartorius war politisch sehr interessiert und versiert. Auch über die Vorgänge in Berlin war er bestens informiert, denn sein Schwager, der Staatssekretär im Reichswirtschaftsministerium, Trendelenburg, war ein hochqualifizierter, nicht gerade gefügiger, aber politisch denkender Beamter und blieb von 1923 bis 1933 im Amt, unter deutschnationalen, volksparteilichen, demokratischen und sozialdemokratischen Ministern.

Es gab noch einen Vierten im Bunde, Werner Plappert, Jurist älteren Semesters, Sohn des Inhabers einer mittelgroßen Zigarrenfabrik in Heidenheim. Unter den Juristen war er damals noch eine ganz seltene Erscheinung, weil er, ernsthaft und gründlich, Rechtswissenschaft und Soziologie miteinander zu verbinden verstand. Im Grunde war er mehr Soziologe als Jurist, ohne daß er die rechtswissenschaftliche Basis vernachlässigt hätte. Binder und Plappert scheuten nicht die Mühe, mich durch zahlreiche *privatissimae* in die Soziologie einzuführen. Damals hatte ich keine Ahnung von dieser Wissenschaft. Plappert war ungewöhnlich klug, umsichtig und weitblickend. Offizielle Führungspositionen interessierten ihn nicht. Um einen früheren Amtstitel aus der Zeit vor 1918 anzuwenden: Er war ein »Wirklicher Geheimer Rat«, der sogar das Prädikat »Exzellenz« verdient hätte, wie es damals vielfach üblich war. Nie drängte er sich auf, aber er ließ sich gern holen.

Wir – Sartorius, Hofmann, Plappert, Binder und ich – waren Demokraten im Sinne der damals von dem Soziologen Alfred Weber postulierten »Führerdemokratie«. Sein Buch »Die Krise des modernen Staatsgedanken in Europa«, in dem er diesen Gedanken ausführte, war 1925 erschienen. Weber sah in der Demokratie alles andere als eine Abstimmungsmaschinerie. Seiner Ansicht nach postulierte Demokratie vielmehr ein anspruchsvolles Verhältnis von Geführten und Führung. Die »Freiwilligkeit der organisierten Gemeinschaftszusammenballung der Geführten« – so hieß es in seiner uns heute fremd anmutenden, von der Jugendbewegung beeinflußten Ausdrucksweise – und die Kontrolle der aus den jeweiligen Schichten hervorgehenden Führer »durch demokratische Revision des Vertrauens, das sie genießen«, müsse »zusammengehen mit selbständiger Entscheidung und Willensbildung der ausgelesenen Führerspitze«. Zugleich hatte Weber die Konsequenzen vor Augen, die die moderne Gesellschaft für die Demokratie hat. Weil jede »rationalisierte Massenformation zentralisierte und erfahrene Leitung fordert, die besonders technisches Können und Erfahrung voraussetzt und also eine besondere, von den Massen abgehobene leitende Oberschicht nötig macht«, sei auch, so schloß er, »jede Entoligarchisierung moderner Demokratie ein Unding«.

Damals war dieses Buch für mich eine Offenbarung, und noch heute sehe ich in der Konstruktion Alfred Webers die optimale Lösung des demokratischen Problems. Das zeitgenössische Modell dafür war der preußische Ministerpräsident Otto Braun. Für ihn hatte ich auch bei den ersten Reichspräsidentenwahlen im März 1925 gestimmt. Zu den zweiten Wahlen kandidierte er nicht mehr. Von den Gegenkandidaten – Generalfeldmarschall von Hindenburg und Reichskanzler Wilhelm Marx vom Zentrum – flößte mir Marx kaum Vertrauen ein. Er erschien mir entscheidungsschwach und scheu, was mir Jahre später Stresemann bestätigte. So setzte ich mich für Hindenburg ein: Er würde als Inhaber dieses Amts entscheidend zur Legitimierung der Republik beitragen. Ich stieß auf geschlossenen Widerstand aller meiner Freunde, die es geradezu für politisch pervers hielten, erst den Sozialdemokraten und dann den kaiserlichen Marschall zu wählen. Zwei Jahre später sagten mir Sartorius und Plappert: »Junger Mann, diesmal hatten Sie recht.«

Der Kreis um Sartorius hat sich als ungewöhnlich fruchtbar erwiesen. Wir Aktivisten der damaligen Anfänge studentischen, öffentlichen Engagements und gelebter Staatsbürgerlichkeit blieben in Verbindung, und sei es dadurch, daß wir uns später in wichtigen Ämtern wiederbegegneten. Wilhelm Hofmann promovierte in Berlin bei dem Pädagogen Eduard Spranger, den er zutiefst verehrte. Er wurde Bibliothekar an der Landesbibliothek in Stuttgart, nach 1945 deren Direktor und zugleich Leiter der Tübinger Universitätsbibliothek. Für ihren Wiederaufbau hat er enorm viel geleistet. Über seine Ämter hinaus aber war er ein überragender, allgemein angesehener kulturpolitischer Mentor Baden-Württembergs, eine wirkliche Instanz im Lande. Sein Rat und sein Urteil waren überall gefragt, seine Impulse und Initiativen hochgeschätzt. Albert Sauer, den ich über ihn kennengelernt hatte, wurde 1945 Oberbürgermeister seiner Heimatstadt Ravensburg und 1946 Kultusminister des Landes Südwürttemberg-Hohenzollern.

Wichtige Rollen spielten auch die Geschäftsführer der Studentenhilfe, die das Amt vor und nach Hofmann bekleideten. Das gilt für Robert Tillmanns, den ersten Geschäftsführer der Tübinger Studentenhilfe, der dann wegen des Renommees, das er in diesem Amt erwarb, stellvertretender Hauptgeschäftsführer der bereits erwähnten Dachorganistaion der Studentenhilfe in Dresden, des »Deutschen Studentenwerks«, wurde. Der preußische Kultusminister C.M. Becker holte ihn als Regierungsrat in das Provinzialschulkollegium der Mark Brandenburg, dessen Präsident damals Adolf Grimme war, der später Nachfolger Beckers und nach dem Krieg zunächst niedersächsischer Kultusminister, dann Intendant des Nordwestdeutschen Rundfunks wurde. Tillmanns selber, 1933 selbstverständlich entlassen, überstand das Dritte Reich in der Braunkohleindustrie, wohin ihn sein Tübinger Studien- und Gesinnungsfreund, Walter Bauer, geholt hatte, dann als Privatsekretär des Industriellen Friedrich Flick. Nach 1945 war er einer der Mitbegründer der CDU in Berlin und des Hilfswerks der Evangelischen Kirche, dessen Ostbüro er bis 1949 leitete. Die politische Laufbahn, die damit begonnen hatte, führte ihn 1949 in den Bundestag und 1953 als Minister für besondere Aufgaben ins zweite Kabinett Adenauers; 1955 ist er gestorben. Hofmanns unmittelbarer Vorgänger, Hans Hartenstein, war aus der Wandervogelbewegung hervorgegangen, wurde Mitglied der SPD und war im Reichswirtschaftsministerium Grundsatzreferent unter Ministern ganz unterschiedlicher Couleur, die in ihm, dem »preußischen Schwaben«, wie man ihn nannte, den unbestechlichen Fachmann schätzten. So blieb er auch auf ausdrücklichen Wunsch von Hjalmar Schacht während des Dritten Reichs im Ministerium, bis Schacht von Hitler entlassen wurde; Hartenstein wechselte sogleich in den Vorstand der Pharmafirma Schering-Kahlbaum in Berlin. Er starb 1944.

Nachfolger Hofmanns wurde Theodor Pfizer, auch ein Tübinger Student, Mitglied der schwarzen Verbindung »Igel«. Erst im Landesarbeitsamt und dann bei der Reichsbahn, wurde er 1948 Ministerialrat im württemberg-badischen Verkehrsministerium, um schließlich für fast ein halbes Jahrhundert Ulmer Oberbürgermeister und eine der prominenten und einflußreichen Gestalten des Landes zu werden. Zwölf Jahre lang, von 1953 bis 1965, von der Gründung bis zur Auflösung, war er überdies Vorsitzender des Deutschen Ausschusses für das Erziehungs- und Bildungswesen, maßgeblich beteiligt an dessen Gutachten, Empfehlungen und Plänen zu den Grundfragen des deutschen Bildungswesens.

Eine stattliche Reihe angesehener Männer ging also aus der Tübinger Studentenhilfe hervor. Vermutlich hatte Sartorius die meisten von ihnen dem ASTA vorgeschlagen. Aber dann haben sie ihren Weg aus eigener Kraft beschritten, ohne Partei-, Konfessions- und Korporationspatronage. Sie haben aus der Organisation der Studentenhilfe etwas gemacht und sind dabei selber etwas geworden.

Ein Frühjahr in Dijon

Bevor ich Ostern 1926 nach sechs Tübinger Semestern nach Berlin ging, um mein Studium an der dortigen Universität fortzusetzen, ergab sich noch die Möglichkeit eines Feriensemesters in Dijon. Der Vater meines Freundes Binder war mit einem dortigen Germanistikprofessor befreundet. Der hatte ihm nahegelegt, seinen Sohn nach Dijon zu schicken, und ihm zugesagt, sich um ihn zu kümmern. Binder fragte wiederum mich, ob ich nicht Lust hätte mitzukommen. Mein Vater hatte zwar Bedenken, denn Frankreich war in seinen Augen schließlich der »Erbfeind«. Andererseits war Französisch damals die Sprache der Gebildeten – Englisch war ja noch nicht so weltläufig wie jetzt –, und so stimmte er schließlich zu.

Zusammen mit Binder fand ich Unterkunft bei einem Rentner, der aber erst etwa Anfang fünfzig war, sich also – wie das damals oft in Frankreich vorkam – vorzeitig zur Ruhe gesetzt hatte. Er hatte eine attraktive Tochter, die auf uns sehr erotisch wirkte und uns auch Avancen zu machen schien. Jedenfalls hatten wir, die wir an die viel strengeren und engeren moralischen Vorstellungen in Deutschland und zumal im puritanischen Württemberg gewöhnt waren, diesen Eindruck. Auch sonst ging es in Frankreich liberaler und lockerer zu. Wir hatten zwar nicht viel Kontakt zu den Menschen, denn ich verstand wohl die Sprache und konnte auch Fragen stellen, aber zu einer geläufigen Unterhaltung war ich, unbegabt für moderne Sprachen, nicht in der Lage. Aber gelegentlich gingen wir in ein Gasthaus mit dicht nebeneinander stehenden Tischen und Stühlen; dort gab es Filme zu sehen, man trank Wein und tanzte mit den französischen Mädchen. Wir fanden das wunderbar, denn in Tübingen hätten wir das in dieser Freiheit nicht gekonnt.

Dafür ging es in der Universität sehr viel strenger zu. Vor jeder Kollegstunde mußten sich die Studenten in eine Liste mit den vorgedruckten Namen der Teilnehmer eintragen. Es war strikt untersagt, während der Vorlesung miteinander zu tuscheln; wer es dennoch tat, mußte die Vorlesung verlassen und vor der Tür warten, bis er wieder hereingerufen wurde. Es war auch nicht üblich, in Vorlesungen Fragen zu stellen oder gar zu diskutieren. Der angesehene Revolutionshistoriker Mathiez, bei dem wir ein Kolleg über Reformationsgeschichte hörten, in dem er hart mit Luther ins Gericht ging und ihn einen Fürstenknecht nannte, hatte mich einmal wegen meiner erkennbar skeptischen Reaktion angesprochen. Die Debatte, die sich daraufhin entwickelte – ich zeigte Verständnis für Luther, Mathiez hielt daran fest, daß er für die deutsche Geschichte verhängnisvoll gewesen sei –, war für die französischen Kommilitonen etwas völlig Ungewohntes. Sie wollten von uns wissen, ob wir in Deutschland einem »berühmten Professor« so scharf widersprechen dürften. Aber vielleicht war ich auch wirklich zu aufsässig gewesen. Jedenfalls stieß mich mein Freund Binder schon während des Disputs in die Rippen, flüsterte mir in seinem ausgeprägten Schwäbisch zu: »Gosch halte!« und bescheinigte mir danach: »Eschenburg, Sie sind wieder einmal granatenfrech gewesen.«

Die einerseits liberaleren, andererseits viel disziplinierteren und in gewissem Sinne sogar autoritären Verhältnisse, die wir in Dijon kennenlernten, bereicherten mein Bild von Frankreich beträchtlich. Der Blick aus Deutschland auf das Nachbarland war damals – nur ein paar Jahre nach dem Krieg – von vielen Vorurteilen verstellt. Dabei wurden in den Gesprächen in Dijon der Weltkrieg und die Politik sorgsam ausgespart. Wir wurden sehr freundlich behandelt, aber von den Kränkungen, die sich die beiden Völker zugefügt hatten, und den harten Interessengegensätzen, die ihr Verhältnis beherrschten, war nicht die Rede. Erst auf der Rückreise, auf der wir uns ein paar Tage in Paris aufhielten, machte uns ein Legationssekretär an der deutschen Botschaft, den Binder kannte, mit den innenpolitischen Problemen des Landes vertraut. Da erfuhren wir, wie groß die Angst der Franzosen trotz des Versailler Vertrags vor den Deutschen noch immer war und welche großen innenpolitischen Widerstände gegen die Deutschlandpolitik von Außenminister Aristide Briand bestanden. Das hatten wir von der anderen Seite des Rheins bislang nicht gesehen.

Stresemann hat seinen Tübinger Vortrag übrigens doch gehalten, allerdings zu einem Zeitpunkt, zu dem ich bereits in Berlin studierte. Es war im Mai 1927, als mich sein Privatsekretär Bernhard anrief, mir einen Termin im Juni nannte und die Hoffnung des Ministers aussprach, mich in Tübingen zu sehen. Natürlich fuhr ich hin.

Der Vortragssaal, der größte in Tübingen, war vollbesetzt. Stresemann war, als er eintrat, beängstigend aufgeregt, auf der Stirn standen Schweißperlen, seine Hand zitterte. Aber sobald er zu reden begann, fing er sich. Es sprach ihn an, daß die Zuhörer zumeist in Couleur mit Mützen und Bändern erschienen waren – Stresemann war ja selbst farbentragender Korporationsstudent mit Mensurzwang gewesen und verbarg zeitlebens, ohne Standesdünkel, nicht seine Sympathie für das Verbindungswesen. Sein Vortrag war ein rhetorisch glanzvoll vorgetragenes Kolleg. Anhand von wenigen Notizen sprach er frei über die auswärtige Politik, erwähnte dabei aber weder seine eigene noch die anderen Parteien. Das Publikum, überwiegend Studenten, hing an seinen Lippen. Ungefähr in der Mitte seiner Rede kam er auf den Frieden von Tilsit 1807 nach der Niederlage Preußens zu sprechen. Preußen hatte damals die Hälfte seines Gebiets und seiner Einwohner verloren und eine Kontribution von 140 Millionen Franken zahlen müssen; außerdem mußte es die Besatzungskosten von elf Millionen Talern tragen – und das bei jährlichen Staatseinnahmen von 56,5 Millionen Franken. Doch König Friedrich Wilhelm III. hatte mit äußerster Energie an der Existenz seines verkrüppelten Landes festgehalten. Stresemann zitierte ihn: »Eine politische Existenz, sie sei noch so klein, ist dennoch immer besser als keine, und dann, so ändert die Zeit vieles in der Welt. Mithin bleibt auch in diesem Fall Hoffnung für die Zukunft.« Das war ein deutlicher Hinweis auf die Absicht, die Stresemann mit seiner »Erfüllungspolitik« verfolgte, auch wenn er nicht ausdrücklich davon sprach. Ohne von einem Vergleich auch nur andeutungsweise zu sprechen, griff Stresemann so sein eigentliches Thema wieder auf. Er redete eine gute Dreiviertelstunde. Bis zum letzten Satz hatte seine Konzentration nicht nachgelassen. Dann ging er mit schweißbedecktem Gesicht an seinen Platz. Der Beifall war groß. Stresemanns Begleitung umringte ihn, und sein Arzt führte ihn durch eine Hintertür fort. »Wir müssen ihn kurze Zeit ins Bett bringen; er kommt in einer halben Stunde wieder.« Ich hörte nur, wie Stresemann einen neben ihm stehenden Unbekannten fragte: »Wie war es?«

Nach einer geraumen Zeit kam Stresemann erfrischt und munter in den »Ochsen«, wohin wir ihn zu einem studentischen Dämmerschoppen eingeladen hatten. Ich hielt eine kurze Ansprache. Vor mir stand ein schlankes Viertelliter-Bierseidel mit einem rundumrandeten weißen Porzellandeckel, auf dem Wappen und Zirkel der Verbindung aufgemalt waren; der obere Rand war mit dem Namen des Inhabers und dem des Gebers versehen. Ein solches Seidel kündigte ich dem Minister an; unter dem Namen Stresemann und dem des Hochschulrings sollte in der Mitte des Deckels der Reichsadler prangen. Das Bierseidel würde im »Kommerell« neben zahlreichen anderen Studentenseideln aufgehängt und stehe ihm jederzeit an Ort und Stelle zur Verfügung. Tatsächlich schickte der Hochschulring dieses Seidel später nach Berlin, und Stresemann sandte es mit einem fröhlichen, wohl selbst diktierten Dankschreiben zurück. Im Sommer 1936 ging ich bei einem Besuch in Tübingen ins »Kommerell«. Ich fragte den Wirt, Herrn Lemmer, der so vorzügliches Löwenbräu zu zapfen verstand, aber ein ängstlicher Mann war, unter vier Augen nach dem Stresemann-Seidel. Er habe es, gestand er, vor einem Jahr an der tiefsten Stelle im Neckar versenkt, um es vor einer Zerschlagung durch Studenten zu bewahren.

Stresemann kam mit den Studenten sofort ins Gespräch, so, als ob er sie schon lange kennen würde. Ein Jurist im fünften oder sechsten Semester, gescheit und keß, fragte ihn: »Welches sind Ihre nächsten außenpolitischen Ziele?« Stresemann erwiderte: Zum ersten die Befreiung des Rheinlandes von feindlichen Truppen, dazu des Saargebietes. Erst wenn der letzte fremde Soldat Deutschland verlassen habe, sei es wieder frei. Zum anderen eine grundlegende Korrektur der deutsch-polnischen Grenze: Rückgabe Danzigs und Schlesiens. Er wünsche, man könne auch eine Rückgabe des Korridors erreichen. Aber dafür bestünde kaum Aussicht, man müsse also einen erträglichen Modus finden. Da Polen sich in einer höchst prekären Wirtschaftslage befinde, müsse Deutschland weitgehende wirtschaftliche und finanzielle Hilfe als Gegenleistung anbieten. Zum dritten: Anschluß Österreichs. Das würde innenpolitische Schwierigkeiten bringen, aber es sei nationale Pflicht. Was die Reparationen angehe, so könnten sie nicht auf einen Schlag beseitigt, sondern nur nach und nach abgebaut werden. Fragen wurden nicht gestellt, nur einer erwähnte den Anschluß des Sudetenlandes. Stresemann konterte: Zu diesem Thema müsse er eigentlich eine völkerrechtliche Vorlesung halten. Das Sudetenland sei bis zum Kriegsende ein Teil Böhmens und Mährens gewesen, gehörte also zu Österreich-Ungarn und sei damit kein Teil des Deutschen Reichs. Ein Anspruch darauf sei deshalb annexionistisch. Das schienen die Sudetendeutschen überhaupt nicht zu verstehen. Doch auch nur eine Andeutung dieses Anspruchs würde Deutschland um den Anschluß Österreichs bringen. Im Völkerbund sehe er den Schutz der Minderheiten, besonders der deutschen, als eine seiner wichtigsten Aufgaben an.

Die Diskussion dauerte anderthalb Stunden. Zum Abschied sagte mir der Chef der Presseabteilung der Reichsregierung, Zechlin, der Stresemann begleitete: »Das war ein überwältigender Applaus, stark und anhaltend. Ich gestehe Ihnen, mir war nicht wohl vor dieser Rede. Sie war die erste vor einer großen Studentenversammlung. Ich hatte Angst vor dem Scharren der Studenten, vor Zwischenrufen oder womöglich einem lärmendem Gruppenausmarsch. Nichts dergleichen! Dabei sind doch die Korporationsstudenten in der Mehrheit Gefühlsgegner Stresemanns!« Ich entgegnete: »Gerade deswegen hat er sie umgeschmissen.« Dann wollte ich wissen, warum Stresemann denn so aufgeregt vor seinem Vortrag gewesen sei. Zechlins Antwort verblüffte mich: Es sei Lampenfieber gewesen, nichts als Lampenfieber! Es überfalle ihn vor wichtigen Reden immer. Zugleich sei das Lampenfieber für Stresemann sozusagen eine prophylaktische Maßnahme gegen die Gefahr der Routine.

VI.

An der besten Universität des Reiches

Das Studium, das ich suchte

Seit Beginn meines Studiums war mir klar, daß ich die Universität wechseln wollte. Ursprünglich hatte ich die Absicht gehabt, Tübingen bereits nach dem dritten Semester zu verlassen, aber die Befriedigung durch das Studium und meine Teilnahme am universitären Leben hatten mich veranlaßt, noch ein Semester zu bleiben. Doch nun war der Wechsel nicht mehr aufzuschieben, denn mein Vater war mittlerweile pensioniert, und es fiel ihm nicht leicht, das Studium zu finanzieren, obwohl er sehr großzügig gegenüber seinem ihm politisch doch etwas lästigen Sohn war. Ich durfte also den Studienabschluß nicht verzögern. Aber wohin gehen?

Die Wahl war nicht schwer: Sie fiel auf Berlin. Ein Grund dafür war mein immer stärker gewordenes Interesse an Verfassungsfragen. Über ein Thema aus diesem Bereich wollte ich promovieren, und in Berlin lehrte Fritz Hartung, dessen Verfassungsgeschichte mir sehr imponiert hatte. Der andere Grund wog zumindest ebenso schwer, wenn nicht schwerer: Es war mein leidenschaftliches Interesse an der Politik. Ich wollte in der Reichshauptstadt an Ort und Stelle einen unmittelbaren Eindruck von der praktischen Politik gewinnen, wollte wissen, wie Politik – um es drastisch auszudrücken – gemacht wird. Damals war Berlin unbestreitbar der zentrale Ort der deutschen Politik. Reichstag und Reichsregierung, die Parteizentralen und Verbandsführungen, die ausländischen Vertretungen, dazu zahllose Institutionen anderer Art befanden sich hier. Kurz: Wer politisch etwas bewirken, von der Politik profitieren oder auch nur in ihr mitspielen wollte, der mußte in Berlin leben.

Im späten Frühjahr 1927 fuhr ich also nach Berlin. Die Zimmersuche in der großen Stadt, vor der ich ein wenig Furcht gehabt hatte, gestaltete sich ganz unproblematisch. Die ersten Tage wohnte ich bei ein paar Bundesbrüdern. Die drückten mir einfach einen Stadtplan in die Hand und machten mich darauf aufmerksam, daß überall Schilder mit der Aufschrift »Zimmer zu vermieten« hingen. Ich sollte mir eine Gegend heraussuchen, die mir gefiel, irgendein Quartier würde ich dann schon finden. So landete ich schließlich in Schöneberg, am Bayerischen Platz. Das war eine Gegend, die bequem mit der U-Bahn zu erreichen war, viele Grünanlagen und moderne Häuser hatte. Daß ich an eine Vermieterin geriet, die Jüdin war – das Viertel war damals von vielen Juden bewohnt –, verschwieg ich meinem Vater vorsichtshalber. Das Zimmer war relativ billig, aber gepflegt. In der Friedrich-Wilhelm-Universität Unter den Linden holte ich mir das Semesterbuch und suchte mir die Vorlesungen heraus, die ich hören wollte.

An überragenden Professoren übertraf Berlin damals unbestritten alle anderen deutschen Universitäten. Das verdankte sich zum einen der Rolle, die die Stadt als Metropole und Reichshauptstadt spielte, aber auch einer ebenso raffinierten wie rigorosen Personalpolitik zugunsten Berlins, die die preußischen Kultusminister schon in der Monarchie betrieben hatten und nun in der Republik fortsetzten. Wer immer einen Ruf nach Berlin bekam, folgte ihm; tat er es nicht, wurde ihm angedroht – das hat mir der Staatsrechtler Rudolf Smend einmal erzählt –, daß er mit einem weiteren Ruf an eine preußische Universität nicht rechnen könne. Die Leuchte der Geschichtswissenschaft war Friedrich Meinecke, wenn er auch in Kollegenkreisen – was ich schon in Tübingen gehört hatte – umstritten war. Den zumeist un- und antidemokratischen Kollegen war er verdächtig, weil er 1919 Mitbegründer der Demokratischen Partei gewesen war und schon früh auf eine Abdankung Wilhelms II. gedrängt hatte – allerdings in erster Linie, um die Monarchie als Staatsform zu retten. Er selbst nannte sich einen »Gefühlsmonarchisten und Vernunftrepublikaner« und hielt den reinen Parlamentarismus für Deutschland für nicht wünschenswert. Ich muß allerdings gestehen, daß ich Meinecke fast nicht gehört habe. Ich habe mich ganz einfach in seine Vorlesungen nicht hineingetraut, zumal ich mich seinen ideengeschichtlichen Partien nicht gewachsen fühlte. Außerdem stotterte er in einer Weise, an die ich mich erst gewöhnen mußte. Drei, vier Kollegstunden lang war es entsetzlich, dann konnte man sich auf das konzentrieren, was er sagte, und das war vorzüglich.

Andere Sterne erster Größe unter den Historikern waren Marcks, Oncken und Sombart. Sie hielten freilich auch nicht alle, was ihr Ruf versprach. Im Kolleg des berühmten Werner Sombart über Volkswirtschaftslehre habe ich mich rechtschaffen gelangweilt. Entgegen den Ansichten, die er in seinen Büchern vertrat, war er im Auftreten ganz konventionell. Dagegen war Wilhelm Oncken sehr eindrucksvoll, und auch von Erich Marcks, dem Bismarck-Biographen, ging eine starke Faszination aus – allerdings weniger von seinen Vorlesungen als von seinem Seminar. Zwar war es ein Genuß, Marcks im Kolleg in weitgehend freier, klingender und schwingender Rede zu hören, aber in der Sache war es für mich nicht sehr ergiebig. Um so mehr war es das von dreißig bis vierzig Teilnehmern besuchte Seminar, das gleichsam ein Praktikum in historischer Methode darstellte. Dort habe ich viel gelernt, denn Marcks regte durch Beispiele immer wieder dazu an, kritische Fragen zu stellen. Schließlich hörte ich Otto Hoetzsch, eine der interessantesten Gestalten an der Universität, der zugleich Reichs- und preußischer Landtagsabgeordneter war. Er war Ordinarius für Osteuropäische Geschichte, was mich nicht sehr interessierte; ich hörte ihn, weil ich die Außenpolitik nicht ganz vernachlässigen wollte und Hoetzsch aus eigener praktischer Erfahrung sprach. Er gehörte zum gemäßigten Flügel der Deutschnationalen Volkspartei, ohne im geringsten zu versuchen, uns parteipolitisch zu beeinflussen. Pünktlich auf die Minute kam er zu seinen Veranstaltungen und ließ keine Stunde ausfallen, obwohl er auch seinem Mandat nichts schuldig blieb.

Insgesamt herrschte an der Berliner Universität eine ganz andere Atmosphäre als im kleinen Tübingen. Die Professoren umgab die Würde ihres wissenschaftlichen Renommees, der sie auch durch ihre Kleidung Rechnung trugen. Mein Lehrer Hartung betrat das Katheder zum Beispiel stets im Cutaway oder Gehrock, Marcks im Cutaway oder mindestens im dunklen Anzug. Allerdings hatte man gelegentlich auch den Eindruck, daß die Herren ihre alten Anzüge auf diese Weise auftrugen. Auch war das historische Seminar unvergleichlich besser ausgestattet als das in Tübingen, verfügte sogar über einen Pedell, der für Ordnung sorgte und am Ausgang unsere Mappen streng kontrollierte. Die drei Ordinarien hatten immerhin zwei kammerartige, allerdings sehr bescheiden ausgestattete Arbeitszimmer, was aber nicht störte, da die Doktorprüfungen ohnedies in den Wohnungen der Professoren stattfanden; des weiteren hatten sie einen gemeinsamen Assistenten, der im wesentlichen mit der Bibliothek beschäftigt war. Wie in Tübingen konnte man nicht erwarten, von ihm Anleitung oder auch nur Hinweise zu erhalten. Man war als Student völlig auf sich selbst gestellt. Doch lernte man gerade durch diese Selbständigkeit sehr viel.

Dafür war es leichter als heute, in engeren Kontakt mit den Professoren zu kommen, zu denen man sich wissenschaftlich hingezogen fühlte oder bei denen man promovieren wollte. Für mich wurde Fritz Hartung der entscheidende Lehrer. Bei ihm fand ich die Art des Studiums, die ich gesucht hatte – und zwar in einem Ausmaß, wie ich es kaum für möglich gehalten hatte. Hinzu kam, daß er mit mir auch persönliche Gespräche über die Politik der nahen Vergangenheit und der Gegenwart führte. Daß sich rasch ein vertrauensvolles Verhältnis zu ihm herstellte, hatte freilich auch damit zu tun, daß Hartung, der vor seiner Berufung nach Berlin Professor in Kiel gewesen war, die Witwe eines gefallenen U-Boot-Offiziers geheiratet hatte, der zu den Schülern meines Vaters gehört hatte. Ich kannte seine Frau aus dem gesellschaftlichen Umgang und hatte ihre zwei Kinder gelegentlich bei Veranstaltungen auf den Schultern getragen. Hartung wußte also sofort Bescheid, als ich mich ihm vorstellte, und nahm mich äußerst freundlich auf. In diesen Jahren bin ich oft bei ihm eingeladen gewesen, wir haben zusammen manchen Spaziergang gemacht oder sind ins Café Bauer Unter den Linden gegangen, und bis zu Hartungs Tode im Jahre 1967 blieben wir in freundschaftlicher Verbindung

Hartung, damals sechsundvierzig Jahre alt, gehörte nicht zu den ganz großen Koryphäen der deutschen Geschichtswissenschaft, aber er war unter den damaligen Verfassungshistorikern der führende Mann. Das zeigte sich auch in seiner Wirkung in der Öffentlichkeit: So saßen in seiner Vorlesung auch Attachés und regelmäßig Offiziere der Reichswehr, die im Rahmen ihrer Generalstabsausbildung bei ihm hörten. Er war ein gemäßigter Konservativer und überzeugter Monarchist, ohne daß diese Einstellung seine nüchterne historische Sicht beeinträchtigt oder ihn dazu veranlaßt hätte, das Katheder politisch zu mißbrauchen. In seinem preußischen Pflichtbewußtsein unterschied er streng zwischen *ex cathedra* und *ex confessione*, also zwischen den Äußerungen, die er in Ausübung seines Amtes machte, und jenen, denen er aus Überzeugung anhing.

Meine Nähe zu Hartung verschaffte mir auch einen nachhaltigen Eindruck von der gebrochenen Bewußtseinslage, in der sich Konservative, die noch ganz in der Gedankenwelt des Kaiserreichs aufgewachsen waren, in der Republik befanden. Ich glaube sogar, daß er durch seine Gespräche mit mir mein Verständnis für diese Haltung wecken wollte. So las er mir einmal aus einem Brief vor, den er im November 1918, also noch ganz unter dem Eindruck der Revolution, an seinen Lehrer geschrieben hatte. Darin bekannte er, wie sehr es seinem Gefühl widerstrebe, »daß ich, der ich so viel Sympathie mit dem Staate Friedrichs des Grossen und Bismarcks gehabt habe, nun auf einmal Republikaner werden soll, aber ich weiss mir keinen anderen Ausweg, denn die Zukunft des ganzen Volkes muss höher stehen als die Frage der Staatsform«. Vernunftrepublikaner wie Meinecke wollte er jedoch partout nicht sein; er hegte gegenüber seinem berühmten Kollegen, in dessen Schatten er in der universitären Wirkung stand, deshalb auch starke Skepsis. Die »Weimarer Resolution« republikanisch gesinnter Professoren aus dem Jahre 1926 unterschrieb er wegen ihrer »vorbehaltlosen Anerkennung der republikanisch-demokratischen Staatsform« nicht, wie er dem gleichen Kollegen mitteilte. Doch er bekannte zugleich, daß er keine Möglichkeit sehe, »die Monarchie ohne Sprengung der deutschen Einheit wiederherzustellen, und diesen Preis ist mir die Monarchie mit ihrem derzeitigen Vertreter nicht wert«.

Hartung vertrat einen Verfassungsbegriff, der bewußt über die »alleinige juristische Behandlungsweise« hinausging. Verfassung bedeutete für ihn »die Gesamtheit der den Bau eines Staatskörpers ausmachenden und sein Leben ermöglichenden Kräfte und die Ordnung ihres gegenwärtigen Verhältnisses«. Das war für die damalige, noch stark rechtspositivistisch geprägte Sichtweise ganz schön modern. Dementsprechend legte er Wert auf den politischen Hintergrund, auf die Fragen der Verfassungswirklichkeit und ihren Wandel, behandelte auch die Geschichte der Verwaltung und ihres Funktionierens wie die personalhistorische und sozialgeschichtliche Dimension des Beamtentums. Besonders interessierte mich seine Vorlesung über die Parteiengeschichte, denn damals gab es über die deutschen Parteien so gut wie keine Literatur. Unter den etwa zwanzig Teilnehmern seines Seminars fanden sich deshalb – was mir nach meinen Tübinger Erfahrungen ganz ungewohnt war – eine Reihe ausgesprochen politisch interessierter oder sogar engagierter Kommilitonen, quer durch das parteipolitische Spektrum: gemäßigte Deutschnationale, Linksliberale, Zentrums-Sympathisanten, aber auch ein Sozialdemokrat und sogar ein Kommunist. Wenn der Sozialdemokrat, ein arroganter Intellektueller, Parteireden zu halten begann – was er gern tat –, dämpfte ihn Hartung, indem er ihn darauf hinwies, daß er sich nicht in einer Versammlung seiner Partei befinde. Der Kommunist schwieg meist, offenbarte mir aber im persönlichen Gespräch seinen Gegensatz zu den Sowjets wie überhaupt seine Schwierigkeiten mit der Parteilinie, in der er einen Verrat am echten Marxismus sah. Es war eine engagierte, rational geführte Debatte, die aber in zwangloser Atmosphäre stattfand. Denn Hartung war ein begabter Pädagoge, ohne jedoch irgendeinen Ehrgeiz in dieser Richtung zu demonstrieren. Einmal kündigte er im Semester ganz beiläufig an, er sitze an einem bestimmten Abend in einem Bierrestaurant. Ungefähr zehn oder zwölf von uns trafen ihn dann dort und setzten das anregende Gespräch bis tief in die Nacht fort.

Schon am Ende meines ersten Berliner Semesters bat ich Hartung um ein Gespräch wegen eines Themas für meine Dissertation. Es fand, auch dies denkbar wenig förmlich, auf einem Spaziergang statt, der durch das Brandenburger Tor und den Tiergarten bis zu dem Etablissement in der Krolloper führte, wo wir dann Kaffee tranken. Hartung erwies sich als ganz unprätentiös. Er sei, so sagte er mir, nicht das Haupt einer Schule, wolle es auch nicht sein, und führe deshalb keinen Katalog von Themen, an deren Bearbeitung ihm besonders gelegen sei. Ich solle ihm Vorschläge machen, aber vor allem aufpassen, daß das Thema nicht direkt oder indirekt schon besetzt sei. Da mich die Nach-Bismarck-Zeit, vor allem die Bülow-Ära interessierte, in der es den Versuch einer Gesetzgebungskoalition von konservativen und liberalen Parteien gegen Zentrum und Sozialdemokratie, den sogenannten Bülow-Block, gegeben hatte, schlug ich ein Thema zu diesem Zeitraum vor. Eine Dissertation über Bülow und die Konservativen, wendete Hartung ein, sei gerade bei ihm gemacht worden. Daraufhin erwähnte ich mein Interesse an Bassermann, dem Vorsitzenden der Nationalliberalen, der dabei eine wichtige Rolle als Vermittler zwischen Konservativen und Liberalen gespielt hatte. Der war nicht so streng konservativ und galt damals als bedeutender Mann. Hartung hatte nichts einzuwenden, zuckte nur bedauernd die Schulter: Er fürchte, da würde ich kaum Material finden.

Noch am gleichen Tag folgte ich einer spontanen Eingebung und schrieb an Stresemann. Der damalige Außenminister war im Krieg Bassermanns Nachfolger als Parteivorsitzender geworden. Er mochte mich vielleicht ein wenig von seinem Besuch in Tübingen her kennen, wenngleich ich mich darauf nicht berief. Statt dessen gab ich etwas an, ja log sogar ein bißchen: Ich hätte vom Dekan den Auftrag bekommen, eine Doktorarbeit über Bassermann zu schreiben – ob er mir helfen könne, an Material zu kommen. Postwendend erhielt ich einen Brief seines Privatsekretärs Bernhard: Der Herr Reichsminister erwarte mich am Dienstag um fünf Uhr.

Stresemann zeigte sich von meinem Plan erstaunlich angetan. Das hing nicht nur damit zusammen, daß das Thema seine eigene Partei betraf: Es stellte sich heraus, daß er Bassermann in einem Maße verehrte, von dem ich bisher nichts gewußt hatte. Er werde der Witwe Bassermanns schreiben, versicherte er mir, sie lebe noch immer in Mannheim und habe seine Papiere. Dann folgte ein Vorschlag dem anderen. Ich solle doch Spickernagel aufsuchen, der eine Biographie über Bülow geschrieben hatte, auch müsse ich mit Eugen Schiffer, dem langjährigen Landtagsabgeordneten und Minister, sprechen und möglichst viele der Zeitgenossen – Abgeordnete, Beamte und Journalisten – befragen. Viele von ihnen lebten noch und seien politisch tätig. Ich könne mich auf ihn berufen und solle, wenn ich Schwierigkeiten hätte, Herrn Bernhard anrufen. Für die Unterredung hatte sich Stresemann vierzig Minuten Zeit genommen. Zweimal war Bernhard hereingekommen, um anzumahnen, daß der nächste Besucher warte.

Jetzt hatte ich also Stresemann hinter mir. Mit seinem Namen öffneten sich mir alle Türen. Ich schrieb der Witwe Bassermanns, die mir sehr freundlich antwortete. Wenig später, schon im September, saß ich ihr in Mannheim in der prächtigen Villa gegenüber, die sich Bassermann in den achtziger Jahren gegenüber dem Kurfürstlichen Schloß gebaut hatte. Auch Stresemann hatte ihr übrigens, wie versprochen, geschrieben. Später ist mir sein Brief in die Hände gefallen. Stresemann hatte mich nicht nur als Studenten empfohlen, sondern – was mich im nachhinein noch mit Stolz erfüllte – als einen sehr interessierten jungen Mann, mit dem man sich politisch gut unterhalten könne.

Im oberen Stockwerk der Villa befand sich ein großes Zimmer mit Stuhl und einem kleinen Tisch, vollbepackt mit Kartons, die neben- und übereinander lagen. Jeden Sonnabend hatte der Reichstagsabgeordnete Ernst Bassermann aus Berlin einen Koffer mit Unterlagen, Briefen, Notizen und Akten und von ihm selbst verfaßten Zeitungsaufsätzen mit nach Hause gebracht. Die Hausdame hatte sie in Couverts und diese jeden Monat in große Kartons gesteckt. Das war Bassermanns politisches Archiv, das allein für die Zeit vom Dezember 1906 bis zum Sommer 1909, die für meine Arbeit interessant war, mehr als zweihundert solcher Couverts enthielt. Dieses Material mußte ich nun sortieren, da es ungeordnet in die Kartons geworfen worden war – ein mühseliges Geschäft, ebenso wie seine Sichtung und Auswertung. Da es Photokopien damals ja noch nicht gab, mußte ich mir mit Notizen und Abschriften behelfen.

Doch diese Bassermannsche Unordnung hatte auch ihre Vorzüge, denn sogar die Unterlagen diskreter Natur waren nicht entfernt worden. Eines Tages fand ich ein Telegramm des Reichskanzlers mit der Anschrift »Herrn Ernst Bassermann bei Frau Helene S., Kassel«. Ich war so naiv, Frau Bassermann nach der Adressatin zu fragen. Sie antwortete ohne Verlegenheit, leichthin und souverän: »Ach, wissen Sie, das war die Frau, die meinem Mann nach mir am nächsten stand.«

Die ganze Familie Bassermann erwies sich als äußerst entgegenkommend. Wertvolle Hilfe leistete mir beispielsweise Bassermanns älteste Tochter, Elisabeth von Roon, die Witwe des Enkels des berühmten Generalfeldmarschalls, eine gutaussehende Frau mit einem leisen männlichen Akzent in der Stimme, die durch die Schlichtheit ihrer Eleganz auffiel. Sie hatte ihren Vater oft nach Berlin begleitet und war in der Gesellschaft sehr beliebt. Klug, gebildet, politisch leidenschaftlich interessiert, aber auch beschlagen, half sie mir nicht nur bei der Entzifferung von handgeschriebenen Briefen und Unterschriften, sondern klärte mich über Zusammenhänge auf, die ich auf mich gestellt nicht zu erkennen vermocht hätte. Vor allem habe ich von ihr viel über die parlamentarische Tätigkeit ihres Vaters erfahren. Beachtliches wußte sie auch dank ihrer Einladungen beim Fürsten Bülow, bei den Staatssekretären des Reiches, bei preußischen Ministern und Abgeordneten sowie bei Diplomaten zu erzählen.

Der Aufenthalt im Bassermannschen Haus hatte sich also gelohnt. Ich hatte sehr viel mehr Material als erwartet gefunden und fuhr mit einem Koffer voller Dokumente zurück nach Berlin. Frau Bassermann hatte mir die Kurzbriefe ihres Mannes, die er ihr ein- oder zweimal in der Woche mit einem Bericht über die Berliner Tätigkeit geschrieben hatte, ohne jede Einschränkung zur Verfügung gestellt. Ein langes gründliches Gespräch hatte die achtzigjährige Frau Ladenburg, Bassermanns Schwiegermutter, mit mir geführt. Mehrfach besucht hatte ich seinen Sozius, Rechtsanwalt Lindeck, der ihm dazu verholfen hatte, daß er für längere Zeit abkömmlich war. Für Bassermann war das Reichstagsmandat keine Nebentätigkeit, sondern Lebensberuf. Trotz beachtlicher Honorare und Tantiemen als Anwalt und Aufsichtsratsmitglied ließ er sich in der Politik von seinen Klienten nicht hineinreden. Die wirtschaftliche Unabhängigkeit war für ihn Voraussetzung seiner politischen Aktivität. Er machte keinen Hehl daraus, daß die Politik ein Vorrecht der Vermögenden sei, denn nur sie seien wirklich unabhängig.

In Mannheim hatte ich mir mit Hilfe meiner Kartei eine Art Gerüst geschaffen, um Fragen an Zeitgenossen stellen zu können. Damals lernte ich, daß auf allgemeine Fragen allgemeine, also unergiebige Antworten kommen. Man durfte zum Beispiel nicht fragen: »Was halten Sie von Bassermann?« Man mußte exakt fragen: »Gab es bei der Finanzreform keine andere Besitzsteuer als die Nachlaßsteuer? Ist es richtig, daß Bassermann, langjähriger Fraktionsvorsitzender, mit dem Kaiser nicht ein Wort hat wechseln können?« Andererseits bot auch eine Plauderei Aussichten auf eine interessante Information. Zumeist begann ich die Unterhaltung deshalb im Plauderton und erwähnte beiläufig ein paar Details, um zu zeigen, daß ich Bescheid wußte. Jedem Gesprächspartner gab ich die Zusicherung, ihn nur mit seiner ausdrücklichen Genehmigung zu zitieren. Die Folge war, daß ich später in meiner Promotion meist Angaben ohne Namensnennung im Text machte. Übrigens kam es auch vor, daß ich einen der Befragten später auf irgendeiner Gesellschaft wiedertraf, der dann von sich aus das Gespräch ergänzte.

Natürlich mußte ich auch die Empfindlichkeiten meines jeweiligen Gegenübers berücksichtigen. Eugen Schiffer beispielsweise, Rechtsanwalt, Staatssekretär des Reichsjustizamtes im Kaiserreich und Reichsjustizminister in der Republik, 1918 von den Nationalliberalen zur Demokratischen Partei übergetreten, war der Rivale Stresemanns, der Bassermann politisch und persönlich am nächsten stand. Nach dieser Rivalität konnte ich ihn unmöglich fragen. Ich kam daher auf seinen Gegensatz zu Bassermann in der Frage der »Parlamentarisierung« zu sprechen. Er antwortete nicht nur ausgiebig, sondern gab die

Skepsis preis, zu der ihn seine Erfahrungen mit der Praxis der Republik gebracht hatten. Joseph Wirth, Zentrumspolitiker zunächst im badischen Landtag, 1920/21 Reichsfinanzminister als Nachfolger Erzbergers, dann bis 1922 Reichskanzler, war der einzige für mich erreichbare badische Reichstagsabgeordnete, der Bassermann noch gekannt hatte. Er lud mich zum Mittagessen im Hotel Fürstenhof am Potsdamer Platz ein. Ich brauchte nicht viel zu fragen, denn sofort eröffnete er eine Attacke auf Bassermann, sprach eingehend über das schlechte Verhältnis zwischen diesem und Erzberger, dem Zentrumsabgeordneten, der später Reichsfinanzminister wurde. Bassermann sei ein scharfer Gegner der Sozialdemokratie gewesen, die er gern »Umsturzpartei« genannt habe. Aber es hätten gute persönliche Beziehungen zwischen ihm und dem Mannheimer SPD-Abgeordneten Franck bestanden, der im Krieg gefallen war. In den ungefähr zwei Stunden, die wir zusammensaßen, trank Wirth eine ganze Flasche Mosel und wollte nicht verstehen, daß ich mich wohlweislich daran nicht beteiligte.

Ein weiterer Gesprächspartner war Theodor Wolff, seit 1906 Chefredakteur des »Berliner Tageblatts«, der bedeutendsten liberal-demokratischen Tageszeitung neben der »Frankfurter« und der »Vossischen Zeitung«. Unter den Redaktionschefs, den Journalisten überhaupt, galt Wolff als einer der ganz wenigen Großen seines Berufsstandes. Seine mit T.W. gezeichneten Leitartikel montags auf der ersten Seite wurden mit Spannung erwartet, und viele kauften die Montagausgabe nur wegen dieses Artikels. 1918 war er Mitbegründer der Deutschen Demokratischen Partei gewesen und einer von denen, die Stresemann wegen dessen Kriegszielpolitik als »Anhänger Ludendorffs« die Aufnahme verweigert hatten. Daraufhin hatte dieser die Deutsche Volkspartei gegründet. Jetzt bewunderte der äußerst kritische T.W. ihn: Er sei seit Bismarck der einzige wirklich befähigte Außenminister, dazu ein großer Parlamentarier, einer der wenigen, die das Wesen des Koalitionsparlamentarismus nicht nur erfaßt, sondern auch mit erstaunlichem Erfolg zu nutzen vermocht hätten. Der Bülow-Block schien Wolff nach nahezu zwanzig Jahren nicht mehr zu interessieren, mit Ausnahme der Daily-Telegraph-Affäre. Damals wäre die Abdankung des Kaisers zwar sinnvoll gewesen, erklärte er, aber im Grunde paßte ein schneidiger Kaiser dem damaligen Publikum. Die Massen bis weit in den Mittelstand hinein hätten den Unsinn des Interviews überhaupt nicht verstanden.

Dann kam Wolff auf die »unselige Flottenpolitik« zu sprechen. Auch ein Kaiser dürfe Liebhabereien frönen, einer Schmetterlingssammlung oder Orchideenzucht etwa, aber die ungeheuer kostspielige und außenpolitisch gefährliche Flotte sei kein Spielzeug. Plötzlich fiel der Name Generaloberst von Seeckts, der bis 1926 Chef der Heeresleitung gewesen war, und Wolff zitierte zustimmend, was Seeckt am Vorabend in seinem Haus bei Tisch geäußert hatte. Mir blieb die Spucke weg, derart überrascht war ich, daß die beiden politisch so anders gearteten Männer ganz unbefangen privaten Umgang miteinander hatten. Aber so war das Milieu in der Reichshauptstadt. Theodor Wolff gehörte zu den Spitzen der Gesellschaft und führte ein großes Haus. Weshalb sollten er und Seeckt nicht gesellschaftlich miteinander verkehren? Die ganze Zeit sprach Wolff mit einer brennenden Zigarette im linken Mundwinkel, einer Gauloise. Hin und wieder tropfte es von seinen Lippen.

Wolff hatte mir geraten, auch Maximilian Harden zu besuchen. Der habe sich in seiner Zeitschrift leidenschaftlich mit der Daily-Telegraph-Affäre beschäftigt. Doch der Zugang zu Harden war nicht leicht. Von Natur aus ängstlich, war er nach einem Attentatsversuch von Rechtsradikalen im Jahre 1922 noch furchtsamer geworden. Sein Haus im Grunewald war eine kleine verwunschene Villa, abgesichert zur Straße durch eine hohe Hecke, hinter Bäumen und Sträuchern versteckt. Der Sechsundsechzigjährige war eine kleine, schwächliche Erscheinung. In seinem Arbeitszimmer mußte man sich an zahlreichen Säulen von aufeinandergestapelten Büchern vorbeischlängeln. Harden gab seit 1882 eine Wochenschrift, »Die Zukunft«, mit vorwiegend politischen und literarischen Essays heraus. Er war zugleich Verleger, Chefredakteur und eifrigster Mitarbeiter, schrieb aber oft unter einem Pseudonym. Der Historiker Thomas Nipperdey hat ihn den »Augstein dieser Jahre« genannt und den »Spiegel« mit der »Zukunft« verglichen. Der Vergleich klingt bestechend, ist aber nicht geglückt. Nur die Lust am Enthüllen begründet eine entfernte Ähnlichkeit. Harden schlug nicht mit schweren Säbeln, sondern focht mit Florett und verspritzte noch lieber Gift. Er präsentierte sich gern als hochgelehrt, was ihm nicht immer gelang; mit Wonne trug er altgriechische und altsyrische Zitate vor sowie solche aus biblischer Zeit, die allenfalls Archäologen und Theologen kannten. Offenbar wollte er damit seine Seriosität und ungewöhnliche Bildung beweisen, an denen er im stillen wohl selber zweifelte. Ziel seiner Angriffe waren nicht selten angesehene Männer der Gesellschaft; dem Fürsten Philipp Eulenburg, einem engen Freund des Kaisers, dem General Kuno von Moltke, Stadtkommandant von Berlin, und Alfred Krupp warf er Homosexualität vor, die damals ohne Einschränkung strafbar war. Das führte zu Skandalprozessen und im Falle Eulenburgs zu einem Meineidprozeß. Harden kämpfte für den gestürzten Bismarck und gegen Wilhelm II. und den Reichskanzler, Graf von Caprivi, die er verachtete. Im Laufe des Gesprächs erzählte er mir, der Kaiser habe 1894 Bismarck nach dessen schwerer Krankheit durch General Kuno von Moltke eine Flasche edelsten Moselweins überbringen lassen. Ausgerechnet diesen Wein habe Bismarck mit ihm in Friedrichsruh getrunken. Im Oktober 1927, kurz nach meinem Besuch, ist Harden gestorben.

Mit Stresemann in Bühlerhöhe

Im Herbst 1927 begann ich mit der Niederschrift der Dissertation, im Frühsommer 1928 war sie abgeschlossen. Stresemann hatte mich gebeten, sie ihm zu schicken. Das tat ich nun, und wenige Tage später lud er mich ins Kurhaus Bühlerhöhe bei Baden-Baden ein. Dort hielt er sich zur Behandlung seiner Nierenschrumpfung auf. Ein Mercedes mit Chauffeur holte mich vom Bahnhof ab. Den Wagen hatte er als »Leihwagen« erhalten. Das war damals noch nicht anrüchig, im Gegenteil war Daimler dankbar für die Gelegenheit, mit dem Außenminister Werbung machen zu können: Stresemann wurde vor dem und im Wagen photographiert, und die Bilder erschienen in Illustrierten und Wochenschauen; es war eine billigere und wirksamere Reklame, als Inserate es gewesen wären. Der Arzt hatte Stresemann für die Gespräche mit mir täglich drei Stunden zugestanden. »An sich bringt ihm das Gespräch Spaß«, sagte der Arzt zu mir, »und es lenkt ihn ab von der Tagespolitik, die ihn sehr aufgeregt hat. Wenn sich Erschöpfung zeigt, reden Sie möglichst nicht mehr. Sie sollten ihm dann auch keine Fragen mehr stellen. Strengt es ihn zu sehr an, wird er es schon selber sagen.« Ab zehn Uhr saßen wir auf dem Balkon, er, halb liegend, eingehüllt in Decken, nur die Arme frei, mit einem feuchten Umschlag auf dem Kopf. Meine Arbeit hatte er Seite für Seite intensiv durchgelesen. Ich konnte Unterstreichungen, Frage-, Ausrufezeichen und Anmerkungen am Rand erkennen.

Ich blieb etwa eine Woche in Bühlerhöhe. Anfangs behandelte mich Stresemann eher wie einen Attaché, aber schon nach kurzer Zeit wurde ich regelmäßig gebeten, am Essen teilzunehmen, und oft verbrachte ich auch die Abende bei ihm. Was meine Arbeit betraf, so ging er ziemlich scharf mit mir ins Gericht. Ich habe von vielen seiner Einwände und Anmerkungen profitiert und auch manches geändert und ergänzt. Im ganzen aber bin ich, wenn ich jetzt zurückblicke, standhaft geblieben. Stresemann verargte mir das nicht, vielleicht imponierte – oder amüsierte – ihm auch die Entschiedenheit, mit der ich an meinen Urteilen festhielt. Er bestand auch nicht darauf, die Arbeit später noch einmal zu sehen. Aber gegen Ende meines Aufenthalts sagte er plötzlich zu mir: »Herr Eschenburg, das Vorwort schreibe ich und schicke es Ihnen in den nächsten Tagen.« Er fragte mich gar nicht, sondern stellte es einfach fest. Das war ganz ungewöhnlich, und ich fühlte mich, als hätte ich den Ritterschlag erhalten.

In diesen stundenlangen Gesprächen haben wir selbstverständlich nicht nur über meine Arbeit gesprochen. Ich erfuhr vieles über die vergangene und gegenwärtige Politik, über Personen und Vorgänge und über die Probleme, mit denen Stresemann sich auseinandersetzen mußte. Immer wieder kam er auf Bülow zu sprechen, mit dem ich in meiner Arbeit sehr kritisch umgegangen war. Stresemann hatte ihn als Reichskanzler bewundert, ja verehrt und seitdem sein Urteil nicht geändert. Wer von den Kanzlern nach Bismarck, so fragte er, sei Bülow denn überlegen gewesen? Er bestätigte mir auch, daß er und führende Politiker sich im Sommer 1917 mit der Obersten Heeresleitung darüber einig gewesen waren, Bülow als Reichskanzler vorzuschlagen. Hinter diesem Reichskanzler hätten dann die mächtige Oberste Heeresleitung und die Reichstagsmehrheit gestanden, was für die letzte Phase des Krieges von großem Vorteil gewesen wäre. Im übrigen sei er, Stresemann, sich bald im klaren darüber gewesen, daß der Krieg unausweichlich zur Demokratisierung habe führen müssen. Er persönlich habe dabei zum englischen Modell tendiert, weil es mehr Gewähr für die Wahl einer befähigten politischen Führung geboten hätte, die dann in der Lage gewesen wäre, die Kriegsbereitschaft im Volk aufrechtzuerhalten.

Die Frage der Führung in der Demokratie beschäftigte Stresemann überhaupt nachhaltig, und immer wieder kam er in unseren Gesprächen auf sie zurück. Man muß sich dabei daran erinnern, daß er beständig in Spannung zu seiner eigenen Partei, der Deutschen Volkspartei, stand und seine Politik oft gegen sie durchsetzen mußte. Aus dem Gedächtnis gab er eine Erklärung wieder, die er 1920 im Zentralvorstand seiner Partei abgegeben hatte, zu einem Zeitpunkt, als man noch in der Opposition stand. Sinngemäß hatte er gesagt: »Wenn Sie jemand an die Spitze einer Partei stellen, dann dürfen Sie ihn nicht in den entscheidenden Momenten taktisch nach allen Seiten einengen wollen, dann müssen Sie auch ertragen, daß dieser Mann, wenn er eine Persönlichkeit ist, seine Persönlichkeit durchsetzt, um seine Ideen durchzubringen.« Ein Jahr später hatte Stresemann in seiner Zeitschrift »Deutsche Stimme« geschrieben: »Geht die (Führung) nach Meinung des Parteitags oder Zentralvorstands einen falschen Weg, so ist es das volle Recht dieser Instanzen, sich eine liberale Partei zu nennen und in entscheidenden Momenten durch einen demokratischen Mehrheitswillen entscheiden zu wollen, wohin die Führung zu gehen hat.« Das gleiche gelte, so fügte er nun hinzu, für Fraktionsmitglieder, die führende Positionen in der Reichspolitik einnähmen. Ich verwies auf Alfred Webers Wort von der »Führungsdemokratie«. »Ich kann den Kerl nicht leiden«, sagte Stresemann, »aber hier hat er recht.«

Sein Interesse an diesem Thema war gerade 1928 zusätzlich angefacht worden durch den im Februar erfolgten Zerfall der Koalition von Deutschnationalen, Deutscher Volkspartei und Zentrum. Der von Reichspräsident Hindenburg mit der Regierungsbildung beauftragte SPD-Fraktionsvorsitzende Hermann Müller hatte ihn gebeten, als Fachminister einer Koalition von SPD, Demokraten und Zentrum zur Verfügung zu stehen. Das lehnte Stresemann ab, schlug im Gegenzug telegraphisch jedoch eine Große Koalition von Persönlichkeiten aus den Fraktionen vor, die den Fraktionen aber nicht verantwortlich sein sollten. Das entspreche auch dem Geist der Reichsverfassung, die die persönliche Verantwortung der Reichsminister, nicht aber die der Fraktionen kenne. Das Telegramm übergab er sofort der Presse. Dieser »Schuß von Bühlerhöhe«, wie er genannt wurde, verärgerte seine Fraktion, die ihm eine öffentliche Rüge erteilte. Das wiederum erboste Stresemann, weil es ihn, wie er schrieb, zur »lächerlichen Figur« mache. Offenbar wolle die Fraktion darüber entscheiden, ob er einen Ministerposten annehme oder ablehne. Er aber denke gar nicht daran, so hieß es weiter, »mich einer derartigen Fraktionstyrannei zu unterwerfen«. Er werde »den Kampf gegen diese Unklarheit weiterführen und gern ausscheiden, wenn dies die Absicht der Fraktion ist«. Die Fraktion mußte nachgeben.

Die Reichstagswahl, die nach dem Ende der Koalition im Mai stattgefunden hatte, also erst kurz zurücklag, veranlaßte Stresemann – der ja Vorsitzender des Zentralausschusses seiner Partei war –, auch mit mir über die praktischen Seiten der Politik zu sprechen. Die finanziellen Aufwendungen einer Partei stiegen, so klagte er, von Wahl zu Wahl. Vergleichsweise günstig stehe die SPD mit ihrer traditionell hohen Beitragsdisziplin da, abgesichert durch die vierzehntägigen Zahlabende, die als Pflichtveranstaltung gälten. Außerdem zahlten die Gewerkschaften und deren Bank, und die SPD-Zeitungen mit eigenen Druckereien lieferten kostenlos Flugblätter und Plakate. Das Zentrum habe den Vorzug der katholischen Laienorganisationen und der Zeitungen in den überwiegend katholischen Gebieten, die durchweg als Zentrumsorgane wirkten. Dagegen seien die beiden liberalen Parteien, Demokraten und Volkspartei, arme Schlucker. Zwar sei der Apparat seiner Partei mit ihren Geschäftsstellen fest in seiner Hand; schließlich habe er ihn 1919 aufgebaut. Aber um Spenden müsse er regelrecht betteln gehen, und zwar persönlich. Er erwähnte einen Besuch bei Carl Bosch, dem Chef der IG Farben, des großen

Chemiekonzerns. Der habe – vor den Maiwahlen – so weitgehende handels-, steuer- und sozialpolitische Forderungen gestellt, daß Stresemann verärgert geantwortet habe: »Herr Bosch, wir könnten auch die Konzerne sozialisieren.« Darauf habe Bosch sogleich eingelenkt. Stresemann war der Meinung, daß der Staat einen beachtlichen Teil der Kosten der Parteien tragen müsse. Nur dann könnten die Parteien von den Interessenverbänden unabhängig werden.

Irgendwann einmal fiel in diesen Gesprächen auch der Name Adenauers. Er war für Stresemann alles andere als ein unbeschriebenes Blatt. Er kannte ihn vor allem aus den kritischen Tagen der Währungsreform 1923: schlau, rheinisch-höflich, aber rücksichtslos, ein überaus gewiefter Verhandlungspartner. Die Oberbürgermeister in den großen Städten im Rheinland und in Westfalen – er nannte noch Jarres, den Oberbürgermeister von Duisburg, und Luther, dessen früheren Amtskollegen in Essen – hielt Stresemann nächst den Großindustriellen für die »Könige der Gegenwart«, aber Adenauer sei der bedeutendste unter ihnen. Ich merkte bald, daß Stresemann auf ihn nicht gut zu sprechen war. Das hing mit den Verhandlungen über eine Große Koalition 1926 zusammen, für die das Zentrum Adenauer als Kanzler vorgeschlagen hatte. Ich erfuhr, daß diese Gegensätze nicht nur an den unüberbrückbaren Meinungsverschiedenheiten von SPD und Volkspartei gescheitert waren, sondern auch an den erkennbar gewordenen Vorbehalten Adenauers gegen Stresemanns außenpolitischen Kurs. Dabei spielten zum einen sachliche Einwände eine Rolle, über die Stresemann sich nicht deutlich äußerte, zum anderen ging es um die Richtlinienkompetenz, über die der Kanzler verfügte. Hier wurde ein besonderes Problem Stresemanns erkennbar: Da er immer nur eine kleine, ihm oft widerstrebende Partei hinter sich hatte, fürchtete er einen Kanzler, der die Richtlinienkompetenz aktiv wahrnahm. Sie sei, so Stresemann, eine überlegt erdachte Einrichtung, aber im »Koalitionsparlamentarismus« eine zweischneidige Sache. Bei der äußerst heiklen Aufgabe der Revisionspolitik mit dem angestrebten stufenweisen Abbau des Versailler Vertrags müsse der jeweilige Reichskanzler mit seiner Politik übereinstimmen, seine, Stresemanns, außenpolitischen »Richtlinien« sozusagen zu den seinen machen.

Stresemann ist mir gegenüber übrigens später, im Mai 1929, noch einmal auf Adenauer zu sprechen gekommen. Er bezog sich dabei auf die Zeit der Rheinlandbesetzung, als Adenauer erwogen hatte, das Rheinland von Preußen, wenn auch nicht vom Reich zu trennen und sogar eine selbständige Währung einzuführen. Damals, 1923, war Stresemann mit einigen Ministern nach Hagen gefahren, um dort Adenauer und einige der Oberbürgermeister zu treffen. Als Stresemann sah, daß der Präsident der Handelskammer Köln, Louis Hagen, schon Geldscheine der neuen rheinischen Währung in der Hand trug, verbat er sich entschieden und unter Aufbietung seiner letzten Kräfte auch nur die Erörterung eines solchen Plans, von dem dann auch nicht mehr die Rede war. Aber Stresemann brach infolge der psychischen und physischen Anstrengung zusammen und mußte aus der Besprechung herausgetragen werden. Das belegte mir die ungeheure Intensität seiner politischen Aktivität als Kanzler und Minister. Politik ging ihm wortwörtlich »an die Nieren«.

Ich erfuhr auch manches Interessante über Hindenburg, der 1925 zum Reichspräsidenten gewählt worden war. Stresemann hatte Hindenburg nach dessen Amtsantritt Vorträge über die Verhandlungen mit Frankreich und über den Eintritt Deutschlands in den Völkerbund halten müssen. Der Siebzigjährige, unbewandert in den heiklen Fragen der Außenpolitik, habe aufmerksam zugehört, eine schnelle Auffassungsgabe bewiesen und gut aufgepaßt. Er habe auch kritische, wenngleich naive Fragen gestellt und genau auf die Antworten geachtet. Das zur Diskussion stehende Problem, so berichtete Stresemann, habe man dem Präsidenten mit einfachen, leicht verständlichen Worte langsam und deutlich vortragen müssen. Wenn er eine Sache nicht verstanden oder gar den Verdacht gehabt hätte, man verschweige ihm etwas, konnte er sehr ungehalten werden. Einen gesunden Menschenverstand könne man Hindenburg jedenfalls nicht absprechen. Sein Gedächtnis sei erstaunlich; verwickele man sich in Widersprüche, könne er einen auch durch peinliche Fragen in Verlegenheit bringen, und er reagiere zornig auf den Verdacht, man könne ihn zu überlisten versuchen. Ich hatte den Eindruck, daß Stresemann großen Respekt vor Hindenburg hatte, der vielleicht sogar mit ein wenig Furcht durchsetzt war. Er präparierte sich deshalb stundenlang für die Sitzungen bei Hindenburg, überlegte, welche Fragen dieser stellen könne und legte sich die Antworten im voraus zurecht. Dabei ging es zum einen darum, Hindenburg auf die Linie seiner Außenpolitik zu bringen. Zum anderen sollte er durch hinreichende Kenntnis der außenpolitischen Problemlage in die Lage versetzt werden, den Einflüssen der Camarilla einiger hoher Beamter, der alten Generale und Rittergutsbesitzer, Widerstand zu leisten. Man mußte verhindern, daß er sich vor ihnen genierte, denn sobald sie das merkten, stießen sie – natürlich bei strikter Einhaltung des überkommenen höfischen Rituals – nach.

Daß der Reichspräsident zuweilen auch sehr hartnäckig, geistesgegenwärtig und schlagfertig sein konnte, wenn er einen Entschluß gefaßt hatte, demonstrierte mir Stresemann anhand einer kleinen Episode mit Hindenburg. Die Militärattachés unterstanden in der Regel den Kriegs- und nicht den Außenministern, weshalb sie nach ihrer Ernennung dem obersten Befehlshaber der Streitkräfte einen Antrittsbesuch machten, und zwar in voller Uniform mit umgehängtem Säbel. Eines Tages nun sollte Hindenburg den neuernannten französischen Militärattaché empfangen. Doch der Reichspräsident lehnte den Empfang eines französischen Offiziers mit Degen rundweg ab, solange französische Truppen auf deutschem Boden stünden. Da es seinem Staatssekretär Meissner nicht gelang, ihn zu überreden, bat er Stresemann um Unterstützung. Der zeigte in einer Unterredung mit Hindenburg volles Verständnis für dessen Haltung, wies jedoch auf die außenpolitischen Folgen einer solchen Weigerung hin: Der französische Kriegsminister würde sich bei Briand beschweren, der schon genügend Beanstandungen seitens des französischen Militärs wegen der Reichswehr auszustehen gehabt habe – und alles zusammen könnte Stresemanns Verhandlungen empfindlich belasten. So erklärte sich Hindenburg schließlich bereit, den Militärattaché zu empfangen, aber als der dann auf Hindenburg zutrat, soll dieser gesagt haben: »Ich freue mich, Sie zu begrüßen. Sie sind der erste französische Offizier in Waffen, den ich bislang gesehen habe.« Tatsächlich hatte Hindenburg im Krieg 1870 als Leutnant nur gefangene französische Offiziere gesehen und im

Weltkrieg auch nur diese, wenn überhaupt. Seinem Staatssekretär Meissner hatte der Reichspräsident natürlich nicht verraten, welche Begrüßungsworte er sich zurechtgelegt hatte.

Nach dem Aufenthalt auf Bühlerhöhe fuhr ich zu Frau Bassermann nach Mannheim, um auch ihr meine Arbeit vorzulegen. Mein Lehrer Hartung warnte mich vorher: »Sie werden bei den Gesprächen mit der Witwe einen schweren Stand haben.« Historisch hatte sie kaum etwas einzuwenden, aber sie war enttäuscht über das, was ich über ihren Mann persönlich geschrieben hatte. Zwar war sie auch jetzt sehr freundlich, schien aber manchmal den Tränen nahe. Rechtliche Bedingungen hatte sie mir nicht gestellt, so daß ich ihr das Manuskript nicht einmal hätte zeigen müssen, doch angesichts des großen Vertrauens, das sie mir entgegengebracht hatte, fühlte ich mich dazu verpflichtet. Nun stand ich im Konflikt zwischen der Sympathie, die ich für sie empfand, und meiner wissenschaftlichen Verantwortung. Ich machte mir Notizen, ließ mich aber auf sofortige Änderungen nicht ein.

Nicht Leutnant, aber Doktor

Die Annahme der Arbeit war kein Problem. Hartung war, wie schon angemerkt, ein Konservativer, als Wissenschaftler aber von großer Liberalität. Er ließ sich den Entwurf der Arbeit zeigen und arbeitete ihn in drei, vier Wochen durch. Dann sprachen wir bei ihm zu Hause über einige Einwände, die er hatte und denen ich, wo sie berechtigt waren, entsprach oder die ich zu entkräften versuchte, wo sie mir unberechtigt erschienen. Insgesamt war es eine äußerst angenehme Prozedur, und wenn ich daran denke, wie manche meiner Kommilitonen unter ihren Doktorvätern zu leiden hatten, habe ich keinen Anlaß zum Klagen. Als die Arbeit abgeschlossen war, lieferte ich sie, wie das üblich war, beim Pedell ab, der sie dann der Fakultät zuleitete. Hartung hat dann das Votum geschrieben, aber mir natürlich nichts über dessen Inhalt gesagt. Es wäre damals ganz und gar unvorstellbar gewesen, daß er mir sein Gutachten zum Lesen gegeben hätte, wie das heute gang und gäbe ist.

Auch mit der Veröffentlichung als Buch war Hartung ohne weiteres einverstanden. Das war sehr hilfreich, denn damals galt noch die eiserne Regel, daß die Doktoranden die Promotion erst bekamen, wenn eine vorgeschriebene Zahl von Exemplaren ihrer Arbeit – ich glaube, es waren hundertzehn – abgeliefert worden war. Hartung aber sagte: »Sehen Sie zu, daß Sie die Doktorarbeit als Buch herausbringen. Sie brauchen sie der Universität ja nicht in vollem Umfang abzuliefern. Nehmen Sie drei Kapitel und verlangen Sie die Pflichtexemplare, die muß Ihnen der Verleger mitliefern.« Ich schrieb also große Verlage an, Reimar Hobbing in Berlin, die Deutsche Verlagsanstalt und Cotta in Stuttgart, holte mir aber nur Absagen. Ein Freund verwendete sich bei Rowohlt für mich, aber Rowohlt sagte mit einem leicht mitleidigen Lächeln nur: »Dissertationen publizieren wir nicht.« Es war das erste Mal, daß ich ihn sah; trotz der Absage fand ich ihn sympathisch.

Schließlich kam Hilfe von ganz unerwarteter Seite. Mein Vater hatte vom Kaiser den Hinweis auf den Verleger Friedrich Novak erhalten, der einen »Verlag für Kulturpolitik« besaß, in dem die Bücher des Kaisers über das Kriegsende erschienen waren. Deshalb wurde Novak in Doorn geschätzt; daß er ein Wiener Jude war, spielte in diesem Zusammenhang keine Rolle, zumal sich die Bücher gut verkauften. Ich schickte mein Manuskript also an Novak, der Verleger las es, war wohl auch von Stresemanns Vorwort beeindruckt und nahm es an. Mehr konnte mein Vater kaum verlangen, als daß ein Günstling des Kaisers mein Buch herausgeben würde. Novak machte allerdings eine Garantieabnahme von dreihundert Exemplaren zur Bedingung. In meiner Not sprach ich Stresemann an, als wir wieder einmal vom Ministerium aus einen kleinen Spaziergang machten. Als wir zum dritten Mal ums Karree an der Wilhelmstraße gegangen waren, hielt er plötzlich an und sagte: »Ich werde dafür sorgen.« In der Tat nahm das Auswärtige Amt dreihundert Exemplare ab.

Die Promotion selber war dann sehr feierlich – viel feierlicher, als das heute der Fall ist. Der festliche Akt wurde anberaumt, sobald sich eine bestimmte Zahl von Promoventen angesammelt hatte, zwanzig oder dreißig, und war eine Sache der gesamten Fakultät. Die war damals in Berlin die größte; die

Feier fand deshalb in der Aula im Haupttrakt der Universität Unter den Linden statt. Der Dekan und die Professoren waren im Talar, die Promotionsurkunden, die sie uns überreichten, waren auf Pergament geschrieben und steckten in Rollen aus Leder oder zumindest einer Lederimitation. Es versteht sich, daß wir Doktoranden auch höchst feierlich gekleidet waren. Niemand wäre auf die Idee gekommen, im Straßenanzug oder gar in Freizeitkleidung und ohne Krawatte zu erscheinen.

Da mein Vater nicht zu der Veranstaltung hatte kommen können, fuhr ich zur Feier der Promotion nach Kiel. Als ich durch Lübeck kam, stand mein Großvater, über achtzig Jahre alt, am Bahnhof und gratulierte mir. Er freute sich herzlich über meine Promotion, was mich sehr rührte. Auch mein Vater war hochbefriedigt. Der Sohn war zwar nicht Leutnant geworden, aber doch immerhin Doktor. Man hatte ja in der Familie in allen Generationen einen Doktor gehabt, einen Juristen, Theologen oder Mediziner. Nun setzte sich – nach dem militärischen Zwischenspiel – die Tradition fort: Es gab wieder einen Akademiker in der Familie. Nur in einem Punkt nahm mein Vater Anstoß: Er mißtraute der Dissertation mit ihrem etwas anrüchigen Thema. Aber den Doktortitel wollte er doch.

Die Familienfeier fand im kleinsten Kreise statt, und am nächsten Tag fuhr ich nach Baden-Baden: Ich wollte Stresemann danken für die Unterstützung und Anteilnahme, mit der er die Doktorarbeit gefördert hatte.

Ein Aufsatz macht Furore

Mein Buch hatte keine hohe Auflage, vielleicht dreitausend Stück, doch es wurde in einem beachtlichen Teil der deutschen Presse besprochen. Das war viel für die damalige Zeit; ich verdankte es wohl in erster Linie Stresemanns Vorwort. Aber in seiner Wirkung wurde es durch ein Nebenprodukt der Arbeit überboten. Für den Zeitraum, den meine Dissertation behandelte, spielte die sogenannte Daily-Telegraph-Affäre eine große Rolle. Zwar hatte sich die Presse damals für den Fall stets interessiert, aber es fehlte nach zwanzig Jahren noch immer eine wissenschaftliche Darstellung. Ich hatte sie natürlich analysiert, war aber bei meiner Arbeit auf so viel unveröffentlichte und – nach meiner Meinung – falsch interpretierte Details gestoßen, daß es den Umfang des Buches bei weitem überstiegen hätte. Es war ohnedies schon dreihundertfünfzig Seiten lang, was für damalige Dissertationen unanständig umfangreich war. Also schrieb ich einen Aufsatz, »Die Daily-Telegraph-Affäre nach unveröffentlichten Dokumenten«, den ich den »Preußischen Jahrbüchern«, der damals angesehensten politisch-historischen Zeitschrift, zum Abdruck anbot. Empfehlungen hatte ich keine, demgemäß reagierte der Chefredakteur der Zeitschrift, Emil Daniels, äußerst unfreundlich, als ich ihm den Aufsatz antrug, sagte aber immerhin: »Lassen Sie das Ding mal hier.« Nach einigen Wochen rief er mich dann an und sagte: »Kommen Sie doch mal vorbei, ich gehe die Sache mit Ihnen durch.« Was mich erwartete, war eine dreistündige Sitzung, bei der Daniels meinen Text mit rücksichtsloser Strenge und lehrerhafter Akribie, Einspruch nur schwer ertragend, Zeile für Zeile mit mir durchging. Die Beanstandungen waren meistens historisch-methodischer Art – hier fehlte ihm diese Quelle, da jenes Gespräch, dort wiederum ließ meine Darstellung die von ihm geforderte Klarheit vermissen. Es war höllisch anstrengend. Am Ende aber nahm Daniels den Aufsatz an.

Der Grund dafür war, daß es wohl die erste wissenschaftliche und kritische Darstellung einer Affäre war, die das Kaiserreich tief erschüttert hatte. Viele, die nun in der Republik politisch tätig waren, ja fast alle der Älteren, deren Vorstellungswelt noch vom Kaiserreich geprägt worden war, hatten sie so erlebt; für sie besaß die Daily-Telegraph-Affäre etwas Menetekelhaftes. Worum ging es? Die Londoner Zeitung »Daily Telegraph« hatte am 28. Oktober 1908 ein Interview mit dem Kaiser veröffentlicht, das vor Entgleisungen, herausfordernden Taktlosigkeiten, falschen Auslegungen und Beleidigungen nur so strotzte und in dem Wilhelm II. selbst vor dem Ausplaudern diplomatischer Geheimnisse nicht zurückgeschreckt war. An kaiserliche Eskapaden in der Presse war man gewohnt, aber diese übertraf alle bisherigen Äußerungen. Zwar hatte der Kaiser den Text korrekt dem Kanzler Fürst Bülow, der damals im Urlaub auf Norderney war, zur politischen Prüfung übersandt. Der jedoch hatte ihn ungelesen an das Auswärtige Amt weitergeleitet, und dieses hatte lediglich unwesentliche Korrekturen vorgenommen. Danach gab Bülow die Publizierung frei. Die Entrüstung von Parteien und Presse war einmalig. Verantwortlich war Bülow durch die Unterlassung der pflichtgemäßen Prüfung, eine nicht zu entschuldigende grobe Fahrlässigkeit. Aber viel gravierender war, daß er den Kaiser in seiner ganzen Selbstherrlichkeit einer Blamage bis auf die Knochen ausgesetzt hatte. Denn das unkorrigierte Interview gab die wirkliche Meinung des Kaisers wieder. Bei der Reichstagsdebatte über diese Affäre übernahm Bülow die ganze Verantwortung für das Interview, an dessen verhängnisvolle Wirkung er nicht einen Augenblick zweifeln könne, wie er selber sagte. Damit unterschied er mit eleganter Deutlichkeit zwischen der eigenen Schuld und der Blamage des Kaisers. Zum ersten Mal traten der vom Kaiser ernannte Reichskanzler, die Mehrheit des Reichstags, auch die streng monarchische konservative Partei und der konservative Bundesrat gegen ihn auf. Unter dem Eindruck dieser Geschlossenheit ermächtigte der Kaiser am 17. November den Kanzler, eine Erklärung zu veröffentlichen, in der es am Schluß hieß: »S. M. nahm die Darlegungen und Erklärungen des Reichskanzlers mit großem Ernst entgegen und gab seinen Willen dahin kund: Unbeirrt durch die von ihm als ungerecht empfundenen Übertreibungen der öffentlichen Kritik erblicke er seine vornehmste kaiserliche Aufgabe darin, die Stetigkeit der Politik des Reiches unter Wahrung der verfassungsmäßigen Verantwortlichkeit zu sichern.« Das war eine deutliche und dazu demütigende »Unterwerfungserklärung«. Der Kaiser erlitt einen schweren psychischen Zusammenbruch und trug sich mit Abdankungsplänen, die Bülow ihm ausredete, um selbst Kanzler zu bleiben. Das bisherige enge Einvernehmen zwischen Wilhelm II. und Bülow war jedoch schwer gestört.

Meine Darstellung der Affäre profitierte nicht zuletzt davon, daß es mir gelungen war, Beteiligte ausfindig zu machen, die sehr »nahe« an den Vorgängen dran gewesen waren. Im Zuge meiner Recherchen hatte ich den ehemaligen Chef der Presseabteilung des Auswärtigen Amts besucht, von dem der erste Entwurf der Rede stammte, mit der Bülow seinen Kopf gerettet und Wilhelm II. praktisch dazu genötigt hatte, seine

Erklärung abzugeben. Den Entwurf hatte ich im Anhang meiner Dissertation zusammen mit dem offiziellen Text der Rede veröffentlicht. Ich fand auch den Beamten, der sozusagen der Angelpunkt des praktischen Ablaufs der Affäre gewesen war, weil er den Entwurf des berühmt-berüchtigten Textes zu überprüfen gehabt hatte. Der alte Herr, Angehöriger des gehobenen Dienstes, lebte inzwischen hochbetagt als Witwer mit zwei unverheirateten Töchtern in einer alten Berliner Wohnung in Schöneberg. Er gestand mir in aller Arglosigkeit, er sei den Text natürlich genau durchgegangen, aber nur stilistisch. Zu inhaltlichen Korrekturen oder auch nur kritischen Hinweisen habe er sich nicht befugt gefühlt. So war also der Anlaß der ganzen Affäre eine bürokratische Gedankenlosigkeit gewesen.

Der Aufsatz erschien im letzten Heft der »Jahrbücher« des Jahres 1928 und schlug ein wie eine Bombe. Die »Vossische Zeitung«, eine der großen Zeitungen der Republik, der ich über einen Freund einen Sonderdruck zugeschickt hatte, druckte Auszüge mit Zitaten. Aber schon die Veröffentlichung in den zwar nicht viel gelesenen, aber sehr renommierten »Preußischen Jahrbüchern« machte mich mit einem Schlag in den politisch-historisch interessierten Kreisen bekannt. Ein Student, der in diesem Blatt gedruckt wurde – das hatte es bislang nicht gegeben. Einige ältere Doktoranden im Seminar fragten mich denn auch verblüfft: »Wer hat Ihnen denn zu den ›Preußischen Jahrbüchern‹ verholfen? Der Daniels ist doch ein ganz scharfer Hund.« Erst recht staunten sie, als ich ihnen sagte, daß niemand mich protegiert hatte und ich die Veröffentlichung nur Daniels Interesse für das Thema verdankte. Und schlechterdings unverständlich war ihnen, daß ich mich in dem Aufsatz nicht gescheut hatte, meinen Tübinger Lehrer Haller zu kritisieren. Der hatte in seinem 1922 erschienenen Buch »Die Ära Bülow« behauptet, Bülow hätte die Textkontrolle des Interviews vorsätzlich unterlassen, um den Kaiser öffentlich zu demütigen und damit auszuschalten. Daß Bülow den Text nicht gelesen hätte, nannte Haller ein »Ammenmärchen«. Ich kannte aus Gesprächen und Vorlesungen Hallers infernalischen Haß gegen Bülow; dessen Darstellungen zu widerlegen, war nicht schwer. Ich sei wohl nicht ganz bei Trost, meinten meine Doktorandenkollegen: Kaum hätte ich das Glück mit den »Preußischen Jahrbüchern«, attackiere ich sogleich einen Ordinarius! Auch wenn ich recht hätte, werde mir Haller das nie verzeihen. Ähnliche Vorhaltungen machte mir auch Hartung: Solche Kritik schicke sich nicht für einen Studenten. Nur Daniels bezeugte mir Anerkennung. Ihm hatte mein Mut gefallen.

Mir war, zugegeben, auch nicht ganz wohl, denn ich schätzte Haller seit meinen Tübinger Jahren sehr und verdankte ihm viel. Ich war deshalb etwas betreten, als ich ihn Anfang 1929 bei einem kleinen Abendessen in Tübingen traf. Noch blümeranter war mir zumute, als er mich beim Abschied fragte, ob ich ihn nicht noch ein paar Schritte begleiten wolle. Blitzartig resümierte ich noch einmal die Argumente, auf die ich meine Ablehnung seiner These gestützt hatte. Aber Haller sprach von diesem und jenem, nur nicht von meinem Aufsatz. Vermutlich hatte er ihn gar nicht gelesen. Ich erinnerte mich: Im sparsamen Tübinger Seminar wurden die »Preußischen Jahrbücher« nicht gehalten. (Im übrigen habe ich erst jetzt festgestellt, daß die Abschnitte über Haller in dem Wiederabdruck des Aufsatzes in meinem 1987 erschienenen Buch »Spielregeln der Politik« nicht enthalten sind. Die Gründe dafür vermag ich nicht mehr festzustellen.)

Im März 1929 erschien das Buch. Ich widmete es meinem Großvater, der am 1. April fünfundachtzig Jahre alt wurde. Ich fuhr nach Lübeck, im Koffer Cutaway und Frack, um für die Feierlichkeiten gerüstet zu sein. Kurz vor deren Beginn ging ich zu ihm ins Arbeitszimmer, um ihm das Buch zu überreichen. Zugleich bat ich ihn, es nicht auf den Geburtstagstisch zu legen, damit mein Vater es nicht sähe. Ich hätte ihm nämlich vorsichtshalber kein Exemplar geschickt – es gäbe ja doch nur Differenzen »wegen Doorn«. Großvater sah das ein: Es sei besser, Frieden in der Familie zu wahren. Aber ganz so einfach war es doch nicht, meinen wissenschaftlichen Ehrgeiz und die angestrebte Schonung meines Vaters zu verbinden. Stutzig war er bereits geworden, als er von meinem Besuch bei Stresemann erfuhr. Eine Doktorarbeit sei doch nichts, wofür sich ein Außenminister interessiere! Dann hoffte er wohl zunächst auch, daß die Dissertation mit dem verfänglichen Thema irgendwo in den Magazinen der Universitätsbibliothek verschwinden würde. Daß sie nun auch noch als Buch erschien, und zwar mit einem Vorwort des Außenministers, machte diese Aussicht zunichte. Die Peinlichkeit war komplett, als ein Vetter meines Vaters, mit dem ich sehr gut stand und der das Buch sogleich gelesen hatte, in Unkenntnis unserer etwas schwierigen innerfamiliären Lage einen begeisterten Brief an meinen Vater schrieb und ihm zu dem Erfolg des Sohnes gratulierte. Im Sommer fragte meine Stiefmutter daraufhin in leicht vorwurfsvollem Ton, weshalb mein Vater kein Exemplar erhalten habe. Mit ein paar erklärenden Worten und einer Widmung schickte ich sofort ein Exemplar nach Kiel. Nach einigen Wochen bedankte sich mein Vater dafür und lobte mein gutes Deutsch. Kein Wort fiel über den Inhalt. Dabei blieb es. Der Familienfrieden geriet nicht in Gefahr. Von dem Aufsatz in den »Preußischen Jahrbüchern« hatte mein Vater – und wohl auch »Doorn« – nichts erfahren.

Zu Füßen der berühmten Berliner Juristen

Im Laufe meines Studiums war mir klargeworden, daß man ohne gründlichere Rechtskenntnisse weder historische Vorgänge noch politische Fragen begreifen und beurteilen kann. Ich entschloß mich also, in Berlin zu bleiben und Vorlesungen an der juristischen Fakultät – damals die berühmteste und am besten besetzte in Deutschland – zu besuchen. Durch mein Studium bei Hartung, dessen verfassungsgeschichtliche Vorlesung zum Schluß auch die Weimarer Verfassung berührt hatte, war ich darauf einigermaßen vorbereitet. Ohne mein Zutun hatte mir die Studienstiftung des Deutschen Volkes durch Vermittlung von Schairer, dem Geschäftsführer, der zugleich Hauptgeschäftsführer des Deutschen Studentenwerks war, die Aufnahme in ihre Förderung angeboten. Damit war ich endlich materiell nicht mehr von zu Hause abhängig.

Zunächst ging ich im Wintersemester 1929 in die Vorlesungen von Heinrich Triepel, der im vollbesetzten Auditorium maximum »Deutsches Staats- und Landesstaatsrecht« las. Noch einmal fand ich hier, was ich im Studium gesucht hatte. Nur das völlig ungehemmte Sächsisch, das Triepel sprach, minderte den Eindruck seiner Vorlesungen, bis man sich daran gewöhnt hatte und er durch Kompetenz und Form seiner Ausführungen die Aufmerksamkeit der Hörer gewann. Triepel war kein großer Systematiker, aber ich begriff bald, wie sinnvoll die zunächst etwas zufällig wirkende Folge seiner Darlegungen war. Er sprach unpathetisch, man könnte sagen: unprofessoral, so daß man ihn für einen versierten Verfassungsjuristen in einem Regierungsamt halten konnte. Dabei verstand er es, uns durch anschauliche Beispiele zum Kern der Probleme zu führen. Ich erinnere mich an eine längere Debatte über die Kompetenzen der Staatsorgane und ihre Grenzen. Dabei spitzte Triepel das Thema zu, indem er uns ein Gedankenexperiment aufgab, das mir ein Leben lang vorbildlich für konkretes verfassungspolitisches Denken geblieben ist. »Stellen Sie sich vor«, sagte er, »der Reichspräsident, der Reichskanzler sowie sämtliche Mitglieder der Reichsregierung, die Präsidenten des Reichstags, des Bundesrats sowie des Reichsgerichts fahren in einem Sonderzug zur Einweihung eines Reichskriegerdenkmals nach Thüringen. Durch ein Zugunglück kommen alle ums Leben. Wer ernennt die neue Regierung?« Daran schlossen sich zahlreiche Fragen an, die uns weiter in die Problematik des Verhältnisses der Staatsorgane hineinzogen. Ich weiß nicht mehr, welches seine endgültige Antwort war, möglicherweise bestand sie in einem Hinweis auf das sogenannte ungeschriebene Verfassungsrecht. Aber er lehrte uns die Verfassung und das Zusammenspiel von Rechten und Institutionen zu verstehen. Noch als ich Triepel gut zehn Jahre später auf einer Einladung traf, konnte ich mich an das Beispiel erinnern, das er uns damals gegeben hatte. Er wunderte sich, daß ich nahezu den Wortlaut zitieren konnte, obwohl ich kein Jurist sei. »Haben Sie ein so gutes Gedächtnis?« fragte er. Ich erwiderte: »Daß ich es noch weiß, verdanke ich Ihrer Fähigkeit zu lehren.«

Wenn Triepel für mich der beste juristische Lehrer war, dann war Martin Wolf der eindrucksvollste. Er lehrte Zivilrecht. Ich wagte mich in seine berühmte Vorlesung über Sachenrecht, weil mir mein Großvater gesagt hatte, daß man das juristische Denken sehr viel eher und gründlicher im Privatrecht als im öffentlichen Recht lerne. Zuvor hatte ich Rudolf Raiser, den ich aus unserer gemeinsamen Tübinger Zeit kannte – und der später mein Kollege in Tübingen wurde –, gefragt, ob ich davon profitieren würde; er war inzwischen Assistent bei Wolf. Raiser riet mir zu: Bei meinem politischen Interesse würde ich folgen können, wenn ich nur das Semester durchhielte.

Wolf war eine merkwürdige Mischung: ein streng konservativer Jude, aber auch ein wilder Nationalist. Er hatte feuerrote Haare und hinkte etwas, war also alles andere als ein Kathederstar. Aber wenn er zu reden begann, erstarb jedes Geräusch im Hörsaal, und alle fühlten sich in seinen Bann gezogen. Es war der vollkommene Triumph der Autorität, die ganz aus dem Geistigen kam. Dabei sprach er ohne Pathos, bediente sich der Umgangssprache und hielt seine Vorlesungen eigentlich im Plauderton. Nie wieder habe ich eine so große Wirkung ohne großen rhetorischen Aufwand erlebt. Bei diesem Mann und seiner Vorlesung scheue ich selbst das Wort »Begeisterung«, denn Begeisterung kann leicht und bald verfliegen. Ich war und blieb tief bewegt und voller Bewunderung. Ich wähle zu seiner Charakterisierung die Worte eines älteren berühmten Juristen, Rudolf Smend, seines langjährigen Berliner Kollegen, der ihn länger gehört hat als ich. Smend sprach »vom Zauber dieses Lehrers« und seiner »Genialität... Der Hörer erlebte in jedem Wort eine höchste Kraft systematischen Ordnens, eine radikale Gewissenhaftigkeit im Durchdenken jedes Gedankens und jeder Entscheidung, eine fanatische Sauberkeit des Ausdrucks, aus dem die letzte Unklarheit und die letzte Wortschlacke herausgeglüht war – das alles in höchster Anspruchslosigkeit und Sachlichkeit vorgetragen und doch mit der Kraft, den Hörer zu entzünden.« Wolf, so Smend weiter, »ertrug Unsachlichkeit und Eitelkeit schwer, auch wenn er dazu schwieg; er litt unter Planlosigkeit, Unklarheit, sprachlicher Unsauberkeit in Wissenschaft, amtlichem und persönlichem Verkehr – ein stiller Erzieher allen, die ihm nahestanden oder begegneten«. Kein Wort in dieser Charakteristik vermag ich zu streichen oder zu ändern. Weder bin ich je zu spät zu meiner Vorlesung gekommen, noch habe ich eine Stunde ausfallen lassen.

Mit dieser Vorlesung schloß ich mein Studium ab. Mein Großvater Eschenburg war zeitlebens stolz gewesen, an der »weltberühmten Universität Berlin« studiert und promoviert zu haben. Jetzt hatte ich selbst erfahren, daß sie zu Recht immer noch so berühmt war.

VII.
Auf dem politischen Anstand in Berlin

In Stresemanns Nähe

Mein Buch erschien unter dem Titel »Das Kaiserreich am Scheideweg. Bassermann, Bülow und der Block. Nach unveröffentlichten Papieren aus dem Nachlaß Ernst Bassermanns«. Den Haupttitel bereute ich schon bald. Daß das Kaiserreich damals am »Scheideweg« gestanden habe, konnte man im Ernst nicht behaupten, und ich habe es auch nicht behauptet. Aber der Untertitel, den ich ursprünglich als Haupttitel vorgesehen hatte, war meinem Verleger nicht werbekräftig genug. Geschadet hat die kleine Angeberei dem Buch nicht. Es wurde im Laufe der nächsten Monate von allen großen Zeitungen in Berlin, Frankfurt am Main, Köln, Hamburg und München sowie in der Provinz besprochen, nur die Hugenbergzeitungen sowie die nationalsozialistische und kommunistische Presse schwiegen. Diesen Erfolg hatte ich wohl in hohem Maße Stresemanns Vorwort zu verdanken. Damit nicht genug. Der Berliner Journalistenverband lud mich zu seinem Jahresessen ein, und Fritz Klein, Chefredakteur der »Deutschen Allgemeinen Zeitung«, bat mich zu einem Besuch in der Redaktion. Der Korrespondent der »Frankfurter Zeitung« in Berlin – nach meiner Erinnerung war es Rudolf Kircher – verabredete sich mit mir in einem kleinen Café im Tiergarten. Ich hatte mir nun ein Prestige erworben, das es mir gestattete, viele Persönlichkeiten, die ich bisher nur flüchtig kennengelernt hatte, ansprechen zu können.

Im September fuhr ich eines Tages auf der hinteren Plattform eines Autobusses die Berliner Straße entlang, als uns plötzlich Zechlin, der Reichspressechef, in seinem Wagen überholte. Ich kannte ihn, weil er Stresemann damals zu dessen

Tübinger Vortrag begleitet hatte. Ich grüßte ihn, und er winkte mir zu. An der nächsten Haltestelle stoppte er seinen Wagen, nahm mich mit und lud mich für die nächste Woche zum Mittagessen ein. Stresemann hatte ihm mein Buch geschickt. Ich sei ja, sagte er, ein gefährlicher Rechercheur. »Was Ihnen der alte Hammann (der Chef des Presseamts), den ich noch gekannt habe, erzählt hat, grenzt an Geheimnisverrat. Und dann haben Sie noch die Kühnheit, dessen Redeentwurf für Bülow in Ihrem Buch zu veröffentlichen.« Ich sollte im Rundfunk über das Buch sprechen; man werde sich bei mir melden. Einige Wochen später kam es tatsächlich zu diesem Vortrag, was damals für einen völlig Unbekannten sensationell war, denn der Rundfunk steckte ja noch in den Anfängen. Ich mußte mein Manuskript einreichen. Wenige Wochen später wurde es verlesen, Honorar dreißig Reichsmark. Mein Freund Peter Olden konnte nicht fassen, wie ich das fertiggebracht hatte, und selbst sein Bruder, immerhin ein renommierter Redakteur einer der größten deutschen Tageszeitungen, war sprachlos vor Staunen. Ihn hatte der Rundfunk noch nie um einen Beitrag gebeten. Damals war die Zahl der privaten Hörer noch gering, aber die meisten Redaktionen hatten Empfangsapparate.

Am wichtigsten aber war, daß Stresemanns Aufmerksamkeit für mich mit der Fertigstellung der Dissertation nicht abbrach. Im Gegenteil entwickelte sich seit der Woche, die ich auf Bühlerhöhe mit ihm verbracht hatte, ein intensiver und – soweit es seine Zeit erlaubte – regelmäßiger Kontakt. Von Zeit zu Zeit rief er mich an, und dann besuchte ich ihn in seinem Amtszimmer in der Wilhelmstraße oder in seiner Dienstwohnung, oder wir gingen zusammen in ein Café Unter den Linden oder am Kurfürstendamm. Dann saß er hinter dem Marmortisch, die Zigarre in der Hand, mit seinem kräftigen kahlen Schädel für jeden erkennbar, der sein Photo aus der Presse kannte. Aber daß da der Außenminister des Reiches saß, störte den Betrieb, das Kommen und Gehen der Gäste, die hin- und hereilenden Ober und die Caféhausmusiker im Hintergrund keineswegs. Auch der Umstand, daß er von den Rechten gehaßt wurde, deren Mordanschlägen in der Frühzeit der Republik Erzberger und Rathenau zum Opfer gefallen waren, hielt ihn nicht davon ab, diesen bürgerlich-urbanen Gepflogenheiten zu huldigen.

Dann und wann war ich auch zu einem Mittag- oder Abendessen eingeladen. Solche Essen fanden meist in kleinerem Kreis statt, mit zehn bis zwanzig Gästen. Aber auch da kam es vor, daß Stresemann mich gelegentlich in eine Ecke zog, um meine Meinung über dies und das zu erfahren oder mir etwas mitzuteilen, was ihn bewegte. Und manchmal wollte er auch nur mit mir allein essen.

Vermutlich war ich für ihn in erster Linie ein Gesprächspartner, dessen Reaktion ihn interessierte, an dem er Argumente erproben wollte oder bei dem er einfach etwas von den Spannungen und Konflikten abladen wollte, die sich tagsüber angesammelt hatten. Ich erinnere mich zum Beispiel daran, daß er mir Ende August 1928 vier oder fünf Seiten in die Hand drückte. Das war der Koalitionsvertrag von Zentrum, Bayerischer Volkspartei, Deutscher Volkspartei, Demokraten und Sozialdemokraten, die damals über eine Große Koalition verhandelten. Der Vertrag bestand aus unübersichtlichen Vereinbarungen über Bedingungen und Vorbehalte, auch über Verzichte, die die Regierungsparteien gegeneinander aussprachen; ein Koalitionsausschuß war zur Kontrolle der Einhaltung der Koalitionsvereinbarungen vorgesehen. Stresemann brauste auf: »Damit kann man doch nicht regieren!« Es fehle der wichtigste Satz: daß der Reichskanzler auf die Ausübung der Richtlinienkompetenz verzichte. Das sei eine glatte Verletzung der Verfassung. Diese Regierung sei in Wahrheit ein Ausschuß der Reichstagsmehrheit und von den Bedingungen abhängig, die die Fraktionen stellten. »Am liebsten«, sagte Stresemann zornig, »hätte ich den Kram hingeschmissen.« Aber das sei wegen der bevorstehenden Verhandlungen über die Revision des Dawes-Abkommens, das die Frage der Reparationen geregelt hatte, nicht möglich.

Ein andermal kam Stresemann zu spät zu einer Verabredung, weil ihn in der Kabinettssitzung eine jener Gereiztheiten aufgehalten hatte, die für das politische Klima der späten Weimarer Jahre so typisch waren. Es ging um einen so geringfügigen Vorgang wie das Aachener Pferderennen, an dem deutsche und ausländische Offiziere teilnahmen. Da nach dem Locarno-Vertrag im linksrheinischen Gebiet Reichswehrtruppen nicht präsent sein durften, war den deutschen Offizieren nicht erlaubt, Uniform zu tragen. Oberst Kurt von Schleicher, Chef des Ministeramts von Reichswehrminister Groener, hatte – um der Empfindlichkeit seiner Offiziere Rechnung zu tragen – eine Ausnahmeregelung verlangt. Wenn das nicht möglich sei, solle der Außenminister bei der nächsten Sitzung des Völkerbundes mit Briand darüber verhandeln. Stresemann wollte das schwierige Verhältnis jedoch nicht mit solchen Forderungen belasten. Ein Wort hatte das andere gegeben: Schleicher warf dem Auswärtigen Amt vor, kein Verständnis für die Reichswehr zu haben, Stresemann der Reichswehr, daß sie nichts von deutscher Politik verstehe. So wurde mein Sinn dafür geschärft, welche Nebensächlichkeiten gelegentlich die Atmosphäre bestimmen, in der Politik gemacht wird.

Manchmal hat mich Stresemann auch für vertrauliche Missionen benutzt oder vielmehr: mich auf sie vorbereitet. Es muß im Frühjahr 1929 gewesen sein, als Stresemann mich vor meiner Wohnung absetzte und mir mitteilte, daß es dem Reichspräsidenten Hindenburg sehr schlecht gehe. Im Falle seines Todes solle ich sogleich nach Hamburg zu Bürgermeister Petersen fahren. Carl Petersen war Mitbegründer der Deutschen Demokratischen Partei, von 1919 bis 1924 auch deren Vorsitzender, und regierte die Hansestadt seither vorbildlich an der Spitze einer Großen Koalition. Ich sollte ihm sagen, er, Stresemann, sei für seine Kandidatur als Reichspräsident, ebenso alle Koalitionsparteien. Petersen solle indessen nichts unternehmen und vor allem mit niemandem darüber sprechen. Damit solle verhindert werden, so Stresemann, daß die Kandidatur zerredet würde. Wenn Petersen im Fall des Falles nicht in Hamburg sei, sollte ich ihm nachfahren. Auf die Frage, weshalb er nicht selbst bei Petersen anrufe, antwortete Stresemann zu meiner Verblüffung, er sei sich nicht sicher, ob seine Gespräche nicht abgehört würden. Und Bernhard, seinen Privatsekretär, wolle er nicht schicken, weil das der Presse auffallen könnte.

Von Zeit zu Zeit nahm mich Stresemann auch ins Theater mit. Ich kann mich noch an die Aufführung eines Stückes von George Bernard Shaw erinnern, den er besonders schätzte. In der Pause ging er hinter die Bühne, wo ihn die Schauspieler mit Jubel begrüßten. Ich weiß nicht mehr genau, wer es war, Werner Krauss, Rudolf Forster oder Käthe Dorsch – jedenfalls die Koryphäen des damaligen großen Berliner Theaters. Stresemann war bei den Schauspielern sehr beliebt und kam manchmal auch in den Bühnenverein. Nach der Aufführung gingen wir in ein Café. Als Stresemann eintrat, begrüßte ihn der Kapellmeister, der, kaum daß wir saßen, die Musik unterbrach und »Alt Heidelberg, du feine...« und »Ich hab' mein Herz in Heidelberg verloren« erklingen ließ. Man wußte, daß Stresemann als alter Verbindungsstudent für Heidelberg und die mit dem Städtchen verbundene Studentenromantik ein Faible hatte.

Die Verbindung mit Stresemann bescherte mir nun auch eine beträchtliche Erweiterung meines gesellschaftlichen Umkreises. Bislang hatte ich mich nicht getraut, meine Visitenkarte in seiner Dienstvilla abzugeben, um mich nicht aufzudrängen. Nun schickte mir das Auswärtige Amt eine gedruckte Briefkarte, auf der stand: »Frau Käte Stresemann empfängt mittwochs ab fünf Uhr (jour fixe).« Ich holte das Versäumte nach, überbrachte meine Karte und erhielt per Post eine Visitenkarte von Stresemann und seiner Frau – das Zeichen, daß gesellschaftlicher Kontakt erwünscht sei. Nun folgten Einladungen zu Empfängen und zu Bällen in der Dienstvilla oder im Prinz-Leopold-Palais am Wilhelmplatz. Bälle lagen mir allerdings nicht. Ich konnte und wollte nicht tanzen, war unmusikalisch und hatte bei allen Formen von Turnen und Sport versagt. Aber die Bälle wurden von Attachés und jungen Beamten dienstlich besucht, und ein Legationsrat vom Protokoll paßte auf, daß alle in Bewegung waren. Auch sah es die elegante Hausherrin nicht gern, wenn sich irgendwo ausschließlich männliche Gesprächsrunden bildeten. Erblickte sie Stresemann bei einer Unterhaltung mit mir, sagte sie: »Laß den Jungen tanzen!« Meinerseits war ich auf der Hut, nicht ins Ballgetümmel gezogen zu werden. Bei einem der Musiker fragte ich, wann Damenwahl sei, und zog mich rechtzeitig in den Garten zurück. Auch fürchtete ich – gesellschaftlich wenig gewandt, wie ich war –, beim Buffet das Kleid einer Dame oder meine eigene Hose zu begießen, obwohl es kaum Gedränge gab. Aber sicherheitshalber verzichtete ich lieber darauf, Mayonnaise oder Cumberlandsoße zu nehmen.

Gewisse Fortschritte im gesellschaftlichen Umgang machte ich aber doch: Da für die Feste bei den Stresemanns, auch wenn sie ohne Tanz stattfanden, Frack vorgesehen war, mußte ich mir also ein solches Kleidungsstück anschaffen, wenn ich nicht auffallen wollte. Die Konfektion aber war damals noch nicht so weit, daß man einen Frack im Laden, also »von der Stange« kaufen konnte, wie es verächtlich hieß. So brachte mich ein Attaché zu Stresemanns Schneider in der Friedrichstraße und übertrieb dort das Ausmaß meines gesellschaftlichen Verkehrs so sehr, daß der Schneider glaubte, einen wichtigen Kunden gewonnen zu haben, und mir einschärfte: »Sagen Sie nie von sich aus meinen Namen, aber wenn Sie gefragt werden, nennen Sie ihn und meine Adresse!« Als ich mich einverstanden erklärte, reduzierte er den Preis. Im übrigen verdanke ich diesen gesellschaftlichen Kontakten auch die Kenntnis, wie der »Stresemann« zu seinem Namen gekommen ist. Das schwarze Jackett mit Weste und gestreifter Hose war damals als Ersatz für den Cutaway modern geworden. Der Leiter der politischen Abteilung, Redlhammer, der als der bestangezogene Mann im Amt galt, hatte das Kleidungsstück in Amerika entdeckt und seinem Chef vorgeführt. Stresemann und der Reichsfinanzminister Luther entschlossen sich, wegen der Hitze in Locarno statt des Cutaway die Kombination zu tragen. Obwohl ich inzwischen aus den Erinnerungen Bernhard Baruchs, des berühmten amerikanischen Bankiers und Präsidentenberaters, erfahren habe, daß auch er als Schüler im College einen ähnlichen Anzug getragen hat, bin ich der Überzeugung, daß der heute noch gebräuchliche Anzug sich diesem Anlaß in Locarno verdankt.

Zu Pfingsten 1929 hatte mich Stresemann eingeladen, ihn nach Heidelberg zu begleiten. Mit von der Partie war der deutsche Gesandte in Warschau, Ulrich Rauscher, ein sehr gebildeter, außerordentlich gewandter Mann. Er stammte aus Stuttgart, war Korpsstudent in Heidelberg gewesen, wurde Redakteur der »Frankfurter Zeitung«, dann Pressechef von Reichspräsident Ebert, bevor er in den Diplomatischen Dienst eintrat; ursprünglich linksliberal, war er mit der Revolution Sozialdemokrat geworden. Er war einer der wenigen Außenseiter, den die Berufsdiplomaten als einen der ihren anerkannt hatten.

Nie verließ ihn bei Gesprächen und Verhandlungen seine natürliche süddeutsche Eleganz. Außerdem war Legationssekretär Freiherr von Maltzahn anwesend, der später als Ministerialdirektor und Botschafter der Bundesrepublik eine Rolle gespielt hat. Die gemeinsame Fahrt im Salonwagen gab Gelegenheit, Stresemann von einer anderen, unpolitischen Seite kennenzulernen. Er erzählte von seiner Primaner- und Studentenzeit, sprach über Literatur, ließ sich aber auch über den juristischen Repetitor seines Sohnes aus, den in Berlin legendären Siegbert Springer. Stresemanns Erinnerungen an seine Leseeindrücke zeigten eine enge Vertrautheit mit der klassischen Literatur, die uns Jüngeren schon abging. Wie so oft fiel mir der Generationsunterschied auf, der zwischen ihm, dem eben erst fünfzig Jahre alt Gewordenen, und mir, dem Fünfundzwanzigjährigen, klaffte. Friedrich Spielhagen, dessen Romane im liberalen Bürgertum der sechziger und siebziger Jahren des vergangenen Jahrhunderts spielten, und den Stresemann über den grünen Klee lobte, kannten wir nicht einmal dem Namen nach; solche Unbildung empörte ihn. Fontane nannte er nicht. Aber von Georg Hermanns Roman »Jettchen Gebert« sprach er voller Begeisterung. Wieder mußten wir passen.

Wir gingen öfter im Park von Schwetzingen spazieren, Stresemann und Rauscher vorneweg, dann in einigem Abstand der Leibwächter, ein etwas trotteliger Kriminalbeamter, und hinter diesem Maltzahn und ich. Es war die Zeit kurz vor der Haager Konferenz, bei der mit dem Young-Plan die Rheinland-Räumung erreicht werden sollte. Bald dämmerte mir, weshalb Rauscher in Heidelberg war. Nach der erwarteten Räumung des Rheinlands und der erhofften Rückgabe des Saargebietes sollte die zweite Stufe der Stresemannschen Revisionspolitik Gestalt annehmen. Sie richtete sich auf Grenzkorrekturen im Osten gegenüber Polen, die Rückkehr Danzigs zum Reich, des Korridors und Oberschlesiens, ganz oder teilweise. Um diese Politik zu befördern, sollte offenbar der bisherige Staatssekretär Carl von Schubert abgelöst werden und Rauscher an seine Stelle treten. Denn der verstand sich dank seiner Tätigkeit in Warschau – er vertrat das Reich dort seit 1922, und zwar sehr erfolgreich – auf die Ostpolitik und kannte die innerpolnischen Verhältnisse genauestens. Ich konnte mir eine gewaltlose Revision der Versailler Ostgrenzen zwar nicht vorstellen, fragte aber nicht weiter nach, um Rauscher, der sich mir gegenüber sehr freundlich gezeigt hatte, nicht in Verlegenheit zu bringen. Ohnedies mußte das ganze Vorhaben strikt geheim bleiben.

Im übrigen war die Atmosphäre gemütlich und etwas urlaubsmäßig, obwohl Stresemann wegen seines schlechten Gesundheitszustands auf Diät gesetzt war und verzweifelte Versuche unternahm, der Kontrolle seines Arztes zu entfliehen, der ihn auch auf Reisen stets begleitete. Einmal gelang das auch. Vor einer bekannten Studentenkneipe löste Stresemann sich plötzlich aus unserer Gesellschaft, stürmte ins Lokal und bestellte für uns alle Bier und Spiegeleier mit Schinken. Vergeblich hatten Rauscher und Maltzahn versucht, ihn daran zu hindern. Stresemann aber genoß strahlend Speis' und Trank. Nach dem Abendessen bestürmte uns sein Arzt, Dr. Schulmann, mit schweren Vorwürfen: »Was haben Sie angerichtet! Das war Gift für ihn!«

In welcher bedrängten und belastenden Lage sich Stresemann damals befand, wurde mir erst klar, als aus Berlin die Meldung kam, Albert Vögler, einer der Hauptdelegierten bei der Pariser Young-Konferenz und Generaldirektor des Montan-Konzerns »Vereinigte Stahlwerke«, sei auf Druck der Schwerindustrie zurückgetreten. Stresemann reagierte sichtlich erregt und verfiel fast in Apathie.

Von der Sache her war das kaum gerechtfertigt, dennVäglers Nachfolger, sein bisheriger Stellvertreter Geheimrat Kastl, der geschäftsführendes Präsidialmitglied des Reichsverbands der Deutschen Industrie war, war ein verläßlicher, maßvoller Mann. Aber Stresemann war offenbar doch tief getroffen. Als er seinen Schock überwunden hatte, brach es aus ihm heraus. Unvermittelt erzählte er uns, daß er in der vergangenen Nacht geträumt habe, Briand aus dem durch ein Erdbeben oder einen Orkan zerstörten Paris unter Lebensgefahr gerettet zu haben. Dann begann er, von seiner Zukunft zu sprechen: Nach Abschluß der Haager Konferenz sei seine Zeit gekommen. Alles habe er nicht erreicht, aber doch Wesentliches. Deutschland werde endlich wieder frei von fremden Truppen sein. Künftig müsse er dann mehr an sich und seine Familie denken und Geld verdienen. Die Vereinigten Staaten wolle er noch einmal besuchen, auch Kanada, das ein Land mit Zukunft sei. Das Allerwichtigste aber sei – nun straffte sich Stresemann wieder und sprach, als stünde er auf einer Rednertribüne – der Kampf gegen Hugenberg und Hitler. Er fürchte die Suggestionskraft, die von Hitlers Reden auf die Massen, vor allem auf die Jugend, ausgehe. Hitlers Rhetorik sei von einer schon teuflischen Genialität, getragen von einem wachen Instinkt für Massenwirkung. Er könne nachts manchmal kaum schlafen aus Angst vor einem plötzlichen Ableben Hindenburgs. Denn bei den dann anstehenden Präsidentenwahlen würde Hitler zwar wohl nicht gewählt werden, aber doch einen Erfolg erringen. Dieser könne bei den nächsten Reichstagswahlen eine Dynamik auslösen, derer man dann kaum noch Herr würde. Er habe nur ein ungefähres Bild von der Wirkung der Hugenbergschen Propaganda, aber was Hugenberg säe, ernte Hitler. Dem müsse ein Ende gemacht werden. Er wolle von Stadt zu Stadt fahren, um Deutschland von diesem Gift zu befreien. Das alles sagte Stresemann klar und bestimmt, obwohl Hitler und seine Partei damals erst zwölf Mandate im Reichstag hatten. Stresemann war einer der ganz wenigen, die die Gefahr erkannten, die von den Nazis ausging.

In den folgenden Monaten sah ich Stresemann so gut wie nie. Er war selten in Berlin, nahm an Konferenzen teil oder mußte sich Sanatoriumsaufenthalten unterziehen. Am 25. September kehrte er von der Genfer Völkerbundkonferenz und einem kurzen Erholungsurlaub am Vierwaldstätter See nach Berlin zurück. Auf Bernhards Veranlassung suchte ich ihn am 27. September auf, hatte aber – wegen der Krise der Großen Koalition – nur kurz Gelegenheit, ihn zu sprechen, und verabredete mit ihm einen neuen Termin für den 3. Oktober nachmittags. An diesem Tag rief mich morgens mein Freund Rudolf Olden, Redakteur beim »Berliner Tageblatt«, an: Stresemann war in der Nacht gestorben. Zwei Schlaganfälle, einer am späten Abend, der andere in den Morgenstunden, hatten den Tod herbeigeführt.

Die Erschütterung war ungeheuer. Auch ich selbst, der ich doch gesehen hatte, wie sich Stresemanns Gesundheitszustand rasch verschlechterte, fühlte mich, als sei mir der Boden unter den Füßen weggezogen worden. Unfähig, mich auf etwas anderes zu konzentrieren, ging ich am späten Vormittag ins Auswärtige Amt zu Bernhard, seinem Privatsekretär, der nächst der Familie am schwersten von diesem Verlust getroffen war; denn er arbeitete schon seit Stresemanns beruflichen und politischen Anfängen beim Verband Sächsischer Industrieller mit ihm zusammen. Stresemann hatte den fünfzehnjährigen Lehrling, dessen Begabung ihm aufgefallen war, in seine Nähe gezogen und ihn schließlich als Privatsekretär ins Kanzleramt geholt. Jetzt konnte ich ihm zur Hand gehen, um die Gedenknummer der »Deutschen Stimmen«, der von Stresemann herausgegebenen Zeitschrift, zusammenzustellen.

Das war nicht einfach, denn eine Unzahl von Aufsätzen über Stresemann war schon erschienen. Wer sollte nun noch schreiben? Die renommierten Schriftsteller wie Gerhart Hauptmann, Thomas Mann oder Emil Ludwig waren nicht zu erreichen. Bei den Stresemann zugetanen Schauspielern wie Werner Krauss und Albert Bassermann wußte ich nicht, ob sie schreiben konnten. Schließlich beriet ich mich mit Hans Simons, dem Ministerialrat im preußischen Innenministerium, mit dem ich auf freundschaftlichem Fuße stand. Er bestärkte mich in der Absicht, Aufsätze von Politikern aller Parteien – von den etwas linkeren Deutschnationalen bis zur Sozialdemokratie – zu vereinigen. Die Frage, wer von den Deutschnationalen schreiben solle, erwies sich allerdings als heikel, da sie Stresemann ja in der Regel ablehnend gegenübergestanden hatten. Schließlich gewann ich Heinrich von Gleichen, den geschäftsführenden Vorsitzenden des »Deutschen Herrenclubs« und Herausgeber der jungkonservativen Zeitschrift »Der Ring«. Er schrieb einen honorigen Artikel. Den sozialdemokratischen Aufsatz übernahm Simons selbst; auch Autoren des Zentrums und aus der Demokratischen Partei fanden sich.

Stresemanns Begräbnis war die letzte große Zeremonie, in der sich die Republik von Weimar noch einmal darstellte. Die Trauerfeier fand am 6. Oktober im Reichstag statt, in größter Besetzung, mit Reichsregierung, allen Landesregierungen, den Abgeordneten des Reichstags, dem ganzen Auswärtigen Amt, den hohen Beamten und dem diplomatischen Korps. Auch Hindenburg war anwesend, obwohl noch bis zum Freitag ungewiß war, ob er teilnehmen würde, und sein Beileidstelegramm auffällig reserviert ausgefallen war. Nun saß er neben der Witwe in der Präsidentenloge, ohne viel Anteilnahme erkennen zu lassen. Mit dürftigen Worten habe er seiner Mutter sein Beileid ausgedrückt, hat Wolfgang Stresemann, der Sohn, berichtet. Sie habe ihm entgegnet: »Es hat ihm ja niemand geholfen.« Immerhin folgte er dem Leichenzug bis zum Reichspräsidentenpalais. Das galt damals als ungewöhnliche Auszeichnung, zumal man wußte, mit welchen Vorbehalten Hindenburg Stresemanns Politik gegenübergestanden hatte. Der Trauerzug selbst wurde zum Ereignis. Vom Reichstag durch das Brandenburger Tor und die Wilhelmstraße ging es zum Luisenstädtischen Friedhof, wohl gut zwei Stunden lang. An die zweihunderttausend Menschen sollen auf den Beinen gewesen sein.

Wie lang der Zug war, habe ich selbst nicht überblicken können. Ich ging neben Friedrich Gundolf, dem berühmten Heidelberger Literaturhistoriker, der zum George-Kreis gehörte und im Talar eines Dekans der Universität an dem Trauerzug teilnahm, da Stresemann Ehrendoktor der Universität geworden war. Trotz der Betroffenheit, in der ich mich befand, erinnere ich mich noch gut an die Unterhaltung, die wir führten. Mir war Gundolf natürlich ein Begriff, denn ich hatte sein Caesar-Buch mit Enthusiasmus gelesen. Jetzt aber sprachen wir über Stresemann und dessen Aufsätze zu Goethe, die Gundolf, obwohl ein Gelehrter exklusiven Anspruchs, mit Interesse wahrgenommen hatte. Auch fragte er nach Stresemanns Verhältnis zu Napoleon.

Auf dem Friedhof hielt der Hofprediger, den die Familie schon aus Dresden kannte, die Predigt, dann folgte die Beisetzung. Als der Sarg von der Kapelle zur Gruft getragen wurde, sang ein Männerchor: »Am Brunnen vor dem Tore«, wie Stresemann es gewünscht hatte. Bei dem unendlich langen Kondolenzdefilee hielt Frau Stresemann meine Hand lange fest in der ihren und sagte: »Herr Eschenburg, mein Mann hat große Stücke auf Sie gehalten, vergessen Sie das nicht.« Ich habe es nicht vergessen.

In Erinnerung geblieben ist mir indessen auch eine fast makabre Episode. In der zweiten Oktoberhälfte suchte ich an einem Sonntagnachmittag Frau Stresemann auf, die noch in der Dienstvilla wohnte. Sie saß im Eßzimmer, weil sie vermutlich Besuch zum Tee gehabt hatte; die Doppeltür zum Nebenraum war offen. Mitten in der Unterhaltung hörte ich plötzlich unverwechselbar die Stimme Stresemanns: »Käthe, das Berliner Tageblatt!« Der Schrecken ging mir durch Mark und Bein. Oben auf der Flügeltür saß ein Papagei. Er hatte die Stimme des Außenministers so täuschend nachgeahmt. »Mein Mann liebte den Vogel«, sagte Frau Stresemann. »Seit Jahren gehört er zur Familie und ist es gewohnt, den ganzen Tag bei uns zu sein. Ich bringe es einfach nicht fertig, ihn auszusperren.«

Ob die Deutschen, Politiker wie Historiker, Stresemann und seine Leistung angemessen bewertet und gewürdigt haben, will ich hier dahingestellt sein lassen. Aber ich möchte doch die Kontroverse erwähnen, in die ich mit Theodor Heuss, mit dem ich sonst ein gutes Verhältnis hatte, über Stresemann geraten bin. Heuss hatte in den fünfziger Jahren zusammen mit Hermann Heipel und Benno Reiffenberg das fünfbändige Werk »Die großen Deutschen« herausgegeben und sich dabei entschieden gegen die Aufnahme Stresemanns in diesen deutschen Areopag ausgesprochen; er hatte sogar – wie ich von Reiffenberg weiß – mit seinem Rücktritt als Herausgeber gedroht, falls seiner Ablehnung nicht gefolgt würde. Als ich ihn deshalb einmal ansprach, antwortete er nur knapp: »Flick kriegt keinen Orden, ich gehe nicht nach Bayreuth, und Stresemann kommt nicht in die ›Großen Deutschen‹.« In seinen ein paar Jahre später erschienenen Erinnerungen fand ich dann seine Erklärung für diese Abneigung: Er, Heuss, habe »ganz primitiv« Stresemann »menschlich nicht leiden können«, und er vermute, »daß dies auf Gegenseitigkeit beruhte«. Von einer Antipathie Stresemanns gegenüber Heuss weiß ich persönlich nichts. Vielleicht hatte sich Heuss über mangelnde Beachtung geärgert. Der eigentliche Anlaß war wohl, daß Stresemann der Demokratischen Partei, der Heuss angehörte, die Außenpolitik gleichsam »gestohlen« hatte. Dennoch habe ich diese Animosität nie verstehen können und deshalb die Anmerkung der Herausgeber des Werkes, sie hätten »nichts dawider, wenn der Leser im Weglassen wie im Darstellen nicht das Ergebnis eines historisch-politischen Erkennens, sondern eines menschlichen

Bekennens spüren mag«, als Ermunterung begriffen. Natürlich machte ich mich nicht anheischig, das Werk zu ergänzen. Aber die Lücke hat mir seit dem Erscheinen der »Großen Deutschen« keine Ruhe gelassen. In meinem Buch »Die improvisierte Demokratie« habe ich Stresemann deshalb einen Essay gewidmet und diesen später auch zum Text einer Bildbiographie erweitert.

Politische Lehrjahre

Für mich stellte sich nun die Frage, was aus mir werden sollte. Das juristische Studium, das ich nach der Promotion aufgenommen hatte, wollte ich nicht bis zum Examen weiterführen. Ich betrachtete es als notwendige Ergänzung meines politischen Interesses, aber einen Beruf wollte ich daraus nicht machen; ein Referendarexamen mit der daran anschließenden Ausbildungszeit hätte mir auch zu lange gedauert. An den Diplomatischen Dienst dachte ich nicht, da ich mich für Fremdsprachen zu unbegabt hielt. Was also tun?

Da wurde mir im November 1929 überraschend eine Stellung als Referent in der Grundsatzabteilung des Vereins deutscher Maschinenbau-Anstalten (VDMA) angeboten. Das war die Spitzenorganisation der Maschinenbauindustrie, die deren Interessen gegenüber der Politik, aber auch gegenüber den anderen Wirtschafts- und Industriezweigen vertreten sollte. Diese Verbände waren eine charakteristische Erscheinung der wirtschaftlichen und gesellschaftlichen Entwicklung seit den neunziger Jahren des vergangenen Jahrhunderts. Ihre Bedeutung nahm in der Republik noch zu, weil das parlamentarische System mit seinen unterschiedlichen Koalitionsregierungen und der Vielzahl von Parteien ihre Einflußchancen potenzierte.

Daß sich ein solcher Verband eine Grundsatzabteilung zulegte, war indessen etwas Neues und ging auf einen Mann zurück, der zu den jungen aufstrebenden Köpfen der Republik gehörte. Es war Alexander Rüstow; ihm verdankte ich auch das Angebot, in den VDMA einzutreten. Rüstow hatte den Verbandsrepräsentanten klargemacht, daß der Nachdruck, mit dem Schwerindustrie und Landwirtschaft ihre Interessen vertraten, zu Lasten der verarbeitenden Industrie ging – wie das ja auch schon im Kaiserreich der Fall gewesen war. Diese müsse sich deshalb ein Instrument schaffen, um ihrerseits ihre Positionen am Markt und im Staate geltend machen zu können. »Das einzige, was uns zur Verfügung steht«, pflegte er zu sagen, »sind Argumente, und diese Argumente müssen deshalb hieb- und stichfest sein, um uns unseren Platz im Kampf um wirtschaftlichen und politischen Einfluß zu sichern.« Sie zu erarbeiten, war die Aufgabe der Grundsatzabteilung. Es gab ein Referat für Landwirtschaft, eines für Schwerindustrie, andere für Arbeitsrecht, für Verkehr und Statistik, und nun kam ich dazu – für Politik.

Der VDMA hatte seinen Sitz in einer großen alten Villa am Tiergarten. Als ich im November 1929 dort eintrat, wußte ich so gut wie nichts von Wirtschaftswissenschaft und Wirtschaftspraxis. Rüstow tröstete mich; er hatte ein paar Jahre zuvor seine Laufbahn im Wirtschaftsministerium als Altphilologe begonnen. In den wöchentlichen Abteilungssitzungen kam ich mir zunächst wie ein Volksschüler vor, der plötzlich lateinische Autoren übersetzen oder sich einer Logarithmentafel bedienen soll. Doch Rüstow erwies sich als hervorragender Pädagoge, ebenso anspruchsvoll wie hilfsbereit. Wenn Journalisten, Abgeordnete oder Professoren der Nationalökonomie ihn besuchten, zog er mich oft hinzu, so daß ich auch aus diesen Gesprächen lernte. Auch konnte ich von Anfang an an den Vorstandssitzungen des Verbandes teilnehmen. So gewann ich einen Eindruck davon, wie wichtig Verhandlungsführung und Organisation sind.

Der geschäftsführende Vorsitzende, Direktor Karl Lange, ein früherer Offizier, überzeugter Monarchist, aber strikter Pragmatiker, forsch, einfallsreich und gewandt, praktizierte beides hervorragend. Dabei war es nicht immer leicht, mit den Generaldirektoren der Großunternehmen umzugehen, die damals noch ganz ungeniert ihren »Herr-im-Haus-Standpunkt« vertraten. Mir wurde bald klar, daß Rüstow für Lange etwas zu links und umgekehrt Lange für Rüstow etwas zu rechts war. Aber das störte die Zusammenarbeit nicht. Ohnedies konnten nur beide zusammen Erfolg haben, denn der Verband war nicht nur wirtschaftlich, sondern auch politisch in einer heiklen

Lage. Die meisten Mitglieder waren deutschnational oder standen dem rechten Flügel der Volkspartei nahe, die katholischen dem konservativeren Teil des Zentrums. Erschwerend für die Verbandsarbeit kam hinzu, daß einige der großen Maschinenbaufirmen im Rhein- und Ruhrgebiet im Besitz der Schwerindustrie waren, also des eigentlichen Verbandskonkurrenten, oder maßgeblich über Beteiligungen von ihr beeinflußt wurden. Es gab also genug Gelegenheit, sich in der Kunst des Gratwanderns zu üben.

In kurzer Zeit bekam ich einen Begriff davon, wo die unterschiedlichen Interessen im Bereich der Wirtschaft lagen und was Verbandsarbeit praktisch bedeutete. Das eröffnete mir, der ich bislang Politik nur aus der Sichtweise der Außen- und Innenpolitik kennengelernt hatte, eine völlig neue Perspektive. Der VDMA war gleichsam eine Art von Generalstab des Maschinenbaus und Rüstow der Stratege der Öffentlichkeitsarbeit im weitesten Sinne. Die Grundsatzabteilung ihrerseits war eine Art geistiger Waffenschmiede. Sie sondierte das ganze wirtschaftliche und politische Terrain, auf dem sich der Maschinenbau bewegte – Gegner wie Verbündete. Meine Aufgabe war es, dem Verband zu helfen, sich in der politischen Landschaft zurechtzufinden. Dazu hatte ich die großen deutschen Zeitungen zu lesen, Fach- und Verbandszeitschriften sowie die Reichstagsprotokolle auszuwerten und zugleich die Verlautbarungen der anderen mächtigen Verbände wie des »Langham-Vereins« – so nannte sich die Interessenvertretung der Rhein-Ruhr-Industriellen –, des Reichslandbundes oder der Gewerkschaften. Das damals wichtigste, aber keineswegs einzige Streitobjekt war die Handelspolitik. Hartnäckig vertraten Schwerindustrie wie Großlandwirtschaft eine Politik der hohen Schutzzölle, gegen die sich der Maschinenbau, dem an der Erleichterung des Exports lag, nicht weniger ausdauernd wehrte. Aber auch außerhalb des im engeren Sinne wirtschaftlichen Bereichs gab es beachtliche Strömungen, die Autarkie für ein patriotisches Ideal hielten.

Die Beobachtung und die Beteiligung an der Politik wurde für mich nun also zum Beruf. Das Interesse daran, wie Politik praktisch gemacht wird, war ja einer der Gründe gewesen, weshalb ich nach Berlin gegangen war. Nun konnte ich dieser Leidenschaft in einem ganz anderen Rahmen nachgehen. Ich befand mich sozusagen auf dem Anstand, um zu verfolgen, was sich in den Regierungen von Reich und Preußen, in den Parteien und Verbänden, in Behörden und Institutionen tat. Ich hatte mir ein Urteil zu bilden über die *dramatis personae*, die maßgebenden und die weniger maßgebenden Figuren auf der politischen Bühne der Republik, aber auch über die Veränderung der Strukturen, die ein knappes Jahrzehnt nach dem Ende des Kaiserreichs und dem Beginn der Republik noch immer in Bewegung waren. Es war durchaus – um den in den Sozialwissenschaften gebräuchlich gewordenen Begriff zu verwenden – eine »teilnehmende Beobachtung«, die ich betrieb, und zwar nicht nur in dem allgemeinen Sinn, daß ich am Schicksal dieser Republik Anteil nahm. Ich war inzwischen auch Mitglied der Deutschen Volkspartei geworden und saß in der Bezirksverordnetenversammlung von Schöneberg, wo übrigens ein paar Jahre zuvor auch Theodor Heuss seine ersten Schritte in die praktische Politik unternommen hat. Hatte schon der enge Kontakt mit Stresemann mir viele Einblicke in den politischen Betrieb gewährt, so öffnete sich mir nun das politische und auch das gesellschaftliche Leben der Reichshauptstadt unter den mannigfaltigsten Gesichtspunkten. Man kann es auch anders sagen: Ich habe damals, in meinen politischen Lehrjahren, viele Bekanntschaften gemacht, vieles gelernt, manches begriffen.

Es ist deshalb vor allem eine Fülle von Persönlichkeiten, die vor mein Auge tritt, wenn ich an diese Jahre zurückdenke. Manchen von denen, die Geschichte gemacht haben, habe ich später biographische Studien gewidmet, und etliche dieser Studien – wie die über Prinz Max von Baden, den ersten parlamentarischen Reichskanzler, Aristide Briand, den französischen Ministerpräsidenten, oder Franz von Papen, den unseligen Steigbügelhalter Hitlers – habe ich schon vor Jahrzehnten in einem Sammelband unter dem Titel »Die improvisierte Demokratie« aufgenommen. Natürlich ließen mich die strukturellen Entwicklungen der Politik nicht gleichgültig; sie waren uns jungen Zeitgenossen der Weimarer Republik im Gegenteil durchaus präsent und beschäftigten uns fortwährend. Aber es liegt nun einmal in der Natur der Dinge, daß die historische Rolle der Persönlichkeit sich dem, der sie erlebt, viel stärker aufdrängt als dem, der als Nachgeborener ihre Ergebnisse betrachtet und analysiert. Auch in die Porträtstudien, die ich als Zeithistoriker geschrieben habe, sind natürlich meine Gesprächseindrücke und gelegentliche Begegnungen eingeflossen. Hier will ich dagegen Personen beschreiben, die unmittelbar in meinem Leben eine Rolle gespielt haben. Daß es sich zumeist um Personen aus der Politik handelt, namhafte und weniger bekannte oder in Vergessenheit geratene, hat seinen Grund darin, daß dies die Sphäre war, in der ich mich vor allem bewegte.

Alexander Rüstow

Zu den eindrucksvollsten Begegnungen dieser Jahre gehörte für mich die mit Alexander Rüstow. Das hing nicht nur damit zusammen, daß er mir in meinen beruflichen Anfängen ein hervorragender Lehrer gewesen ist und überhaupt eine höchst sympathische Erscheinung war, frei von Launen und schikanösen Ansprüchen. Er war vor allem ein Mann dieser Zeit. 1885 geboren, zu der Zeit, da ich ihn kennenlernte, also in der Mitte des Lebens stehend, vereinigte sich in ihm, in seiner geistig-menschlichen Kontur wie in der Entwicklung, die er genommen hatte, vieles von den Tendenzen dieser Epoche – so wie er als Persönlichkeit mit seinem Temperament und seiner Entschlossenheit, die Möglichkeiten dieser Zeit auszuloten, diese sozusagen zu sich selbst brachte. In diesem Sinne – nicht im Sinne modischer Anpassung oder der Abhängigkeit vom Zeitgeist – war er modern. Schon die Stationen seines Lebensweges spiegelten das wider. Der Vater königlich-preußischer General, streng wilhelminisch, die Mutter engstirnig-pietistisch: Das pflanzte ihm eine tiefe Abneigung gegen die lutherische Kirche und das militaristische Preußentum ein. Als Primaner war er ein Wandervogel und deshalb geprägt durch die Auflehnung gegen die herrschenden Konventionen, den »Traditionsstreik«, wie er es nannte, die die Jugendbewegung bestimmten. Er hatte ein breit angelegtes Studium absolviert,

Altphilologie und Philosophie, aber auch Nationalökonomie und Mathematik studiert und sich nach der Promotion bis zum Kriegsausbruch einer vergleichsweise besinnlichen Tätigkeit, nämlich der Edition griechischer und lateinischer Texte bei dem renommierten Teubner-Verlag in Leipzig, gewidmet. Er war, wie er erzählte, ein schlechter Friedens-, wurde aber ein guter Kriegssoldat, ausgezeichnet nicht nur mit dem Eisernen Kreuz I. und II. Klasse, sondern auch mit dem Ritterkreuz des Hohenzollernordens mit Krone und Schwertern, der nach dem »Pour le Mérite« die höchste Kriegsauszeichnung war.

Wie so viele empfand er Niederlage und Revolution als tiefe Zäsur. Aber die Konsequenzen, die er zog, waren radikaler als die der meisten anderen. Während der Revolutionstage nach Berlin zurückgekehrt, verschenkte er demonstrativ Frack und Smoking, überzeugt davon, daß diese Attribute bürgerlicher Schicklichkeit nicht mehr gebraucht würden. Er sei, so hat er im Rückblick bekannt, als »radikaler Sozialist und Marxist« aus dem Krieg zurückgekehrt. Neuordnungsbegeistert und revolutionshungrig lebte er in Berlin und München. Eine erste Ehe, die in dem Schwabinger Milieu von Boheme und Jugendbewegung wurzelte – seine Frau war Malerin und Bildhauerin –, scheiterte. Ihr folgte die Beziehung zu einer Studentin mit ausgeprägtem Interesse für Reformpädagogik und die Lehre Sigmund Freuds. In zahlreichen Versammlungen war sie radikal für die sexuelle Emanzipation eingetreten. Er heiratete sie erst, als sie drei Kinder hatten.

Die Revolution gab Rüstow aber auch beruflich den Schub in eine neue Richtung. Im April 1919 wurde er durch die Vermittlung seines Jugendfreundes Adolf Löwe ins Reichswirtschaftsministerium berufen. Es reizte ihn, sich dort, wo die Weichen für die Zukunft gestellt wurden, an einer der richtunggebenden Entscheidungen, nämlich der Sozialisierung, zu beteiligen. Aber die Überführung der Wirtschaft in eine Gemeinwirtschaft, die von paritätisch besetzten Selbstverwaltungskörperschaften von Arbeitgebern und Arbeitnehmern unter Aufsicht des Staates dirigiert werden sollte, kam nur langsam voran und wurde schließlich aufgegeben. Anfang der zwanziger Jahre bekannte Rüstow dann auf einer Tagung seine Abkehr von Kommunismus, politischem Marxismus und doktrinärem Sozialismus.

Nun begann seine Wandlung zum Vertreter einer liberalen Wirtschaftspolitik. Dafür hatten schon die Vorlesungen und Seminare des Soziologen Franz Oppenheimer, an denen er teilgenommen hatte, den Grundstein gelegt. Oppenheimer plädierte für »einen dritten Weg zwischen liberalem Kapitalismus und marxistischem Kommunismus«; einer seiner Schüler war übrigens auch Ludwig Erhard, der nach dem Krieg zum Repräsentanten der sozialen Marktwirtschaft und zur Symbolfigur des wirtschaftlichen Aufstiegs wurde. Für eine solche Perspektive plädierte auch Rüstow. Er war sich durchaus darüber im klaren, daß sie sozusagen einen Zwei-Fronten-Kampf gegen Kapitalismus und Kommunismus erforderte. Es war weder Opportunismus, der ihn vom radikalen Sozialisten zum Liberalen werden ließ, noch das vorherrschende Klima im Reichswirtschaftsministerium, das ihn dazu veranlaßte, denn dort erhielten sich auch dann noch Sympathien für die Planwirtschaft, als Rüstow schon längst zu ihr auf Distanz gegangen war. Vielmehr war es harte, wissenschaftliche Arbeit, die ihn zur Änderung seiner Grundansichten führte. Überdies blieb er immer ein prinzipienbewußter, entschiedener Denker. Diesen Charakterzug, der uns Jüngere an ihm besonders faszinierte, hat mir eine Briefstelle verständlich gemacht, die seine Biographin Kathrin Meier-Rust gefunden hat. Er wäre, so schrieb er 1929 seinem Freund Adolf Löwe, »in der neuen Richtung nicht so weit gegangen..., wenn ich nicht vorher so extrem den entgegengesetzten Weg versucht hätte«. Sein Wandel wurde von einer umfangreichen Korrespondenz und Diskussion mit befreundeten sozialistischen Nationalökonomen über viele Jahre hinweg begleitet. »Während diese Abkehrung vom Kommunismus sich bei mir mit ziemlicher Heftigkeit und Erschütterung vollzog«, so bekannte Rüstow später, »ging die folgende Entwicklung, bei der es sich nicht um Gesinnung, sondern um Einsicht handelt, langsamer und allmählicher, schrittweise vor sich.« Seine damals erarbeiteten Anschauungen hat er mit der ihm eigenen Energie und Zähigkeit auch in der Nachkriegszeit vertreten, in der er – nachdem er während des Dritten Reiches als Emigrant in der Türkei gelebt hatte – als Professor in Heidelberg und Mitbegründer des Neoliberalismus eine wichtige Gestalt der Anfangsjahre der Bundesrepublik geworden ist.

Politisch war Rüstow in der Zeit, in der ich ihn kennenlernte, ein überaus kritischer Kopf. Er beklagte, daß sich ein stillschweigendes System der Verantwortungsflucht entwickelt habe, in dem keiner mehr Verantwortung übernehmen wolle; wer sie dennoch zugeschoben bekomme, sei der Dumme. Durch dieses System würde den Menschen Politik und Staat planmäßig verekelt, und in den Kellergewölben unserer politischen Verhältnisse häufe sich von Tag zu Tag mehr Zündstoff an. Als Gegenmittel empfahl Rüstow eine »Diktatur in den Grenzen der Demokratie«, eine »Diktatur in der Demokratie«, wahrgenommen vom Reichskanzler, dem zu diesem Zweck für die Dauer eines Jahres von einer qualifzierten Mehrheit des Reichstags das Vertrauen ausgesprochen werden müsse. Diese Ansicht äußerte er auch im Juli 1929 bei einem Vortrag an der Hochschule für Politik, die damals »Aussspracheabende über die Probleme der Koalitionspolitik« veranstaltete; er vertrat sie aber auch immer wieder im Gespräch. Anders als etwa der vieldiskutierte Carl Schmitt, der die Rettung der Republik darin sah, den Ausnahmezustand zur Regel des politischen Alltags zu machen, liefen Rüstows Vorstellungen auf eine Stärkung des Reichskanzlers hinaus. Würde er in höherem Maße in der Lage sein, politische Führung wahrzunehmen, so könnte er der drohenden Auflösung von Staat und Politik entgegenwirken. Scharf markierte Rüstow die Differenz zwischen der Stärkung der verfassungsmäßigen Ordnung und allen Spielarten autoritärer Politik, mit denen damals viele liebäugelten. »Lassen Sie die Hände davon«, sagte er immer wieder zu uns, »in der Diktatur sind uns die Nationalsozialisten überlegen. Wir dürfen überhaupt nicht damit anfangen, solche Regime auch nur zu erwägen.« Und vor allem dürfe man keine Verletzung der Regeln von Recht und Verwaltung in Kauf nehmen.

Becker und die »Becker-Jünger«

Eine andere Persönlichkeit, die für mich wichtig wurde, war der preußische Kultusminister Carl Heinrich Becker. Seine Bekanntschaft verdanke ich meinem Tübinger Freund Wilhelm Hoffmann, der über seinen Doktorvater Eduard Spranger, den hochangesehenen Pädagogen, mit ihm in Kontakt gekommen war und kurzentschlossen ein Gartenfest nutzte, um mich ihm vorzustellen. Becker forderte mich sogleich auf, ihn einmal im Ministerium zu besuchen, was mich in nicht geringen Schrecken versetzte, denn Becker war von Haus aus ein berühmter Orientalist. Von diesem Fach hatte ich keine Ahnung, ebensowenig von den Interna der Universitätspolitik und der kulturpolitischen Diskussionen, die sich mit seinem Namen verbanden. Aber Hoffmann beruhigte mich: Becker suche das Gespräch von Mensch zu Mensch; es sei ihm gleichgültig, ob einer Student sei oder Ordinarius.

Zu meinem Erstaunen dauerte die erste Unterhaltung mit Becker mehr als zwei Stunden. Der Mann, der wegen des Fehlens eines Reichskultusministeriums – auch in der Weimarer Republik war Kultur Ländersache – als Kultusminister des weitaus größten Landes die maßgebende Instanz in allen kulturpolitischen Fragen war, zog mich, den Studenten, in ein weit ausholendes Gespräch über Bildungs- und Universitätsfragen. Es begann bei meinem Doktorvater Hartung, über dessen Lehrtätigkeit ich ihm berichten mußte, und geriet rasch auf das Feld der Berufungen und der Schwierigkeiten, die ihm die politischen Parteien dabei machten. Er wisse, sagte Becker, daß eine Reihe hervorragender Gelehrter, die unbestritten zur »Aristokratie des Geistes« gehörten, entschiedene Gegner der Republik seien; er nannte den Althistoriker Eduard Meyer und den Nationalökonomen Hermann Schumacher und zählte auch Hartung dazu – letzteren zu Unrecht, wie ich ihm auch sagte. Er könne und wolle sie nicht abberufen, denn die Freiheit der Universitäten müsse unantastbar bleiben. Andererseits sei es äußerst schwierig, wirklich qualifizierten Nachwuchs unter republikanisch eingestellten Wissenschaftlern zu finden. Doch drittklassige, aber gesinnungstreue Leute ernenne er nicht, auch wenn sie ihm zur Berufung vorgeschlagen würden; Ämterpatronage sei für Universitäten unmöglich. Das Sperrfeuer aus den Parteien müsse er eben hinnehmen.

An Beispielen fehlte es Becker nicht: Den Historiker Hermann Oncken hatte er auf Vorschlag der Fakultät zum Nachfolger von Erich Marcks ernannt, aber trotz Onckens Biographie über Ferdinand Lassalle, einen der Gründer der Sozialdemokratie, gab es aus den Reihen der SPD, aber auch von einigen Demokraten, Proteste, weil Oncken in erster Linie Historiker der Bismarck-Zeit sei. Jetzt hatte er Hermann Heller, einen jungen, hervorragend ausgewiesenen Staatsrechtslehrer, der der SPD angehörte, zum Professor ernannt. Prompt gab es Empörung bei Volkspartei und Deutschnationalen.

Becker war eine herausragende Gestalt der Weimarer Republik. Auch er war – wie Rüstow – ein modern denkender Mann, obwohl er doch ein Gelehrter und ordentlicher Professor für ein keineswegs avantgardistisches Fach war. Er war Wandervogel gewesen, kam also auch aus der Jugendbewegung, und blieb mit deren Gedanken und dem, was von ihr fortlebte, in Verbindung. Aus der Jugendbewegung, die vor dem Weltkrieg eine breite Wirkung auf die Söhne und Töchter aus bürgerlichem Haus hatte, stammte auch eine Reihe der jüngeren Beamten, die er um sich sammelte und gezielt förderte. Dabei kam ihm zugute, daß er noch im Krieg, im Jahre 1916, Personalreferent in der Hochschulabteilung des preußischen Kultusministeriums geworden war, also über reiche Erfahrungen in der Personalpolitik verfügte. Der Kreis um ihn war keine »Mannschaft«, kein »Kader«, sondern eine lockere Gemeinschaft, die ihn als »Führer« anerkannte – auch dieser Begriff kam aus der Jugendbewegung –, aber von ihm ermuntert wurde, sich freimütig mit ihm auseinanderzusetzen. Die »Becker-Jünger« nannte sie Ernst Heilmann, der sozialdemokratische Fraktionsvorsitzende, halb ironisch, halb neidisch. Diese jungen Mitarbeiter zog er ganz bewußt zu den Beratungen über die großen Reformpläne im Schul- und Hochschulbereich heran, die das Kernstück seiner Politik waren und mit denen er tief in die Gesellschaft der Republik hineinwirkte. Sein bedeutendster Erfolg war dabei wohl die Etablierung der Pädagogischen Akademien, die an die Stelle der bisherigen Lehrerseminare traten. Die Akademien setzten das Abitur voraus und vermittelten ein Studium, das dem Lehrerstand gleichsam akademische Weihen gab, während die Lehrerseminare eher das pädagogische Handwerk gelehrt hatten; für sie war deshalb auch nur Volksschulbildung Voraussetzung.

Die jungen Mitarbeiter, die Becker um sich versammelte, hatten meist erst nach dem Krieg studiert, zumindest dann erst ihr Examen gemacht. Diese Nachkriegsgeneration brachte neue Erfahrungen und eine andere Sicht der Dinge in das Ministerium, das natürlich in seinem Kern noch von den Beamten aus der Vorkriegszeit geprägt war. Das Verhältnis dieser beiden Generationen, das eine der brisantesten Problemzonen dieser Zeit war – ich selbst hatte es im Verhältnis zu meinem Vater ja ausgiebig erlebt –, steuerte er mit festem Willen und leichter Hand, um das Aufbrechen eines Generationenkonflikts zu verhindern, das die sachliche Auseinandersetzung hätte blockieren können. Er gab der Kreativität der Jüngeren Raum und schützte sie vor der Einschüchterung durch die Älteren: Deren Hochmut sollte diese Jungen mit ihren Impulsen und Visionen nicht ins Leere laufen lassen oder ihnen mit kleinen Konzessionen den Schneid abkaufen. Letztlich ging es Becker um eine Art »Gemeinschaftsarbeit« der unterschiedlichen Generationen und Positionen im Ministerium.

Einige der Jungen waren SPD-Mitglieder, weil sie von dieser Partei am ehesten die Bereitschaft zu Reformen erwarteten – so etwa Adolf Reichwein, der eine Zeitlang Beckers persönlicher Referent war, ein hervorragender Pädagoge, der später zu den Verschwörern des 20. Juli gehörte und hingerichtet wurde. Otto Beneke, einen modernen Liberalen, hatte Becker im Vorstand der 1919 gegründeten Deutschen Studentenschaft entdeckt und in seine Hochschulabteilung geholt, um ihn dann zu seinem persönlichen Referenten zu machen; mit zweiunddreißig Jahren beförderte er ihn zum Ministerialrat, was damals sehr ungewöhnlich war. Becker stand auch in ständigem Kontakt mit jungen Intellektuellen außerhalb des Ministeriums, deren Rat ihm wichtig erschien – so etwa mit Arnold Bergsträsser, der die Freistudenten im Vorstand der Deutschen Studentenschaft vertrat und in Heidelberg Privatdozent für »Staatswissenschaft und Auslandskunde« war, oder mit Peter van Aubel, dem Vertreter der katholischen Studentenschaft. Bergsträsser, der während des Dritten Reiches emigrierte, wurde später mein Kollege als Politikwissenschaftler an der Universität Freiburg.

Beckers Position war nicht einfach – so wie er selbst nicht einfach war. Im Grunde genommen hoffte er – wie so viele andere bedeutende Köpfe in dieser Zeit – auf eine neue Elite.

Er war zwar von der Notwendigkeit der Bildung der Massen überzeugt, doch mit ebensolchem Nachdruck forderte er »die Erziehung hochqualifizierter Einzelpersönlichkeiten als Führer der Massen«. Das hörte man bei den Sozialdemokraten nicht gern. Von seiner grundsätzlichen Haltung her zählte sich Becker auch nicht zu den »Vernunftrepublikanern«, die im gebildeten Bürgertum, also in der Schicht, zu der er eigentlich gehörte, sozusagen die Stützen der Weimarer Demokratie waren. Das war ihm zu wenig. Ihm war der demokratische Gedanke so etwas wie eine »Glaubenssache«.

Das war der Punkt, an dem wir nicht zusammenkamen. Der Begriff des »Glaubens« in diesem politischen Zusammenhang irritierte mich, so wie ich auch mit der Formel von den »Vernunftrepublikanern« nicht viel anfangen konnte. Gegenbegriffe wären »Glaubensdemokrat« oder aber »Vernunftmonarchist« gewesen. Vor allem vermochte ich meine Vorstellungen von Notwendigkeit und Möglichkeit staatsbürgerlicher Bildung mit Beckers Auffassungen nicht zu vereinbaren. Die Demokratie zur Glaubenssache zu machen, schien mir eher gefährlich. Nur ein Teil der Bevölkerung hatte sich meiner Meinung nach aus fester Überzeugung zur Demokratie bekannt, die meisten hatten sich für sie entschieden, um die Staatlichkeit Deutschlands zu erhalten. Aber es gäbe – so argumentierte ich – eine breite Bereitschaft zur äußeren und inneren Loyalität gegenüber der Verfassung. Wo die Willensbildung im Wege der Auseinandersetzung, ja des Streites erfolgt, müsse ein breites, tiefsitzendes Gemeinschaftsbewußtsein bestehen. Dafür könne im republikanischen Deutschland zunächst nur die Loyalität gegenüber Staat und Verfassung das Fundament bilden. Diese Anerkennung der demokratischen Ordnung könne wiederum nur – das war seit Tübingen meine Grundthese in bezug auf die politische Bildung – durch Verstehen des Funktionierens und des Sinnzusammenhangs der Organe der demokratisierten Obrigkeit erreicht werden. »Und Sie meinen, damit die Heranwachsenden zu erreichen?« fragte Becker skeptisch. Ich wiederholte das staatsbürgerkundliche Credo, zu dem ich mich, wie berichtet, schon als junger Student durchgerungen hatte: Die Demokratie müßte einfach gelernt werden, denn Politik in der Demokratie sei eine äußerst schwierige Materie.

Daraus zog ich nun den Schluß: Die Staatsbürgerkunde – oder wie immer man sie nennen wolle – müsse an den Universitäten und pädagogischen Akademien eine selbständige Disziplin werden und an den Schulen ein eigenes Lehrfach, das zugleich Prüfungsfach sei. Auch die Reform der höheren Schulen von 1924/25 habe die Staatsbürgerbelehrung doch nur dem Ermessen der Geschichtslehrer überantwortet, denen die Befähigung zum politischen Unterricht fehlte. Nicht vorgebildet und nicht einmal im Besitz von Lehrbüchern, lasse es der Lehrer bei einigen Gemeinplätzen bewenden, um ins Klassenbuch »Staatsbürgerkunde« eintragen zu können. Ich konnte mich des Eindrucks nicht erwehren, daß Becker diesen Fragen bislang nicht viel Aufmerksamkeit zugewendet hatte. Er wies auf die Schwierigkeiten hin, die die Einführung eines solchen Fachs mit sich brächte. Man müsse mit dem Widerstreben von Eltern und Lehrern rechnen, da ja vor allem die Stundenzahl nicht erhöht werden dürfe. Auch an den Universitäten und pädagogischen Akademien werde es Widerstand geben. So sei es mit der angestrebten Einführung von Volkswirtschaft und Soziologie gegangen, für die es immerhin Initiativen von einigen Universitätslehrern gegeben habe; Vergleichbares sei jedoch für die Staatsbürgerkunde nicht zu erwarten. Schließlich könne sich natürlich sein Haus mit eigenen Aktivitäten einsetzen. Aber, so gab Becker zu bedenken, solcher Druck würde die neue Disziplin möglicherweise von Anfang an diskreditieren und beispielsweise an den Fakultäten zu Berufungsstreiks führen. Und woher solle man die geeigneten Kräfte nehmen? Aber er danke mir für meine Anregungen.

Wie unkonventionell Becker sein konnte, erfuhr ich im übrigen schon bei unserem ersten Gespräch. Als ich mich verabschiedete, sagte er mir ganz unvermittelt: »Ich habe zwei ständige Plätze im Schauspielhaus am Gendarmenmarkt. Wenn Sie Interesse an einem Stück oder einer Aufführung haben, rufen Sie meine Sekretärin an; die wird Ihnen einen Termin nennen.« Ob ich dieses Angebot sehr oft wahrgenommen habe, weiß ich nicht mehr. Aber ich erinnere mich noch gut daran, daß ich mit Becker die dritte Vorstellung von Brechts »Dreigroschenoper« besucht habe. Ich fand es mutig, daß der preußische Kultusminister die Aufführung besuchte, die immerhin mit den heiligsten Gütern der bürgerlichen Welt ihren Spott trieb, und als wir dann nach der Vorstellung über die Weidendammbrücke gingen, sagte ich ihm das auch: Das könne wieder Anlaß für furchtbare Angriffe auf ihn geben. Aber Becker tat das leichthin ab. Er sei der preußische Minister für Kultur, da werde er sich doch noch das Theater ansehen können. Ich bin dann noch mehrfach bei Becker zu Gesprächen gewesen, vielleicht fünf- oder sechsmal, bis zu seiner Entlassung im Januar 1930.

Sie kam nicht nur für mich völlig überraschend. In gewissem Maße war sie die Konsequenz von Beckers prekärer Stellung zwischen den Parteien. Seiner Überzeugung gemäß, daß Kultur als Ausdruck der im Volk lebendigen schöpferischen Kräfte nicht von den Programmen der Parteien und den Kompromissen der Koalitionen bestimmt werden dürfe, hielt er, selbst parteilos, Distanz zu den Parteien. Immer wieder sprach er offen von der Notwendigkeit der »Neutralisierung der Kulturpolitik« und nahm für seine Politik in Anspruch, daß sie einer »überparteilich-treuhänderischen Linie« folge. Sein Rückhalt war Ministerpräsident Otto Braun. Der hatte selbst keine innere Beziehung zur Kulturpolitik, respektierte aber Becker – so wie Becker, der aus großbürgerlichem Hause kam, die staatsmännische Begabung des aus kleinen Verhältnissen stammenden Regierungschefs bewunderte. Becker selbst empfand diese Haltung einer überparteilichen Kulturpolitik angesichts der weltanschaulichen Gegensätze der Parteien mit Horaz gesprochen als *dira necessitas*, als harte Notwendigkeit. Aber nicht wenige Abgeordnete legten sie ihm als Hochmut oder als persönliches Vergnügen eines Intellektuellen aus. Entsprechend gering war die Loyalität, die die Fraktionen ihm gegenüber empfanden.

Die SPD war es denn auch, die Braun mit massivem Druck zwang, den ungeliebten Minister zum Rücktritt zu bewegen. Mittelbarer Anlaß war der Abschluß eines Konkordats mit dem Vatikan. Der Vertrag mit der katholischen Kirche war im Juni 1929 von Ministerpräsident Braun, einem eingefleischten Dissidenten, unterzeichnet und im Juli auch von der SPD mit ihrem starken Freidenkerflügel ratifiziert worden. Für Braun war die Erhaltung und Stabilisierung seiner Koalitionsregierung entscheidend, nicht nur um seiner Partei willen, sondern vor allem im Interesse seiner Staatspolitik. Wiederholt hatte das Zentrum als Reichspartei auf seine preußische Landtagsfraktion Druck auszuüben versucht, durch Ausscheiden die Koalition zu sprengen. Die Verhandlungen hatte Becker seit 1926 unter strikter Geheimhaltung mit dem Nuntius Eugenio Pacelli, dem späteren Papst Pius XII., geführt. Für die Zustimmung zum Konkordat bot nun das Zentrum der SPD an, einen sozialdemokratischen Kultusminister mitzutragen.

Der Grund für Beckers Rücktritt war also ein Tauschgeschäft, das, obwohl parlamentarisch nicht gerade unüblich, die abschätzige Bezeichnung »Kuhhandel« vollauf verdiente. Daß das Konkordat ohne Beckers Einsatz kaum eine Chance gehabt hätte, spielte nun keine Rolle mehr. Der Mohr hatte seine Schuldigkeit getan, er konnte gehen: Nachdem die Pädagogischen Akademien etabliert und das Konkordat ausgehandelt waren, glaubte die SPD, Becker entbehren und seine Position mit einem Parteimann besetzen zu können. Es war eine interne Koalitionsrevolte mit raffinierter Methode – der SPD-Fraktionsvorsitzende Heilmann hatte den Ministerpräsidenten mit Hilfe des Zentrums gleichsam entwaffnet, Becker seinen einzigen sicheren Rückhalt verloren. Es war einer der ganz wenigen Fälle eines Gegensatzes zwischen Braun und Heilmann. Braun mußte sich fügen, brüskierte aber die Fraktion mit der Ernennung des Nachfolgers: Nicht der von der Fraktion gewünschte biedere Oberschulrat König, dessen Kenntnisse und Interessen sich auf Volksschulwesen beschränkten, wurde Minister, sondern Adolf Grimme, kirchlich aktiver Protestant, nicht einmal Mitglied der Landtagsfraktion, eher ein Mann von Beckers Schlag; er hat später als Rundfunkintendant und niedersächsischer Kultusminister in der Bundesrepublik eine wichtige Rolle gespielt.

Die Empörung über Beckers Sturz war bei allen, die Interesse an Bildungsfragen hatten und sich nicht in erster Linie von Parteigesichtspunkten leiten ließen, groß. Man sprach von einem schwarzen Tag für die Regierung Braun. Ich teilte diese Meinung und erinnerte mich daran, wie Becker über das politische Gerangel im Landtag geklagt und im gleichen Atemzug das hohe Niveau gelobt hatte, das die Konkordatsverhandlungen mit Pacelli ausgezeichnet hatte. Nun hatte ausgerechnet dieses Konkordat dazu geführt, daß er Opfer der Parteitaktik geworden war. Becker hatte durch seine Argumente überzeugen wollen: Die Abgeordneten maßen sie an dem Interesse ihrer Parteien – und das richtete sich darauf, den eigenen Einfluß und die eigene Machtbasis auszudehnen.

Nicht anders als für Rüstow gilt für den Staatsrechtler Carl Schmitt, daß er ein Mann dieser Zeit war. Im Unterschied zu Rüstow ist er auch heute noch eine vielberedete Gestalt. Es ist hier nicht der Ort, die Frage aufzuwerfen, ob das damit zusammenhängt, daß seine Schriften noch immer Anlaß zu Auseinandersetzungen geben, oder ob der Grund seine fatale Rolle als Theoretiker und politischer Ratgeber vor allem in den ersten Jahren des Dritten Reichs gewesen ist. Seit dem Beginn der Republik war er jedenfalls mit brillanten und provozierenden Aufsätzen bekannt geworden, und sein Name war bald in vieler Munde. Wie nur wenigen war es ihm gelungen, über die Grenzen seines Fachs hinaus zu wirken und zu einer politisch-intellektuellen Größe zu werden, die niemanden gleichgültig ließ und deren Äußerungen deshalb immer eines breiten Echos sicher sein konnten. Dabei kann kein Zweifel daran sein, daß er gerade in seinem Fach eine überragende Autorität war. Der beste Beleg dafür ist für mich mein Lehrer Hartung gewesen. Der Auseinandersetzung mit den staatsrechtlichen Fachvertretern wie etwa Gerhard Anschütz, dem Kommentator der Weimarer Verfassung, konnte der nüchterne Historiker, der er war, trotz seiner eminenten Kenntnisse der Verfassungsgeschichte nie viel abgewinnen. Aber die Verfassungslehre von Schmitt las er und fand gar nicht genug Lob für dessen meisterhafte Begriffsbildung. Auch ich war davon fasziniert und halte sie nach wie vor für ein Werk, das für die Beschäftigung mit Verfassungsfragen unverzichtbar ist. In gewissem Sinne ist es der erste politikwissenschaftliche Beitrag zur Staatslehre in Deutschland.

Ich habe Schmitt nicht wirklich näher gekannt, hatte aber natürlich seine Schriften gelesen und kannte seinen Rang in der intellektuellen Welt. Wir hatten ihn auch einmal in einen Gesprächskreis eingeladen, von dem später noch die Rede sein wird. Ich war also gespannt, als ich – es muß im Herbst 1931 gewesen sein – von ihm nach Hause eingeladen wurde. Schmitt wohnte in einer durchaus herrschaftlichen Etagenwohnung in der Nähe der Technischen Hochschule. Anwesend war etwa ein Dutzend Personen, und da sich manche von uns vorher noch nicht begegnet waren, machte er uns untereinander bekannt. Zuletzt stellte er mich einer Dame vor, ohne ihren Namen zu nennen. Sie war eine eindrucksvolle Erscheinung, etwa vierzig Jahre alt, mit tiefschwarzem, in der Mitte gescheiteltem Haar. Auffälligerweise saß sie dem Hausherrn gegenüber an einer der Schmalseiten der Tafel, die übrigens fast luxuriös, mit königlich-preußischem Porzellan, schwerem silbernem Eßbesteck und aufwendigem Blumenschmuck, dekoriert war. Zwischen Suppe und Braten betrat plötzlich eine Kinderschwester den Raum, die ein schlafendes Baby in einem großen roten Steckkissen mit langer Schleppe trug. Sie präsentierte es mit leichter Verbeugung zuerst Schmitt, dann jedem Gast, wie es der Sommelier bei einem besonders guten Wein zu tun pflegt. Und während die Schwester noch die Runde machte, fragte die namentlich nicht genannte Dame: »Gefällt Ihnen unser Kind, Herr Schmitt?« Schmitt zeigte nicht die geringste Verlegenheit, sondern wirkte eher geschmeichelt und sagte bestätigend: »Aber sehr, Frau Schmitt.« Man kann sich denken, daß wir über die Zeremonie verblüfft waren. Nach dem Krieg erzählte ich einem Kollegen von diesem Erlebnis, der Schüler von Carl Schmitt gewesen war und ihn gelegentlich noch in Plettenberg, seinem Alterswohnsitz, besuchte. Er bestätigte mir, daß die Umgangsformen zwischen Schmitt und seiner Frau noch die gleichen seien.

Ich habe Schmitt auch später noch hin und wieder gesehen, weiß allerdings nicht mehr, wie oft. Ich erinnere mich aber noch an ein Zusammentreffen, das mir im Rückblick manchen Aufschluß darüber gegeben hat, weshalb Schmitt, der auch in den letzten Jahren der Republik eigentlich als Demokrat galt, im Dritten Reich in so spektakulärer Weise Stellung für das Regime bezogen hat. Wir hatten, glaube ich, bei Habel, einem beliebten Weinkeller hinter der Wilhelmstraße, gesessen und waren dabei in Meinungsverschiedenheiten darüber geraten, was denn von den Nazis zu halten sei; das war damals, 1932, eines der Themen, über die alle immerfort redeten. Ich erinnere mich noch, wie konsterniert ich war, als Schmitt den Nationalsozialisten attestierte, sie wüßten wenigstens, was sie wollten, und hätten vor Entscheidungen keine Angst. Die anderen, die Demokraten hingegen, die linken wie die rechten, kämen vor lauter Zweifeln, Skrupeln und taktischen Finessen doch nie dazu zu handeln. Was dieser Staat brauche, seien aber Männer, die die notwendigen Entscheidungen fällten. So ähnlich redete er sich in Rage und setzte mir des langen und breiten auseinander, daß mit den Liberalen aller Richtungen kein Staat mehr zu machen sei. Mein Einwand, daß die führenden Nazis durchweg mittelmäßige, triviale Figuren seien, von denen man nichts Gutes erwarten könne – er möge sich doch bitte Göring oder Goebbels ansehen –, wischte er hinweg: Goebbels sei wenigstens hochintelligent und Göring immerhin ein Haudegen. All das, womit die Nazis die Massen bewegten, die ganze schauerliche Ideologie mit ihrem Führerkult, ihrer Rassenlehre und dem »Deutschland-erwache«-Pathos, hat Schmitt offenbar nicht weiter ernstgenommen. Wir gingen dann die Friedrichstraße hinunter bis zu den Linden, und beim Café Kranzler nahm er seinen Bus und ich den meinen. Vorher hatten wir beide uns Zeitungen gekauft. Ich nahm wie immer das »Berliner Tageblatt«, er griff, wenn ich mich recht entsinne, nach dem »Angriff«, dem Kampfblatt von Goebbels. Seither habe ich Carl Schmitt nicht wiedergesehen, nicht während des Dritten Reichs, in dem er jene juristischen Äußerungen machte, die alle, die von ihm fasziniert gewesen waren, erschreckten, und nicht nach dem Krieg, nach dem er sich in seine sauerländische Abgeschiedenheit zurückzog – nicht ohne daß er bis ins hohe Alter immer wieder dunkel-anspruchsvolle Botschaften ausgesendet hätte.

Gespräche über den neuen Staat

Zu den Gesprächspartnern, von denen ich am meisten gelernt habe, gehörten drei jüngere Beamte, dem Alter nach zwar beträchtlich über mir, aber doch nicht so weit, daß wir nicht auf gleich zu gleich miteinander verkehren und uns unterhalten konnten. Der eine war Arnold Brecht, ein Lübecker, den ich über den jüngsten Bruder meines Vaters kennenlernte, der mit ihm zusammen auf dem Katharineum gewesen war. Brecht hatte eine steile Karriere gemacht, nachdem ihn Reichskanzler Prinz Max von Baden im Oktober 1918 beauftragt hatte, die Protokolle der Kabinettssitzungen und die Niederschriften von Ministerbesprechungen anzufertigen. Nur drei Jahre später, 1921, erst siebenunddreißig Jahre alt, wurde er Ministerialdirektor und Leiter der Verfassungsabteilung im Reichsinnenministerium. 1927 entließ ihn der deutschnationale Minister von Keudell – übrigens ungern und nur unter dem Druck seiner Fraktion, denn er wußte, was er an Brecht hatte. Nun erst erreichte Brechts Laufbahn ihren Höhepunkt: Er wurde Ministerialdirektor im preußischen Finanzministerium, preußischer Vertreter im Reichsrat und Generalberichterstatter für den Reichshaushalt. Kreativ, mit umfassender Verwaltungserfahrung und eminentem Fleiß ausgestattet, wurde er durch seinen Einfluß auf die innere Politik und damit auch auf die Politik der einzelnen Reichsressorts der wichtigste Landesbeamte in Angelegenheiten des Reiches. Er wußte mehr als die fähigsten Haushaltsexperten der Fraktionen, und keiner wurde von den Vertretern der Reichsministerien so gefürchtet wie er. Dabei verstand er seine schwer oder kaum zu widerlegende Kritik liebenswürdig vorzutragen.

Für die Demokratie hatte sich Brecht – wie er mir erzählte – im Krieg entschieden. Bemerkenswerterweise war der Anstoß dazu gar nicht so sehr von einem Wandel seiner politischen Anschauungen, als vielmehr von den unübersehbaren Mißständen der Verfassung des Kaiserreichs ausgegangen. Der erbitterte Kampf der Obersten Heeresleitung hatte ihn zu dem Schluß gelangen lassen, daß das Militär einer parlamentarischen Regierung unterstellt sein müßte – wie in England. Der innere Umbruch erschien ihm danach – wie er später in seinen Erinnerungen geschrieben hat – nicht als »Zertrümmerung hoher politischer und gesellschaftlicher Werte«, sondern im Gegenteil als »eine Befreiung von unhaltbaren Zuständen, als die Morgenröte einer neuen Zeit«. Mit diesem Impetus ging er an die Aufgaben, die ihm die Republik stellte. Einer Partei gehörte er bewußt nicht an, aber er stand bei den Weimarer Parteien wegen seiner persönlichen Integrität und seiner demokratischen Zuverlässigkeit in hohem Ansehen. Aber auch viele seiner politischen Gegner respektierten ihn wegen seines Bemühens um Objektivität und seines politischen Flairs. In weiten Kreisen Berlins galt er als vorbildliches Beispiel des republikanischen, hohen Beamtentums.

Ähnlich war die Laufbahn des zweiten in diesem Kreise. Hans Simons, den ich schon erwähnte, war Jurist, wurde bei den Friedensverhandlungen in Versailles Sekretär der deutschen Delegation, dann 1921 persönlicher Referent des sozialdemokratischen Innenministers Köster und wechselte schließlich ins preußische Innenministerium. Er war seit 1925 zugleich Direktor der Deutschen Hochschule für Politik, einer in der Zeit des Umbruchs entstandenen nichtstaatlichen Einrichtung, die in Deutschland zum ersten Mal politische Wissenschaft betrieb. Auch Simons' Wendung zur Demokratie wurzelte in dem Erlebnis des Krieges, insbesondere der Niederlage. Er war SPD-Mitglied geworden, weniger wegen des Programms der Partei, sondern weil er in ihr die zuverlässige Triebkraft der Demokratie sah. In ihm begegnete mir zum ersten Mal ein intellektueller Sozialdemokrat, und durch ihn lernte ich – bei gelegentlichen Besuchen in seiner schönen, aber gar nicht üppigen Wohnung – andere Vertreter dieses politischen Typus kennen, von dem ich bis dahin – verständlich bei meiner Herkunft und meiner Entwicklung – nur ein ziemlich ungenaues Bild besaß. Von ungezwungener Eleganz – er kam aus guter Familie, der Vater war bis 1929 Reichsgerichtspräsident –, ging Simons auch mit dem Gegner tolerant und aufgeschlossen um, widersprach heiter, ohne Pathos und Aggression. Er war ein scharfer Beobachter, erfaßte auch komplizierte Tatbestände rasch, um sie dann analytisch zu durchdringen. Sein Urteil schonte auch die Anhänger der eigenen Partei nicht. Was mich an ihm wie an Brecht beeindruckte, war sein Verhalten: Er trumpfte nicht auf, neigte aber auch nicht zu falscher Bescheidenheit. Mit ihnen konnte ich ganz offen sprechen, bekam Erklärungen auf alle Fragen, ohne daß sie Wert darauf gelegt hätten, daß ich ihre Einschätzungen teilte.

Schließlich verdanke ich auch den Gesprächen mit Kurt Zierold viel, der Oberregierungsrat im preußischen Kultusministerium war. Ich hatte ihn durch seinen Minister, Carl Heinrich Becker, kennengelernt, der ihn für einen der Besten unter den jüngeren Kräften in seinem Hause hielt. Er stand mir im Alter am nächsten. Der Dreißigjährige, damals noch unverheiratet, war Sohn eines wohlbegüterten, aber nicht gerade reichen Druckereibesitzers in der Provinz. Sein Leben verstand er in jeder Hinsicht zu genießen. Die Politik beschäftigte ihn intensiv, ohne daß er einer Partei angehörte – ich nehme an, daß er der Demokratischen Partei nahestand –, aber er setzte sich auch mit der modernen Literatur intensiv auseinander und interessierte sich für den Film, also das Medium, das damals gerade seinen Siegeszug antrat, und zwar nicht nur für dessen künstlerische Seite, sondern auch für die Filmwirtschaft und die Filmproduktion. Zierold wurde nach dem Krieg Chef der Hochschulabteilung im niedersächsischen Kultusministerium und dann Generalsekretär der Max-Planck-Gesellschaft.

Ich erinnere mich, daß uns in unseren Unterhaltungen vor allem die Frage der Stellung des Beamtentums besonders beschäftigte. Das lag nahe, denn der Übergang von der Monarchie zur Republik hatte einschneidende Konsequenzen gerade für die Verwaltung gehabt. Die Verwaltung des Kaiserreichs war – was auch von den Gegnern anerkannt wurde – von hoher Qualität; auch die Sozialdemokraten, die sich prinzipiell in Opposition befanden, und ausländische Beobachter bescheinigten insbesondere Preußen, daß es über ein vorzüglich ausgebildetes, effektives und unbestechliches Beamtentum verfügte. Der Preis dafür war allerdings, daß sich die höheren Beamten durchweg aus dem Adel, der bürgerlichen Oberschicht und dem gehobenen Mittelstand rekrutierten. Sie waren überwiegend weniger parteikonservativ als konservativ in ihren Grundanschauungen, so daß sich eine politische Homogenität von Regierung und Verwaltung ergab. Dieses Beamtentum war eine Funktionselite, eine herrschaftsstabilisierende Amtsaristokratie, die in ihrer Geschlossenheit eine Art Staatsorgan geworden war. Sie stellte in ihrem Standesbewußtsein, ja ihrem Standesdünkel hohe Ansprüche an ihre Angehörigen. Dies alles war nun durch Revolution und demokratische Republik in Frage gestellt.

Das Stichwort dafür hieß »Demokratisierung der Verwaltung«. Die Parteien, die die Republik politisch trugen, wollten

Einfluß auf die Verwaltung ausüben, teils dadurch, daß sie demokratisch-republikanische Zuverlässigkeit honorierten, teils dadurch, daß sie den Beamtenapparat für die eigenen Leute öffneten. Ein Problem dabei war, daß sie sich zwar in diesem Ziel einig, als Parteien jedoch Rivalen waren – was zur Ämterpatronage, also zur Besetzung von Ämtern mit Parteifreunden, führte. Das andere Problem bestand darin, daß es ihnen an ausgebildeten Kräften fehlte – der Sozialdemokratie nahezu völlig, dem Zentrum und den Demokraten weniger, aber doch in spürbarem Maße. Schließlich, drittens, waren die rein sozialistischen Revolutionsregierungen, die im Reich und in den Ländern die Macht in einer vom Chaos bedrohten Situation übernahmen, auf die monarchische Beamtenschaft vom ersten Tage an schlechthin angewiesen gewesen. Durch Erlasse wurden deshalb Gehalts- und Pensionsansprüche uneingeschränkt anerkannt und dies durch die Weimarer Verfassung noch einmal ausdrücklich bestätigt. Dadurch wurde die Demokratisierung zwar nicht gerade blockiert, aber doch sehr erschwert – obwohl die Institution des »politischen Beamten«, die schon ein preußisches Gesetz von 1852 eingeführt hatte, in Preußen 1920/21 bis auf die Ebene der Oberregierungsräte ausgedehnt worden war. Preußen war auch das Land, in dem die Demokratisierung mit besonderem Nachdruck betrieben wurde, während sie im Reich eine geringere Rolle spielte. Das galt zum Beispiel auch für die süddeutschen Länder – in Württemberg und Baden mit ihrer ohnehin schon demokratisch gestimmten Beamtenschaft war sie kein dringendes Bedürfnis, in Bayern stand ihr die regierende konservativ-katholische Bayerische Volkspartei im Wege.

Das am meisten debattierte Problem wurde die Frage der »Ämterpatronage«, kurz: der »Parteibeamten«, die nun in die Behörden einzogen. Das hatte es in der Monarchie, in der selbst die konservative Partei keinen Einfluß auf die Personalpolitik gehabt hatte, nicht gegeben. Seinen Grund hatte das in der Homogenität der Beamtenschaft, die allerdings durch eine kollektive negative »Ämterpatronage« abgesichert war; sie richtete sich uneingeschränkt gegen Sozialdemokraten und nichtgetaufte Juden, in beachtlichem Maße gegen Katholiken und Linksliberale sowie gegen alle, die verdächtig waren, Gegner oder Kritiker der Monarchie zu sein. Das Verfahren, mit dem nun in Preußen unter der Führung des sozialdemokratischen Innenministers Carl Severing versucht wurde, die Verwaltung zu demokratisieren, war im Grunde genommen eine Fortsetzung dieser negativen Ämterpatronage in umgekehrter Richtung, allerdings mit ganz erheblichen Unterschieden. Statt des homogenen Apparats bekamen nun drei rivalisierende Parteien Einfluß auf Bestellung und Beförderung.

Parteipolitische Patronage wurde nun ein beliebtes Handelsobjekt bei den unterschiedlichsten Maßnahmen und Entscheidungen. Eine Koalitionspartei gab beispielsweise in der Sache nach und erhielt dafür drei Ministerialräte. Das kostete nichts und war daher billiger als materielle Konzessionen. Neben Versorgung und Belohnung spielten Interessen der Parteipolitik eine wesentliche Rolle. Sie sicherte sich Informanten und Gehilfen in der Exekutive. Wegen der unterschiedlichen Mandatsstärke der Koalitionsparteien geriet diese Praxis zu einer Art Proporzpatronage. Alles das waren politische Gesichtspunkte, die das Kriterium der dienstlichen Eignung zurückdrängten, wenn nicht verdrängten. Dabei wollte der preußische Innenminister von einem »willkürlichen Verfahren« nichts wissen, es zumindest aufs äußerste beschränken. Er schuf ein kompliziertes Prüfungssystem unter Einbeziehung der Ober- und Regierungspräsidenten. Eine weitere Prüfung erfolgte dann im Ministerium. Danach entschied Severing unter Mitwirkung von je einem der Abgeordneten der beiden anderen Koalitionsparteien, wer der Regierung zur endgültigen Entscheidung empfohlen werden sollte.

Die drei Parteien der Weimarer Koalition verfuhren in diesem Sinne systemgerecht. Sie besetzten zunächst die Spitzen in den Mittel- und Unterinstanzen mit ihren Leuten. Die von den Gegnern dieser Praxis an die Wand gemalte gefährliche Folge, nämlich das Eindringen von Dilettanten und Außenseitern in die Verwaltung, ist im übrigen nicht eingetreten. Von etwa 1923 an wurde auch die Zahl derer, die auf diesem Weg in der Bürokratie Fuß faßten, deutlich geringer, um schließlich bedeutungslos zu werden. Bei Anwärtern im Innenministerium wurden allerdings auch weiterhin grundsätzlich Mitglieder der Regierungsparteien bevorzugt. Auch die Personalreferenten im

Ministerium und in den nachgeordneten Behörden sollten zuverlässige Republikaner sein, worunter in der Regel Mitglieder der Koalitionsparteien zu verstehen waren. Über Gehorsamsverweigerung, Obstruktion oder passiven Widerstand der alten Beamten aus monarchischer Zeit wurde kaum geklagt; sie gewöhnten sich daran, daß die neuen Vorgesetzten ihnen in jeder Beziehung wesensfremd, jedenfalls anders als ihre Vorgänger vor 1918 waren. Im übrigen war ihnen die Tradition des preußischen Pflichtbewußtseins mit seinem Gehorsamsgebot in Fleisch und Blut übergegangen.

Indessen wurde diese Form der Beamtenauswahl und ihrer Beförderung nicht von allen Mitgliedern der Weimarer Parteien akzeptiert. Hans Simons etwa hielt diese Praxis für eine aus der Not gewachsene Übergangsregelung. Ihm lag daran, »Gesinnungsdemokraten« ohne Rücksicht auf ihre parteipolitische Einstellung für die Verwaltung zu gewinnen. Das Ziel mußte nach seiner Überzeugung eine streng leistungsorientierte Auslese von echten Republikanern ohne Parteivermittlung sein. Ähnlich forderte Brecht von den Beamten parteipolitisch neutrales Handeln und bestand auf verfassungspolitischer Zuverlässigkeit, mißtraute aber dem preußischen Patronageverfahren. Eine nicht weniger kritische Haltung gegenüber der Ämterpatronage lernte ich beispielsweise bei dem Staatssekretär Trendelenburg kennen, mit dem mich Professor Sartorius, mein Gönner aus der Tübinger Zeit und Trendelenburgs Schwager, bei einem Besuch in Berlin bekannt machte. Trendelenburg, eine international angesehene Kapazität in der Handelspolitik, erklärte mir, er habe Ämterpatronage nie aufkommen lassen. Er schlage dem Minister Einstellungen und Beförderungen vor, würden diese abgelehnt, mache er neue Vorschläge. Er war nicht arrogant, wollte auch seine – wechselnden – Minister nicht überspielen, war aber überzeugt, daß er der Leistung und dem Ansehen des Ministeriums solche Entschiedenheit schuldig sei.

Aber auch der preußische Ministerpräsident Braun – obwohl von Anfang an entschiedener Verfechter einer Demokratisierung der Beamtenschaft – hielt sich in seinem eigenen Bereich nicht an die Severingschen Regelungen. Sein Staatssekretär Robert Weismann war parteilos und entsprach ziemlich exakt dem Leitbild des »Wirklichen Geheimen Rats« der monarchischen Staatspraxis: immer hinter den Kulissen aktiv, mit guten Beziehungen in alle Richtungen, gelegentlich auch auf trübe Quellen zurückgreifend. Schon gegen seine Ernennungen hatte die Partei, die an dieser Stelle lieber einen zuverlässigen Genossen gesehen hätte, protestiert, aber Braun wollte sich weder von ihr noch von einer anderen Partei in die Karten gucken lassen. Aufsehen erregte Weismann lediglich durch seinen Lebenswandel. Er galt als eine Hauptfigur der Berliner zeitgenössischen *chronique scandaleuse*, als Spieler, Schuldenmacher, verwickelt in dunkle Finanzgeschäfte und erotische Aventüren, was in der Berliner Gesellschaft Interesse und Anstoß bis zur Empörung auslöste. Wiederholt hatte die Partei Braun massiv gedrängt, ihn zu entlassen, doch er war für Braun unentbehrlich. Nicht weniger als neun Jahre blieb er Staatssekretär und nahm als Vertreter der preußischen Regierung nahezu regelmäßig und ohne daß dagegen Einwände erhoben wurden an den Sitzungen des Reichskabinetts teil – selbst dann, wenn diesem deutschnationale Minister angehörten. Diese Regelung, zwischen einem nichtsozialistischen Reichskanzler und einem sozialdemokratischen Ministerpräsidenten erstmals vereinbart, hat wesentlich dazu beigetragen, daß mancher Konflikt nicht aufkam, entschärft oder beigelegt werden konnte.

Die Regierung Braun war überhaupt eine der politischen Erscheinungen der Weimarer Republik, die meine Wißbegier am meisten herausforderten. Wie konnte diese Regierung eine Amtszeit nach der anderen absolvieren, während sich im Reich in dem gleichen Zeitraum nicht weniger als zwölf Kabinette abwechselten? Mein Freund Zierold erklärte mir dieses Beispiel der Stabilität in einer ansonsten politisch instabilen Zeit mit der staatsmännischen Begabung Otto Brauns und seiner überlegenen Führung. Darin sei er nur Stresemann vergleichbar. Dabei hatte Stresemann den Vorteil, daß seine Partei auf ihn angewiesen war, um zu überleben. Eine solche Position hatte Braun nicht. Seine Landtagsfraktion hätte ihn jederzeit ausbooten können, ohne daß sie bei den Wahlen wesentliche Verluste erlitten hätte – die Wähler der SPD waren damals noch treue Stammwähler, die sich von personellen Veränderungen an der Spitze der Partei nicht irritieren ließen. Aber Brauns Überlegenheit und sein Regierungsstil machten ihn unerschütterbar. Braun war kein Diktator, hätte es weder sein wollen noch können. Aber er führte ein straffes Regiment, schöpfte seine Befugnisse bis zum äußersten aus, ohne doch ihre Grenzen zu überschreiten. Seinen Stab hatte er schottendicht gegenüber den Parteien der Koalition sorgfältig abgeschirmt, auch gegenüber seiner eigenen. Seine Beamten hatte er sich selbst ausgesucht, ohne sich von den Parteien hineinreden zu lassen. Er berief sich dabei auf sein verfassungsgemäßes alleiniges Ernennungsrecht. Ob sie seiner Partei angehörten oder nicht, war für ihn nicht entscheidend: Sein erster persönlicher Referent beispielsweise war Mitglied des Zentrums, der zweite war der junge Regierungsrat Weichmann – später, in den sechziger Jahren, renommierter Erster Bürgermeister von Hamburg –, der der SPD angehörte, ohne mit ihr besonders eng verbunden zu sein; sogar ein Deutschnationaler hatte bei ihm die Chance, Ministerialrat zu werden.

Die Stabilität der Regierung Braun hing allerdings auch damit zusammen, daß Preußen in erster Linie Verwaltungsstaat, das Reich hingegen Gesetzgebungsstaat war. Die vielen Grundsatzentscheidungen im Reich boten reichlich Anlaß zu Koalitionskonflikten. Auch in Preußen war das Regieren nicht gerade problemarm. Aber der Last der föderalistischen Politik, der Wehr- und Außenpolitik war Preußen enthoben, und die regierenden Parteien hatten eine andere Koalitionspraxis als im Reich. Ihr gemeinsames Ziel war es, sich an der Macht zu halten und Preußen als demokratisches Bollwerk im Reich zu bewahren. Man regierte nicht doktrinär, sondern sorgte sich vor allem darum, daß der demokratische Staat seine Regierungsfähigkeit demonstrierte: Regierungskontinuität war wichtiger als Programmgehorsam. Dahinter stand kein vorher entworfener Plan. Diese Politik hatte sich vielmehr aus der politischen Praxis entwickelt, ähnlich wie der englische Parlamentarismus. Auch überließ die Regierung die Koalitionspolitik nicht einfach den Parteien, sondern ergriff selbst die Initiative. Das alles war weder irgendwo vorgeschrieben noch rechtlich bindend vereinbart worden. Aber es wurde über ein Jahrzehnt von allen Koalitionsparteien respektiert und funktionierte deshalb auch.

Walter Zechlin

Schon in Tübingen hatte ich, wie erwähnt, im Zusammenhang mit der Rede Stresemanns Walter Zechlin, den Pressechef der Reichsregierung, kennengelernt. Ich hatte ihn damals durch die Stadt geführt. Nun lernte ich ihn näher kennen. Zechlin, vor dem Krieg Mitglied des Auswärtigen Dienstes, war 1919 in die Presseabteilung der Reichsregierung eingetreten, wurde 1926 deren Chef und blieb es bis zum Rücktritt Brünings. Für die Journalisten war er ein wichtiger Mann, nicht nur, weil er aufgeschlossen und witzig war und auf »Geheimratstuerei« verzichtete, sondern weil er sich, wie es in Journalistenkreisen hieß, wie »einer von uns« verhielt. Zu seinen Aufgaben gehörte es auch, täglich Pressevortrag bei Reichspräsident und Reichskanzler zu halten. Er war Junggeselle, und wenn er nicht eingeladen war, konnte man ihn abends zwischen acht und neun in einem Restaurant antreffen, wo er Kasseler Rippenspeer mit Essiggurken aß, Löwenbräu trank und in Mommsens »Römische Geschichte« las. Zwischen neun und zehn ging er zu Bett, um in aller Herrgottsfrühe aufzustehen und die Morgenzeitungen zu lesen. Bei ihm lernte ich, wie wichtig Informationspolitik sein kann. Ich habe ihm auch einmal – worauf ich damals sehr stolz war – mit einem Ratschlag aus einer mißlichen Situation helfen können. Hjalmar Schacht, der umstrittene Reichsbankpräsident, hatte als Hauptdelegierter bei den Verhandlungen über den Young-Plan mit provozierenden Äußerungen die Verhandlungsparteien verärgert und ihnen damit einen bequemen Vorwand geliefert, die Konferenz auffliegen zu lassen. Zechlin war heftig hin- und hergerissen. Sollte die Regierung ein Dementi abgeben, also ihren Hauptdelegierten gleichsam desavouieren? »Was würden Sie an meiner Stelle machen?« fragte Zechlin. Ich war nicht weniger ratlos als er, erinnerte mich aber daran, daß die Verhandlungen den Charakter von Sachverständigengesprächen hatten, die Sachverständigen mithin in erster Linie ihre persönliche Meinung wiedergaben, die Regierung also für sich in Anspruch nehmen konnte, gar nicht reagieren zu müssen. »Lassen Sie doch erklären«, riet ich Zechlin deshalb, »daß die Aufgaben der Sachverständigenverhandlungen klar umschrieben seien; das wertet Schacht ab und nimmt seinen törichten Äußerungen die Brisanz.« Zechlin bedankte sich und befolgte meinen Rat.

Ein anderes Mal aber handelte ich mir, gerechtermaßen, seinen Zorn ein. Der Verleger meines Buches hatte mich mit dem Korrespondenten des »Daily Express«, Bruce Lockhart, zusammengebracht, der mich bat, ihm ein Interview mit Stresemann zu vermitteln. Lockhart erschien mir sympathisch, weltgewandt und taktvoll, und deshalb sprach ich Stresemann an, der auch gleich bereit war, auf meine Bitte einzugehen. Das Interview fand statt, beide waren damit zufrieden, und Lockhart versprach, mir zum Dank aus London eine der berühmten Dunhill-Pfeifen zu schicken, von denen ich nicht einmal zu träumen wagte. Aber aus dem Prinz-Leopold-Palais, dem Sitz des Presseamtes, ging ein Donnerwetter auf mich nieder, denn ich hatte das Heiligtum des Dienstweges verletzt. Sehr ungehalten setzte Zechlin mir auseinander, wie wichtig für seine erfolgreiche Pressepolitik die Abstimmung von Zeitpunkt, Gesprächspartnern und Themen sei. Der Vorfall war für mich peinlich, aber lehrreich. Die in Aussicht gestellte Pfeife habe ich allerdings nie bekommen. Dafür erwies mir Lockhart die Freundlichkeit, mich in einem 1934 oder 1935 erschienenen Erinnerungsbuch fälschlicherweise »Eschenberg« zu nennen, so daß die Nationalsozialisten nicht allzu deutlich auf meine Aktivitäten zur »Systemzeit« hingewiesen wurden.

Ein Club manierlicher junger Leute

Das Leben in dem quirligen Berlin der ausgehenden zwanziger Jahre bestand nicht zuletzt in einem unablässigen Strom von Kontakten und Gesprächen. Das galt gerade für uns jüngere Leute, die eben erst ihr Studium abgeschlossen hatten und nun auf der Suche nach ihrem Platz in dieser Gesellschaft waren oder ihren Fuß schon in irgendeine Tür gesetzt hatten und weiterkommen wollten. Man ging nach dem Abendessen miteinander irgendwohin, trank ein Glas Bier oder Wein, war da und dort eingeladen, bei den jeweiligen Chefs oder anderen Leuten von Einfluß, lief sich bei Terminen oder nach dem Theater über den Weg – jüngere Beamte aus den verschiedenen Ministerien, Referenten bei Verbänden, Banken und Organisationen, Attachés, Journalisten, politisch interessierte Leute wie ich. Aber oft waren diese Abende doch auch unergiebig, es fehlten die richtigen Leute, und die Gespräche erschöpften sich in bloßer geselliger Unterhaltung.

An einem dieser Abende sagte ich deshalb zu einigen Freunden: »Es ist doch eigentlich langweilig, daß uns die Minister und andere Größen vor allem zum Betanzen ihrer Töchter einladen.« Wir wollten doch etwas von ihnen hören, mit ihnen reden. Daraus entstand der Gedanke, einen Club zu gründen. Wir nannten uns, nicht gerade anspruchslos, »Quiriten« – das war die Anrede der Römer in den antiken Volksversammlungen. Wir, das waren neben mir mein Freund Paul Binder, damals bei der Bau- und Bodenbank, der junge Attaché Rudolf Rahn, die Oberregierungsräte Zierold vom Kultusministerium und Barth vom Wirtschaftsministerium. Dazu stießen Freunde und Bekannte aus den verschiedensten Kreisen. Alle ein, zwei Monate trafen wir uns zum Abendessen in der alten Weinstube »Lutter und Wegner« am Gendarmenmarkt und luden einen mehr oder minder prominenten Gast zu einem Vortrag ein. Wir waren etwa zwanzig, höchstens dreißig Leute, zumeist am Anfang unserer Berufslaufbahn, neugierig, politisch interessiert, manierlich. Die parteiliche Spannweite reichte von linken Deutschnationalen bis zur Mitte der SPD, aber nur ein Teil von uns war Mitglied einer Partei.

Wir waren, das muß ich sagen, nicht gerade bescheiden in unseren Ansprüchen, aber wir hatten Erfolg damit. Einer der ersten, der uns zusagte, war Stresemann. Er hatte sich sogleich bereit erklärt, unser Gast zu sein, wollte aber keinen Vortrag halten. Statt dessen sagte er nur: »Fragen Sie mich! Was wollen Sie wissen?« Er blieb drei Stunden und legte uns die Grundlagen seiner Außenpolitik, seine Ziele und seine Konzepte für die innenpolitische Absicherung seiner Politik dar. Das Echo war äußerst positiv, und auch Stresemann war von diesem Abend sehr angetan.

In der Folgezeit gewannen wir eine ganze Reihe führender Politiker und Professoren für Referate und Diskussionen. Dazu gehörten zum Beispiel Kultusminister Becker, der frühere Reichskanzler und Finanzminister Luther, Reichswehrminister

Groener, Freiherr von Gayl, der kurz darauf Innenminister in der Regierung Papen wurde, und der Vorsitzende der Wirtschaftspartei, Johann Bredt, der im ersten Kabinett Brüning Reichsjustizminister war. Reichspressechef Zechlin sprach über die Pressepolitik der Reichsregierung und packte zu unserem Vergnügen regelrecht aus. Moritz Julius Bonn, Nationalökonom und damals gerade Rektor der Handelshochschule, ein gescheiter, witziger und gerne auch sarkastischer Causeur, wählte sich das Thema »Die Reparationen sind an allem schuld«. Das war kritisch und auch ein wenig provokativ gemeint, denn es war üblich geworden, alle wirtschaftlichen und politischen Schwierigkeiten mit den in Versailles den Deutschen auferlegten Zahlungen zu erklären. Bonn beriet die Reichsregierung in Fragen der Reparationspolitik und kannte das Thema in- und auswendig. Er wußte, daß sich viele Städte kostspielige Investitionen leisteten – Köln seine Messebauten, München seine Museen, Hamburg sein Volksparkstadion. Das reizte die ehemaligen Kriegsgegner, von denen Deutschland die Senkung der Reparationen verlangte, während beispielsweise ein Gläubigerland wie Frankreich nicht in der Lage war, solche modernen Einrichtungen zu finanzieren.

Gelegentlich gab es Auseinandersetzungen, die bis an die Grenzen des Eklats gingen. Vielleicht war es der Erfolg von Stresemanns Auftreten, der uns bewog, einen seiner Gegner einzuladen, vielleicht auch nur die Absicht, einen profilierten Vertreter der Opposition zu hören. Der Balte Freiherr von Freytag-Loringhoven, der zum engsten Kreis um Hugenberg gehörte und den wir für einen Vortrag gewonnen hatten, hielt eine wilde Rede, als befände er sich auf einer Parteiversammlung. Mein Versuch, ihn auf unsere Erwartungen einzustimmen, indem ich ihn bei der Begrüßung als »Außenpolitiker der Deutschnationalen« titulierte, fruchtete nichts. Es hagelte Beleidigungen: Stresemann sei ein Verräter, Hindenburg eine »große Enttäuschung«, überhaupt sei in der Außenpolitik der Republik alles falsch gelaufen – Deutschland hätte gegenüber Frankreich keine Vertragspolitik betreiben dürfen, sondern zum Zweck seiner Isolierung die Kriegsgegner gegeneinander ausspielen und auf einer völligen Wiedergutmachung des schreienden Unrechts bestehen müssen, das der Versailler Friedensvertrag uns angetan habe. Entsprechend scharf fielen die Fragen aus, die Freytag-Loringhoven gestellt wurden. Ein Skandal schien sich anzubahnen. Um ihn zu verhüten, griff ich zu einem Trick: Hinter dem Rücken Freytag-Loringhovens gab ich Handzeichen, keine Fragen mehr zu stellen. So schaukelte sich die Stimmung nicht mehr weiter auf, und ich konnte die Veranstaltung mit knappem Dank an den Redner beenden.

In Erinnerung geblieben ist mir auch der Vortrag, den Reichswehrminister Groener hielt. Denn er überraschte uns damit, daß er nicht über die Spannung zwischen der Reichswehr und der Regierung, also über die Frage der Loyalität der Berufsarmee, sprach, die noch längst kein selbstverständliches Verhältnis zur Demokratie gewonnen hatte, was einer der notorischen Krisenpunkte in den Weimarer Jahren war. Groener entwickelte in ruhiger, gelassener Rede das Konzept einer Milizarmee, die neben der kleinen Reichswehr mit ihren hunderttausend Mann existieren sollte. Für sie sollte die allgemeine Wehrpflicht gelten. Auf diese Weise würden, so hoffte Groener, die Massen für die Landesverteidigung gewonnen, eine »Wehrhaftmachung des Volkes« bewirkt und Republik und Militär ihre gegenseitige Abneigung überwinden. Die Lust der jungen Leute an der Soldatenspielerei, von der die vielen, zumeist reaktionären Wehrverbände lebten, könne auf ein besseres Ziel gelenkt werden. Andererseits würde die Reichswehr nicht mehr über das Monopol des Militärischen verfügen, und auch die Parteien würden veranlaßt, ein neues Verhältnis zu ihr zu entwickeln. Wir waren verblüfft, denn Groener schlug mit diesem Konzept gleich mehrere Fliegen mit einer Klappe. Daß mit einer Milizarmee die Sehnsucht nach der allgemeinen Wehrpflicht und der Verstärkung der Landesverteidigung erfüllt werden könne, sprach viele, vor allem die Jungen, an. Denn für die meisten von uns war die militärische Degradierung Deutschlands durch den Versailler Vertrag schwer zu ertragen – ich selbst war als Student wie viele meiner Kommilitonen, vor allem aus den Verbindungen, bereit gewesen, eine »schwarze« Wehrübung zu absolvieren. Zugleich war Groeners Plan so klug gesponnen, daß eigentlich weder die Rechten noch die Linken dagegen sein konnten.

Einer der denkwürdigsten Gäste war Carl Schmitt, der vielberedete Staatsrechtslehrer. Ich wäre von mir aus gar nicht auf den Gedanken gekommen, ihn einzuladen, weil ich fürchtete, daß wir der Diskussion mit ihm nicht gewachsen wären; außerdem rechnete ich mit seiner Ablehnung. Es war Moritz Julius Bonn, der sich – da es ihm bei uns gut gefallen hatte – als Vermittler anbot; Schmitt sei doch nun einmal »der talentierteste unter seinen Kollegen«. Und Schmitt sagte zu. Es muß nach der Bestellung Brünings zum Reichskanzler gewesen sein, daß er zu uns kam, also zu einem Zeitpunkt, zu dem das Parlament als politische Kraft schon an den Rand gedrängt worden war und das Regieren mit Notverordnungen und präsidialen Entscheidungen begann. Das gab diesem Vortrag eine besondere Spannung. Schmitt sprach leise, ohne Pathos und verzichtete selbst auf bewußt eingesetzte Betonungen. Er versprach sich nicht ein einziges Mal, redete vielmehr druckreif, mit großer suggestiver Wirkung. Es war eine brillante Vorlesung über das Problem, wie das parlamentarische System in ein präsidial-plebiszitäres umgewandelt werden könne, und zwar ohne Änderung der Verfassung. Die Kritik am Parlamentarismus hatte sich damals nachhaltig verschärft und verbreitete sich bis in die Reihen überzeugter Demokraten hinein. Nun legte Schmitt ein in sich geschlossenes Konzept für die autoritäre Veränderung des politischen Systems vor. Dessen Angelpunkt war der Reichspräsident. Er stand im Mittelpunkt eines ganzen, auf plebiszitären Grundlagen aufgebauten Systems der Neutralisierung der politischen, vor allem der parteipolitischen Kräfte. Auf ihn sei die Staatsordnung des Reichs – so argumentierte Schmitt – in demselben Maße angewiesen, in dem die Tendenzen des pluralistischen Systems ein normales Funktionieren des Gesetzgebungsstaates erschwerten oder sogar unmöglich machten. Er sprach von einer »kommissarischen Diktatur«. Das sei keine Diktatur im Sinne des vulgären parteipolitischen Schlagworts, sondern in der Ausnahmelage, zu der das Versagen der parlamentarischen Regierung führt, »der Ausdruck eines tiefen und innerlich gesetzmäßigen Zusammenhangs«.

Die Debatte mit Schmitt faszinierte uns so, daß wir sie in einer zweiten Sitzung ein paar Wochen später fortsetzten. Er erwies sich auch dabei als ein vorzüglicher Diskussionspartner, der geduldig zuhörte, allerdings in seinen Überzeugungen nicht zu erschüttern war. Er verstand sein Konzept damals offenbar noch ganz als Verteidigung der Weimarer Republik, lobte die Unabhängigkeit und Neutralität, die die beiden Reichspräsidenten Ebert und Hindenburg bewiesen hätten, und ließ auch keinen Zweifel daran, daß nach seiner Meinung gegen die verfassungsfeindlichen Parteien von rechts und links entschlossen vorgegangen werden müsse. Bedenken gegen sein Plädoyer für die Stärkung der Staatsspitze und die als Gegengewicht gemeinte Betonung des plebiszitären Elements ließ er gelten, fand aber, daß sie überschätzt würden. Ein starker Kanzler wie Brüning, ein Präsident wie Hindenburg und ein Reichswehrminister wie Groener boten nach seiner Ansicht die Gewähr dafür, daß der Ausnahmezustand nicht mißbraucht werde. Und nur mit seiner Hilfe, so seine Botschaft, könne die Staatskrise gemeistert, die Republik gerettet werden.

Bei den »Quiriten« versammelte sich ein wirklich anregender Kreis von aufgeschlossenen Menschen. Wahrscheinlich ist eine solche Gruppierung, die eine große Breite politischer Einstellungen umfaßte und dennoch fair zu debattieren wußte, nur damals im Berlin der ausgehenden Weimarer Republik möglich gewesen. Es erfüllte mich deshalb immer mit einer gewissen Genugtuung, wenn ich erfuhr, daß auch der eine oder andere Teilnehmer sich später gern an diesen Kreis erinnerte. Einer von ihnen war Felix Gilbert, eines der zahlreichen jüdischen Mitglieder; ich kannte ihn, der dann in Amerika als Historiker einen großen Namen gewann, bereits aus dem Historischen Seminar. Das Ziel, das er unserem Kreis in seinen Erinnerungen zuschrieb – daß er nämlich »den ständig wachsenden Spannungen zwischen den politischen Parteien entgegenzuwirken« suchte –, entsprach genau meiner Intention. Ähnlich hat sich Ludwig Raiser, später mein Tübinger Kollege als Professor und Rektor, im Rückblick auf seine Mitgliedschaft bei den »Quiriten« geäußert. Der Kreis habe sich darum bemüht, die von den radikalen Gruppen immer mehr ausgehöhlte Mitte zu stärken. Eben dieser Charakter des Kreises – aber auch der Umstand, daß ihm viele jüdische Mitglieder angehörten – hat zur Folge gehabt, daß er sich 1933 rasch auflöste. Man hat mich nach 1945 sehr gedrängt, ihn wieder ins Leben zu rufen. Aber ich habe mich dazu nicht entschließen können. Ein Unternehmen, das so sehr Ausdruck seiner Zeit war, kann man nicht wiederherstellen.

Tee mit einem Schuß Bordeaux

Zu den herausragendsten und charaktervollsten Gestalten jener Jahre gehörte Ulrich Graf Brockdorff-Rantzau, der erste Außenminister der Republik und spätere Botschafter in Moskau. Ihn habe ich nicht mehr kennengelernt, denn er starb 1928. Gleichwohl verdanke ich ihm, wenn auch gleichsam auf indirekte Weise, zahlreiche Eindrücke von Milieus, Ereignissen und Gestalten, die mein Bild dieser Zeit bereichert haben. Das kam so: Bei einem Gespräch mit Hans Simons, der ihn als Sekretär der deutschen Delegation bei den Friedensverhandlungen 1919 kennengelernt hatte – Graf Brockdorff leitete die Delegation –, war mir der Gedanke durch den Kopf geschossen, mich mit Brockdorffs Biographie zu beschäftigen. Dazu benötigte ich den Nachlaß des Grafen. Simons vermittelte den Kontakt zu dessen Zwillingsbruder, Ernst Graf zu Rantzau. Aus der Biographie wurde nichts, weil Graf Brockdorff-Rantzau verfügt hatte, daß der Nachlaß auf längere Zeit nicht zugänglich sei, aber ich lernte seinen Bruder kennen. Durch ihn gewann ich einen Einblick in die aristokratischen Schichten, die noch mit ihrem Selbstbewußtsein und ihrem Lebensstil aus dem Kaiserreich in die Republik hineinragten. Die Rantzaus gehörten nicht zum preußischen, sondern zum holsteinischen Adel, hatten zeitweise in den Diensten der dänischen Könige gestanden und kultivierten ein starkes ererbtes Selbstbewußtsein.

An einem Novembernachmittag empfing mich Graf Rantzau zum Tee. Er besaß eine komfortable Etagenwohnung in der Viktoriastraße nahe zum Tiergarten, ausgestattet mit alten Möbeln, wertvollen Bildern und kostbaren Standuhren. Er war Königlicher Kammerherr Wilhelm II. gewesen und es auch in der Republik geblieben. Erst 1926 hatte er den Dienst quittiert und sich von Doorn distanziert, stand aber noch immer in Verbindung mit dem Kronprinzen, den er wiederholt in dessen Wohnsitz Cecilienhof in Potsdam besuchte, und mit dessen

Brüdern. In seinem Auftreten und Denken war er Hofmann und Diplomat zugleich. Er war geschieden und lebte in seiner Wohnung mit einem Diener, einer in der Berliner Gesellschaft renommierten Köchin und wohl auch einem Hausmädchen. Ich erinnere mich, wie es mich überraschte, daß der Tee mit einem ordentlichen Schuß Bordeaux serviert wurde. Das kannte ich, obwohl ich aus Kiel stamme, bisher nicht. Dazu gab es geräucherten Schinken auf Toast mit kleingewürfeltem Ei.

Das Gespräch drehte sich zunächst um mein Interesse am Nachlaß seines Bruders, aber als ich mich nach der Eröffnung, dieser sei noch nicht einzusehen, verabschieden wollte, bat Graf Rantzau mich zu bleiben. Er stand noch ganz unter dem Eindruck des Todes seines Bruders, der in seiner Wohnung einem Anfall von Angina pectoris erlegen war, und hatte offenbar das Bedürfnis, über ihn, ihr Verhältnis und ihre Kindheit zu sprechen. Ob ich nun ein guter Zuhörer war oder aus welchem Grund sonst er zu mir Vertrauen faßte: Schon eine Woche später lud er mich zum Abendessen ein. Es war ebenso vorzüglich wie anstrengend. Vor jedem Gedeck standen fünf Gläser – das Menü bestand aus fünf Gängen: Suppe, Fisch, Fleisch, Käse und Dessert. Danach wurden Cognac, Kaffee und Mokka gereicht. Rantzaus Essen waren berühmt und berüchtigt. Wenn sein Bruder in Berlin weilte, baten die Beamten des Auswärtigen Amts, die in die Viktoriastraße zum Lunch eingeladen wurden, jeweils für den Nachmittag um Dienstbefreiung. Der Graf rauchte ägyptische Simon-Arzt-Zigarren, die damals als die besten galten; er bezog sie in Packungen, die mit seinem Namen gezeichnet waren. Für mich hatte er Havanna-Zigarren besorgen lassen. Fortan war ich etwa alle zwei Monate bei ihm bis zu seinem Tod im Jahre 1931.

Die beiden Zwillingsbrüder hatten in seltener Innigkeit aneinander gehangen und sich vorgenommen, einander über alles, was sie beschäftigte, uneingeschränkt zu unterrichten, und sie blieben diesem Vorsatz auch treu. Waren sie getrennt, korrespondierten sie mindestens einmal wöchentlich. Graf Ernst informierte seinen Bruder über das, was in Berlin geschah, Graf Ulrich wiederum instruierte ihn über seine Erlebnisse und Erkenntnisse, nicht zuletzt mit dem Ziel, seinen

Ansichten und Absichten Verbreitung in Berlin zu verschaffen. Das war besonders wichtig in den Jahren, in denen Brockdorff-Rantzau die Mission in der Sowjetunion leitete: Da war Graf Ernst sozusagen der Berliner Botschafter seines Bruders in Moskau. Die beiden Brüder, die jeder ein Gut in Holstein hatten und so gut gestellt waren, daß sie auf Gehalt und Pension nicht angewiesen waren, hatten auch ähnliche, wenn nicht gleiche Lebensgewohnheiten. Sie waren ausgesprochene Nachtmenschen, gingen regelmäßig erst zwischen drei und vier Uhr zu Bett und standen zwischen elf und zwölf Uhr auf. Daß jeder täglich eine Flasche Hennessy trank, muß keine Legende gewesen sein. Graf Ernst war jedenfalls absolut trinkfest. Wenn ich ihn bei meinen Besuchen gegen Mitternacht verließ, war die Flasche zu zwei Dritteln geleert. Man merkte ihm nichts an.

Im Mittelpunkt unserer Gespräche stand natürlich der Bruder, Graf Brockdorff-Rantzau, der Außenminister und Botschafter, der während des Krieges Gesandter in Kopenhagen gewesen war. Die Eindrücke, die er dort von dem politischen System Dänemarks gewonnen hatte – das Land war eine Monarchie mit ausgeprägt demokratischer, parlamentarischer Kultur –, machten ihn zum Befürworter einer Parlamentarisierung der Monarchie auch in Deutschland. Ebenso zählte er zu den wenigen deutschen Diplomaten, die entschiedene Gegner des uneingeschränkten U-Boot-Krieges und der Annexionspolitik waren. Das alles rückte ihn ins Blickfeld derer, die am Kriegsende versuchten, einen Weg in die Zukunft zu eröffnen. Reichskanzler Prinz Max von Baden hatte ihn, schon zum Rücktritt entschlossen, in den kritischen Tagen Ende Oktober/Anfang November 1918 nach Berlin geholt, um ihm seine Nachfolge anzutragen, aber dafür war es schon zu spät. Als Ebert im Dezember an die Spitze der Revolutionsregierung trat, machte er Brockdorff-Rantzau erst zum Staatssekretär des Auswärtigen Amts und dann zum Reichsaußenminister.

In dieser Zeit lernte der Aristokrat aus altem holsteinischem Adel den Sattlergesellen außerordentlich schätzen. »Wenn mein Bruder von Ebert kam«, erinnerte sich Graf Ernst, »sprach er voll Anerkennung, ja Bewunderung von dessen natürlicher Würde und seiner Tatkraft, die ihn in die Lage versetzte, in wenigen Stunden umsichtige Entscheidungen zu treffen.« Stets sei Ebert in den Gesprächen und Verhandlungen präsent gewesen, habe über präzise Konzeptionen verfügt, sie aber auch – wenn es sein mußte – geistesgegenwärtig zu ändern oder gegen andere auszutauschen vermocht. Souverän habe er das politische Handwerk beherrscht. Graf Ernst räumte ein, daß er in den ersten Wochen der Republik noch zu befangen gewesen sei, um das zu begreifen. Anders sein Bruder. Der habe zwar seinen persönlichen Hochmut schwer verbergen können, sei aber frei von Standesdünkel gewesen und habe bald ein echtes Vertrauensverhältnis zu Ebert gewonnen. Brockdorff konnte Ebert allerdings auch mit seiner reichen diplomatischen Erfahrung und insbesondere auch mit den Erkenntnissen, die er am königlichen Hof in Kopenhagen, dem Hof eines Staates mit demokratischer Grundstimmung, gewonnen hatte, behilflich sein. Denn Ebert tat sich anfangs schwer mit dem hohen Amt. Brockdorff machte ihm klar, wie wichtig sein Äußeres angesichts des öffentlichen Interesses an ihm sei, und legte ihm nahe, täglich einen Friseur zum Rasieren kommen zu lassen. Wenn er im Arbeitszimmer deutsche Amtsträger oder ausländische Diplomaten empfange, solle er am Schreibtisch stehen bleiben oder nur wenige Schritte vortreten; ähnlich solle er bei der Verabschiedung verfahren.

Bei diesen Gesprächen habe ich auch gelernt, daß nicht der Gast das Ende der Besuchszeit bestimmt, sondern das Staatsoberhaupt. Als ich 1952 Theodor Heuss besuchte, den damaligen Bundespräsidenten, den ich seit langem kannte, sagte er nach einer halben Stunde unruhig: »Der Adenauer kommt heute nachmittag zu mir.« Und nach ein paar Minuten wiederholte er die Bemerkung. Ich begriff, daß er wünschte, ich möge mich verabschieden, aber zu höflich war, das zu sagen. »Herr Bundespräsident«, sagte ich, »Ihre Besucher können sich nicht mehr nach Belieben von Ihnen verabschieden, sondern Sie entlassen sie.« »Wo steht das?« fragte Heuss, der an Protokollfragen sonst nicht sehr interessiert war. Ich erzählte ihm von meinen Gesprächen mit Ernst Graf zu Rantzau. Es sei ein internationales ungeschriebenes *nobile officium*, das republikanische Präsidenten von den Monarchen übernommen hätten, weil es sinnvoll sei.

Das gute Verhältnis Brockdorff-Rantzaus zu Ebert war um

so bemerkenswerter, als beide unterschiedlicher Meinung über den Versailler Vertrag waren und Brockdorff, der gegen die Annahme war, als Minister zurücktrat, nachdem sich die Reichsregierung entschieden hatte, den Vertrag zu unterzeichnen; das änderte an ihrem Verhältnis nichts. Mehr noch: Nach der Aufnahme diplomatischer Beziehungen zwischen Deutschland und der Sowjetunion im Jahre 1922 war es Eberts Initiative, die den Anstoß dafür gab, daß Brockdorff der erste Botschafter in Moskau wurde. Brockdorff stellte allerdings eine ungewöhnliche Bedingung: Er wolle das Recht erhalten, dem Reichspräsidenten unmittelbar mündlich und schriftlich zu berichten, also ohne beim Auswärtigen Amt um Genehmigung nachsuchen zu müssen. Dieses Privileg brauchte die Gegenzeichnung des Außenministers, damals Joseph Wirth, der in Personalunion auch das Amt des Reichskanzlers bekleidete. Natürlich hätte man annehmen müssen, daß das Auswärtige Amt Einspruch einlegen würde. Aber da das Kabinett Wirth sich in einer Krise befand, die wenig später zum Rücktritt führte, unterblieb dieser Einspruch.

Über Brockdorffs Rolle in der jungen Sowjetunion kann ich nichts sagen. Aber außer Frage steht, daß er zu den bedeutendsten Figuren auf diesem schwierigen Posten gehörte. Auch die sowjetische Seite brachte ihm ein sehr hohes Maß an Aufmerksamkeit und Achtung entgegen. Das hing nicht zuletzt mit dem ungewöhnlich engen Verhältnis zusammen, das sich zwischen Brockdorff und dem Volkskommissar für auswärtige Angelegenheiten, Tschitscherin, gebildet hatte. Es war gar nicht so merkwürdig, daß beide sich näherkamen. Tschitscherin stammte aus einem alten Adelsgeschlecht, hatte zu Anfang des Jahrhunderts auch zum Diplomatischen Dienst gehört und war dann Sozialist geworden. Zudem waren beide unverheiratet, hatten den gleichen Lebensrhythmus, waren leidenschaftliche Kunstkenner und liebten die Musik. So verbrachten sie viele Nächte zusammen. Wie eng das Verhältnis war, illustriert eine kleine Geschichte, die mir Graf Ernst erzählte. Sein Bruder hatte ihm jeden Monat eine große Dose Kaviar geschickt. Nach dem Tod des Botschafters versiegte die Quelle nicht: Auf Veranlassung Tschitscherins wurde die Sendung über die sowjetische Botschaft in Berlin fortgesetzt.

Brockdorffs Verhältnis zu Hindenburg war nicht ganz so vertrauensvoll wie das zu Ebert. Aber was mir sein Bruder darüber erzählte, war in meinen Augen ein weiterer Beleg dafür, daß Hindenburg von den Zeitgenossen und erst recht von der Zeitgeschichte unterschätzt wurde. Nach Brockdorffs Schilderung besaß der Reichspräsident eine beachtliche persönliche Autorität, die nicht nur mit der Würde des Amtes, dem militärischen Ruhm oder dem Alter seines Inhabers erklärt werden konnte. Von Hindenburg sei ein persönliches Fluidum ausgegangen, dem sich nur wenige zu entziehen vermochten; er war sich dessen im übrigen durchaus bewußt und pflegte es. Auch sein Bruder sei dieser Ausstrahlung erlegen, meinte Graf Ernst. Jedenfalls führte er es darauf zurück, daß dieser nicht demissionierte, als Deutschland dem Völkerbund beitrat, wozu er ursprünglich fest entschlossen gewesen war. Hindenburg schätzte übrigens Brockdorff hoch. Er hat diese Hochachtung auch dadurch demonstriert, daß er anläßlich eines Besuchs der Marine in Kiel eine Einladung zum Essen auf Brockdorffs Gut »Annettenhöhe« bei Schleswig annahm. Da der achtzigjährige Reichspräsident privat so gut wie gar nicht mehr ausging, wurde das als ungewöhnliche Auszeichnung verstanden. Das Wohlwollen Hindenburgs bezog auch den Bruder mit ein. Nie sei sein Wunsch, von ihm empfangen zu werden, sagte Graf Ernst, abschlägig beschieden worden.

Ernst Graf zu Rantzau war es auch, der mir zu einer Einladung bei Hindenburg verhalf. Es war ihm aufgefallen, daß er mich zwar bei den Empfängen von Frau Stresemann, aber nie im Präsidentenpalais gesehen hatte. In der Tat hatte ich zum Präsidialbüro keine Beziehung. Einige Tage später teilte Rantzau mir mit, ich solle mich in die im Palais ausgelegten Besucherlisten eintragen und meine Visitenkarte hinterlassen. Wenig später erhielt ich eine gedruckte Karte von Staatssekretär Meissner: »Der Herr Reichspräsident empfängt...« Datum und genaue Uhrzeit waren angegeben. In der Eingangshalle des Palais ging die Standuhr fünf oder zehn Minuten nach. Das war mir schon bei der Eintragung aufgefallen. Nun erfuhr ich von einem Beamten, daß das mit Hindenburgs Beharren auf Pünktlichkeit zusammenhing. Man stellte die Uhr absichtlich ein paar Minuten zurück. So konnten auch verspätete Besucher nicht zu spät kommen. »Und Hindenburgs Taschenuhr?« fragte ich zurück. »Führt sie nicht dazu, daß die kleine Täuschung auffliegt?« »Die stellt sein Sohn ein«, war die Antwort.

Die Diener trugen Livree, die noch an monarchische Zeiten erinnerten, und ein stattlicher Mann mit Zweispitz, breiter Schärpe und Fangschnüren, in der Hand einen schwarzen Stab mit silberner Kugel amtierte als eine Art Zeremonienmeister; er und die Diener waren übrigens aus Sparsamkeitsgründen sonst als Amtsgehilfen tätig. Nach zwanzig Minuten stieß der Mann mit dem Zweispitz seinen Stab dreimal auf den Boden und kündigte an: »Der Herr Reichspräsident.« Der über Achtzigjährige durchschritt im Gehrock kerzengerade mit festem Schritt das Spalier der Gäste, an seiner Seite die Schwiegertochter, gefolgt von Meissner und dem Sohn. Beim Defilee gab er den Besuchern einen kraftlosen Händedruck und machte eine knappe Bemerkung. Danach setzte er sich in einen gewichtigen Armlehnstuhl, an dessen rechter und linker Seite je ein Stuhl plaziert war. Dorthin wurden die Gäste gebeten, mit denen Hindenburg sich unterhalten wollte. Hatte er das Gespräch mit dem einen beendet, wandte er sich dem nächsten zu. Nach ungefähr zwei Stunden verließ er den Saal in gleicher Weise, wie er gekommen war.

Anwesend waren, soweit ich das wahrnehmen konnte, Diplomaten, hohe Beamte und Reichswehroffiziere. Das war etwa das Publikum, mit dem Hindenburg Kontakt suchte. Darin war er sehr viel enger als Ebert, der auch Gelehrte und Künstler, Journalisten und Schauspieler einlud. Hindenburg scheute im Grunde genommen das Gespräch mit einer breiteren Gesellschaftsschicht, weil er mit ihr nicht über seine Lieblingsthemen – Schlachten, Soldaten und die preußischen Traditionen – sprechen konnte. Um so schwerer wog die Verbindung zu der Schicht, aus der er stammte und der er sich zugehörig fühlte: den Offizieren und Gutsherren mit ihrer traditionellen, von vielfältigen Verwandtschaften und Regimentsüberlieferungen getragenen Kameradschaft. Nicht alle von ihnen hatten Hindenburgs Wahl zum Reichspräsidenten begrüßt, denn sie befürchteten, er könne mit seiner Autorität die abgelehnte und verachtete Republik stabilisieren. Nun stand er unter dem Erwartungsdruck, ihren Interessen Rechnung zu tragen.

Hindenburg lebte in zwei scharf voneinander getrennten, ja fast gegensätzlichen Kreisen: dem amtlichen einerseits, dem traditionellen andererseits. Ein privater Verkehr mit Persönlichkeiten außerhalb seines Standes fehlte. Den amtlichen Kreis dirigierte Staatssekretär Meissner, der schon unter Ebert Amtschef gewesen war, ein parteiloser Berufsbeamter mit Neigung zur Demokratischen Partei. Für den traditionellen Kreis war der Sohn, Oberst Oskar von Hindenburg, zuständig. Nachdem Hindenburg 1919 aus dem aktiven Militärdienst ausgeschieden war, hatte der Chef der Heeresleitung dem Generalfeldmarschall dessen Sohn als Adjutanten zur Verfügung gestellt, und dieser blieb es auch nach der Reichspräsidentenwahl. Er war zugleich Hofmarschall im privaten Verkehr mit der Traditionscamarilla. Nicht zuletzt bot er dem seit dem Tod seiner Frau im Jahre 1922 vereinsamten Präsidenten familiären Anschluß. Hindenburg nahm mit der Familie des Sohnes die Mahlzeiten ein, und der Sohn war vom Aufstehen bis zum Schlafengehen des Vaters länger mit zusammen als irgend jemand sonst. Oskar von Hindenburg blieb eine subalterne Figur, ein gehobener Kammerdiener in der Uniform eines Obristen. Aber als Adjutant und Sohn zugleich verschmolzen eigene und familiäre Aspirationen mit politischem Einfluß. In dieser Position war er stark umworben von der Camarilla.

Dieser Camarilla darf man jedoch keine Verschwörung unterstellen. Die Herren kannten die höfischen Attribute, und sie verstanden sich auf den Umgang mit Herrschenden. Sie wagten nicht, sich über den Feldmarschall und Reichspräsidenten zu beschweren. Immer waren nur die anderen im Handeln und Unterlassen schuldig. So wurden Forderungen und Beschwerden vorgebracht. Mindestens bis 1930 hat Hindenburg sich als Reichspräsident korrekt verhalten, wenngleich er in der heimlichen Angst lebte, sich vor seinen alten Freunden und der von ihnen vertretenen Tradition genieren zu müssen. Das bedeutete für ihn »Verantwortung vor Gott und kaiserlicher Majestät«. Deren Repräsentanten waren für ihn die Traditionalisten, der geheime Verantwortungsadressat, eben jene, vor denen er wirkliche Verantwortungsangst hatte. Die Camarilla verstand es, Hindenburg mit höfischer Etikette in Verlegenheit zu bringen und diese weidlich auszunutzen. Er konnte vielfach standhaft bleiben, nicht selten wußte er die passende Antwort zu geben. Aber was ihm in diesem Kreis oder von einem einzelnen gesagt wurde, bewegte ihn und blieb vielfach nicht ohne Einfluß auf seine Denk- und Handlungsweise.

Im Wirbel von Berlins großer Epoche

Der Leser muß bisher den Eindruck gewonnen haben, das Interesse an der Politik habe mich in diesen bewegten Jahren völlig ausgefüllt. Das ist nicht falsch und doch nicht richtig. Die Anteilnahme und mehr und mehr auch die Beteiligung an der Politik habe mein Denken und Handeln damals weitgehend bestimmt. Der Ausgang der Wahlen, die Veränderungen in den Parteien und den Ministerien, mehr aber vielleicht noch die Erwartungen und Spekulationen, die den politischen Alltag begleiteten, schließlich auch das Nachdenken über die Frage, worauf das alles hinauslaufe – das alles beschäftigte mich und die anderen jungen Leute, die mit mir zusammen das Umfeld der großen Politik bevölkerten, brennend. Auf der anderen Seite aber genossen wir es, in einer so lebendigen Stadt wie Berlin in ihrer vielleicht aufregendsten Zeit zu leben. Die kulturelle und gesellschaftliche Lebendigkeit der Stadt war damals wirklich so groß, daß man sie kaum in allen Aspekten erfassen konnte. Das geflügelte Wort von den »goldenen zwanziger Jahren« möchte ich nicht verwenden, denn so golden waren sie nicht. Aber sie waren ungeheuer aufregend, atemberaubend und spannungsreich. Man mußte sich Tag für Tag überlegen, in welches Theater, welche Ausstellung und welche Gesellschaft man gehen wollte. Und man hätte schon deshalb jeden Abend ausgehen können, weil man immer irgendwo eingeladen war. Da ging schon eine gewisse Beschränkung von dem Umstand aus, daß oft Frack vorgeschrieben war, denn soviel Geld, um Frackhemd und Frackweste jedesmal waschen und bügeln zu lassen, hatte ich nicht. Auch beschränkte man sich zumeist auf zwei Einladungen an einem Abend. Bei der einen aß man, und bei der anderen trank man dann das Schlußbier.

Die Behauptung, daß das Berlin der zwanziger Jahre eine große Zeit für das Theater gewesen sei, kann ich nur bestätigen, obwohl ich kein professioneller Theaterkenner bin. Aber nicht nur die Aufführungen mit den berühmten Namen von Max Reinhard über Leopold Jessner zu Heinrich George, Elisabeth Bergner und Emil Jannings waren überragend. Das Theater bestimmte auch das gesellschaftliche Leben ungleich stärker als jetzt. Wenn Jessner, der Intendant des Schauspielhauses am Gendarmenmarkt, eine seiner gewagten Premieren hatte – oft mit der berühmten Jessnerschen Treppe als Grundelement der Bühnenausstattung –, gab es wüste oder auch hymnische Besprechungen in den Zeitungen. Ein Kritiker wie Alfred Kerr hatte ein begeistertes Publikum auch unter denen, die die Aufführung, die er kritisierte, gar nicht gesehen hatten oder sehen würden. Denn seine Kritiken waren zwar nicht immer leicht zu lesen, aber stets witzig, und sie strotzten vor hervorragenden Wortbildern. Bei den Konzerten kann ich nicht recht mitreden, weil ich unmusikalisch bin. Aber daß auf den Podien alles auftrat, was gut und faszinierend war, hat sich auch mir mitgeteilt. Schließlich gab es auch Vorträge, zu denen die bedeutenden Köpfe der Zeit in die Stadt kamen, weil sie wußten, daß es nirgendwo ein so aufgeschlossenes, agiles Publikum gab wie hier. Ich erinnere mich zum Beispiel daran, daß der berühmte Nationalökonom John Maynard Keynes uns in englischer Sprache für seine wirtschaftswissenschaftlichen Theorien erwärmen wollte.

Unvergleichbar, wohl auch unwiederholbar waren die Abende bei Ernst Rowohlt, dessen Verlag damals seinen großen Namen gewann. Diese Abende waren furchtbar anstrengend und nicht ungefährlich, denn es wurde kräftig getrunken. Aber kaum irgendwo sonst trafen sich so viele unterschiedliche Geister, größere und kleinere, linke und rechte, die alle irgendwie in diesem großen Laboratorium der Ideen und Ideologien mitexperimentierten, das Berlin damals war. Die Gesellschaften fanden nicht in Rowohlts Wohnung, sondern im Verlag statt, der in einer der Querstraßen des Kurfürstendamms gelegen war. Man kam so um neun, halb zehn Uhr kleckerweise an. Die ersten gingen schon um dreiviertelzehn, weil sie noch woanders hinwollten, die letzten um vier oder fünf Uhr, wenn der Morgen schon dämmerte. Es ging dort ziemlich hart zu, was Alkohol und Streitgespräche angeht. Man saß an runden Tischen, es gab Pilsner Urquell und Schnäpse, nach Mitternacht nur noch Moselwein, und man diskutierte ungeheuer munter, scharf und frech. Irgendwann brachte Rowohlt von irgendwoher belegte Butterbrote in rauhen Mengen an. Überhaupt war er die Seele dieser Abende: ein meisterhafter Gastgeber, bar aller Courtoisie, aber immer präsent, um das Gespräch anzufachen oder für alkoholischen Nachschub zu sorgen.

Ich ging nicht regelmäßig hin, denn so ganz paßte ich zu dieser teils bohemehaften, teils anarchischen Gesellschaft doch nicht. Auch hatte ich ziemliche Angst, am nächsten Morgen mit einem Kater aufzuwachen, und so hielt ich mich in bezug auf das Trinken etwas zurück, woran man allerdings zuweilen Anstoß nahm. Aber ein Treffpunkt ohne Beispiel waren diese Abende doch. Hier habe ich Ringelnatz kennengelernt, den witzigen Lyriker und Kabarettisten, aber auch Emil Ludwig, den sehr erfolgreichen, heute vergessenen feuilletonistischen Autor großer Biographien über Goethe, Napoleon, Bismarck und Wilhelm II., damals alles Bestseller. Natürlich war Peter Suhrkamp da, der später den S. Fischer Verlag fortgeführt hat und dann seinen eigenen Verlag gründete; er war ein Bauernsohn aus dem Oldenburgischen, vom Typus her sehr norddeutsch, hochgebildet und von beeindruckender Noblesse, der damals noch, wenn ich mich recht erinnere, freier Mitarbeiter beim »Berliner Tageblatt« war. Ich machte die Bekanntschaft Ernst von Salomons, der am Rathenau-Mord beteiligt gewesen war – unerträglich frech, obszön, kaschemmenhaft, im Auftreten wie ein Zuhälter. Ich fand ihn widerlich, aber Rowohlt verteidigte ihn: Der Mann habe acht Jahre im Zuchthaus gesessen, und daß er das durchgehalten habe und jetzt großartige Bücher schreibe, sei doch eine Leistung. Aber Rowohlts Frau konnte ihn auch nicht leiden. Ferner begegnete man Arnold Bronnen, damals Kommunist, dann Nazi, dann wieder Kommunist, und Richard Scheringer, den nationalsozialistischen Reichswehroffizier, der in der Haft zum Kommunisten wurde. Man traf den reizenden Bernhard von Brentano, Romancier und viele Jahre Kulturkorrespondent der »Frankfurter Zeitung« in Berlin, hin und wieder Arnold Zweig, Autor damals berühmter Romane, während des Dritten Reichs als Jude emigriert und dann nach Ost-Berlin zurückgekehrt, und Franz Blei, einen philosophischen Journalisten, sehr gescheit und äußerst witzig; er gehörte zum Umkreis von Carl Schmitt.

Das Unglaubliche an diesen Abenden war die Mischung. Bei Rowohlt konnte man Leute des »Tat«-Kreises treffen, wie Ferdinand Fried, Giselher Wirsing, Hans Zehrer, die damals irgendeine autoritäre Ordnung anstrebten, aber auch Ernst Feder, den liberalen Innenpolitiker des »Berliner Tageblatts«, und erst recht gab es viele, die eher nach links tendierten. Allerdings habe ich weder Kurt Tucholsky bei Rowohlt gesehen noch Carl von Ossietzky, den Herausgeber der »Weltbühne«, der wohl zu zart für diese Abende war. Ohnedies war es schwer, den Überblick zu behalten. Ernst Jünger und Ernst Niekisch beispielsweise, die zu dieser Zeit eine Art Nationalbolschewismus propagierten, bin ich nie begegnet, weiß aber, daß sie bei Rowohlt waren. Außerdem waren diese Abende auch ein gesellschaftliches Ereignis. Dorothy Thompson, die Frau von Sinclair Lewis, war ein paar Mal da, eine reizende Person. Auch der amerikanische Journalist Knickerbocker war hier wie überall hochgeachtet und gern gesehen – ein kleiner witziger Mann, rothaarig und sommersprossig, mit einer Mordsklappe und immer auf der Spur irgendwelcher Geschichten aus diesem wirbelnden Berlin. Nie gesehen habe ich Leute, die in den Umkreis Hugenbergs gehörten, also Deutschnationale. Politiker waren überhaupt selten, ebenso wie sehr etablierte Leute nicht zu Rowohlt kamen. Stresemann zum Beispiel wäre nicht hingegangen. Das gilt auch für die repräsentativen Autoren der Epoche. Die waren dafür zu fein. Ich erinnere mich noch daran, wie Peter Suhrkamp über Gerhart Hauptmann lästerte: »Der ist ja nicht mehr zu bezahlen. Wenn man ihn einlädt, will er gleich eine Etage im Adlon haben und dazu noch eine, die garantiert vor jedem Lärm geschützt ist.«

Es gab in Berlin überhaupt sehr unterschiedliche Zirkel und Treffpunkte. Da war Samuel Fischer noch immer der repräsentative Verlag, aber zu dessen Abenden – schöngeistige Literatur, Politik und ein bißchen Wissenschaft – bin ich nie eingeladen gewesen. Dagegen bewegte ich mich oft in den Kreisen der höheren Bürokratie von Ministerien oder Auswärtigem Amt, aber Einladungen dort waren nicht selten spießig-vornehm und zum Teil entsetzlich langweilig; da gingen wir unter einem Vorwand bald wieder. Ein anderes gesellschaftliches Zentrum waren die Brüder Meier; der eine war Ministerialdirektor im Auswärtigen Amt, der andere Oberregierungsrat für Luftfahrtwesen im Oberpräsidium von Brandenburg-Berlin. Beide waren Junggesellen, Juden, gutbetucht und hatten ein Haus am Pariser Platz, in dem sie mit Elisabeth von Roden wohnten; sie war die Dame des Hauses, nichts sonst. Da trafen sich vor allem Diplomaten, ausländische Korrespondenten und Wirtschaftler. Eine gewisse gesellschaftliche Rolle spielten auch die Syndici der großen Verbände – Ludwig Kastl vom Reichsverband der Deutschen Industrie, Klaus Ungewitter vom Verband der Chemischen Industrie, der erst ein scharfer Nazigegner war, dann ihr begeisterter Anhänger wurde und das mit der Verschleppung durch die Russen bezahlen mußte, und Karl Lange, mein Chef bei der Vereinigung der Maschinenbau-Anstalten.

Zu meinen engsten Freunden gehörte Rudolf Olden, politischer Redakteur beim »Berliner Tageblatt«, daneben als Anwalt tätig und Autor einer Biographie von Stresemann. Dessen Vater hatte drei Frauen gehabt und mit jeder von ihnen Kinder. Die dritte Frau – eine schlesische Adlige, wenn ich mich recht erinnere – wohnte in einer großen Etage in einer Seitenstraße vom Kurfürstendamm und versammelte alle Kinder ihres Mannes sonntags zum Mittagessen um sich. Einmal im Jahr veranstaltete sie einen großen Jour fixe. Dort kam tatsächlich ganz Berlin zusammen, auch der alte Samuel Fischer, Edwin Redslob, der Reichskunstwart der Weimarer Republik und nach dem Krieg Rektor der Freien Universität Berlin, und andere Prominente, viele von ihnen Juden. Vielleicht ist mir deshalb ein Abend in Erinnerung geblieben, bei dem der jüdische Witz auf Kosten von Samuel Fischers Tochter Tutti brillierte. Tutti hatte sich nämlich in einen Arzt verliebt, Gottfried Bermann, der auch Jude war, und ihn geheiratet. Aber niemand kannte diesen jungen Arzt. Nun sollte er in diesen Kreis eingeführt werden. Aber neben Tutti erschien ein blonder Hüne mit blauen Augen. In die überraschte Stille hinein hörte man, wie einer sich nicht verkneifen konnte zu sagen: »Sieh mal an, Tutti hat einen Goj gefunden!«

Zurück zu Rowohlt, denn mit ihm verbinden sich in meiner Erinnerung nicht nur die feuchtfröhlichen Gesellschaften, sondern auch eine umwerfend komische Episode – eine gemeinsame Turnstunde mit Rowohlt und Suhrkamp. Wie diese Idee zustande gekommen ist, weiß ich nicht mehr. Immerhin war es eine Zeit, in der der Sport eine große Rolle zu spielen und auch Intellektuelle zu faszinieren begann. Eine merkwürdige Truppe waren wir jedenfalls: Rowohlt untersetzt und eher zur Fülle neigend, der feinsinnige Suhrkamp, ich lang und dünn und zum Turnen denkbar ungeeignet. Wie auch immer: Mittwoch nachmittags wurde in Rowohlts Verlag das sogenannte Berliner Zimmer, in dem die Registratur untergebracht war, freigeräumt, und Herr Sommer, der Turnlehrer, erschien. Er war, wie sich bald herausstellte, ein strammer Nazi, wahrscheinlich ein ehemaliger Feldwebel, der nun arbeitslos war. Wir trugen, lächerlich genug, die damaligen Turnanzüge. Sommer kommandierte: »Kniebeuge! Beine geschlossen! Runter, rauf! Runter, rauf!« Am schlimmsten waren die Liegestütze. Da ließ unsere Turnbegeisterung rapide nach, und während Sommer unermüdlich »Hoch! Hoch! Hoch!« schrie, sagte Rowohlt zu Suhrkamp: »Suhrkamp, haben Sie schon gehört, der Innenpolitiker von der ›Voss‹ geht weg.« »Was, der? Das kann ich mir gar nicht vorstellen.« Und so hechelten wir die aktuellen Gerüchte aus dem journalistischen und politischen Berlin durch. Wir waren wie die kleinen Buben, ärgerten mit Wonne unseren Lehrer oder nahmen von ihm auch einmal gar keine Notiz, und Sommer schäumte vor Wut, donnerte: »Hoch! Auf geht's! Nur keine Müdigkeit vorschützen!«, ohne daß wir darauf reagierten. Aber weil er gut bezahlt wurde, kommandierte er weiter.

Gelegentlich gehörte auch, wenn ich mich recht erinnere, der englische Journalist Sefton Dellmer zu unserer Riege. Er war Korrespondent des »Daily Express«, sprach vorzüglich Deutsch und war überall dabei, wo etwas los war. Ich hatte ihn bei irgendeinem Attaché kennengelernt, und wir haben uns gut verstanden. Er war ein fabelhafter Rechercheur, und ich war erstaunt, was er alles wußte. Vor allem interessierten ihn die Nazis – und zwar nicht nur das, was sie wollten, sondern auch, wie es im Inneren dieser Bewegung zuging. Wir waren ja zu dieser Zeit, 1929 und auch 1930, meistens noch sträflich desinteressiert an diesem Phänomen; ich hatte noch nicht einmal Hitlers »Mein Kampf« gelesen. Doch Dellmer brachte es fertig, sich an Ernst Röhm heranzumachen und dessen Vertrauen zu erwerben. So nahm er, als Mitglied von dessen Stab deklariert, an einer internen SA-Parade im Sportpalast teil, für die die Polizei zur Bedingung gemacht hatte, daß sie ohne Publikum stattfand, und wurde von Hitler in München zu einem Gespräch empfangen. In der Folgezeit ist mir Dellmer zunehmend aus den Augen geraten. Ich hörte erst ein Dutzend Jahre später von ihm. Da machte ein englischer Propagandasender in deutscher Sprache, der sich als Wehrmachtssender tarnte, unter den Hörern von Feindsendern Furore. Der Chef dieses Unternehmens, unverkennbar, war Sefton Dellmer.

VIII.
Weimars letztes Gefecht

Das Spiel wendet sich

Stresemanns Tod hatte die Republik schwer getroffen, aber vor allem stürzte er seine Partei in große Verlegenheit. Zumal für uns junge Mitglieder der Volkspartei, die wir alle mehr oder minder durch ihn für die Partei gewonnen worden waren, war sein Tod ein schwerer Schlag. Denn es gab keine Gestalt, die auch nur annähernd an ihn herangereicht hätte, niemanden weit und breit, der über jene politische Phantasie und gestalterische Kraft verfügte, mit denen er die Partei zusammengehalten hatte.

Da war der frühere Oberbürgermeister von Charlottenburg, der Vorsitzende des Reichsbundes der höheren Beamten, Ernst Scholz, ein sehr konservativer Mann; ich war schon deshalb gegen ihn, weil er immer ein politischer Opponent Stresemanns gewesen war. Er wurde schließlich Vorsitzender. Dann gab es da Julius Curtius, den Wirtschaftsminister, ähnlich liberal wie Stresemann, aber bei weitem nicht von dessen Format. Der wurde dann nach langer Debatte Außenminister, aber doch mehr aus Gründen der Koalitionsraison als wegen seiner Überzeugungskraft.

Offen blieb vor allem das politische Problem, wie sich die Volkspartei ohne Stresemann im Parteiengefüge halten und ihrer bisherigen Funktion genügen könne, den Druck nach rechts, der unübersehbar auf der Regierung lastete, aufzufangen und abzufangen. Denn uns war klar: Wenn die Volkspartei nach rechts rutschte, kämen ganz erhebliche Schwierigkeiten auf die Regierungskoalition und das Parlament zu. Wird die Große Koalition – so fragten wir uns – noch halten, wenn der Meister fehlt, der die auseinanderstrebenden Geister dieses

Bündnisses gebannt hat? Würden sich die Parteien im Parlament, die sich in den letzten Jahren zusehends schwerer damit taten, Entscheidungen zu fällen, noch zusammenfinden, nachdem der Virtuose des Parlamentarismus ausgefallen war?

Die Krise begann denn auch prompt. Reichskanzler Hermann Müller war zu schwach, um die Koalition zusammenzuführen. Aber er geriet auch gegenüber der eigenen Partei in die Defensive. Man mußte gar nicht erst auf einzelne Konfliktherde wie auf den Streit um den Bau des Panzerkreuzers A, bei dem schließlich die SPD-Fraktion gegen die eigene Regierung stand, blicken, um für die Koalition zu fürchten. Ich weiß nicht, ob es die starke Erschütterung durch den Tod Stresemanns war, die uns politisch deprimierte. Aber wir spürten, daß diese Regierung ohne ihn früher oder später nicht mehr durchhalten werde.

So kam es dann ja auch. Der Anlaß ist bekannt und auch, daß er eine Lappalie darstellte – der Streit um die Finanzierung der Arbeitslosenversicherung. Aber der wirkliche Grund war eben, daß die Große Koalition ohne Stresemann nicht mehr in der Lage war, die politischen Spannungen zu bewältigen, die sich in ihr ansammelten. Ende März ernannte Hindenburg den Zentrumspolitiker Brüning zum Reichskanzler einer Regierung aus Volkskonservativen – das war eine Abspaltung der Deutschnationalen –, Volkspartei, Demokraten, Zentrum und Wirtschaftspartei, im Juli wurde der Reichstag aufgelöst, und Neuwahlen wurden ausgeschrieben.

Die Wahlen brachten mir eine neue Erfahrung: die Teilnahme an einer Parteigründung und am Wahlkampf. Schon kurz vor der Reichstagsauflösung hatte sich die Demokratische Partei mit dem Jungdeutschen Orden zu einer Deutschen Staatspartei zusammengeschlossen. Am Rande einer Einladung beklagte sich Erich Koch-Weser, der Vorsitzende der Demokraten, bei mir darüber, daß meine Partei, die Deutsche Volkspartei, nicht bereit sei, sich an diesem liberal-konservativen Bündnis zu beteiligen. Der rechte Flügel habe dies rundweg abgelehnt, der linke fürchte eine Spaltung der Partei und zögere deshalb. Lediglich zwei Journalisten aus den Reihen der Jugendorganisation der Partei habe er bisher gewinnen können. Inständig bat er mich um meinen Beitritt. Spontan sagte ich zu. Schon am nächsten Tag fand ich meinen Namen als Mitträger der neuen Partei in den Zeitungen. Wie übereilt dieser Entschluß war, habe ich rasch begreifen müssen.

Meine schnelle Entscheidung hing auch damit zusammen, daß ein solches Bündnis ein Wunschtraum Stresemanns gewesen war. In der Diskussion bei den »Quiriten« hatte er diesen Wunsch temperamentvoll geäußert und mit mir auch kurz vor seinem Tode nochmals darüber gesprochen. Deutschland brauchte nach seiner Überzeugung eine konservative Partei, die auf dem Boden der Weimarer Verfassung stand und ein Bollwerk gegen die rechten Gegner der Republik bildete. Selbst eine Abspaltung der Gegner der radikalen Hugenberg-Politik von der Deutschnationalen Volkspartei hielt er dann für denkbar. Stresemann dachte an einen Zusammenschluß, der den linken Flügel der Deutschnationalen, die Volkspartei, die Wirtschaftspartei, die Demokraten und das Zentrum umfaßte. Es sei, so hatte er es auch einmal schriftlich niedergelegt, der »tiefste Wunsch« seines Lebens, »daß die Schichten, die links und rechts von uns demselben Gedanken der bewußten Mitarbeit in der Bejahung und Erhaltung des Staates sich hingeben, ohne damit irgend etwas von der stolzen Tradition der vergangenen Zeiten aufzugeben, sich zusammenfinden und von links und rechts zur Mitte heranrücken möchten, um ihre staatspolitischen Ideen und die Stärke, die sie dadurch haben, gleichzeitig zur Beseitigung der reinen Interessenparteien beizutragen«.

Wir hatten uns damals im Kreis der »Quiriten« vor allem an Stresemanns Absicht gestoßen, den Jungdeutschen Orden in dieses Bündnis aufzunehmen. Das war eine mystisch-konservative Organisation, die aus der Jugendbewegung hervorgegangen war. Sie vertrat eine Art Basisdemokratie und drapierte sich reichlich mit neoromantischem Vokabular – ihr Vorsitzender Artur Mahraun nannte sich Hochmeister, das Führungsorgan Hochkapitel, die Mitglieder bezeichneten sich als Brüder und Schwestern; an der antiparlamentarischen, antipolitischen Ausrichtung des Ordens konnte es keinen Zweifel geben. Der Widerspruch forderte Stresemann heraus. Erregt erklärte er, daß er den Jungdeutschen Orden besser kenne. Er sei zwar nach dem Krieg als ein den Rechten nahestehender Wehrverband gegründet worden, habe aber beispielsweise am

Hitlerputsch 1923 nicht teilgenommen und sich seit der Wahl Hindenburgs zum Reichspräsidenten Schritt für Schritt von den Rechten gelöst. Heute sei er eine staatsbürgerliche Bewegung und habe sich etwa auch für seine Politik der Versöhnung mit Frankreich eingesetzt. Vor allem habe er vornehmlich junge Mitglieder, mehr als die Jugendverbände von Volkspartei und Demokraten. Denen fehle überdies – wie wir wohl wüßten – jeder Elan. »Einen solchen Verband«, sagte Stresemann, »darf man nicht im Regen stehen lassen.«

Was mir die Beteiligung an der Gründung der Staatspartei in erster Linie verschaffte, war eine Lektion in bezug auf die Mechanismen parteipolitischer Verhandlungen und der Kandidatenaufstellung, die man nur in der Praxis machen kann. Ich sah meinen Namen neben denen von Koch-Weser, Mahraun und dem Deutschnationalen Glimm auf den Handzetteln der neuen Partei. Sehr entschlossen saßen wir dort und standen ein – wie der Text verkündete – für den Willen zum Neuen, den Appell an die Jugend und die Verbindung von nationalem und sozialem Denken. Aber meine Parteifreunde ließen mich spüren, was für ein schlimmes Vergehen es für eine Partei ist, ohne Absprache vorzupreschen. Im übrigen waren die Gespräche vor allem mit den Jungdeutschen langweilig und langwierig. Sie waren keine offenen Antisemiten, aber hegten gegenüber Juden, Unternehmern, Journalisten und Anwälten, also allen Berufen, die nicht zu ihrer pathetischen Vorstellung einer Volksgemeinschaft paßten, handfeste Antipathien. Bei der Kandidatenaufstellung für die Reichstagswahlen wurde mir der erste Platz auf der Landesliste Lübeck-Mecklenburg, der mir zugesagt worden war, in einer typischen innerparteilichen Intrige wieder abgejagt; das regte mich allerdings nicht sehr auf, denn die Aussichten, gewählt zu werden, waren ohnedies gering.

Am ärgerlichsten war die Auseinandersetzung über die Kandidatur des Chefredakteurs der Wochenzeitschrift »Der Volkswirt«, Gustav Stolper, in Hamburg. Stolper hatte sich in wenigen Jahren großes Ansehen in der Öffentlichkeit erworben, und seine Zeitschrift hatte allen anderen den Rang abgelaufen. Er gehörte zur Prominenz der Demokratischen Partei und galt vielen als ihr kommender Mann. Das hat ihm selbstverständlich auch Gegner verschafft, und da er Jude war, wurde er auch zur Zielscheibe antisemitischer Angriffe – bemerkenswerterweise auch aus jüdischen Kreisen, die in ihm, dessen Vater aus Galizien nach Wien gekommen war, den Ostjuden zu treffen suchten. Das alles förderte während der Kandidatenaufstellung Ressentiments zutage, vor allem bei den Jungdeutschen, bei denen sich ein latenter Antisemitismus mit antikapitalistischen Stimmungen verband. Schließlich blieb Stolper in Hamburg auf Platz eins der Liste – aber die Jungdeutschen nahmen für sich in Anspruch, mit Wahlschein ihre Stimme in Schleswig-Holstein abgeben zu können.

Ich hatte mich von Koch-Weser und dem preußischen Finanzminister Höpke-Aschoff, der ebenfalls der Demokratischen Partei angehörte, überreden lassen, trotz der Verdrängung vom ersten Listenplatz am Wahlkampf teilzunehmen. Ich sprach also im August bei zwei Massenversammlungen in Berlin in den Kammersälen und im Lehrervereinshaus, zusammen mit Mahraun, dem demokratischen Reichsminister Dietrich und Ernst Lemmer, der nach dem Krieg lange CDU-Minister in Bonn war und damals zum linken Flügel der Demokraten gehörte; in der Rednergarde war ich mit Abstand der Jüngste, und ob ich mit meinem Plädoyer, Stresemanns Politik in der Staatspartei fortzusetzen, viele Zuhörer bewegte, weiß ich nicht. Im übrigen sprach ich im Wahlkreis fast täglich, manchmal sogar zweimal: in Lübeck und Travemünde, in Hamburg und in allen möglichen Flecken in Mecklenburg. Meine Familie in Kiel und Lübeck nahm von den Aktivitäten des Jungpolitikers keine Notiz. Aber ich durfte in Lübeck bei meinem Großvater wohnen.

Der Ausgang der Wahl war ein Schock. Ich erfuhr das Ergebnis in Südfrankreich, wohin ich erschöpft von den Strapazen des Wahlkampfs gefahren war – natürlich aus den Zeitungen, denn so weit reichte der Rundfunk damals noch nicht. Sogleich kehrte ich zurück. Uns allen war klar, daß dieses Wahlergebnis einen entscheidenden Tag in der Entwicklung der Republik markierte. Wir hatten ja alle bis dahin die Nationalsozialisten nicht ernst genommen. Statt dessen hatten wir ein starkes Anwachsen der Volkskonservativen erwartet und auch uns einige Chancen ausgerechnet. Und nun waren die

Nationalsozialisten über Nacht die zweitstärkste Partei geworden, und alle anderen – mit Ausnahme der Kommunisten – gehörten zu den Verlierern! Wir mußten uns eingestehen, daß wir alle völlig falsch kalkuliert hatten. Was sollte nun werden?

Wir hätten nicht so leidenschaftlich an der Politik interessiert sein dürfen, wie wir es waren, wenn wir nicht trotz des Desasters weiter spekuliert und gerechnet hätten. Wir müßten versuchen – so die Parole in unseren Kreisen –, die Koalition zu erhalten und ein einigermaßen erträgliches Verhältnis zu den Sozialdemokraten zu finden. Denn daß ein Bündnis mit den Sozialdemokraten nicht mehr möglich war, lag auf der Hand. Aber mit ihrer Duldung verfügten die staatserhaltenden bürgerlichen Parteien – Zentrum, Staatspartei, Deutsche Volkspartei und Volkskonservative – noch über eine Mehrheit. Wenn diese Konstellation nicht mehr aufrechtzuerhalten sei, so sagte ich zu einem Freund, dann scheitere der ganze Laden.

Aber der Schock dieser Wahl ließ noch eine andere Sorge wach werden, die bislang eher am Rande unseres Gesichtsfeldes geblieben war. Das war die Frage der Nachfolge Hindenburgs als Reichspräsident. Seine Amtszeit lief 1932 aus. Schon vor den Wahlen hatte man sich gefragt, wer denn an die Stelle des greisen Staatsoberhauptes treten könne, und keine Antwort gefunden. Nach dem Sieg der Nationalsozialisten wuchs sich dieses ungelöste Problem zu einem wahren Alptraum aus. Immer mehr politisch wache Köpfe kamen zu dem Schluß, daß alles auf die Alternative Hindenburg oder Hitler hinausliefe. Das war bei dem Alter und dem zeitweise sehr schlechten Gesundheitszustand Hindenburgs eine beklemmende Vorstellung. So wurde eifrig nach Auswegen gesucht, und mein Freund Arnold Brecht bemühte sich zum Beispiel, Hugo Eckener, der damals durch seine Zeppelin-Fahrten über einige Popularität verfügte, ins Spiel zu bringen. Aber das zeigte nur, in was für einer verzweifelten Lage wir waren. Denn dem Luftfahrtpionier fehlte alles, um sich gegen Hitler durchzusetzen.

Wenn ich an diese Wochen nach dem Menetekel der Septemberwahlen zurückdenke, dann wird mir klar, wie sehr wir doch in unseren Vorstellungen von parlamentarischer Politik befangen waren. Wir trieben in Gedanken noch immer die üblichen Koalitionsspiele und zogen etwa große Hoffnungen daraus, daß der Erfolg der Nationalsozialisten die Koalition ja zwinge, in Tuchfühlung mit den Sozialdemokraten zu bleiben, wodurch eine Rechtsorientierung abgebremst würde. Wir sahen gar nicht, daß sich das Spiel gewendet hatte. Das hatte mit dem Regierungsantritt Brünings begonnen. Die parlamentarischen Verhältnisse wurden zunehmend unwichtiger. Um so entscheidender wurden nun Persönlichkeiten, ihre individuellen Eigenarten und ihre persönlichen Beziehungen. Während wir uns noch den Kopf über politisch-parlamentarische Konstellationen zerbrachen, war das Schicksal der Politik in die Hände von vier Akteuren übergegangen: Neben Hindenburg Brüning, dazu Reichswehrminister Groener und der Chef von dessen Ministeramt, General Kurt von Schleicher, in Wahrheit Groeners engster Berater; er wurde bald zu einer politischen Größe von eigenem Gewicht mit eigenem Ehrgeiz. Der führende Kopf war Brüning, aber er war auf die Autorität Hindenburgs und die Loyalität der Reichswehr angewiesen. Groener wiederum war gleichsam der Fürsprecher Brünings bei Hindenburg.

Es gehört zu den Zufällen der Geschichte, daß alle vier alleinstehend waren – Hindenburg und Groener waren Witwer, Brüning und Schleicher unverheiratet. Das gab ihrem Verhältnis eine besondere Färbung im Sinne einer stärkeren Bindung untereinander. Und eben deshalb spielt es in dem Drama, das damals ablief, auch eine schwer abwägbare Rolle, daß Groener sich im Herbst 1930 zweiundsechzigjährig mit einemmal verheiratete. Nicht genug damit, daß in den Illustrierten Bilder erschienen, auf denen Groener mit seiner Frau im Hochzeitskleid pompös die Treppen des Doms herunterschritt – bald wurde auch bekannt, daß Groener Vater würde und dies auch noch vorzeitig. Man kann sich denken, wie das auf Hindenburg mit seiner altpreußischen Moral wirkte. Und auch in der Reichswehr, in der die Offiziere noch die Einwilligung des Reichswehrministers zur Eheschließung einzuholen hatten, mußte Groeners Heirat seiner Autorität abträglich sein. Ganz sicher hat sie das Verhältnis der vier gelockert. Zu allem Überfluß heiratete auch Schleicher – und zwar eine geschiedene Frau, die zuvor mit einem General verheiratet war. Man mag das für Klatschgeschichten halten, aber im damaligen gesellschaftlichen Klima hatten solche Nebensächlichkeiten eine beträchtliche Bedeutung.

Die Ära Brüning

Von den wichtigen Köpfen der Jahre zwischen 1930 und 1932 habe ich Brüning und Schleicher nur gesellschaftlich gekannt, Groener dagegen näher. Die bedeutendste Figur war ohne Zweifel Brüning. Er machte zunächst den Eindruck eines verschlossenen, schüchternen Mannes, eher eines Gelehrten als eines handelnden oder gar führenden Politikers. Er war bei seinem Amtsantritt in der breiten Öffentlichkeit so gut wie unbekannt, erwarb sich aber bereits im ersten Jahr seiner Kanzlerschaft durch seine entschlossene Politik den Ruf eines starken Führers. Dabei bemühte er sich gar nicht um Popularität. Er wirkte auch weniger durch seine Auftritte und Reden, in denen er sich als völlig uncharismatische Gestalt von karger Nüchternheit präsentierte, als vielmehr durch seine scharfe, geschliffene Argumentation und die Redlichkeit seines Bemühens, die ihm von jedermann zugestanden wurde. Was er allerdings nur schwer verbergen konnte, war seine innere Arroganz. Er war sich seiner intellektuellen Überlegenheit bewußt und vermochte nicht zu verstehen, daß andere ihm bei seinen Überlegungen nicht folgen konnten. Über seine Entschlüsse schwieg er meist und rang lange mit sich selbst. Dabei war er kein Zauderer. Da er von Natur aus mißtrauisch war, dazu empfindlich und verletzlich, war es nicht leicht, mit ihm umzugehen. Man wisse nie, was der Kanzler wolle, soll sein Finanzminister, der Demokrat Dietrich, gesagt haben, und der volkskonservative Minister Treviranus sprach vom »dunklen Brüning«.

In der Politik war Brüning ein scharfer Diagnostiker und in der Therapie sicher und unnachsichtig. Er stand auch in dem Ruf, daß er in den Kabinettsverhandlungen sehr entschieden, ja, herrisch aufgetreten sei. Alle, die ihn in solch kleinem Kreis erlebt haben, berichten davon, daß dort eine starke Ausstrahlung von ihm ausging. Sicher ist, daß Brüning einer der wenigen Politiker war, die ein Konzept besaßen, wie der Republik in ihrer schwierigen Lage zu helfen sei. Dazu gehörte wohl auch die Wiederherstellung der Monarchie. Ich glaube allerdings nicht, daß der Grund dafür ein eingefleischter Monarchismus war, obwohl er zweifellos Monarchist war. Dafür war Brüning einfach zu nüchtern. Nach meiner Überzeugung wollte er die Monarchie wiederherstellen, um für absehbare Zeit Neuwahlen für das Amt des Reichspräsidenten zu verhindern, man kann auch sagen: um Hitler zu verhindern. Zunächst sollte Hindenburg als Regent auf Lebenszeit inauguriert werden, später dann ein Hohenzollernprinz an die Spitze des Staates treten.

Wilhelm Groener hatte ich zunächst durch den Vortrag kennengelernt, den er bei den »Quiriten« gehalten hatte. Wenig später ließ er mich im Reichstag durch seinen Adjutanten zu einem persönlichen Gespräch bitten, dem dann noch eine ganze Reihe weiterer gefolgt sind. Über Groeners Bedeutung hatte mich Eckart Kehr informiert, der sich später als kritischer Analytiker der preußisch-deutschen Militärgeschichte einen Namen gemacht hat; ich kannte ihn bereits aus dem Historischen Seminar an der Berliner Universität. Ich wußte also, daß es zum nicht geringen Teil Groeners Verdienst war, daß die Revolution 1918/19 mit Hilfe Eberts gebremst, die Reichseinheit durch die Annahme des Versailler Friedensdiktats gewahrt und der Reichswehr zu einer leistungsfähigen Führung verholfen wurde. Der äußere Eindruck entsprach dieser Leistung indessen keineswegs. Groener, gebürtiger Schwabe, hatte, man muß es sagen, das Gesicht eines Durchschnittsbürgers. Es fehlte ihm völlig jedes heroisierende Moment. Er war nicht zackig, und dazu paßte, daß er bei Besichtigungen, Paraden und im Manöver bewußt Zivil trug, obwohl er – als Oberbefehlshaber der Reichswehr – in Generalsuniform hätte erscheinen können. Oft ist behauptet worden, er sei spröde gewesen. Wenn damit gemeint ist, daß ihm am Plaudern und an der geselligen Routine nichts lag, mag das zutreffen – ich selbst habe ihn so nicht erlebt. Immer wieder mußte ich bewundern, wie dieser Mann über militärische Fragen urteilte. Man konnte mit ihm auch ohne weiteres über Scharnhorst und Gneisenau reden, was nicht für jeden General galt. Das Problem, ihm gerecht zu werden, besteht in dem Umstand, daß er sich im Grunde genommen nur für die Reichswehr im engeren und für das Militär im weiteren Sinne interessierte. Dann entfalteten sich sein kluges Urteil und seine Bildung, während er auf diejenigen, die an diesem Thema kein Interesse hatten und deshalb nicht richtig mit ihm ins Gespräch kamen, langweilig wirkte.

Groener war sich seiner maßgebenden Rolle wohl bewußt. Er hatte wesentlich daran mitgewirkt, die Weichen für die Bildung der Regierung Brüning zu stellen. Diese Aktivität hatte mich überrascht, weil sie so wenig zu ihm paßte. Aber als ich ihn im Gespräch darauf hinwies, daß die von ihm immer vertretene Überparteilichkeit der Reichswehr sich damit kaum vereinbaren lasse, antwortete er mir nur knapp: »Seien Sie doch nicht so dogmatisch! Von einem Prinzip muß man auch abweichen können, wenn es die Situation erfordert.« Er zitierte aus einer Rede, die er vor Generalstabsoffizieren gehalten und in der er wohl sein Credo niedergelegt hatte: Die Offiziere müssen gehorchen lernen und von der verflixten Politik die Finger lassen. Politik dürfen nur wenige treiben, aber diese zäh und verschwiegen.

Groener gab damals, im Frühjahr 1930, allerdings zu erkennen, daß es ihm allein um die Lösung der Staatskrise ging, keineswegs um die dauernde Ausschaltung der Sozialdemokraten. Ideologische Motive trieben ihn nicht, und er legte Wert darauf, daß man registrierte, daß bei der Etablierung Brünings die Verfassung nicht verletzt worden war. Ein gutes Jahr später klang das etwas anders. Da sagte er zu mir: »Wissen Sie, die Situation ist so, daß es keine grundlegende Entscheidung mehr gibt, über die nicht die Reichswehr befindet.« Das irritierte mich, denn es zeigte einen tiefgreifenden Wandel an. Aus dem Befürworter einer strikt verfassungstreuen militärischen Macht – den der sozialdemokratische Wehrexperte Noske sogar einmal als den »demokratischen General« tituliert hatte – war der Vertreter der Armee als politischer Ordnungsmacht geworden.

Ob Schleichers Einfluß zu dieser Veränderung beigetragen hat, vermag ich nicht zu sagen. Aber da das Verhältnis zwischen beiden weit enger war, als das auch bei naher Zusammenarbeit in einer Behörde der Fall ist, ist es jedenfalls nicht auszuschließen. Groener hatte Schleicher im Krieg als seinen Vertrauensmann in den Stab Ludendorffs gebracht. Danach wurde er sein enger Mitarbeiter. Schleicher war ein besonderer, meines Wissens einzigartiger Fall auch insofern, als er zum

General befördert wurde, ohne je Kommandeur eines Bataillons oder Regiments gewesen zu sein. Er war also ein reiner Schreibtischgeneral. Als solcher war er allerdings herausragend. Er verstand es, sich nicht nur in der Bürokratie, sondern auch gegenüber der Politik durchzusetzen. Es war seine besondere Stärke, daß er die Technik des Operierens im politisch-parlamentarischen Raum, die Militärs üblicherweise fremd ist, brillant beherrschte, ohne jedoch die spezifische Gesinnung des Offiziers eingebüßt zu haben. Er war der politischste Offizier, den die Reichswehr hatte. Und er hatte noch einen Vorteil, der damals besonders schwer wog: Er hatte mit Oskar von Hindenburg, dem Sohn des Reichspräsidenten, im gleichen Regiment gedient und schien mit ihm befreundet gewesen zu sein. So konnte er, weil gleichsam »en famille«, im Reichspräsidentenpalais ein- und ausgehen.

Ähnlich wie Groener fehlte auch Schleicher im Äußeren merkwürdigerweise ganz das Militärische. Zwar habe ich ihn im Unterschied zu seinem Chef immer in Uniform, nie in Zivil gesehen, aber wäre man ihm in einem normalen Anzug irgendwo begegnet, hätte man ihn mit seinem etwas aufgeschwemmten Gesicht für einen, sagen wir, Holzhändler aus Danzig, eben für irgendeine kommerzielle Figur, nie für einen preußischen Generalstabsoffizier gehalten. Aber er war jovial, schlagfertig und geistreich. Er besaß die Gewandtheit, die Groener fehlte, und er war sich über den Wert im klaren, den in der Politik Informationen, Kontakte und die Möglichkeit des direkten Zugangs zu den Inhabern der Macht haben. So wurde er in der Spätphase der Republik zu einer viel beredeten, von Erwartungen und Spekulationen umgebenen Gestalt. Es gab immer mehr Leute, die viel auf ihn hielten – wie etwa Hans Zehrer, der außenpolitische Chronist der »Vossischen Zeitung« und nach dem Krieg Chefredakteur der »Welt«. Der gab mit einer Reihe von gleichgesinnten Freunden die Zeitschrift »Die Tat« heraus, die ein auf die Reichswehr gestütztes Präsidialregiment propagierte, und in dieses Konzept paßte Schleicher vorzüglich hinein. Groener war freilich immer davon überzeugt, daß Schleicher seine Politik nur ausführte. Er hat mir gegenüber dessen Intelligenz sehr gelobt, aber doch auch durchblicken lassen, daß er manchen von dessen »taktischen Einfällen« nicht ernst nehme. Das mag so gewesen sein. Aber in der letzten Phase der Republik hat Schleicher sich jedenfalls aus dieser Rolle gelöst – ob zu ihrem Glück oder Unglück, blieb zunächst offen.

Die Aufgaben, vor denen die Regierung Brüning stand, waren schwer, ja eigentlich gar nicht zu lösen. Die Wirtschaftskrise hatte Deutschland mit voller Wucht erfaßt. Die Steuereinnahmen von Reich, Ländern und Gemeinden waren rapide gesunken und gingen auch weiterhin zurück, die Ausgaben dagegen stiegen gewaltig, vor allem als Folge der enormen Zunahme der Arbeitslosigkeit – drei Millionen 1930, fünf Millionen 1931. Diese Daten und Zahlen sind bekannt, aber man muß diese Jahre wohl miterlebt haben, um eine einigermaßen zutreffende Vorstellung von dem ungeheuren Druck zu haben, der auf der Regierung lastete. Außerdem hing ja noch immer die Reparationsfrage als Damoklesschwert über der deutschen Politik. Eine Sanierung der Finanzen war also dringend erforderlich.

Das ist der Hintergrund, vor dem die Notverordnungspolitik Brünings gesehen werden muß. Wer die Notverordnungen von Oktober 1930 und Juli 1931 aufmerksam gelesen hat – und ich hatte mich darum bemüht, obwohl ich auf diesem Gebiet ein Laie war –, dem mußte klar werden, daß der Reichstag außerstande war, die notwendigen schweren Einschnitte zu beschließen. Brüning hatte selbst vor jeder Notverordnung die Koalitionsfraktionen, die Sozialdemokraten und auch die großen Verbände persönlich informiert. Kein anderer hätte die Autorität, aber auch nicht die Kenntnisse des Finanz- und Wirtschaftswesens gehabt, um sie durchzusetzen. Die Sozialdemokraten tolerierten Brünings Politik, in erster Linie dank des klugen Einflusses von Rudolf Hilferding, der schon 1923 und dann wieder in der Großen Koalition von 1928 bis Ende 1929 Reichsfinanzminister war.

Es muß 1930 gewesen sein, jedenfalls nach der verhängnisvollen Septemberwahl, daß ich bei einem Essen neben einem soignierten Herrn saß, der ein goldgerändertes Monokel an einem langen schwarzen Band trug; ich hatte ihn schon irgendwo gesehen, wußte aber nicht genau, wo. Es war Erwin Planck, der Sohn des berühmten Physikers. Ursprünglich Rittmeister im Reichswehrministerium, war er 1924 in die Reichskanzlei eingetreten und nun einer der engsten Mitarbeiter Brünings. Mit ihm führte ich in der Folgezeit viele Gespräche, die mir die Politik Brünings, aber auch die Manöver im Umkreis von Reichskanzlei, Reichspräsidentenpalais und Reichswehrministerium verständlich gemacht haben. Bei diesem ersten Zusammentreffen überraschte Planck mich mit der These, daß die Wahlen zwar eine schlimme Niederlage für die Regierung seien, aber doch auch eine Art Glück im Unglück bedeuteten. Auf mein ungläubiges Erstaunen hin machte er mich darauf aufmerksam, daß es im Reichstag nun eine große Mehrheit gebe, die von Parteien mit mehr oder minder schweren Stimmenverlusten gebildet würden. Die aber, so sagte Planck mit ironischem Lächeln, scheuten Neuwahlen wie die Pest. Brüning habe deshalb vielleicht die Zeit, die er brauche, um sein Programm Schritt für Schritt durchsetzen zu können. Bessere Wahlergebnisse seien erst dann zu erwarten, wenn diese finanzielle und wirtschaftliche Roßkur angeschlagen habe. Deshalb dürften die nächsten Wahlen, wenn irgend möglich, erst nach Ablauf der Legislaturperiode, also 1934, stattfinden.

Wie vorzeitige Wahlen verhindert werden konnten, war in der Ära Brüning tatsächlich immer wieder Gegenstand neuer Überlegungen. Sie hat gelegentlich auch ziemlich gewagte Gedankenspiele hervorgebracht, die an den Rand der Verfassungsverletzung heranreichten. In diesem Sinne hat mir Groener einmal im Gespräch zu bedenken gegeben, ob nach der Auflösung des Reichstags die anstehenden Neuwahlen nicht bis zur Meisterung der Krise verschoben werden sollten. Das wäre rechtlich möglich gewesen, allerdings hätte der Reichspräsident dabei mitspielen müssen.

Die andere Überlegung, die uns beschäftigte, bezog sich auf die Bereitschaft Hindenburgs, Brüning im Amt zu halten. Ich muß gestehen, daß wir lange gar nicht an die Möglichkeit gedacht haben, Hindenburg könnte ihn fallenlassen. Natürlich konnte einem nicht entgehen, daß die sogenannte nationale Opposition, also Hugenbergs Deutschnationale, der Stahlhelm und die Nationalsozialisten, Druck auf Brüning ausübten, nicht zuletzt über den Reichspräsidenten, der dann auch im September 1931 etwas von einer notwendigen »Wende nach rechts« gemurmelt hatte. Brüning hat danach auch sein Kabinett umgebildet. Jedenfalls registrierte ich, als ich im Oktober von einem Aufenthalt beim Völkerbund in Genf zurückkam, mit Überraschung, daß die Kabinettsmannschaft geschrumpft war, und zwar zugunsten ihres parteilosen und konservativen Anteils. Noch mehr verblüffte mich, daß – wie mir berichtet wurde – eine Reihe rechter Kandidaten nicht bereit gewesen war, in die Regierung einzutreten. War also Brüning doch gefährdet? Daß es ernst werden könnte, ist mir erst im Frühjahr 1932 klargeworden, als Planck ganz plötzlich, ohne jeden Zusammenhang mit dem Thema, das wir gerade erörterten, sagte: »Der Kanzler ist angeschlagen. Wir wissen nicht, wie lange wir ihn halten können.« Ich war erschüttert und fragte ratlos zurück: »Wer soll es denn sonst machen?« Planck zuckte nur mit den Achseln. Aber so ganz ernst habe ich auch diese Äußerung nicht genommen. Man wußte ja aus zahllosen Gesprächen, wie oft Behauptungen in die Welt gesetzt wurden, die sich dann als bloße Gerüchte herausstellten. Selbst Brünings dramatischem Appell von den »letzten hundert Metern vor dem Ziel«, auf denen man nicht stolpern dürfe, habe ich nicht die Bedeutung beigemessen, die er – wie wir bald erfuhren – hatte.

Eine wichtige Rolle im Zusammenhang mit dem Bangen um das Kabinett Brüning spielten die für März oder April 1932 bevorstehenden Reichspräsidentenwahlen. Reichstagswahlen konnte man verzögern, die Wahl des Präsidenten hingegen nicht. Sie würde zwangsläufig wie eine Doppelwahl wirken, als Entscheidung nicht nur über die Staatsspitze, sondern auch als Urteil über Brüning. Nur wenn Hindenburg im Amt bliebe, würde Brüning eine Chance erhalten, seine Politik fortzuführen. Für viele und auch für mich war Hindenburg, mittlerweile fünfundachtzig Jahre alt, zwar nicht der Kandidat, den man guten Gewissens wählen konnte – seiner immer stärker spürbar werdenden Senilität wegen, aber auch aufgrund des Einflusses seiner Standesgenossen und seines Sohnes. Doch es gab außer ihm niemanden, der Hitler gewachsen gewesen wäre.

Das Bemerkenswerte an seiner Kandidatur bestand nun darin, daß Hindenburg, der keineswegs amtsmüde war, gleichwohl gebeten werden wollte, sich noch einmal zur Verfügung zu stellen. Empfindlich, wie er war, belastete es ihn, daß viele der Wähler, die 1925 aus Verehrung und der Sehnsucht nach einem Ersatzmonarchen für ihn gestimmt hatten, nun seine Gegner geworden waren, weil sie Brünings Gegner waren, während er auf der anderen Seite auf die Stimmen derjenigen angewiesen war, die ihn 1925 nicht gewählt hatten. Daß es einige Wochen dauerte und einiger Anstrengungen bedurfte, einen Mann für die Kandidatur zu gewinnen, bleibt eine groteske Episode in dieser an turbulenten Zügen so reichen Zeit. Und es grenzte fast schon an blanke Ironie, daß den Ausschlag für die Annahme einer der prominentesten Männer der Camarilla gab. Daß die Anhänger der Republik Hindenburg wählen konnten, um Hitler zu verhindern, verdankte sich – wie ich bald vierzig Jahre später Brünings Memoiren staunend entnahm – der Exzellenz von Berg, wirklicher Geheimer Rat, ehemals Chef des Zivilkabinetts des Kaisers, der ein ostpreußischer Grundbesitzer, Präsident des Deutschen Adelsverbandes und ein extremer Konservativer war.

Den Ausgang des zweiten, entscheidenden Wahlgangs am 10. April 1932 erlebte ich im Theater bei einer Aufführung von Gerhart Hauptmanns »Nach Sonnenuntergang«, zu der mich mein Freund Walter Bauer eingeladen hatte. Wir waren uns des Wahlausgangs so sicher, daß wir der Versuchung widerstanden, in der Pause auf die Straße zu gehen, um ein Extrablatt zu kaufen, sondern das Ende der Vorstellung abwarteten. Das Ergebnis, dreiundfünfzig Prozent für Hindenburg, versetzte uns in so gehobene Stimmung, daß wir beschlossen, den Erfolg bei Lutter und Wegner am Gendarmenmarkt zu begehen. Von heute aus gesehen, mag diese Reaktion verwunderlich erscheinen, denn der Sieg Hindenburgs brachte der Republik nur eine ganz kurze Atempause. Aber wir sahen in ihm vor allem einen Sieg Brünings. Dabei waren wir uns durchaus darüber im klaren, daß bei den bevorstehenden Landtagswahlen in Preußen die Nationalsozialisten einen vergleichbar hohen, möglicherweise noch höheren Erfolg erringen würden als im Reich im September 1930 – in Preußen war 1928 zum letzten Mal gewählt worden, also zu einem Zeitpunkt, zu dem sich die Republik vergleichsweise konsolidiert ausnahm, und man mußte sich nur die seither eingetretenen Veränderungen vor Augen führen, um ein neues politisches Debakel für wahrscheinlich zu halten. Aber in der Hochstimmung, in die uns der Ausgang der Präsidialwahlen versetzt hatte, wendeten wir alle möglichen katastrophalen Aussichten ins Beruhigende. Sollten die Nationalsozialisten tatsächlich die stärkste politische Kraft werden, also den Ministerpräsidenten und außerdem den Innenminister verlangen können? Aber Brüning würde dem Zentrum nicht erlauben, mit den Nationalsozialisten eine Regierung zu bilden, und die alte Regierung würde geschäftsführend im Amt bleiben. Und wenn die Nationalsozialisten in Preußen trotzdem an die Macht kämen? Dann hatte die Reichsregierung ja die Möglichkeit, sich per Notverordnung ganze Bereiche einer Landesregierung zu unterstellen, auch die Polizei.

Wirklich bedenklich stimmte uns nur die Annahme, der Reichspräsident könne aus seinem Amt ausscheiden. Aber auch dafür hatten wir an diesem Abend ein Rezept: Dann müsse der Reichskanzler als Vertreter des Reichspräsidenten den Reichstag eben auflösen und Neuwahlen ansetzen. Das wäre zwar der Staatsstreich, aber wenn sich die Verhältnisse dank der Verbesserung der wirtschaftlichen Lage beruhigt hätten, könne ja wieder verfassungsgemäß verfahren werden. »Woher hast du solche Gedanken?« fragte mich Bauer. Ich lehnte mich zurück und schnippte mit dem Finger: »Eigene Überlegungen, ganz naheliegend. Oder?« So beschönigten wir an diesem Frühlingsabend die Lage und fuhren beruhigt nach Hause.

Die Republik rutscht nach rechts

Die Ära Brüning, in der das Parlament weitgehend entmachtet war und die Regierung sich wesentlich auf das Notverordnungsrecht stützte, wird von den Historikern heute gerne als Weg in den autoritären Staat beschrieben. Dafür spricht manches, und auch wer wie ich diese Zeit miterlebt hat, kann aus den detaillierten Untersuchungen über das Ende der Weimarer Republik vieles lernen. Ich räume auch gerne ein, daß manche der seither angestellten Forschungen mein Bild von den Vorgängen in diesen Jahren nicht unwesentlich verändert haben. Aber eines muß ich doch festhalten: Wenn denn der Weg der Republik in den autoritären Staat führte, so wurde dieser Weg von den Zeitgenossen – mit Ausnahme der dezidiert antidemokratischen Kräfte – so doch nicht gewollt, ja auch nicht gesehen, und wo solche Tendenzen bewußt angestrebt wurden, stießen sie auf Ablehnung. Die vielkritisierte Gesetzgebungsdiktatur war eine legale Verfassungseinrichtung. Sie war als vorübergehende Maßnahme gedacht und wäre zumindest bei der nächsten Wahl 1934 aufgehoben worden. Ich erinnere mich an zahllose Gespräche in den verschiedensten politischen Kreisen über Brünings Politik in der Krise, von den Volkskonservativen bis zu den Sozialdemokraten. Der Gedanke, daß Brüning damit einen »Präzedenzfall« für die Politik seiner Nachfolge geschaffen habe, wie ihm kein Geringerer als Arnold Brecht vorgehalten hat, ist uns überhaupt nicht gekommen. Wir waren fest davon überzeugt, daß er Notverordnungen nicht mehr erlassen würde, sobald die Not überwunden worden sei. Es war das Paradoxon der Situation, daß die Demokraten zu dieser Gesetzgebungsdiktatur greifen mußten, um der schwierigen Lage Herr zu werden, während die antidemokratischen Parteien versuchten, mit den ihnen so verhaßten demokratischen Mitteln von Wahl und Parlament diese Gesetzgebung zu verhindern, um am Ende die Demokratie abschaffen zu können.

Ich will auch nicht bestreiten, daß die Kritik an der Demokratie zunahm. Die Referate, die Carl Schmitt und Alexander Rüstow vor den »Quiriten« gehalten hatten, gaben insofern eine Stimmungslage wieder, die sich gerade bei bürgerlichen und gebildeten Zeitgenossen rasch verbreitete. Ein anderes Exempel, dessen ich mich entsinne, war ein Vortrag des Heidelberger Soziologen Arnold Bergsträsser. Ich erwähne ihn zum einen wegen des Vortragenden, der zu den jungen renommierten Intellektuellen zählte, die im Prinzip Demokraten waren – ich habe schon berichtet, daß er zum Beraterkreis des preußischen Kultusministers C.H. Becker gehörte –, zum anderen wegen des Rahmens, in dem er stattfand. Das war kein Konventikel von Außenseitern, sondern eine Einladung des Generaldirektors des mitteldeutschen Braunkohlekonzerns, Heinz Pulvermann, und anwesend waren Industrielle, Verbandschefs aus der Wirtschaft, Beamte aus den Ministerien und Professoren, nicht aber Abgeordnete und Journalisten. Bergsträsser kam nach wenigen einleitenden Worten zu seiner zentralen These, und die hieß lapidar: Das Zeitalter der Demokratie ist abgelaufen. Der Rest waren Analyse, historische Beweisführung und aktuelle Bestandsaufnahme – und zwar nicht nur am Beispiel Deutschlands, sondern der europäischen Staaten insgesamt. Überall hatte die Demokratie auch bei ihren Anhängern an Glaubwürdigkeit verloren, und in einer ganzen Reihe von Staaten hatte sich in den letzten Jahren das politische System bereits in eine autoritär-konservative Richtung verformt. Nur eine exakte Prognose, was an die Stelle der Demokratie treten würde, fehlte. Bergsträsser sprach vage von der Stärkung der Exekutive, dem Zurücktreten von Parlament und Parteien, der Schwächung der Interessenverbände. Wie das vor sich gehen sollte, blieb unerörtert. Die Begriffe Diktatur, gar Monarchie und Autorität fielen nicht.

Zumindest ebenso interessant wie der Vortrag selbst war die Diskussion, die sich anschloß. Denn es wurde kein Widerspruch laut. Es gab ein paar Fragen danach, was denn bei diesem Prozeß der Verabschiedung von der Demokratie aus dem Rechtsstaat und der Gewährleistung von Besitz und bürgerlichen Freiheiten würde. Aber sehr tief gingen diese Vorbehalte nicht: Auch das Kaiserreich war ja ohne Zweifel ein Rechtsstaat gewesen, obwohl es doch keine Demokratie war. Das Bemerkenswerte an dieser Vortragsveranstaltung war, daß der Kreis seriöser Demokraten offenbar zunahm, die bereit waren, die Demokratie aufzugeben, aber nicht aus einer militanten Stimmung oder einem egoistischen Interesse heraus – wie Hitler oder Hugenberg –, sondern aufgrund rational gewonnener Überzeugungen.

Heute habe ich keinen Zweifel daran, daß auch dieser Wandel den Boden für die Entwicklung über Brüning hinaus zu Papen, Schleicher und schließlich zu Hitler bereitet hat. Er machte es leichter, die Verlagerung der Macht hin zu Präsident und Reichskanzler hinzunehmen, so ärgerlich sie war. Man muß sich aber auch immer vor Augen halten, daß man dabei noch nicht an Diktatur dachte, sondern noch ganz selbstverständlich in den Vorstellungen des Rechtsstaates lebte. Auch das Parlament und die Parteien sollten nicht abgeschafft werden. Man war nur mehr und mehr der Überzeugung, daß man die Regierung nicht mehr in ihren Händen lassen konnte. Diese Stimmung hatte sich seit Stresemanns Tod verstärkt, nicht zuletzt weil die Wirtschaftskrise immer verheerender wurde, und sie herrschte längst nicht mehr nur in den Parteien, die ohnedies Vorbehalte gegenüber der parlamentarischen Demokratie hatten. Sie war eingedrungen in die demokratischen bürgerlichen Parteien, ging in erhebliche Bereiche des Zentrums hinein und reichte bis zu den Randzonen der SPD.

Aber natürlich gab es – wie bei allen Erscheinungen schleichender Klimaveränderung – auch Trendführer, Stichwortgeber, Beschleuniger dieses Prozesses. Eine entscheidende Rolle spielte dabei die schon erwähnte Wochenzeitschrift »Die Tat«, die lange eine kleine kulturpolitische Zeitschrift mit jugendbewegtem Hintergrund gewesen war. Nun hatte sie der eben erst dreißig Jahre alt gewordene Hans Zehrer mit einem Kreis von Gleichgesinnten übernommen. Er steuerte das Blatt mitten in die antidemokratischen Strömungen des Zeitgeistes hinein und brachte es binnen kurzem von den mageren tausend Exemplaren, die es über Jahre gehabt hatte, auf eine Auflage von rund dreißigtausend. Die Zeitschrift diagnostizierte das bevorstehende Ende von kapitalistischem System und Parteiendemokratie und propagierte eine »Revolution von oben«. »Die Tat« wandte sich nicht an die Massen, sondern an die bürgerlichen, mittelständischen Schichten. Sie griff deren Furcht auf, vom großen Kapital auf der einen und von der Massengesellschaft auf der anderen Seite ins Abseits gedrängt zu werden, und suggerierte ihnen, daß eine von ihnen getragene neue Elite zur künftigen Führung berufen sei. Jede Nummer des Blattes war, ungeachtet ihrer reichlich utopischen Botschaften, eine höchst respektable journalistische Leistung, und da die Leser fraglos zu dem gehörten, was man heute »meinungsbildende« Schichten nennt, breitete sich die Wirkung des Blattes rasch aus.

Für mich war »Die Tat« vor allem aufgrund ihrer wirtschaftspolitischen Überzeugungen von Interesse. Denn der von ihr propagierte Staatssozialismus und die daraus abgeleitete Forderung, Deutschland möge sich aus der Weltwirtschaft lösen, berührte direkt die Interessen der Wirtschaftsverbände. Die damals erfolgte Gründung eines »Bundes für freie Wirtschaftspolitik«, dessen Geschäftsführung mir übertragen wurde, stand im Zusammenhang mit vielen anderen Überlegungen, den Kampf gegen Protektionismus und, vor allem, für einen freien Export zu forcieren. Die Landwirtschaft sowie die Konzerne und Syndikate der Schwerindustrie waren die traditionellen Gegner wirtschafts- und außenpolitischer Liberalität. Mit den neuen antidemokratischen und antikapitalistischen Einstellungen, in deren Sog sich »Die Tat« bewegte und die sie brillant vertrat, bekam diese Gegnerschaft eine höchst moderne, gefährliche Stärkung. Die Verstaatlichung der großen Unternehmen, Planwirtschaft und wirtschaftliche Autarkie erhielten einen höchst zeitgemäßen Anstrich. Die Absage an den freien Außenhandel und der Gedanke – nicht ausdrücklich formuliert, aber so gemeint –, das Reich solle die Führung eines staatenbündisch geordneten, südosteuropäischen Großraums anstreben, gab dem bloßen Widerstand gegen die Weltwirtschaft eine politische Perspektive, die viele faszinierte.

Die Initiative für die Gründung des Bundes ging von dem Syndikus der Industrie- und Handelskammer Berlin, Geheimrat Demuth, aus. Meine Chefs, Karl Lange und Alexander Rüstow, hatten sich nachdrücklich für die neue Organisation eingesetzt, Rüstow wie stets ein wenig prinzipieller als Lange – er hätte den Bund gern als Ersatz für die »bankrotten« Parteien gesehen. Aber von solchen Ansprüchen wurde bewußt abgesehen, um dem Bund nicht zusätzliche Gegner zu verschaffen. Der Bund solle mit Schriften, Aufsätzen und Rundfunksendungen, Diskussionsforen und Vorträgen, aber auch durch Bildung von Ortsgruppen und Regionalverbänden das Verständnis für eine freie Wirtschaft fördern. Vorsitzender wurde der schon erwähnte Carl Petersen, Erster Bürgermeister in Hamburg, der nun ein führendes Mitglied der Staatspartei war; Demuth, der über vielfältige Beziehungen verfügte, blieb auch im Vorstand der treibende Mann, Lange wurde Mitglied im Vorstand.

Die Finanzierung war angesichts der katastrophalen Wirtschaftslage nicht leicht, die Reichsbank half beachtlich, doch der große IG-Farben-Konzern beispielsweise zeigte kein Interesse, obwohl er die Hälfte seiner Produkte exportierte – kein Wunder, denn er hatte eben Anträge auf Zölle zum Schutz der gerade begonnenen Herstellung von synthetischem Benzin aus Kohle gestellt. Wichtige Adressaten waren die Verbraucherverbände. Die erste Ortsgruppe wurde bald in Hamburg unter dem Reeder Krogmann gegründet, der fatalerweise Nationalsozialist war. Ohnedies war die Aufgabe, die mir da zugewachsen war, schwierig. Der Bund sollte Aktivitäten entwickeln, aber nicht den schon existierenden Gruppen und Verbänden Konkurrenz machen. Von dem Gedanken, eine Zeitschrift herauszugeben, die etwa der »Tat« hätte Paroli bieten können, kamen wir sehr schnell ab. Das hätten wir kaum geschafft. Die »Tat« und die Nationalsozialisten, die sich in dem Gefühl wiegen konnten, daß ihr ideologischer Weizen blühte, nahmen denn auch von dem Bund demonstrativ keine Notiz.

Es gehörte zu den Veränderungen dieser Jahre, daß man begann, den Nationalsozialisten Aufmerksamkeit zuzuwenden. Ich habe ja schon erwähnt, daß uns lange weder die Partei noch ihre Führer und auch nicht die Wirkungen, die von ihnen ausgingen, wirklich beschäftigt hatten. Radikale Gruppierungen gab es in der Republik genug, und die Nationalsozialisten waren eben eine von ihnen. Das hatte sich mit den Septemberwahlen 1930 geändert. Es muß damals gewesen sein, daß ich zum ersten Mal einen persönlichen Eindruck von Goebbels gewonnen habe. Das war im Zusammenhang mit einem Empfang, den die NSDAP im Hotel Excelsior gab und bei dem Goebbels, der ja Gauleiter, also der Chef der Berliner Organisation der Partei war, als Redner auftrat. Ich war damals persönlicher Referent von Karl Lange, der eine Einladung erhalten hatte. Es ging durchaus formell zu, mit besonderen Einladungen, ganz in der Form, mit der man auch sonst zu geschlossenen Veranstaltungen gebeten wurde, aber es machte keine Mühe, mir ebenfalls eine Einladung zu besorgen – was sich als überflüssig erwies, denn am Eingang wurden wir nicht kontrolliert. Bis dahin hatte ich Goebbels nicht bewußt gesehen, obwohl er ganz in der Nähe von meinem Zimmer in der Reichsstraße, am Reichskanzlerplatz, wohnte.

In dem großen Saal des Excelsior war das ganze wirtschaftliche und gesellschaftliche Berlin versammelt. Es müssen etwa drei- oder vierhundert Personen anwesend gewesen sein – Besitz und Bildung, um es auf einen Nenner zu bringen. Ich erinnere mich, Ludwig Kastl, den Geschäftsführer im Reichsverband der Industrie, gesehen zu haben, aber auch andere Verbandsgeschäftsführer und Wirtschaftsrepräsentanten, die bei allen großen Veranstaltungen anzutreffen waren. Aber im Publikum sah man zum Beispiel auch Generaloberst Seeckt, den früheren Chef der Heeresleitung. Der saß in einer der vorderen Reihen, im eleganten Nadelstreifenanzug, das unvermeidliche Monokel im Auge, sich durchaus bewußt – er war ja eitel –, daß er im Mittelpunkt der Aufmerksamkeit stand. Es ging sehr urban zu, keine Spur von Sportpalast-Atmosphäre, keine Musik, keine Sammelbüchsen. Goebbels trat nicht etwa im Braunhemd auf, sondern trug einen korrekten Anzug und hielt in sehr maßvoller Form eine außerordentlich geschickte Rede. Es war keine Kundgebung, sondern eine Veranstaltung, um Anhänger zu gewinnen. Viele klatschten, andere – zu denen auch ich gehörte – enthielten sich aus Antipathie des Beifalls. Ich erinnere mich vor allem daran, wie unangenehm mich Goebbels' mephistophelische Physiognomie berührte. Aber mit seiner sorgfältig vorbereiteten Rede mag er an diesem Abend Sympathisanten gewonnen haben. Mir wurde klar, daß dieser Mann gefährlich war.

Ganz anders ging es mir mit Hitler selbst. Ich habe ihn während der Weimarer Republik nur einmal im Sportpalast bei einer Großkundgebung erlebt, zu der mich ebenfalls Lange mitgenommen hatte. Meine Begeisterung, dorthin – sozusagen in die Höhle des Löwen – zu gehen, war nicht groß, aber Lange sagte: »Das ist egal. Wir müssen uns diesen Mann einmal ansehen.« Es war eine der typischen Naziveranstaltungen – ein ungeheurer Aufmarsch, ekstatische Leute, Märsche. Wir saßen ziemlich exponiert, in der zehnten oder elften Reihe, und diesmal klatschte auch ich, weil ich einfach Angst hatte, daß uns sonst von unseren begeisterten Nachbarn Prügel angedroht worden wäre. Aber im Unterschied zu Goebbels hat Hitler mich nicht beeindruckt. Ich fand ihn weder faszinierend noch beängstigend. Von den übrigen Nazi-Größen bin ich nur noch Göring ganz kurz begegnet. Um das politische Spektrum unserer Veranstaltungen zu erweitern, hatte ich ihn zu den »Quiriten« eingeladen. Ich sprach deshalb mit ihm im Reichstag, drei oder fünf Minuten lang; er war weder burschikos noch überheblich. Übrigens war er bereit zu kommen, sagte dann aber im letzten Moment ab. Es sei irgend etwas mit Hitler passiert – mir klang es glaubhaft.

Ich muß gleichwohl gestehen, daß ich Hitler auch 1932, als er schon ein nicht mehr zu vernachlässigender politischer Faktor geworden war, nicht recht ernst genommen habe. Da war mein Vater merkwürdigerweise viel radikaler. Er war in seinem Kieler Ruhestand Stahlhelm-Ortsgruppenvorsitzender geworden, aber er haßte »diese Leute«. Für ihn waren es Banden in Uniform, und es war eben die falsche Uniform. Er hat auch nach der Machtübernahme immer noch Schwarz-Weiß-Rot geflaggt, bis der Stahlhelm verboten wurde.

Ich kann für meine Sicht der Dinge allenfalls als Rechtfertigung anführen, daß die meisten Zeitgenossen auch nicht weiter sahen – auch jene nicht, die sich mit Hitler genauer befaßt hatten. 1932 hatte zum Beispiel Theodor Heuss eine Schrift unter dem Titel »Hitlers Weg« veröffentlicht. Er ironisierte ihn darin nicht, billigte ihn erst recht nicht, versuchte vielmehr, die historisch-psychologischen Voraussetzungen für das Erscheinen eines solchen Mannes zu analysieren. Aber begriffen hat er weder den Mann noch die schreckliche Wirklichkeit dieser Bewegung. Fast zur gleichen Zeit erschien ein zweites Buch, das von dem Münchener Korrespondenten der »Frankfurter Zeitung«, Konrad Heiden, stammte. Ich hatte ihn einmal bei irgendeiner Presseveranstaltung kennengelernt und in einem eingehenden Gespräch den Eindruck gewonnen, daß er enorm viel wußte. Er nahm die Nationalsozialisten ernst, aber die Schlüsse, zu denen er kam – vielleicht werde Hitler an seiner Partei scheitern, vielleicht werde er auch Kanzler werden, aber das sei doch eher unwahrscheinlich –, zeigten dann doch, daß auch er die wirkliche Gefahr nicht erahnte. Und erst recht begriffen wir alle nicht, wie furchtbar ernst der Antisemitismus war, den die NSDAP praktizierte. Wir hielten das für eine Propagandageschichte, die dem Zweck diente, an die Macht zu kommen. Das werde er schon einstellen, wenn er an der Regierung wäre. Immer wieder hörte man die Formel: »Das läßt Hindenburg nicht zu.«

Immerhin bin ich einmal bis ins »Braune Haus« in München, der Reichsleitung der NSDAP, gekommen. Ich erzähle es der Kuriosität halber, denn große Folgen hat diese Visite nicht gehabt. Das hing mit dem absoluten Unverständnis der Nationalsozialisten für die Bedeutung des Exports zusammen. Sich mit ihnen auseinanderzusetzen, fruchtete nichts; zu fest saßen die Scheuklappen ihrer Propaganda. So suchten wir, Lange, Rüstow und ich, nach einem anderen Weg, um auf ihre Haltung Einfluß zu nehmen. Wir verfertigten ein einschlägiges Papier – wenig Text, meinte Lange, dafür viele Diagramme, aber darin war Rüstow ein Meister –, es trug wohl den Titel »Nationale und wirtschaftliche Bedeutung des deutschen Außenhandels« oder so ähnlich. Damit fuhr ich nach München. In der ominösen Zentrale der Partei erwartete mich in einem gut ausgestatteten Arbeitszimmer ein Herr zwischen fünfunddreißig und vierzig Jahren, nicht in der Parteiuniform, sondern in einem normalen Anzug. Er war ein früherer Offizier, jetzt Adjutant des »Leiters der Wirtschaftsabteilung der Reichsleitung der NSDAP«, der, leider, verhindert sei. Der Mann zeigte sich beeindruckt von unseren Graphiken und versicherte, sie dem Herrn Abteilungsleiter zu überreichen. Im übrigen, fügte er hinzu, »weiß der Führer genauestens Bescheid. Sie können überzeugt sein, daß er das Richtige machen wird«. Nach fünfzehn Minuten war ich wieder draußen. Einen Bescheid erhielten wir nicht. Nur Stolper, Chefredakteur des »Volkswirt«, der in seiner Redaktion die nationalsozialistischen Zeitungen genauestens studierte, glaubte wahrzunehmen, daß die Animosität gegenüber dem Export und die Lobpreisungen der Autarkie nachließen.

Zwischenakt am Genfer See

Im Jahre 1931 eröffnete sich mir die Möglichkeit, einen ersten Einblick in die Praxis der internationalen Konferenz-Politik zu nehmen. Für sechs Wochen lud mich das Sekretariat des Völkerbundes ein, die Versammlung des Gremiums zu beobachten. Mit dem internationalen Politikbetrieb von heute, den Großorganisationen wie UNO oder Europäische Gemeinschaft sowie den zahllosen Gipfeln auf allen Ebenen, war der Völkerbund noch gar nicht zu vergleichen, weder seinen Dimensionen nach noch gar nach seinen Wirkungsmöglichkeiten noch nach seiner organisatorischen Gestalt. Aber immerhin war das nach dem Ersten Weltkrieg gegründete Gremium der erste gewichtige Schritt in eine Richtung, die heute die Politik maßgeblich mitbestimmt.

Die Einladung verdankte ich persönlichen Beziehungen; der frühere Pressereferent im preußischen Staatsministerium war seit kurzem zu der Presseabteilung des Völkerbundsekretariats abgeordnet. Zunächst wollte ich absagen, denn ich hatte meine Pflichten gegenüber dem Verein der Maschinenbau-Anstalten schon im Vorjahr durch den Wahlkampf für die Staatspartei für mehrere Wochen vernachlässigt und wollte die Großmut des Verbandes und meiner Chefs nicht überstrapazieren. Aber nicht nur Rüstow fand die Einladung interessant, auch Lange war sogleich dafür, sie anzunehmen, und erklärte: »Da fahren Sie hin, das kann auch für uns von Nutzen sein.«

Die Einladung ließ den Gästen alle Freiheit. Man wurde mit einem Ausweis für den Zutritt zur Völkerbundversammlung und zu Ratssitzungen ausgestattet, soweit Journalisten zugelassen waren, und konnte im übrigen tun und lassen, was man wollte – im Genfer See baden oder Sitzungen besuchen, sich in den Cafés aufhalten oder Gespräche führen. So beobachtete ich also die außenpolitischen Repräsentanten der damaligen Weltgesellschaft. Sie war noch nicht sehr groß, umfaßte lediglich fünfundfünfzig Mitgliedsstaaten, die Vereinigten Staaten blieben ihr noch fern, dafür waren neben den Europäern Australien, Kuba, Haiti und selbst Albanien mit von der Partie. Auf den Fluren des Völkerbundpalais sah ich den tschechoslowakischen Außenminister Benesch und seinen polnischen Kollegen Zaleski, der sich freundlich mit Julius Curtius, dem Nachfolger Stresemanns, unterhielt – obwohl die Gegensätze zwischen dem Reich und Polen unvermindert stark waren. Mit unbewegtem Gesicht zeigte der japanische Chefdelegierte, Shigemitsu, daß ihn die Erregung im Völkerbund über den Einmarsch japanischer Truppen in die Mandschurei nicht berührte. Alle bewegten sich übrigens ungezwungen wie Privatleute, vor Annäherungen nur durch die ungeschriebene Regel geschützt, daß die Spitzen der Delegationen auf den Gängen nicht angesprochen werden durften. Lediglich der faschistische Außenminister Grandi wurde ständig von zwei Leibwächtern begleitet. Im Völkerbundsaal hielt der griechische Außenminister Venizelos eine pathetische Rede. Es war, als ob Homer persönlich aufgetreten wäre, obwohl er Neugriechisch sprach, das ich nur stellenweise verstand.

Aber die eindrucksvollste Gestalt war doch Aristide Briand, der französische Außenminister, der große Gegen- und Mitspieler Stresemanns. Wenn er als Redner angekündigt wurde, füllte sich der Saal, der sonst nur spärlich besetzt war, sofort bis auf den letzten Platz. Auch Briand hatte – wenn er auf seinem Platz war – bis dahin in sich zusammengesunken gesessen; er war ein Virtuose im Tagesschlaf. Sobald er das Podium betrat, setzte ein Beifallssturm ein. Briand enttäuschte die Erwartungen nicht. Er war ein begnadeter Redner, ausgestattet mit einer wunderbaren Stimme, die ihm das Lob eingebracht hatte, er habe ein »Violoncello« in der Kehle. So schlug er alle in den Bann seiner Intonation, seiner Sprache und seiner Gedankenführung. Dabei sprach er frei, zumeist sogar ohne Stichworte und so improvisierend, daß ihm ein zündender Satz oder eine beschwörende Formel erst mitten im Redefluß einfielen. Bei einem Mittagessen, bei dem ich ihm zufällig schräg gegenübersaß, konnte ich ihn aus der Nähe beobachten. Auf dem kleinen, zierlichen und schon gebeugten Körper des Neunundsechzigjährigen saß ein imposanter Kopf. Seine Physiognomie hatte etwas von einem Künstler. Dabei war er im Äußeren nachlässig. Der Anzug war fleckig und saß miserabel, die Krawatte war leicht angefranst, und auch Hände, Gesicht und Haar waren ungepflegt. Ebenso nonchalant war seine Haltung, aber er war gescheit, umgänglich, geistesgegenwärtig und von sprühendem Witz. Wenn er sprach, zwanglos in seiner Attitüde, stets eine Zigarette im Mundwinkel, zeigte er einen unvergleichlichen, natürlichen und bezwingenden Charme.

Ich bekam auch einen Eindruck von den Themen, die die deutsche Delegation beschäftigten – neben und jenseits der großen Konfliktstoffe von Krieg und Frieden, des Interessenausgleichs und der Lösung von Streitigkeiten. Reichsaußenminister Curtius, der mich empfing, erzählte mir von der Mühe, den Minderheitenschutz auf die Tagesordnung des Völkerbundes zu bringen, von wo ihn Frankreich, Polen und die Tschechoslowakei fernhalten wollten, weil er nach ihrer Ansicht ein rein innenpolitisches Problem sei. Curtius hatte im übrigen gerade zusammen mit dem österreichischen Bundeskanzler Schober eine empfindliche Niederlage hinnehmen müssen. Deutschland und Österreich hatten das Vorhaben einer deutsch-österreichischen Zollunion unter dem Druck Frankreichs, das darin das Vorspiel zu einem »Anschluß« witterte, aufgeben müssen. Das Eingeständnis dieses Scheiterns in einer Pressekonferenz wurde im übrigen auch für mich zu einer Schlappe. Beim Verlassen des Saales von einigen deutschen Journalisten befragt, platzte ich etwas naseweis mit der Bemerkung heraus: »Das ist Olmütz.« Das bezog sich auf die sogenannte »Olmützer Punktation« von 1850, bei der Preußen im Streit um den Deutschen Bund gegenüber Österreich hatte zurückstecken müssen; seither hielt sich im politischen Bewußtsein selbstbewußter Preußen das Wort von der »Schmach von Olmütz«. Genaugenommen war jedoch der Streit unentschieden ausgegangen, denn auch Österreich hatte sich nicht durchsetzen können. Das Wort machte offenbar die Runde. Am nächsten Morgen zitierte mich ein erregter Reichspressechef zu sich in sein noch unaufgeräumtes Hotelzimmer. »Herr Eschenburg, was haben Sie da angestellt!« donnerte mich Zechlin an. »Mit Ihrer Parole richten Sie furchtbares Unheil an.« Erklärungsversuche fruchteten nichts. Die deutschen Zeitungen, davon war er überzeugt, würden das historische Urteil mit Lust aufnehmen, um der Reichsregierung ihre Niederlage zu bescheinigen. »Die deutsche Delegation hat Ihnen bisher stets geholfen. Bitte unterlassen Sie in Zukunft jegliche Kommentierung der deutschen Politik in Genf gegenüber Journalisten! Sonst ist es aus!« beschied mich Zechlin streng. Ich war mir zwar keiner Schuld bewußt, aber angemessen zerknirscht. Übrigens ist das Wort »Olmütz« in der deutschen Presse nicht vorgekommen.

Wie massiv die Gegensätze zwischen Deutschland und den früheren Kriegsgegnern noch immer waren, machte mir ein Gespräch mit dem außenpolitischen Redakteur des Pariser »Matin«, Jules Sauerwein, klar. Nach Ansicht der deutschen

Journalisten in Genf war er ein »gemäßigter Nationalist«; sie hatten mich auch vorgewarnt: »Nehmen Sie sich vor Sauerwein in acht! Der nimmt Sie aus.« Beschlagen in den deutschen Angelegenheiten, wie Sauerwein war, wußte er von meiner Beteiligung an der Gründung der Staatspartei mit Hilfe des Jungdeutschen Ordens und höhnte: »Was machen Ihre Helden, die Ordensritter?« Der Hinweis darauf, daß das Unternehmen seit bald einem Jahr beendet war, verbesserte meine Lage so wenig wie der Versuch, seiner Attacke mit dem Hinweis auf die rechte, kryptofaschistische »action française« Paroli zu bieten. Unnachsichtig rechnete er mir das Sündenregister der Deutschen aus französischer Sicht vor: unheilbare politische Romantik, fortwährend neue Forderungen nach Revision von Versailles, nun auch noch die Zollunion mit Österreich! Die Deutschen müßten sich endlich daran gewöhnen, daß der Versailler Vertrag nicht für ein paar Monate oder ein paar Jahre, sondern unbefristet abgeschlossen sei. Ob ich nicht das Wort von den »Artischockenargumenten« kenne? Es stamme wohl von dem König, den wir Friedrich den Großen nannten, und bedeute: Sobald ein Blatt verspeist ist, greift man nach dem nächsten. Darin sei das Reich ein Virtuose.

Ich wehrte mich, so gut ich konnte, aber mein Hinweis auf die friedlichen Absichten der deutschen Revisionspolitik, wie sie Stresemann betrieben hatte, half mir nichts. Sauerwein war überzeugt, daß Deutschland nicht befriedigt werden könne. Nur ein Staatenbund in der Mitte Europas, wie ihn der Wiener Kongreß geschaffen hatte, könne, so erklärte er mir, Frieden schaffen, ein deutscher Nationalstaat nie. Versailles sei der Versuch, diesen Staat zu zähmen, nicht nur für den Augenblick, sondern auf ewig. Meine Entgegnung, daß seine Argumente vielleicht auf den Imperialismus des wilhelminischen Kaiserreichs zuträfen, den Deutschen aber dieser Imperialismus gründlich vergangen sei, wischte er weg: Die Reichswehr sei nach allgemeinem Urteil eine der am besten ausgebildeten Streitkräfte in Europa, und die Leistungsfähigkeit der deutschen Offiziere habe Frankreich im Krieg erlebt. Wenn der Nationalsozialismus an die Regierung komme, gebe es bald Krieg. »In Deutschland regiert Brüning«, sagte ich. »Und wie lange noch?« erwiderte er. »Denken Sie an die nächsten Wahlen!« Ich fürchte, daß meine Erklärung, diese fänden erst 1934 statt, ziemlich schwach ausfiel.

In Genf lernte ich auch die Korrespondenten der Zeitungen und ihre Kenntnisse schätzen. Die Völkerbundbeamten waren zwar höflich und hilfsbereit, aber sie waren auch Meister im Vernebeln von Sachverhalten und Informationen. So hielt ich mich an die Journalisten, von denen man viele in der »Bavaria« traf, einem kleinen verrauchten Lokal mit Bar und langen Tischen, an denen man dicht gedrängt saß. Mein eigentlicher Völkerbundmentor wurde Wolf von Dewall, der Korrespondent der »Frankfurter Zeitung«. Von ihm erhielt ich viele Tips, mit wem ich sprechen sollte und – nicht weniger wichtig – mit wem es sich nicht lohnte. Als gründlichster Kenner galt Max Beer, der Berichterstatter der »Kölnischen Zeitung«. Er verfügte über enorme Kenntnisse, beschrieb meisterhaft Personen und Situationen und analysierte scharfsinnig. Aus seiner Kritik am Völkerbund und seiner tiefen Skepsis gegenüber dieser Institution machte er keinen Hehl. Der Völkerbundvertrag, so legte er mir dar, sei ein Werk der Friedenskonferenz von Versailles und ein Teil des Friedensvertrags, und der Friedensvertrag sei in den Völkerbundvertrag wie der Völkerbundpakt in den Friedensvertrag »hineingearbeitet«. Als eine antideutsche Institution sei er von den Alliierten, in erster Linie von England und Frankreich, denn auch gedacht. Er solle der Konservierung von Versailles dienen. Daran habe sich trotz des Eintritts Deutschlands in den Völkerbund im Jahre 1926 nichts Wesentliches geändert. Nur unter dieser Voraussetzung, nämlich der Anerkennung des Status quo, sei Deutschland im Völkerbund gleichberechtigt. Das war meiner Ansicht nach übertrieben. Denn natürlich durfte man den Völkerbund nicht allein unter dem Gesichtspunkt der Behandlung deutscher Interessen beurteilen. Die Diskrepanz zwischen dem Status-quo-Frieden und einem revidierten Frieden – wie ihn Stresemanns Politik anstrebte – war letztlich nur durch Verständigung der Kontrahenten selbst, vor allem zwischen Deutschland und Frankreich, zu lösen. Immerhin war es dem Völkerbund gelungen, in einigen, freilich geringfügigen Streitfällen zu vermitteln. In den schweren Fällen hatte er allerdings versagt.

Insgesamt war mein Eindruck damals, daß die Leistungen

des Gremiums in keinem Verhältnis zu Arbeitsaufwand und Kosten standen. Vielleicht war das ein zu hartes Urteil. Daß die Existenz des Völkerbundes die Regierungschefs und Außenminister der Mitgliedsstaaten dazu nötigte, sich mindestens einmal im Jahr zu treffen, daß überhaupt die zunehmende Interdependenz der Staaten ein Forum bekam, ja überhaupt erst einmal eine politische Form gewann, war ein Gewinn – auch wenn es den Frieden in Europa und der Welt nicht sichern konnte. Aber das wußten wir damals Gott sei Dank noch nicht.

Zuschauer während der letzten Tage

Wenige Tage nach seiner Wiederwahl löste der Reichspräsident mit einer Notverordnung SA und SS mit allen ihren Einrichtungen auf. Wir atmeten auf und sagten uns: Jetzt geht es endlich einmal los gegen die Nazis! Die Konstellation an der Staatsspitze, Hindenburg, Brüning, Groener und Schleicher, ist noch oder wieder intakt! Aber das war, wie sich bald herausstellen sollte, eine Täuschung. Es änderte sich auch nichts an der Fülle von Gerüchten, Mutmaßungen und offenbar lancierten Berichten, die über die Öffentlichkeit hereinbrachen. Erst recht galt das nach der preußischen Landtagswahl, die das erwartete niederschmetternde Ergebnis gebracht hatte – nämlich den Anstieg der nationalsozialistischen Mandate von acht auf einhundertzweiundsechzig und den Verlust der Mehrheit für die Regierung Braun. Auch der Sturmlauf der Hugenbergpresse gegen Brüning und Groener hielt an. Es wimmelte von Hinweisen auf Spannungen zwischen Hindenburg und Brüning, Reichsregierung und Reichswehr, und immer wieder war davon die Rede, daß auch das Verhältnis von Groener und Schleicher gestört sei. Eine deprimierende Wirkung hatte eine Rede, die Groener im Reichstag zur Verteidigung des SA-Verbots hielt. Gehandikapt durch einen Furunkel an der Stirn, dessentwegen er ein breites Pflaster tragen mußte, und herausgefordert durch den nationalsozialistischen Abgeordneten Göring, der offenbar auf vertrauliches Material aus dem Reichswehrministerium zurückgreifen konnte, verlor Groener die Fassung. Die Rede wurde eine rhetorische Niederlage und als Blamage des Ministers gewertet. Da merkten wir: Jetzt wird die Sache ernst. Bald trat Groener auch zurück. Aber als mich am 30. Mai nachmittags die Nachricht vom Rücktritt Brünings erreichte, überraschte und erschreckte sie mich doch tief.

Wie ich den Sturz Brünings erlebt habe, bleibt unvergessen. Aber der Ablauf der Ereignisse, die uns damals in Atem hielten, ist das eine; das Gewirr von Intrigen und Pressionen, mit denen die Weichen für die Ablösung Brünings gestellt wurden, die eine Zäsur in der Geschichte der Weimarer Republik war, ist das andere, und das haben wir damals nur zum Teil begriffen. Wichtige Vorgänge kannten wir nicht, andere konnten wir uns nicht erklären. Inzwischen ist durch die Publikation von Quellen und Forschungen der Historiker weitgehend geklärt, was zu klären ist. Das hat auch mein Urteil verändert. Das gilt zumal für Groeners Rücktritt als Verteidigungsminister, für den sein Versagen im Reichstag nur der Anlaß, nicht die Ursache gewesen ist. Vielmehr hat Schleicher seit dem Erlaß des SA-Verbots versucht, Groeners Stellung in der Reichswehr zu unterminieren. Der Rücktritt war dann die Folge des Drängens von Schleicher, der – wie wir von Hermann Pünder, dem Staatssekretär in der Reichskanzlei, wissen – damit gedroht hatte, daß sonst er und die Spitzen der Generalität ihren Abschied nehmen würden. Nach meiner Überzeugung erfüllte das den Tatbestand einer Generalsrevolte gegenüber den Vorgesetzten – ein einzigartiger Vorgang in der Geschichte der preußisch-deutschen Armee. Schleicher konnte es nur wagen, weil er des Einverständnisses von Hindenburg sicher sein konnte. Man muß also wohl von einer Verschwörung des Obersten Befehlshabers, des Reichspräsidenten, mit den Generalen gegen den Minister sprechen.

Inzwischen wissen wir auch, daß Schleichers Aktivitäten weit über seine Rolle bei Groeners Rücktritt hinausgingen. Daß Schleicher sich mit Hitler zweimal, Ende April und Anfang Mai, zu geheimen Besprechungen getroffen haben soll, war zwar schon damals durchgesickert; ich erfuhr es von Sefton Delmer, dem englischen Reporter, der so gute Beziehungen zu den Nationalsozialisten hatte. Hitler habe Schleicher angeboten, eine neue, rechtsgerichtete Regierung ohne Nationalsozialisten zu tolerieren. Zur Bedingung dafür habe er allerdings die sofortige Auflösung des Reichstags und die Aufhebung des Verbots von SA und SS gemacht. Mir erschien das völlig unglaubwürdig. Ob denn Schleicher der politische Bevollmächtigte des Reichspräsidenten sei, daß er solche Gespräche führe, hielt ich Delmer entgegen. Zumindest habe es sich – wenn denn der Reichspräsident oder Groener nicht informiert gewesen seien – um eine Art Geschäftsführung ohne Auftrag, also Amtsanmaßung gehandelt. Delmer zuckte mit den Schultern: Ich dürfe in dieser Situation nicht zu konventionell denken. Goebbels' Tagebücher haben dann die Bestätigung dieser Treffen und ihrer Themen geliefert. Das letzte Glied in die Kette der Machinationen, mit denen er Brünings Sturz betrieb, setzte Schleicher dann mit seiner Weigerung, als Nachfolger Groeners das Reichswehrministerium zu übernehmen, und mit der Verbreitung des Gesprächs in der Öffentlichkeit. Aus Schleichers Antworten wurde dabei – so hat es Brüning in seinen Memoiren beschrieben – »eine Fanfare gegen mich«.

So rasch wie der Wechsel von Brüning zu Papen ist keine andere Regierungsbildung in der Republik vor sich gegangen. Die Überraschung war vollkommen. An Papen hatte kein Mensch gedacht, kaum einer kannte ihn. Ich wußte lediglich, daß er Mitglied des Zentrums war, dort auf dem äußersten rechten Flügel stand, also ein Außenseiter war, und dem Aufsichtsrat der Zentrums-Zeitung »Germania« vorsaß. Das war alles. Später erfuhr man, daß er aus Westfalen stammte, bis Kriegsende Kavallerie-Offizier gewesen war, 1913 bis 1915 Militärattaché in Mexiko und Washington und daß er dank Heirat über ein beträchtliches Vermögen verfügte. Gesehen hatte ich ihn nur einmal. Das war im Herren-Club, einem gemäßigt-konservativen Unternehmen, den ein sehr gewandter, einfallsreicher Manager, Freiherr Heinrich von Gleichen, führte. Dort fanden regelmäßige Essen mit anschließenden Vorträgen statt. Ich war nicht Mitglied, wurde aber manchmal eingeladen. Einer der Referenten war Papen gewesen. Er war mir aufgefallen, weil er sehr gut aussah, sehr gewandt auftrat, aber erstaunlich dummes Zeug redete. Ich weiß noch, wie ich mich zu meinem Nachbarn beugte und ihm zuflüsterte: »Was für ein eleganter und dummer Mann.« Gleichen, dem ich das auch sagte, war etwas indigniert und erwiderte: »Nun seien Sie nicht immer gleich so hart. Es ist nicht viel los mit dem Mann, aber er ist gesellschaftlich interessant, und er ist katholisch.« Ich fiel aus allen Wolken, als ich hörte, er sei Kanzler geworden.

Papen war eindeutig die Erfindung Schleichers, und Schleicher war auch der Königsmacher. Er war sich im klaren darüber, daß es eine unerläßliche Voraussetzung für Brünings Entlassung war, einen Nachfolger bereitstehen zu haben. Da er niemand zur Verfügung hatte, nahm er den nächstbesten. Er wollte aber auch keinen starken, sondern einen gefügigen Kanzler, und auch da war er mit Papen gut bedient. Carl Goerdeler, den Oberbürgermeister von Leipzig, den Brüning vorgeschlagen hatte – ein kluger, weitblickender und entscheidungsbereiter Mann, der später eine führende Rolle beim 20. Juli 1944 spielte –, hatte er abgelehnt. Eine besonders hohe Meinung hat Schleicher von seinem Kandidaten offenbar nicht gehabt, und die berühmte Anekdote ist deshalb zumindest gut erfunden, daß Schleicher auf den Einwand gegenüber seiner Wahl, der Mann sei doch kein Kopf, antwortete: »Aber er ist ein Hut, und mehr soll er auch nicht sein.« Diese geringe Achtung gegenüber Papen drückte sich auch darin aus, daß er überall nur Fränzchen genannt wurde.

Das Entsetzen über diese Ernennung in der Öffentlichkeit war allgemein. Es reichte bis zu den Deutschnationalen, und das zeigt, daß der Grund nicht die politische Richtung, sondern die Qualität war. Er war nicht nur ein Außenseiter auf der politischen Bühne, sondern ein Nonvaleur, ein Niemand. Das war es, was mich und meine Freunde so fassungslos machte, denn wir sahen darin eine Abwertung des Amtes. Man kann doch nicht – so dachten wir – irgendwen zum Kanzler machen. Das ist doch ein wichtiges Amt! Man muß doch Erkundigungen einziehen, Gespräche führen, ehe man jemanden ernennt. Als Erklärung für Papens Wahl wurde damals meistens auf das hohe Alter des Reichspräsidenten verwiesen. Er überblicke eben die Lage nicht mehr, so hieß es, und gebe deshalb jedem Druck nach. Erst später dämmerte uns, daß der Ernennung Papens zumindest eine Strategie zugrunde lag: Papen sollte nur der Repräsentant des Kabinetts sein, die eigentliche Führung der Regierung aber bei Schleicher und der Reichswehr liegen. Diese Kanzlerschaft war die Erfindung eines Generals mit in erster Linie militärischem Interesse, dem alle anderen politischen Interessen untergeordnet waren – eine Interessendiktatur, bei der sich Schleicher virtuos der Hilfe von Industrie und Großgrundbesitz bedient und die Stimmung des senilen Reichspräsidenten ausgenutzt hatte.

Aber zunächst kam die Reichstagsauflösung, und auch sie schlug wie eine Bombe ein. Wir rieben uns die Augen: Wie konnte man einen Mann wie Papen zum Kanzler machen und ihm dann noch die Vollmacht erteilen, das Parlament aufzulösen und damit abermals Wahlen heraufzubeschwören! Dann, zwei Wochen später, folgte der Preußenschlag: die mit den blutigen Auseinandersetzungen zwischen Nationalsozialisten und Kommunisten begründete Amtsenthebung der preußischen Regierung zugunsten des Reichskanzlers, der als Reichskommissar die Geschäfte der Regierung führte. Dabei ist kaum zu bezweifeln, daß der Reichspräsident das Recht zur Reichsexekution hatte. Höchst fraglich war jedoch, ob die Voraussetzungen dafür gegeben waren; nach meiner Meinung, mit der ich keineswegs allein stand, war das nicht der Fall. Man muß sich indes vor Augen halten, daß die Übernahme der Regierung in Preußen durch das Reich auch als ein Schritt in Richtung auf die Überwindung des preußisch-deutschen Dualismus verstanden werden konnte. Die Reichsreform war ja eines der großen Themen, um das sich viele bedeutende Köpfe in den Jahren der Weimarer Republik ziemlich vergeblich bemüht hatten. Es gab nicht wenige, beispielsweise Johannes Popitz, früher Staatssekretär im Finanzministerium und einer der ersten Finanzexperten Deutschlands, die der Meinung waren: Das Verfahren mag übel gewesen sein, aber wir sind wenigstens auf diesem Feld enorm gut vorangekommen. Andere wiederum nahmen das Vorgehen der Reichsregierung hin, weil sie glaubten, damit würde verhindert, daß die Nationalsozialisten die preußische Polizei in die Hände bekämen, wenn sie – was nach den preußischen Landtagswahlen nicht auszuschließen war – in Preußen an die Regierung kämen. Aber alle diese Überlegungen waren im Grunde genommen doch nur Hilfskonstruktionen, die dem Schock etwas Positives abgewinnen sollten, den der Preußenschlag für uns bedeutete. Die Resignation in unseren Kreisen dehnte sich epidemisch aus.

Ich erinnere mich noch gut an den Nachmittag dieses Tages. Da saß ich mit dem Hamburger Bürgermeister Petersen zusammen in der Deutschen Gesellschaft in einer der Nebenstraßen der Linden. Als dann die Nachricht kam, daß Severing, der Innenminister und Befehlshaber der preußischen Polizei, dieser stärksten Stütze der Republik, des Amtes enthoben worden war, zuckte Petersen nur mit den Schultern, als ob er sagen wollte, das habe wohl so kommen müssen.

Ich bin mir nicht sicher, ob wir uns in diesem Sommer 1932 klar darüber gewesen sind, wie nahe wir dem Abgrund waren. Ich wohnte damals im Westend, einer relativ friedlichen Gegend. Bis dorthin kamen die Auseinandersetzungen zwischen den Nationalsozialisten und Kommunisten, die in diesen Monaten immer wieder neue Zuspitzungen erfuhren, ohnedies nicht. Aber die Zeitungen waren voll von Nachrichten über blutige Zwischenfälle. Jeder, der den Gang der Dinge verfolgte, hatte das Gefühl, daß dramatische Entwicklungen in der Luft lagen, erst recht nach den Reichstagswahlen Ende Juli, bei denen die Nationalsozialisten ihren Stimmenanteil nochmals steigern konnten. Die Feinde der Demokratie hielten nun – wenn man die Kommunisten hinzurechnete – die absolute Mehrheit im Reichstag, und die einzige noch mögliche Koalition war die der Nationalsozialisten mit Zentrum und Bayerischer Volkspartei. Beständig machten Gerüchte und Spekulationen die Runde, war die Rede von geheimen Treffen auf höchster Ebene, wurde diskutiert über neue Züge auf dem politischen Schachbrett – über die Diktatur oder den Staatsstreich gegen die Diktatur, Putschvorbereitungen und Putschabwehr.

Ich erinnere mich an die Augusttage dieses Jahres. Damals hatte mich ein Freund gebeten, seine Frau und seine Tochter im Wagen nach Stuttgart zu begleiten. Kurz zuvor hatte in der Nähe von Berlin eine Unterredung zwischen Schleicher und Hitler stattgefunden, bei der der Führer der Nationalsozialisten für sich und seine Partei die Posten des Reichskanzlers und des preußischen Ministerpräsidenten sowie zwei weitere Ressortminister gefordert hatte. Schleicher hatte nicht abgelehnt und Hindenburg berichtet. Aber durchsetzen konnte sich Hitler mit seinen Wünschen nicht. Ein paar Tage später machte überall die SA mobil, und zumal Berlin war regelrecht von SA-Einheiten umgeben. Da die Frau meines Freundes Jüdin war, riet ich ihm, die Fahrt zu unterlassen, denn ich hielt es für möglich, daß die Nationalsozialisten nun versuchten, die Macht durch einen Putsch an sich zu reißen. Mein Freund wiegelte ab: »Das wagt Hitler nicht, und außerdem haben wir auch noch die Reichswehr.« Aber gerade an diese Verläßlichkeit glaubte ich nicht mehr. Schließlich sind wir dann doch gefahren, und es ist nichts passiert. Aber man stand eben so unter dem Eindruck der sich verschärfenden Situation, daß man jederzeit mit dem Schlimmsten rechnete.

Eine gewisse Entlastung von diesem Druck brachte dann das Gespräch Hindenburgs mit Hitler, bei dem Hitler die ganze Macht forderte und der Reichspräsident sie ihm ziemlich barsch verweigerte. Da stieg Hindenburg bei uns wieder im Kurs, und wir begannen zu hoffen, daß der »alte Herr« – wie er überall hieß – doch durchhalten werde. Aber wie es weitergehen sollte, wußte niemand. Ausgerechnet an dem Tag, an dem der Reichstag eröffnet wurde, dem 30. August, waren die Spitzen der Regierung zu einem dieser ominösen Gespräche beim Reichspräsidenten auf dessen Gut Neudeck. Das beruhigte die Lage nicht gerade, und einige große Zeitungen warnten schon vor einem »Staatsstreich von oben«. Um etwas Ähnliches hatte es sich gehandelt, wie man ein paar Tage später erfuhr. Die Herren hatten nicht nur Hindenburgs Einwilligung zur sofortigen Auflösung des Reichstags, sondern auch zur Verschiebung der Neuwahlen verlangt und von Hindenburg dafür auch schriftliche Blanko-Vollmachten bekommen. Dazu kam es nicht, denn schon in der zweiten Sitzung des Reichstags mußte die Regierung Papen eine massive Abstimmungsniederlage hinnehmen. Vier Fünftel stimmten gegen sie. Danach glaubte sie, die Kraftprobe einer unbefristeten Vertagung von Neuwahlen nicht mehr riskieren zu können, und beschloß Wahlen für den 6. November.

Das waren die Wahlen, bei denen die Nationalsozialisten zum ersten Mal seit langem keine Zugewinne mehr verzeichneten. Man kann sich heute nicht mehr vorstellen, was für einen Jubel dieses Ergebnis bei uns auslöste. Dabei waren die

Nationalsozialisten trotz des Verlustes von sechsunddreißig Sitzen immer noch mit Abstand die stärkste Partei. Aber endlich hatten sie eine empfindliche Niederlage hinnehmen müssen. Überall, bis weit in die Reihen der Sozialdemokraten und der Deutschnationalen hinein, keimte nun die Hoffnung, daß dies die Wende sein könne und es mit Hitler bergab gehen werde. Von einem »glücklichen Weihnachten« sprachen manche. Der Wechsel von Papen zu Schleicher tat ein übriges. Schleicher war ja der einzige Politiker, der so etwas wie ein Konzept hatte. Er wollte mit Hilfe des »Reichsorganisationsleiters« der NSDAP, Gregor Strasser, einen Teil der Partei und ihrer Anhänger von Hitler abspalten und zusammen mit den Gewerkschaften eine »Querfront«, wie es hieß, von rechts bis links bilden. Es gab dazu auch Zeichen von seiten der Gewerkschaft. Im Hintergrund arbeiteten Hans Zehrer und sein »Tat«-Kreis, die ihre antikapitalistische Front von Arbeitern und Soldaten Gestalt annehmen sahen. Die Versuche Schleichers, mit den Gewerkschaften einen Konsens herzustellen, sind damals weiter gegangen, als wir alle ahnten. Ich muß gestehen, daß ich diese Überlegungen sehr skeptisch beurteilt habe, vor allem was die angestrebte Spaltung der Nationalsozialisten angeht. Ich habe meinen Freunden immer gesagt: »Kinder, das ist nicht mehr zu schaffen, dazu ist die Organisation längst zu fest.« Und ein bißchen war es doch der Griff nach dem Strohhalm in einer aussichtslosen Lage.

Dennoch habe auch ich – wie viele andere – damals meine Hoffnungen auf Schleicher gesetzt. Auch das ist von heute aus nur schwer nachzuvollziehen. Aber nach meiner Auffassung war Schleicher im Mai 1932 gegenüber Brüning das weitaus größere Übel gewesen. Jetzt war er das kleinere Übel gegenüber Papen. Ich habe damals in der »Vossischen Zeitung« unter dem Pseudonym »Huneus« – das war in den »Buddenbrooks« der Name für die Eschenburgs – einen großen Artikel über Schleicher geschrieben, in dem ich seine Beweggründe analysierte und seine Absichten umriß. Gleichen vom Herrenclub fragte mich verblüfft, woher ich das alles wisse. Ich erwiderte, daß ich ganz einfach recherchiert und kombiniert hätte. Was Schleichers grundsätzliche Intentionen angeht, so mußte man sich sagen, daß die Demokratie so oder so nicht zu halten war und man deshalb eben nur versuchen mußte, ein einigermaßen erträgliches Regime zu finden, das Hitler verhindern konnte. Noch entschiedener für Schleicher äußerte sich bemerkenswerterweise Groener, obwohl dieser erst vor ein paar Monaten zu seinem Sturz beigetragen hatte. Ich hatte Groener in seiner Steglitzer Etagenwohnung besucht und ihn – was nach den vergangenen Ereignissen kein Wunder war – stark gealtert vorgefunden. Er bekannte, daß er die Vorgänge vor einem halben Jahr nicht vergessen könne. Aber die Situation habe sich grundsätzlich geändert. Wenn Hindenburg ihn um Rat fragen würde, sagte Groener, so wüßte er keinen anderen als Schleicher zu nennen, um die Staatskrise zu überwinden und uns vor Hitler zu bewahren.

Aber Schleichers Position war alles andere als gefestigt. Die Öffentlichkeit spürte das spätestens, als Presseberichte Anfang Januar 1933 eine geheime Unterredung Hitlers mit Papen im Hause des Bankiers von Schröder in Köln publik machten. Obwohl nicht viel Genaues darüber bekannt wurde, kam sofort der Verdacht auf, daß dieses Gespräch gegen Schleicher gerichtet war. Dementsprechend groß war die Erregung. Mich konnte das nicht so sehr überraschen, denn ich hatte schon Mitte Dezember in der Kroll-Oper eine Rede von Papen anläßlich des Jahresessens, zu dem der Herrenclub geladen hatte, gehört. Das war immer eine etwas offiziöse Veranstaltung, mit einem großen Publikum aus Wirtschaft, Politik und Ministerien, und der jeweilige Festredner wurde mit Bedacht ausgewählt. Gleichen hat Papen vermutlich zu einem Zeitpunkt eingeladen, als dieser noch Kanzler war, und konnte ihn nun nicht gut wieder ausladen. Papen hat in seinen Memoiren behauptet, die Rede habe das Ziel gehabt, »der Regierung Schleicher einen guten Start zu wünschen«. In Wahrheit war es genau das Gegenteil. Papen hielt eine fulminante Rede für Hitler. Man könne nicht mehr ohne ihn regieren, er müsse endlich in die Regierung eingebunden werden und so weiter.

Jedermann war klar, daß sich die Rede gegen Schleicher richtete, der genau dies verhindern wollte. Entsprechend aufgebracht reagierten viele der Zuhörer. Auch ich war empört, und als ich nach dem Essen Planck traf, der ebenfalls anwesend war, sagte ich verärgert zu ihm: »Das geht doch nicht. Gebt dem doch Hausarrest!« Aber Planck, von dem jeder wußte, daß er ein Vertrauensmann Schleichers war, sagte nur: »Lieber Eschenburg, Sie überschätzen ihn völlig. Der ist erledigt. Lassen Sie ihn doch reden – den nimmt kein Mensch mehr ernst.« »Auch nicht alte Herr?« wandte ich ein. »Das spielt keine Rolle«, erwiderte Planck, »Herr von Papen ist ein Wichtigtuer. Diese Rede war der Schwanengesang eines schlechten Verlierers.«

Das Merkwürdige war, daß wir gerade in den Tagen, in denen das Schicksal von Weimar schon fast entschieden war, gar nicht so sehr das Gefühl hatten, Hitler stehe vor der Tür. Das hing wohl damit zusammen, daß Hindenburg doch ziemlich deutlich zu erkennen gegeben hatte, er wolle ihm die Macht nicht anvertrauen. Papens zwielichtige Rolle kannte man nur andeutungsweise. Wir wußten auch nichts von dem fast verzweifelten Versuch des durch den Preußenschlag vom Amt dispensierten Ministerpräsidenten Braun, Schleicher dafür zu gewinnen, den Reichstag aufzulösen und die Wahlen bis weit ins Frühjahr hinein zu verschieben, um den Nationalsozialisten dann eine Niederlage zu bereiten. Das las ich erst Jahre später in seinen Erinnerungen. Für die verfassungstreuen Sozialdemokraten wäre eine solche Operation, die ja ein klarer Verfassungsbruch war, ein Sakrileg gewesen. Denn sie waren fast doktrinär auf die Wahrung von Recht und Staat fixiert. Um Gottes willen, nur nicht die demokratische Republik unterbrechen, lautete ihr Credo, sonst gerät alles ins Rutschen! Ob die Sozialdemokraten Braun gefolgt wären, ist also durchaus offen. Doch auch Schleicher sah sich nicht in der Lage, den Gedanken aufzugreifen, weil er keine Aussicht sah, ihn beim Präsidenten durchzubringen. Ich selbst hielt von der Auflösung des Reichstags in dieser Phase der Entwicklung nicht viel. Ich war dafür, den Reichstag immer wieder zu vertagen, um Zeit zu gewinnen. »Vertagen und regieren« war meine Devise in den endlosen Debatten, mit denen wir in diesen Tagen und Wochen nach einer Lösung der Krise suchten.

Selbst kurz vor dem Ende gab es noch Zeichen, die uns in Sicherheit wiegen ließen. Am 28. Januar – das war der Tag, an dem Schleicher seinen Rücktritt einreichte – war ich zum Mittagessen oder, wie man damals sagte, zum Frühstück bei Otto Veith eingeladen, dem Chefredakteur der »Industrie- und Handelszeitung«, die vom Wirtschaftsministerium herausgegeben wurde, aber eine gewisse redaktionelle Selbständigkeit hatte. Veith war lange Jahre Mitarbeiter Rüstows beim Verein Deutscher Maschinenbau-Anstalten gewesen, und wir kannten uns gut. Kaum hatte ich die kleine Etage am Kaiserin-Augusta-Ufer betreten, in der er wohnte, überfiel er mich mit der Frage: »Wissen Sie, wo ich herkomme?« Und ohne meine Antwort abzuwarten, sprudelte er los: »Ich war eben in der Reichskanzlei bei Staatssekretär Planck. Ich soll ein Gutachten über die Verstaatlichung der Schwerindustrie, Eisen, Kohle und Stahl, machen.« Das lag ganz in der Linie von Schleichers Programm der Entmachtung der großen Monopole und konnte eigentlich nur bedeuten, daß er entschlossen war, dieses Programm auch zu verwirklichen. Spöttisch entgegnete ich Veith, daß er sich hoffentlich auch eine Anzahlung auf das Honorar habe geben lassen. Aber Veith ging auf diese Anspielung auf die Unsicherheit der Regierungsverhältnisse gar nicht ein, sondern berichtete mir, was man im Amt gesagt habe: Man werde jetzt den Alten erst einmal bis April »auf Eis« legen, vielleicht noch länger. In dieser Zeit werde endlich einmal regiert. Ich sagte zu Veith: »Dann steht die Sache also gut für Schleicher?« Veith antwortete: »Die im Amt sind sich ihrer Sache ganz sicher.« Wir zerbrachen uns noch ein wenig den Kopf darüber, woher diese Sicherheit rühren möge, und kamen zu dem Schluß, daß Schleicher offenbar Hindenburg in irgendeiner Weise matt setzen wollte. Schließlich ging ich beruhigt nach Hause.

Am nächsten Abend war ich bei Robert Tillmanns, nach dem Krieg Mitbegründer der CDU in Berlin und später Bundesminister, den ich noch von Tübingen her kannte. Er war damals Regierungsrat im Provinzialschulrat von Brandenburg und hatte für diesen Abend noch den persönlichen Referenten von Wirtschaftsminister Trendelenburg, Barth, und Zierold aus dem preußischen Kultusministerium eingeladen. Beide waren »Quiriten«, wir waren also sozusagen unter uns und konnten unbekümmert darüber spekulieren, wie die Dinge sich weiterentwickeln würden. Alle drei meinten, letztlich werde sich Hitler doch noch durchsetzen, in welcher Kombination auch immer. Ich widersprach, gestützt auf das, was mir Veith am Vortag aus dem Reichskanzleramt berichtet hatte, und verkündete, Schleicher richte sich auf lange Zeit ein, während Hindenburg nur noch eine Nebenrolle spielen werde. Das Gespräch war vermutlich nicht untypisch für junge Leute wie uns und für die damalige Situation. Denn im Grunde genommen dachte man noch immer nicht ernsthaft daran, daß Hitler Kanzler würde. Man erwog Möglichkeiten und verwarf sie wieder, spielte das Szenarium einer Regierung unter Beteiligung Hitlers durch und glaubte dann doch nicht recht daran, und nur ich war mir sicher, daß Schleicher auch in dieser Phase der Krise nicht die Fäden aus der Hand lassen und in irgendeiner Form Hindenburgs Zustimmung dafür erlangen werde, wieder Kanzler zu werden.

Bei bestimmten Nachrichten vergißt man nicht, wann und wo man sie erfahren hat. Hitlers Ernennung zum Reichskanzler war eine solche Nachricht. Sie erreichte mich am Mittag auf dem Gendarmenmarkt, in der Nähe meines Büros, das sich in einer Querstraße befand, die zur Friedrichstraße führte. Ich war wie erschlagen und konnte mir einfach nicht erklären, wie das eben noch für unwahrscheinlich Geglaubte gleichsam über Nacht hatte eintreten können. Ratlos ging ich zwischen Friedrich- und Wilhelmstraße auf und ab, in der Hoffnung, Bekannte zu treffen, mit denen ich mich über das Ereignis austauschen konnte. Aber diesmal stieß ich auf niemanden. Am Spätnachmittag war ich bei der Tochter Bassermanns, Frau von Roden, zum Tee. Sie führte, wie schon erwähnt, zwei Brüdern den Haushalt, die in einem der schönsten klassizistischen Häuser am Brandenburger Tor wohnten. Wir sprachen über die Ereignisse des Tages, und schließlich forderte sie mich auf, doch zu bleiben und den Fackelzug der SA durchs Brandenburger Tor mit anzusehen; die Nachmittagszeitungen hatten ihn schon angekündigt. Sie fragte mich das, als ob es nicht eine Machtdemonstration, sondern ein unterhaltsames Spektakel sei. Das war es ja auch für die meisten. Sie sahen in der Machtübernahme Hitlers nicht viel mehr als eine Fortführung der vielen Regierungswechsel in der Weimarer Republik – nur daß es da eben keinen Fackelzug gegeben hatte. Da ich noch eingeladen war, mußte ich ihr freundliches Angebot ablehnen. Sie nahm es nicht übel und sagte, als wir uns verabschiedeten, nur mit leichter Ironie in der Stimme: »Da verpassen Sie aber etwas, Herr Eschenburg.«

Den Abend verbrachte ich bei Heinz Pulvermann, dem Generaldirektor des Petscheck-Konzerns, in dem vor allem Werke der Braunkohleindustrie zusammengefaßt waren. Er war ein sehr erfolgreicher, auch politisch interessierter Unternehmer. Er wohnte im Grunewald und hatte einige Herren aus der Wirtschaft und der Beamtenschaft eingeladen – natürlich zu einem Zeitpunkt, an dem noch nicht absehbar gewesen war, was sich nun ereignet hatte. Nun saßen wir also mit unseren Weingläsern beisammen, hörten im Radio die Reportage über den Marsch durch das Brandenburger Tor und wurden immer schweigsamer. Nur als bei der Verlesung des Aufrufs von Hitler die Formulierung kam, wenn die Partei ihm Vertrauen und Anhänglichkeit schenke, werde auch der Allmächtige ihm seinen Segen nicht versagen, entfuhr einem der Gäste der Ausruf: »Das ist ja ungeheuerlich! Das ist Gotteslästerung!« Ich aber sagte: »Wann werden wir Hitler wieder loswerden?«